Legislações Ambientais

SELEÇÃO DE LEIS NACIONAIS PARA A
PROTEÇÃO, USO E CONTROLE
DO MEIO AMBIENTE

DIEGO DA ROCHA FERNANDES

Legislações Ambientais

SELEÇÃO DE LEIS NACIONAIS PARA A
PROTEÇÃO, USO E CONTROLE
DO MEIO AMBIENTE

Organização

Grupo de Estudos Prime

2ª Edição

amazon.*Prime*

2023

Catalogação na fonte.

FERNANDES, Diego da Rocha.

Legislações Ambientais: **seleção de leis nacionais para a proteção, uso e controle do meio ambiente** / Diego da Rocha Fernandes – 2ª ed. Natal, RN, Brasil: amazon.*Prime*, 2023.

1. **Direito ambiental**; 2. **Apostila para concursos públicos;** 3. **Legislação federal**; 4. **Gestão ambiental**; 5. **Licenciamento ambiental**; 6. **IBAMA**; 7. **ICMBio**.

Livro paradidático de Direito Ambiental. Brasil I. Título.

ISBN: 9798777415806

Qualquer publicação, transmissão, retransmissão, distribuição, comunicação, reprodução, contrafação, fonograma, edição, produção, radiodifusão, interpretação, alteração desta Obra Escrita, SEM AUTORIZAÇÃO DO SEU AUTOR, excetuadas as situações razoáveis de publicidade pela Imprensa, constitui violação das Leis federais vigentes no Brasil, destacadamente: Lei federal nº 9.610/1998 e 12.853/2013, **Código Penal de 1940 (art. 184)**. Autoria única: Diego da Rocha Fernandes (Natal, RN, 2021). Registro autoral digital nº **T7398021**. E-mail: *diegorocha2007@yahoo.com.br*

Capa:

Fotografia de ninho de passarinho, crédito de Vicente Fernandes Filho (Brasil, RN, Santa Cruz, 2011)

Diagramação Digital:

Robert Wagner

Organização:

Grupo de Estudos Prime

Responsabilidade Editorial, Revisão e Atualização:

Msc. Diego da Rocha Fernandes

Circulação, Impressão e Gerência Comercial:

Amazon
(www.amazon.com.br)

Brasil

2023

"A sociedade que respeita as dinâmicas ambientais está sujeita a catástrofes; a sociedade que não as respeita está fadada a elas!".

(Aline Balta)

SUMÁRIO

Apresentação (09)
Leis nacionais de interesse à gestão e controle ambiental
1. Lei nº 7.735/1989 (11)
2. Decreto nº 11.095/2022 (13)
3. Lei nº 6.938/1981 (21)
4. Lei nº 9.605/1998 (31)
5. Decreto nº 6.514/2008 (46)
6. Lei Complementar nº 140/2011(80)
7. Decreto nº 8.437/2015 (88)
8. Lei nº 10.410/2002 (93)
9. Lei nº 13.019/2014 (99)
10. Lei nº 12.651/2012 (125)
11. Decreto n° 7.830/2012 (160)
12. Lei n° 9.985/2000 (167)
13. Decreto n° 4.340/2002 (184)
14. Decreto nº 11.367/2023 (194)
15. Lei nº 11.428/2006 (201)
16. Lei nº 5.197/1967 (212)
17. Lei nº 9.433/1997 (217)
18. Lei nº 9.966/2000 (229)
19. Lei nº 12.305/2010 (240)
20. Decreto nº 10.936/2022 (261)
21. Reso./CONAMA nº 01/1986 (284)
22. Reso./CONAMA nº 237/1997 (288)
23. Reso./CONAMA nº 357/2005 (298)

VOCABULÁRIO FACILITADO

Adstrito – dependente, ligado, sujeito, subordinado;
Atenuar – minimizar, reduzir, diminuir, suavizar;
Atinente – que diz respeito a algo, concernente;
Aquiescência – consentimento, concordância;
Conspícuo – insigne, importante, visível, notável;
Corroborar – confirmar, ratificar;
Corolário – consequência direta;
Defeso – vedado, proibido, interditado;
Detrimento – em contrário; em prejuízo, em perda;
Enseja – dar oportunidade, possibilidade, ocasião;
Escorreita – correto, sem defeito, sem falha;
Escopo – objetivo, meta, finalidade, alvo;
Espúria – ilegítimo, incorreto, errado;
Estroverso – império, arbitrário, arrogante;
Ininteligível – que não se entende; ilegível;
Injunção – imposição, exigência, pressão;
Lacônico – conciso, breve, preciso, sucinto, resumido;
Lançar mão – servir-se, utilizar-se, valer-se de algo.
Meio – caminho, estratégia;
Óbice – impedimento, empecilho, obstáculo, questão;
Precípua – mais importante, principal, essencial;
Prescindir – dispensar, desprezar;
Prolixo – extenso, demorado, longo;
Propugnar – defender, combatendo ou disputando;
Precipuamente – aquilo que é o principal;
Reputado – conceituado, considerado, putativo, renomado;
Salutar – benefício;
Salvo – exceção, fuga da regra; ressalvado;
Silente – silencioso, calado, que não se pronunciou na lei;
Simulacro – imitação, cópia, plataforma;
Tempestividade – oportunidade, no tempo próprio, o que ocorre no momento certo do prazo da lei;

APRESENTAÇÃO

O livro *Legislações Ambientais: seleção de leis nacionais para a proteção, uso e controle do meio ambiente*, uma publicação exclusiva da Amazon Prime em sua *2ª Edição de 2023*, com recurso de áudio habilitado (*ebook-Alexa*). Essa nova edição inclui **novas atualizações legais**, ao início do novo governo federal com pasta fortemente ambientalista (Governo do PR Luís Inácio **Lula** da Silva), que repercutem nas temáticas de licenciamento ambiental, auditoria, controle e gestão do meio ambiente. Livro que procura aproximar o estudante concursando das principais **leis nacionais** do Direito Ambiental mais cobradas em provas de concurso público, especialmente aos órgãos e entes: IBAMA, ICMBio, ANA, MMA e Polícias Ambientais nos Estados; de uso em repartições do gênero, isto é, "**a letra da lei**" – algo, inclusive, básico a todo agente público! Além de ajudar o graduando em Direito a se preparar para o exame da Ordem dos Advogados do Brasil (OAB), engenheiro florestal, analista ambiental nas atribuições de regulação, controle, fiscalização, licenciamento e auditoria ambiental – a fundamentação legal dos atos administrativos e atos da administração em geral.

Esta compilação de leis nacionais de interesse ao planejamento e execução ambiental é fruto de anos de pesquisa e coleta dos basilares pontos legislativos da disciplina que se tornou frequente em provas de ingresso nos mais variados cargos, empregos e funções na Administração Pública de todos os Poderes (Legislativo, Executivo e Judiciário) e entes federativos do Brasil (União; Estados-membros, Distrito Federal e Municípios): o **Direito Ambiental**.

Destacadamente, tem-se nesta obra a legislação do **setor ambiental nacional e federal**: Lei nº 7.735/1989 (criação do IBAMA); Lei nº 6.938/1981 e suas alterações (Política Nacional do Meio Ambiente - PNMA); Lei nº 9.605/1998 e Decreto nº 6.514/2008 (Lei dos Crimes Ambientais); Lei Complementar nº 140/2011 (competências ambientais); Lei nº 10.410/2002 (Criação da carreira de especialista em meio ambiente); Lei nº 13.019/2014 (Regime jurídico das parcerias entre a Administração Pública); Lei nº 12.651/2012 (proteção da vegetação nativa); Decreto n° 7.830/2012; Lei n° 9.985/2000 (Sistema Nacional de Unidades de Conservação da Natureza - SNUC); Decreto n° 4.340/2002; Decreto nº 11.367/2023 (PPCDAm, revoga o bolsonarista "CNAL"); entre outras normas.

Aliás, cumpre-se, com tal legislação nacional, então, **os princípios constitucionais do Desenvolvimento Sustentável, do Poluidor-pagador, da Prevenção do Dano Ambiental, da**

Ubiquidade, da Solidariedade Intergeracional Ambiental e da Legalidade (arts. 21, XXIII, d; 37, *caput*; 225, CF/1988). Pois, num regime democrático de direito, a preservação e o uso sustentável do meio ambiente é a máxima maior, sendo a exploração dos recursos naturais regulado por leis específicas (cabendo à União a competência legislativa geral, comum ou concorrente) em razão da proteção dos recursos imprescindíveis ao desenvolvimento nacional e ao futuro das novas gerações humanas. Aqui considerando a proteção e o controle dos recursos naturais de repercussão **local, regional, nacional ou de área de segurança nacional** (a exemplo de plataforma continental ou zona de fronteira), sob a coordenação do **Ministério do Meio Ambiente e Mudança do Clima** (MMA, 2023, Ministra Maria Osmarina **Marina Silva** Vaz de Lima), é papel primordial das autarquias federais: **Instituto Brasileiro do Meio Ambiente e dos Recursos Naturais Renováveis** (IBAMA) e **Instituto Chico Mendes de Conservação da Biodiversidade** (ICMBio) – este último com atuação em áreas de Unidades de Conservação federais -, ambos entes federais que necessitam, urgentemente, de muitos agentes públicos efetivos via concursos públicos[1].

Logo, eis aqui um livro (também e-book) oportuno, seleto e eficaz para você na sua mais nova versão e ampliação nos **conhecimentos da letra da lei de aplicação nacional.** Seja o melhor, faça o seu melhor, dê o seu melhor! Não se preocupe, apenas se ocupe em estudar mais e mais pela eficiência à luz da lei! Sem medo de ser feliz!

Diego da Rocha Fernandes

Jurista e ambientalista brasileiro

Natal, RN, 13 de janeiro de 2023.

---

[1] O penúltimo concurso de provas aplicadas e nomeações imediatas, de caráter amplo nacional, do IBAMA, foi em 2013, no governo da então Presidenta da República Sra. **Dilma Rousseff**, referente ao orçamento aprovado no governo do seu antecessor e atual PR Sr. Luís Inácio **Lula** da Silva, governo do PT. O último concurso se deu no governo **Bolsonaro**, janeiro de 2022, com pouquíssimos cargos de analistas apenas ao DF – a má-vontade política governamental fez a nomeação de pouquíssimos agentes diante de uma **defasagem de mais de 60%** do efetivo de servidores públicos. Acredita-se que o atual governo Lula irá restaurar as forças em recursos humanos na área ambiental nacional, inclusive, no ICMBio, MMA e ANA, conforme assessoria da Ministra do Meio Ambiente e Mudança do Clima do Brasil, **Marina Silva** (2023).

LEIS NACIONAIS DE INTERESSE À GESTÃO E CONTROLE AMBIENTAL

❏ Lei que cria o IBAMA

LEI Nº 7.735, DE 22 DE FEVEREIRO DE 1989.

> Dispõe sobre a extinção de órgão e de entidade autárquica, **cria o Instituto Brasileiro do Meio Ambiente e dos Recursos Naturais Renováveis** e dá outras providências.

Faço saber que o **Presidente da República** adotou a Medida Provisória nº 34, de 1989, que o Congresso Nacional aprovou, e eu, Nelson Carneiro, Presidente do Senado Federal, para os efeitos do disposto no parágrafo único do art. 62 da Constituição Federal, promulgo a seguinte Lei:
Art. 1º Ficam extintas:
I - a Secretaria Especial do Meio Ambiente - SEMA, órgão subordinado ao Ministério do Interior, instituída pelo Decreto nº 73.030, de 30 de outubro de 1973;
II - a Superintendência do Desenvolvimento da Pesca - SUDEPE, autarquia vinculada ao Ministério da Agricultura, criada pela Lei Delegada nº 10, de 11 de outubro de 1962.
Art. 2º É criado o Instituto Brasileiro do Meio Ambiente e dos Recursos Naturais Renováveis – IBAMA, autarquia federal dotada de personalidade jurídica de direito público, autonomia administrativa e financeira, vinculada ao Ministério do Meio Ambiente [e Mudança do Clima], com a finalidade de:
I - exercer o poder de polícia ambiental;
II - executar ações das políticas nacionais de meio ambiente, referentes às atribuições federais, relativas ao licenciamento ambiental, ao controle da qualidade ambiental, à autorização de uso dos recursos naturais e à fiscalização, monitoramento e controle ambiental, observadas as diretrizes emanadas do Ministério do Meio Ambiente; e
III - executar as ações supletivas de competência da União, de conformidade com a legislação ambiental vigente.
Art. 3º O Instituto Brasileiro do Meio Ambiente e dos Recursos Naturais Renováveis - Ibama, será administrado por 1 (um) Presidente e 5 (cinco) Diretores, designados em comissão pelo Presidente da República.
Art. 4º O patrimônio, os recursos orçamentários, extraorçamentárias e financeiros, a competência, as atribuições, o pessoal, inclusive inativos e pensionistas, os cargos, funções e empregos da Superintendência da Borracha - SUDHEVEA e do Instituto Brasileiro de Desenvolvimento Florestal - IBDF, extintos pela Lei nº 7.732, de 14 de fevereiro de 1989, bem assim os da Superintendência do Desenvolvimento da Pesca - SUDEPE e da Secretaria

Especial do Meio Ambiente - SEMA são transferidos para o Instituto Brasileiro do Meio Ambiente e dos Recursos Naturais Renováveis, que os sucederá, ainda, nos direitos, créditos e obrigações, decorrentes de lei, ato administrativo ou contrato, inclusive nas respectivas receitas.

§ 1º O Ministro de Estado do Interior submeterá ao Presidente da República a estrutura resultante das transferências referidas neste artigo e o quadro unificado de pessoal, com as transformações e remuneração inerente aos seus cargos, empregos e funções, mantido o regime jurídico dos servidores.

§ 2º No caso de ocorrer duplicidade ou superposição de atribuições, dar-se-á a extinção automática do cargo ou função considerado desnecessário.

§ 3º Até que sejam aprovados a estrutura e o quadro previstos no § 1º, as atividades da SEMA e das entidades referidas neste artigo, sem solução de continuidade, permanecerão desenvolvidas pelos seus órgãos, como unidades integrantes do Instituto criado pelo artigo 2º.

Art. 5º O Poder Executivo, no **prazo** de 90 (noventa) dias, contato da vigência desta Lei, adotará as providências necessárias à fiel execução deste ato.

Art. 6º Esta Lei entra em vigor na data de sua publicação.

Art. 7º Revogam-se as disposições em contrário.

Senado Federal, 22 de fevereiro de 1989; 168º da Independência e 101º da República.

SENADOR NELSON CARNEIRO
Presidente

❑ Estrutura Regimental e Cargos do IBAMA

DECRETO Nº 11.095, DE 13 DE JUNHO DE 2022

Vigência

Aprova a **Estrutura Regimental e o Quadro Demonstrativo dos Cargos em Comissão e das Funções de Confiança** do Instituto Brasileiro do Meio Ambiente e dos Recursos Naturais Renováveis - **IBAMA** e remaneja e transforma cargos em comissão e funções de confiança.

O PRESIDENTE DA REPÚBLICA, no uso da atribuição que lhe confere o art. 84, **caput**, inciso VI, alínea "a", da Constituição,
DECRETA:

Art. 1º Ficam aprovados a Estrutura Regimental e o Quadro Demonstrativo dos Cargos em Comissão e das Funções de Confiança do Instituto Brasileiro do Meio Ambiente e dos Recursos Naturais Renováveis - IBAMA, na forma dos Anexos I e II.
Art. 2º Ficam remanejados, na forma do Anexo III, os seguintes cargos em comissão do Grupo-Direção e Assessoramento Superiores - DAS, Funções Comissionadas do Poder Executivo - FCPE, Cargos Comissionados Executivos - CCE e Funções Comissionadas Executivas - FCE:
I - do IBAMA para a Secretaria de Gestão da Secretaria Especial de Desburocratização, Gestão e Governo Digital do Ministério da Fazenda:
a) um DAS 101.6;
b) seis DAS 101.5;
c) quarenta e cinco DAS 101.4;
d) quarenta e nove DAS 101.3;
e) trinta e três DAS 101.2;
f) vinte e cinco DAS 101.1;
g) um DAS 102.4;
h) cinco DAS 102.3;
i) sessenta e sete FCPE 101.2; e
j) quarenta e quatro FCPE 101.1; e
II - da Secretaria de Gestão da Secretaria Especial de Desburocratização, Gestão e Governo Digital do Ministério da Fazenda para o IBAMA:
a) um CCE 1.17;
b) cinco CCE 1.15;
c) vinte e nove CCE 1.13;
d) um CCE 1.10;
e) um CCE 2.13;
f) um CCE 2.10;
g) uma FCE 1.15;
h) vinte e três FCE 1.13;
i) sessenta e uma FCE 1.10;
j) setenta e sete FCE 1.07;
k) quarenta e três FCE 1.06;

l) cinquenta FCE 1.05;
m) duzentas e quarenta e cinco FCE 1.01;
n) uma FCE 2.13;
o) cinco FCE 2.12;
p) doze FCE 2.07;
q) oito FCE 2.05;
r) uma FCE 3.13; e
s) três FCE 3.10.
Art. 3º Ficam transformados, nos termos do disposto no art. 6º da Lei nº 14.204, de 16 de setembro de 2021, na forma do Anexo IV:
I - em CCE: cargos em comissão do Grupo-DAS; e
II - em FCE:
a) cargos em comissão do Grupo-DAS; e
b) FCPE.
Art. 4º Os ocupantes dos cargos em comissão e das funções de confiança que deixam de existir na Estrutura Regimental do IBAMA por força deste Decreto ficam automaticamente exonerados ou dispensados.
Art. 5º Aplica-se o disposto nos art. 11 a art. 14 do Decreto nº 10.829, de 5 de outubro de 2021, quanto ao regimento interno, à permuta entre CCE e FCE, à realocação de cargos em comissão e de funções de confiança por ato inferior a decreto no IBAMA e ao registro de alterações por ato inferior a decreto.
Art. 6º Fica revogado o Decreto nº 8.973, de 24 de janeiro de 2017.
Art. 7º Este Decreto entra em vigor em 7 de julho de 2022.

Brasília, 13 de junho de 2022; 201º da Independência e 134º da República.

BOLSONARO

Paulo Guedes
Joaquim Alvaro Pereira Leite

ANEXO I
ESTRUTURA REGIMENTAL DO INSTITUTO BRASILEIRO DO MEIO AMBIENTE E DOS RECURSOS NATURAIS RENOVÁVEIS
CAPÍTULO I
DA NATUREZA E DA COMPETÊNCIA

Art. 1º O Instituto Brasileiro do Meio Ambiente e dos Recursos Naturais Renováveis - IBAMA, autarquia criada pela Lei nº 7.735, de 22 de fevereiro de 1989, vinculada ao Ministério do Meio Ambiente, com autonomia administrativa e financeira, dotada de personalidade jurídica de direito público, com sede em Brasília, Distrito Federal, e jurisdição em todo o território **nacional**, tem como finalidades:
I - exercer o poder de polícia ambiental;
II - executar ações das políticas nacionais de meio ambiente, referentes às atribuições federais, relativas ao licenciamento ambiental, ao controle da qualidade ambiental, à autorização de uso dos recursos naturais e à fiscalização, ao monitoramento e ao controle ambientais, observadas as diretrizes emitidas pelo Ministério do Meio Ambiente [e Mudança do Clima]; e
III - executar as ações supletivas de competência da União, em conformidade com a legislação ambiental vigente.

Art. 2º O IBAMA em conformidade com os instrumentos da Política Nacional do Meio Ambiente, instituída pela Lei nº 6.938, de 31 de agosto de 1981, de acordo com as competências previstas na Lei Complementar nº 140, de 8 de dezembro de 2011, e observado o disposto na legislação vigente, possui as seguintes competências em âmbito federal:
I - proposição e edição de normas e padrões de qualidade ambiental;
II - avaliação de impactos ambientais;
III - licenciamento ambiental de atividades, empreendimentos, produtos e processos considerados efetiva ou potencialmente poluidores ou capazes de causar degradação ambiental, nos termos da legislação em vigor;
IV - implementação dos Cadastros Técnicos Federais de Atividades e Instrumentos de Defesa Ambiental e de Atividades Potencialmente Poluidoras ou Utilizadoras de Recursos Ambientais;
V - fiscalização e aplicação de penalidades administrativas ambientais ou compensatórias pelo não cumprimento das medidas necessárias à preservação ou à correção da degradação ambiental, nos termos da legislação em vigor;
VI - geração, integração e disseminação de informações e conhecimentos relativos ao meio ambiente;
VII - disciplinamento, cadastramento, licenciamento, monitoramento e fiscalização do uso e do acesso aos recursos ambientais, florísticos e faunísticos;
VIII - análise, registro e controle de substâncias químicas, de agrotóxicos e de seus componentes e afins, nos termos da legislação em vigor;
IX - assistência e apoio operacional às instituições públicas e à sociedade em caso de acidentes e emergências ambientais de relevante interesse ambiental;
X - execução de programas de educação ambiental;
XI - fiscalização e controle da coleta e do transporte de material biológico;
XII - recuperação de áreas degradadas;
XIII - apoio à implementação do Sistema Nacional de Informações sobre o Meio Ambiente - Sinima;
XIV - aplicação dos dispositivos e dos acordos **internacion**ais relativos à gestão ambiental no âmbito de sua competência;
XV - monitoramento, prevenção e controle de desmatamentos, queimadas e incêndios florestais;
XVI - elaboração do sistema de informação para a gestão do uso dos recursos faunísticos e florestais;
XVII - elaboração e estabelecimento de critérios e padrões e proposição de normas ambientais para a gestão do uso dos recursos faunísticos e florestais; e
XVIII - elaboração do Relatório de Qualidade do Meio Ambiente.
§ 1º O IBAMA poderá celebrar acordos, contratos, convênios, termos de parceria e de ajustamento de conduta e instrumentos congêneres com organizações públicas e privadas, nacionais, **estrangeiras** e **internacion**ais, necessários ao alcance de seus objetivos.
§ 2º O IBAMA poderá atuar em articulação com os órgãos e as entidades da administração pública federal, direta e indireta, dos Estados, do Distrito Federal e dos Municípios integrantes do Sistema Nacional do Meio Ambiente - Sisnama e com a sociedade, para o alcance de seus objetivos, em consonância com as diretrizes da Política Nacional do Meio Ambiente, emitidas pelo Ministério do Meio Ambiente [e Mudança do Clima].

CAPÍTULO II
DA ESTRUTURA ORGANIZACIONAL

Art. 3º O IBAMA tem a seguinte estrutura organizacional:
I - órgão colegiado: Conselho Gestor;
II - órgão de assistência direta e imediata ao Presidente do IBAMA: Gabinete;
III - órgãos seccionais:
a) Procuradoria Federal Especializada;
b) Auditoria Interna;
c) Corregedoria;
d) Ouvidoria; e
e) Diretoria de Planejamento, Administração e Logística;
IV - órgãos específicos singulares:
a) Diretoria de Licenciamento Ambiental;
b) Diretoria de Qualidade Ambiental;
c) Diretoria de Uso Sustentável da Biodiversidade e Florestas;
d) Diretoria de Proteção Ambiental; e
e) Centros Nacionais; e
V - órgãos descentralizados: Superintendências.

CAPÍTULO III
DA DIREÇÃO E DA NOMEAÇÃO

Art. 4º O IBAMA é dirigido por um Presidente e por cinco Diretores.
§ 1º O Presidente do IBAMA e os seus Diretores serão indicados pelo Ministro de Estado do Meio Ambiente e nomeados de acordo com a legislação vigente.
§ 2º O Procurador-Chefe da Procuradoria Federal Especializada será indicado pelo Advogado-Geral da União, na forma estabelecida no § 3º do art. 12 da Lei nº 10.480, de 2 de julho de 2002.
§ 3º O Auditor-Chefe será indicado na forma estabelecida no § 5º do art. 15 do Decreto nº 3.591, de 6 de setembro de 2000.
§ 4º O Corregedor terá sua indicação submetida previamente à apreciação do Órgão Central do Sistema de Correição do Poder Executivo Federal, na forma estabelecida no § 1º do art. 8º do Decreto nº 5.480, de 30 de junho de 2005.
§ 5º O Ouvidor terá sua nomeação submetida à aprovação da Controladoria-Geral da União, na forma estabelecida no § 1º do art. 11 do Decreto nº 9.492, de 5 de setembro de 2018.

CAPÍTULO IV
DO ÓRGÃO COLEGIADO

Art. 5º O Conselho Gestor, de caráter consultivo, será composto:
I - pelo Presidente do IBAMA, que o presidirá;
II - por cinco Diretores; e
III - pelo Procurador-Chefe.
§ 1º Integram o Conselho Gestor, na condição de membros convidados, sem direito a voto:
I - o Chefe de Gabinete;
II - o Auditor-Chefe;

III - o Corregedor;
IV - o Ouvidor; e
V - o Assessor do Presidente.
§ 2º As deliberações do Conselho Gestor, sem natureza vinculativa, têm a função de subsidiar a tomada de decisão do Presidente do IBAMA e dos Diretores, no âmbito de suas competências.
§ 3º O Presidente do Conselho Gestor poderá convidar gestores e técnicos do IBAMA, do Ministério do Meio Ambiente e de outros órgãos e entidades da administração pública federal, estadual, distrital e municipal, e representantes de entidades não governamentais, para participar de suas reuniões, sem direito a voto.
§ 4º A Secretaria-Executiva do Conselho Gestor será exercida pelo Gabinete da Presidência do IBAMA.
§ 5º Os membros do Conselho Gestor serão substituídos, em suas ausências e impedimentos, por seus substitutos legais.

CAPÍTULO V
DAS COMPETÊNCIAS DOS ÓRGÃOS
Seção I
Do órgão colegiado

Art. 6º Ao Conselho Gestor compete:
I - subsidiar o Presidente do IBAMA na tomada de decisão relacionada à gestão ambiental federal;
II - apreciar propostas de edição de normas específicas de abrangência nacional;
III - opinar sobre propostas referentes ao processo de acompanhamento e avaliação da execução das agendas de gestão ambiental;
IV - apreciar planos específicos para as ações do IBAMA;
V - manifestar-se sobre processos de licenciamento ambiental em andamento no IBAMA;
VI - manifestar-se sobre questões técnicas, econômicas e sociais para a definição das ações do IBAMA;
VII - analisar processos de identificação e negociação de fontes de recursos orçamentários e extraorçamentários para a viabilização das ações planejadas do IBAMA; e
VIII - manifestar-se sobre os assuntos que lhe forem submetidos pelo Presidente do IBAMA.
Parágrafo único. As competências do Conselho Gestor serão exercidas, exclusivamente, quando demandadas pelo Presidente do IBAMA.

Seção II
Dos órgãos seccionais

Art. 7º À Procuradoria Federal Especializada, órgão de execução da Procuradoria-Geral Federal, compete:
I - representar judicial e extrajudicialmente o IBAMA, observadas as normas estabelecidas pela Procuradoria-Geral Federal;
II - orientar a execução da representação judicial do IBAMA, quando sob a responsabilidade dos demais órgãos de execução da Procuradoria-Geral Federal;

III - exercer as atividades de consultoria e de assessoramento jurídicos no âmbito do IBAMA e aplicar, no que couber, o disposto no art. 11 da Lei Complementar n° 73, de 10 de fevereiro de 1993;
IV - auxiliar os demais órgãos de execução da Procuradoria-Geral Federal na apuração da liquidez e da certeza de créditos de **qualquer** natureza referentes às atividades do IBAMA, para a inscrição em dívida ativa e a respectiva cobrança;
V - zelar pela observância da Constituição, das leis e dos atos emanados dos Poderes Públicos, sob a orientação normativa da Advocacia-Geral da União e da Procuradoria-Geral Federal;
VI - encaminhar à Advocacia-Geral da União ou à Procuradoria-Geral Federal, conforme o caso, pedido de apuração de falta funcional praticada por seus membros; e
VII - coordenar e supervisionar, técnica e administrativamente, as respectivas unidades descentralizadas.
Art. 8° À Diretoria de Planejamento, Administração e Logística compete:
I - elaborar e propor o planejamento estratégico do IBAMA;
II - supervisionar e avaliar o desempenho dos resultados institucionais;
III - planejar, coordenar, executar e acompanhar as atividades de orçamento e de tecnologia da informação; e
IV - coordenar, executar, propor a edição de normas, controlar, orientar e supervisionar as atividades relacionadas com os seguintes Sistemas:
a) Sistema de Administração dos Recursos de Tecnologia da Informação - Sisp;
b) Sistema de Administração Financeira Federal - Siafi;
c) Sistema de Contabilidade Federal;
d) Sistema de Gestão de Documentos de Arquivo - Siga;
e) Sistema de Organização e Inovação Institucional do Governo Federal - Siorg;
f) Sistema de Pessoal Civil da Administração Federal - Sipec;
g) Sistema de Serviços Gerais - Sisg; e
h) Sistema Integrado de Planejamento e Orçamento - Siop.

Seção III
Dos órgãos específicos singulares

Art. 9° À Diretoria de Licenciamento Ambiental compete coordenar, controlar e executar as ações referentes ao licenciamento ambiental, nos casos de competência federal.
Art. 10. À Diretoria de Qualidade Ambiental compete coordenar, controlar e executar ações federais referentes:
I - à proposição de critérios, padrões, parâmetros e indicadores de qualidade ambiental; e
II - ao gerenciamento dos Cadastros Técnicos Federais de Atividades e Instrumentos de Defesa Ambiental e de Atividades Potencialmente Poluidoras ou Utilizadoras de Recursos Ambientais.
Art. 11. À Diretoria de Uso Sustentável da Biodiversidade e Florestas compete coordenar, controlar e executar as ações federais referentes:
I - à autorização de acesso, manejo e uso dos recursos florestais, florísticos e faunísticos; e
II - à recuperação ambiental.

Art. 12. À Diretoria de Proteção Ambiental compete coordenar, controlar e executar as ações federais referentes à fiscalização e às emergências ambientais.

Art. 13. Os órgãos específicos singulares exercerão suas atividades observadas as diretrizes emitidas pelo Presidente do IBAMA e pelo Ministério do Meio Ambiente [e Mudança do Clima].

Seção IV
Dos órgãos descentralizados

Art. 14. Os órgãos descentralizados exercerão suas atividades em conformidade com as diretrizes do Presidente do IBAMA e, para questões específicas, em observância às diretrizes dos órgãos seccionais e dos órgãos específicos singulares.

CAPÍTULO VI
DAS ATRIBUIÇÕES DOS DIRIGENTES
Seção I
Do Presidente

Art. 15. Ao Presidente do IBAMA incumbe:
I - representar o IBAMA;
II - planejar, coordenar, controlar, orientar e dirigir as atividades do IBAMA;
III - convocar, quando necessário, as reuniões do Conselho Gestor e presidi-las;
IV - firmar, em nome do IBAMA, acordos, contratos, convênios, ajustes, termos de ajustamento de conduta e instrumentos congêneres;
V - editar atos normativos, no âmbito de sua competência, e zelar pelo seu fiel cumprimento;
VI - ratificar os atos de dispensa e de reconhecimento de inexigibilidade de licitação, observada a legislação; e
VII - ordenar despesas.

Seção II
Dos demais dirigentes

Art. 16. Aos Diretores, ao Chefe de Gabinete, ao Procurador-Chefe, ao Auditor-Chefe, ao Corregedor e ao Ouvidor incumbe planejar, dirigir, avaliar o desempenho, coordenar, controlar e orientar a execução das atividades de suas unidades.
Parágrafo único. Aos Superintendentes e aos demais dirigentes incumbe o exercício das atribuições previstas no **caput**, com a observância das diretrizes estabelecidas pela Diretoria de Planejamento, Administração e Logística e pelos órgãos específicos singulares, em suas áreas de competência.

ANEXO II
QUADRO DEMONSTRATIVO DOS CARGOS EM COMISSÃO E DAS FUNÇÕES DE CONFIANÇA DO INSTITUTO BRASILEIRO DO MEIO AMBIENTE E DOS RECURSOS NATURAIS RENOVÁVEIS - IBAMA

ANEXO III

REMANEJAMENTO DE CARGOS EM COMISSÃO DO GRUPO-DIREÇÃO E ASSESSORAMENTO SUPERIORES - DAS, DE FUNÇÕES COMISSIONADAS DO PODER EXECUTIVO - FCPE, DE CARGOS COMISSIONADOS EXECUTIVOS - CCE E DE FUNÇÕES COMISSIONADAS EXECUTIVAS - FCE

a) DO INSTITUTO BRASILEIRO DO MEIO AMBIENTE E DOS RECURSOS NATURAIS RENOVÁVEIS - IBAMA PARA A SECRETARIA DE GESTÃO DA SECRETARIA ESPECIAL DE DESBUROCRATIZAÇÃO, GESTÃO E GOVERNO DIGITAL DO MINISTÉRIO DA Fazenda

ANEXO IV
DEMONSTRATIVO DOS CARGOS EM COMISSÃO DO GRUPO-DIREÇÃO E ASSESSORAMENTO SUPERIORES - DAS E DAS FUNÇÕES COMISSIONADAS DO PODER EXECUTIVO - FCPE, TRANSFORMADOS NOS TERMOS DO DISPOSTO NO ART. 6º DA LEI Nº 14.204, DE 16 DE SETEMBRO DE 2021

☐ Lei da Política Nacional do Meio Ambiente (PNMA)

LEI Nº 6.938, DE 31 DE AGOSTO DE 1981

> Dispõe sobre a **Política Nacional do Meio Ambiente** - PNMA, seus fins e mecanismos de formulação e aplicação, e dá outras providências.

O **PRESIDENTE DA REPÚBLICA**, faço saber que o CONGRESSO NACIONAL decreta e eu sanciono a seguinte Lei:

Art 1º - Esta lei, com fundamento nos incisos VI e VII do art. 23 e no art. 235 da Constituição, estabelece a Política Nacional do Meio Ambiente, seus fins e mecanismos de formulação e aplicação, constitui o Sistema Nacional do Meio Ambiente (Sisnama) e institui o Cadastro de Defesa Ambiental.

DA POLÍTICA NACIONAL DO MEIO AMBIENTE

Art 2º - A Política Nacional do Meio Ambiente tem por objetivo a preservação, melhoria e recuperação da qualidade ambiental propícia à vida, visando assegurar, no País, condições ao desenvolvimento sócio-econômico, aos interesses da segurança nacional e à proteção da dignidade da vida humana, atendidos os seguintes princípios:
I - ação governamental na manutenção do equilíbrio ecológico, considerando o meio ambiente como um patrimônio público a ser necessariamente assegurado e protegido, tendo em vista o uso coletivo;
II - racionalização do uso do solo, do subsolo, da água e do ar;
III - planejamento e fiscalização do uso dos recursos ambientais;
IV - proteção dos ecossistemas, com a preservação de áreas representativas;
V - controle e zoneamento das atividades potencial ou efetivamente poluidoras;
VI - incentivos ao estudo e à pesquisa de tecnologias orientadas para o uso racional e a proteção dos recursos ambientais;
VII - acompanhamento do estado da qualidade ambiental;
VIII - recuperação de áreas degradadas;
IX - proteção de áreas ameaçadas de degradação;
X - educação ambiental a **todos** os níveis de ensino, inclusive a educação da comunidade, objetivando capacitá-la para participação ativa na defesa do meio ambiente.
Art 3º - Para os fins previstos nesta Lei, entende-se por:
I - meio ambiente, o conjunto de condições, leis, influências e interações de ordem física, química e biológica, que permite, abriga e rege a vida em **todas** as suas formas;
II - degradação da qualidade ambiental, a alteração adversa das características do meio ambiente;
III - poluição, a degradação da qualidade ambiental resultante de atividades que direta ou indiretamente:

a) prejudiquem a saúde, a segurança e o bem-estar da população;
b) criem condições adversas às atividades sociais e econômicas;
c) afetem desfavoravelmente a biota;
d) afetem as condições estéticas ou sanitárias do meio ambiente;
e) lancem matérias ou energia em desacordo com os padrões ambientais estabelecidos;
IV - poluidor, a pessoa física ou jurídica, de direito público ou privado, responsável, direta ou indiretamente, por atividade causadora de degradação ambiental;
V - recursos ambientais: a atmosfera, as águas interiores, superficiais e subterrâneas, os estuários, o mar territorial, o solo, o subsolo, os elementos da biosfera, a fauna e a flora.

DOS OBJETIVOS DA POLÍTICA NACIONAL DO MEIO AMBIENTE

Art 4º - A Política Nacional do Meio Ambiente visará:
I - à compatibilização do desenvolvimento econômico-social com a preservação da qualidade do meio ambiente e do equilíbrio ecológico;
II - à definição de áreas prioritárias de ação governamental relativa à qualidade e ao equilíbrio ecológico, atendendo aos interesses da União, dos Estados, do Distrito Federal, dos Territórios e dos Municípios;
III - ao estabelecimento de critérios e padrões de qualidade ambiental e de normas relativas ao uso e manejo de recursos ambientais;
IV - ao desenvolvimento de pesquisas e de tecnologias nacionais orientadas para o uso racional de recursos ambientais;
V - à difusão de tecnologias de manejo do meio ambiente, à divulgação de dados e informações ambientais e à formação de uma consciência pública sobre a necessidade de preservação da qualidade ambiental e do equilíbrio ecológico;
VI - à preservação e restauração dos recursos ambientais com vistas à sua utilização racional e disponibilidade permanente, concorrendo para a manutenção do equilíbrio ecológico propício à vida;
VII - à imposição, ao poluidor e ao predador, da obrigação de recuperar e/ou indenizar os danos causados e, ao usuário, da contribuição pela utilização de recursos ambientais com fins econômicos.
Art 5º - As diretrizes da Política Nacional do Meio Ambiente serão formuladas em normas e planos, destinados a orientar a ação dos Governos da União, dos Estados, do Distrito Federal, dos Territórios e dos Municípios no que se relaciona com a preservação da qualidade ambiental e manutenção do equilíbrio ecológico, observados os princípios estabelecidos no art. 2º desta Lei.
Parágrafo único - As atividades empresariais públicas ou privadas serão exercidas em consonância com as diretrizes da Política Nacional do Meio Ambiente.

DO SISTEMA NACIONAL DO MEIO AMBIENTE

Art 6º - Os órgãos e entidades da União, dos Estados, do Distrito Federal, dos Territórios e dos Municípios, bem como as fundações instituídas pelo Poder Público, responsáveis pela proteção e melhoria da qualidade ambiental, constituirão o Sistema Nacional do Meio Ambiente - SISNAMA, assim estruturado:

I - órgão superior: o Conselho de Governo, com a função de assessorar o Presidente da República na formulação da política nacional e nas diretrizes governamentais para o meio ambiente e os recursos ambientais;
II - órgão consultivo e deliberativo: o Conselho Nacional do Meio Ambiente (CONAMA), com a finalidade de assessorar, estudar e propor ao Conselho de Governo, diretrizes de políticas governamentais para o meio ambiente e os recursos naturais e deliberar, no âmbito de sua competência, sobre normas e padrões compatíveis com o meio ambiente ecologicamente equilibrado e essencial à sadia qualidade de vida;
III - órgão central: a Secretaria do Meio Ambiente da Presidência da República, com a finalidade de planejar, coordenar, supervisionar e controlar, como órgão federal, a política nacional e as diretrizes governamentais fixadas para o meio ambiente;
IV - órgãos executores: o Instituto Brasileiro do Meio Ambiente e dos Recursos Naturais Renováveis - IBAMA e o Instituto Chico Mendes de Conservação da Biodiversidade - Instituto Chico Mendes, com a finalidade de executar e fazer executar a política e as diretrizes governamentais fixadas para o meio ambiente, de acordo com as respectivas competências;
V - Órgãos Seccionais: os órgãos ou entidades estaduais responsáveis pela execução de programas, projetos e pelo controle e fiscalização de atividades capazes de provocar a degradação ambiental;
VI - Órgãos Locais: os órgãos ou entidades municipais, responsáveis pelo controle e fiscalização dessas atividades, nas suas respectivas jurisdições;
§ 1º - Os Estados, na esfera de suas competências e nas áreas de sua jurisdição, elaborarão normas supletivas e complementares e padrões relacionados com o meio ambiente, observados os que forem estabelecidos pelo CONAMA.
§ 2º O s Municípios, observadas as normas e os padrões federais e estaduais, também poderão elaborar as normas mencionadas no parágrafo anterior.
§ 3º Os órgãos central, setoriais, seccionais e locais mencionados neste artigo deverão fornecer os resultados das análises efetuadas e sua fundamentação, quando solicitados por pessoa legitimamente interessada.
§ 4º De acordo com a legislação em vigor, é o Poder Executivo autorizado a criar uma Fundação de apoio técnico científico às atividades do IBAMA.

DO CONSELHO NACIONAL DO MEIO AMBIENTE

Art. 8º Compete ao CONAMA:
I - estabelecer, mediante proposta do IBAMA, normas e critérios para o licenciamento de atividades efetiva ou potencialmente poluidoras, a ser concedido pelos Estados e supervisionado pelo IBAMA;
II - determinar, quando julgar necessário, a realização de estudos das alternativas e das possíveis consequências ambientais de projetos públicos ou privados, requisitando aos órgãos federais, estaduais e municipais, bem assim a entidades privadas, as informações indispensáveis para apreciação dos estudos de impacto ambiental, e respectivos relatórios, no caso de obras ou atividades de significativa degradação ambiental, especialmente nas áreas consideradas patrimônio nacional.
IV - homologar acordos visando à transformação de penalidades pecuniárias na obrigação de executar medidas de interesse para a proteção ambiental;

V - determinar, mediante representação do IBAMA, a perda ou restrição de benefícios fiscais concedidos pelo Poder Público, em caráter geral ou condicional, e a perda ou suspensão de participação em linhas de financiamento em estabelecimentos oficiais de crédito;
VI - estabelecer, privativamente, normas e padrões nacionais de controle da poluição por veículos automotores, aeronaves e embarcações, mediante audiência dos Ministérios competentes;
VII - estabelecer normas, critérios e padrões relativos ao controle e à manutenção da qualidade do meio ambiente com vistas ao uso racional dos recursos ambientais, principalmente os hídricos.
Parágrafo único. O Secretário do Meio Ambiente é, sem prejuízo de suas funções, o Presidente do Conama.

DOS INSTRUMENTOS DA POLÍTICA NACIONAL DO MEIO AMBIENTE

Art 9º - São instrumentos da Política Nacional do Meio Ambiente:
I - o estabelecimento de padrões de qualidade ambiental;
II - o zoneamento ambiental;
III - a avaliação de impactos ambientais;
IV - o licenciamento e a revisão de atividades efetiva ou potencialmente poluidoras;
V - os incentivos à produção e instalação de equipamentos e a criação ou absorção de tecnologia, voltados para a melhoria da qualidade ambiental;
VI - a criação de espaços territoriais especialmente protegidos pelo Poder Público federal, estadual e municipal, tais como áreas de proteção ambiental, de relevante interesse ecológico e reservas extrativistas;
VII - o sistema nacional de informações sobre o meio ambiente;
VIII - o Cadastro Técnico Federal de Atividades e Instrumentos de Defesa Ambiental;
IX - as penalidades disciplinares ou compensatórias ao não cumprimento das medidas necessárias à preservação ou correção da degradação ambiental.
X - a instituição do Relatório de Qualidade do Meio Ambiente, a ser divulgado anualmente pelo Instituto Brasileiro do Meio Ambiente e Recursos Naturais Renováveis - IBAMA;
XI - a garantia da prestação de informações relativas ao Meio Ambiente, obrigando-se o Poder Público a produzi-las, quando inexistentes;
XII - o Cadastro Técnico Federal de atividades potencialmente poluidoras e/ou utilizadoras dos recursos ambientais.
XIII - instrumentos econômicos, como concessão florestal, servidão ambiental, seguro ambiental e outros.
Art. 9º-A. O proprietário ou possuidor de imóvel, pessoa natural ou jurídica, pode, por instrumento público ou particular ou por termo administrativo firmado perante órgão integrante do Sisnama, limitar o uso de toda a sua propriedade ou de parte dela para preservar, conservar ou recuperar os recursos ambientais existentes, instituindo servidão ambiental.
§ 1º O instrumento ou termo de instituição da servidão ambiental deve incluir, no mínimo, os seguintes itens:
I - memorial descritivo da área da servidão ambiental, contendo pelo menos um ponto de amarração georreferenciado;
II - objeto da servidão ambiental;
III - direitos e deveres do proprietário ou possuidor instituidor;

IV- **prazo** durante o qual a área permanecerá como servidão ambiental.
§ 2º A servidão ambiental não se aplica às Áreas de Preservação Permanente e à Reserva Legal mínima exigida.
§ 3º A restrição ao uso ou à exploração da vegetação da área sob servidão ambiental deve ser, no mínimo, a mesma estabelecida para a Reserva Legal.
§ 4º Devem ser objeto de averbação na matrícula do imóvel no registro de imóveis competente:
I - o instrumento ou termo de instituição da servidão ambiental;
II - o contrato de alienação, cessão ou transferência da servidão ambiental.
§ 5º Na hipótese de compensação de Reserva Legal, a servidão ambiental deve ser averbada na matrícula de **todos** os imóveis envolvidos.
§ 6º É **vedada**, durante o **prazo** de vigência da servidão ambiental, a alteração da destinação da área, nos casos de transmissão do imóvel a **qualquer** título, de desmembramento ou de retificação dos limites do imóvel.
§ 7º As áreas que tenham sido instituídas na forma de servidão florestal, nos termos do art. 44-A da Lei nº 4.771, de 15 de setembro de 1965, passam a ser consideradas, pelo efeito desta Lei, como de servidão ambiental.
Art. 9º-B. A servidão ambiental poderá ser onerosa ou gratuita, temporária ou perpétua.
§ 1º O **prazo** mínimo da servidão ambiental temporária é de 15 (quinze) anos.
§ 2º A servidão ambiental perpétua equivale, para fins creditícios, tributários e de acesso aos recursos de fundos públicos, à Reserva Particular do Patrimônio Natural - RPPN, definida no art. 21 da Lei nº 9.985, de 18 de julho de 2000.
§ 3º O detentor da servidão ambiental poderá aliená-la, cedê-la ou transferi-la, total ou parcialmente, por **prazo** determinado ou em caráter definitivo, em favor de outro proprietário ou de entidade pública ou privada que tenha a conservação ambiental como fim social.
Art. 9º-C. O contrato de alienação, cessão ou transferência da servidão ambiental deve ser averbado na matrícula do imóvel.
§ 1º O contrato referido no caput deve conter, no mínimo, os seguintes itens:
I - a delimitação da área submetida a preservação, conservação ou recuperação ambiental;
II - o objeto da servidão ambiental;
III - os direitos e deveres do proprietário instituidor e dos futuros adquirentes ou sucessores;
IV - os direitos e deveres do detentor da servidão ambiental;
V - os benefícios de ordem econômica do instituidor e do detentor da servidão ambiental;
VI - a previsão legal para garantir o seu cumprimento, inclusive medidas judiciais necessárias, em caso de ser descumprido.
§ 2º São deveres do proprietário do imóvel serviente, entre outras obrigações estipuladas no contrato:
I - manter a área sob servidão ambiental;

II - prestar contas ao detentor da servidão ambiental sobre as condições dos recursos naturais ou artificiais;
III - permitir a inspeção e a fiscalização da área pelo detentor da servidão ambiental;
IV - defender a posse da área serviente, por **todos** os meios em direito admitidos.
§ 3º São deveres do detentor da servidão ambiental, entre outras obrigações estipuladas no contrato:
I - documentar as características ambientais da propriedade;
II - monitorar periodicamente a propriedade para verificar se a servidão ambiental está sendo mantida;
III - prestar informações necessárias a **quaisquer** interessados na aquisição ou aos sucessores da propriedade;
IV - manter relatórios e arquivos atualizados com as atividades da área objeto da servidão;
V - defender judicialmente a servidão ambiental.

Art. 10. A construção, instalação, ampliação e funcionamento de estabelecimentos e atividades utilizadores de recursos ambientais, efetiva ou potencialmente poluidores ou capazes, sob **qualquer** forma, de causar degradação ambiental dependerão de prévio licenciamento ambiental.
§ 1º Os pedidos de licenciamento, sua renovação e a respectiva concessão serão publicados no jornal oficial, bem como em periódico **regional** ou **local** de grande circulação, ou em meio eletrônico de comunicação mantido pelo órgão ambiental competente.
Art. 11. Compete ao IBAMA propor ao CONAMA normas e padrões para implantação, acompanhamento e fiscalização do licenciamento previsto no artigo anterior, além das que forem oriundas do próprio CONAMA.
§ 2º - Inclui-se na competência da fiscalização e controle a análise de projetos de entidades, públicas ou privadas, objetivando a preservação ou a recuperação de recursos ambientais, afetados por processos de exploração predatórios ou poluidores.
Art 12 - As entidades e órgãos de financiamento e incentivos governamentais condicionarão a aprovação de projetos habilitados a esses benefícios ao licenciamento, na forma desta Lei, e ao cumprimento das normas, dos critérios e dos padrões expedidos pelo CONAMA.
Parágrafo único - As entidades e órgãos referidos no "*caput*" deste artigo deverão fazer constar dos projetos a realização de obras e aquisição de equipamentos destinados ao controle de degradação ambiental e à melhoria da qualidade do meio ambiente.
Art 13 - O Poder Executivo incentivará as atividades voltadas ao meio ambiente, visando:
I - ao desenvolvimento, no País, de pesquisas e processos tecnológicos destinados a reduzir a degradação da qualidade ambiental;
II - à fabricação de equipamentos antipoluidores;
III - a outras iniciativas que propiciem a racionalização do uso de recursos ambientais.
Parágrafo único - Os órgãos, entidades, e programas do Poder Público, destinados ao incentivo das pesquisas científicas e tecnológicas, considerarão, entre as suas metas prioritárias, o apoio aos projetos que visem

a adquirir e desenvolver conhecimentos básicos e aplicáveis na área ambiental e ecológica.

Art 14 - Sem prejuízo das penalidades definidas pela legislação federal, estadual e municipal, o não cumprimento das medidas necessárias à preservação ou correção dos inconvenientes e danos causados pela degradação da qualidade ambiental sujeitará os transgressores:

I - à multa simples ou diária, nos valores correspondentes, no mínimo, a 10 (dez) e, no máximo, a 1.000 (mil) Obrigações Reajustáveis do Tesouro Nacional - ORTNs, agravada em casos de reincidência específica, conforme dispuser o **regulamento**, **vedada** a sua cobrança pela União se já tiver sido aplicada pelo Estado, Distrito Federal, Territórios ou pelos Municípios.

II - à perda ou restrição de incentivos e benefícios fiscais concedidos pelo Poder Público;

III - à perda ou suspensão de participação em linhas de financiamento em estabelecimentos oficiais de crédito;

IV - à suspensão de sua atividade.

§ 1º - Sem obstar a aplicação das penalidades previstas neste artigo, é o poluidor obrigado, independentemente da existência de culpa, a indenizar ou reparar os danos causados ao meio ambiente e a terceiros, afetados por sua atividade. O Ministério Público da União e dos Estados terá legitimidade para propor ação de responsabilidade civil e criminal, por danos causados ao meio ambiente.

§ 2º - No caso de omissão da autoridade estadual ou municipal, caberá ao Secretário do Meio Ambiente a aplicação das penalidades pecuniárias previstas neste artigo.

§ 3º - Nos casos previstos nos incisos II e III deste artigo, o ato declaratório da perda, restrição ou suspensão será atribuição da autoridade administrativa ou financeira que concedeu os benefícios, incentivos ou financiamento, cumprindo resolução do CONAMA.

§ 5º A execução das garantias exigidas do poluidor não impede a aplicação das obrigações de indenização e reparação de danos previstas no § 1º deste artigo.

Art. 15. O poluidor que expuser a perigo a incolumidade humana, animal ou vegetal, ou estiver tornando mais grave situação de perigo existente, fica sujeito à pena de reclusão de 1 (um) a 3 (três) anos e multa de 100 (cem) a 1.000 (mil) MVR.

§ 1º A pena e aumentada até o dobro se:

I - resultar:
a) dano irreversível à fauna, à flora e ao meio ambiente;
b) lesão corporal grave;

II - a poluição é decorrente de atividade industrial ou de transporte;

III - o crime é praticado durante a noite, em domingo ou em feriado.

§ 2º Incorre no mesmo crime a autoridade competente que deixar de promover as medidas tendentes a impedir a prática das condutas acima descritas.

Art. 17. Fica instituído, sob a administração do Instituto Brasileiro do Meio Ambiente e Recursos Naturais Renováveis - IBAMA:

I - Cadastro Técnico Federal de Atividades e Instrumentos de Defesa Ambiental, para registro obrigatório de pessoas físicas ou jurídicas que se dedicam a consultoria técnica sobre problemas ecológicos e ambientais e à

indústria e comércio de equipamentos, aparelhos e instrumentos destinados ao controle de atividades efetiva ou potencialmente poluidoras;
II - Cadastro Técnico Federal de Atividades Potencialmente Poluidoras ou Utilizadoras de Recursos Ambientais, para registro obrigatório de pessoas físicas ou jurídicas que se dedicam a atividades potencialmente poluidoras e/ou à extração, produção, transporte e comercialização de produtos potencialmente perigosos ao meio ambiente, assim como de produtos e subprodutos da fauna e flora.
Art. 17-A. São estabelecidos os preços dos serviços e produtos do Instituto Brasileiro do Meio Ambiente e dos Recursos Naturais Renováveis - IBAMA, a serem aplicados em âmbito nacional, conforme Anexo a esta Lei.
Art. 17-B. Fica instituída a Taxa de Controle e Fiscalização Ambiental – TCFA, cujo fato gerador é o exercício regular do poder de polícia conferido ao Instituto Brasileiro do Meio Ambiente e dos Recursos Naturais Renováveis – IBAMA para controle e fiscalização das atividades potencialmente poluidoras e utilizadoras de recursos naturais.
Art. 17-C. É sujeito passivo da TCFA todo aquele que exerça as atividades constantes do Anexo VIII desta Lei.
§ 1º O sujeito passivo da TCFA é obrigado a entregar até o dia 31 de março de cada ano relatório das atividades exercidas no ano anterior, cujo modelo será definido pelo IBAMA, para o fim de colaborar com os procedimentos de controle e fiscalização.
§ 2º O descumprimento da providência determinada no § 1º sujeita o infrator a multa equivalente a vinte por cento da TCFA devida, sem prejuízo da exigência desta.
Art. 17-D. A TCFA é devida por estabelecimento e os seus valores são os fixados no Anexo IX desta Lei.
§ 1º Para os fins desta Lei, consideram-se:
I – microempresa e empresa de pequeno porte, as pessoas jurídicas que se enquadrem, respectivamente, nas descrições dos incisos I e II do *caput* do art. 2º da Lei nº 9.841, de 5 de outubro de 1999;
II – empresa de médio porte, a pessoa jurídica que tiver receita bruta anual superior a R$ 1.200.000,00 (um milhão e duzentos mil reais) e igual ou inferior a R$ 12.000.000,00 (doze milhões de reais);
III – empresa de grande porte, a pessoa jurídica que tiver receita bruta anual superior a R$ 12.000.000,00 (doze milhões de reais).
§ 2º O potencial de poluição (PP) e o grau de utilização (GU) de recursos naturais de cada uma das atividades sujeitas à fiscalização encontram-se definidos no Anexo VIII desta Lei.
§ 3º Caso o estabelecimento exerça mais de uma atividade sujeita à fiscalização, pagará a taxa relativamente a **apenas** uma delas, pelo valor mais elevado.
Art. 17-E. É o IBAMA autorizado a cancelar débitos de valores inferiores a R$ 40,00 (quarenta reais), existentes até 31 de dezembro de 1999.
Art. 17-F. São isentas do pagamento da TCFA as entidades públicas federais, distritais, estaduais e municipais, as entidades filantrópicas, aqueles que praticam agricultura de subsistência e as populações tradicionais.
Art. 17-G. A TCFA será devida no último dia útil de cada trimestre do ano civil, nos valores fixados no Anexo IX desta Lei, e o recolhimento será efetuado em conta bancária vinculada ao IBAMA, por intermédio de documento próprio de arrecadação, até o quinto dia útil do mês subsequente.

§ 2º Os recursos arrecadados com a TCFA terão utilização restrita em atividades de controle e fiscalização ambiental.
Art. 17-H. A TCFA não recolhida nos **prazo**s e nas condições estabelecidas no artigo anterior será cobrada com os seguintes acréscimos:
I – juros de mora, na via administrativa ou judicial, contados do mês seguinte ao do vencimento, à razão de um por cento;
II – multa de mora de vinte por cento, reduzida a dez por cento se o pagamento for efetuado até o último dia útil do mês subsequente ao do vencimento;
III – encargo de vinte por cento, substitutivo da condenação do devedor em honorários de advogado, calculado sobre o total do débito inscrito como Dívida Ativa, reduzido para dez por cento se o pagamento for efetuado antes do ajuizamento da execução.
§ 1º-A. Os juros de mora não incidem sobre o valor da multa de mora.
§ 1º Os débitos relativos à TCFA poderão ser parcelados de acordo com os critérios fixados na legislação tributária, conforme dispuser o **regulamento** desta Lei.
Art. 17-I. As pessoas físicas e jurídicas que exerçam as atividades mencionadas nos incisos I e II do art. 17 e que não estiverem inscritas nos respectivos cadastros até o último dia útil do terceiro mês que se seguir ao da publicação desta Lei incorrerão em infração punível com multa de:
I – R$ 50,00 (cinquenta reais), se pessoa física;
II– R$ 150,00 (cento e cinquenta reais), se microempresa;
III – R$ 900,00 (novecentos reais), se empresa de pequeno porte;
IV – R$ 1.800,00 (mil e oitocentos reais), se empresa de médio porte;
V – R$ 9.000,00 (nove mil reais), se empresa de grande porte.
Parágrafo único. Revogado.
Art. 17-L. As ações de licenciamento, registro, autorizações, concessões e permissões relacionadas à fauna, à flora, e ao controle ambiental são de competência exclusiva dos órgãos integrantes do Sistema Nacional do Meio Ambiente.
Art. 17-M. Os preços dos serviços administrativos prestados pelo IBAMA, inclusive os referentes à venda de impressos e publicações, assim como os de entrada, permanência e utilização de áreas ou instalações nas unidades de conservação, serão definidos em portaria do Ministro de Estado do Meio Ambiente, mediante proposta do Presidente daquele Instituto.
Art. 17-N. Os preços dos serviços técnicos do Laboratório de Produtos Florestais do IBAMA, assim como os para venda de produtos da flora, serão, também, definidos em portaria do Ministro de Estado do Meio Ambiente, mediante proposta do Presidente daquele Instituto.
Art. 17-O. Os proprietários rurais que se beneficiarem com redução do valor do Imposto sobre a Propriedade Territorial Rural – ITR, com base em Ato Declaratório Ambiental - ADA, deverão recolher ao IBAMA a importância prevista no item 3.11 do Anexo VII da Lei nº 9.960, de 29 de janeiro de 2000, a título de Taxa de Vistoria.

§ 1º-A. A Taxa de Vistoria a que se refere o *caput* deste artigo **não poderá** exceder a dez por cento do valor da redução do imposto proporcionada pelo ADA.
§ 1º A utilização do ADA para efeito de redução do valor a pagar do ITR é obrigatória.
§ 2º O pagamento de que trata o *caput* deste artigo poderá ser efetivado em cota única ou em parcelas, nos mesmos moldes escolhidos pelo contribuinte para o pagamento do ITR, em documento próprio de arrecadação do IBAMA.
§ 3º Para efeito de pagamento parcelado, nenhuma parcela poderá ser inferior a R$ 50,00 (cinquenta reais).
§ 4º O inadimplemento de **qualquer** parcela ensejará a cobrança de juros e multa nos termos dos incisos I e II do *caput* e §§ 1º-A e 1º, todos do art. 17-H desta Lei.
§ 5º Após a vistoria, realizada por amostragem, caso os dados constantes do ADA não coincidam com os efetivamente levantados pelos técnicos do IBAMA, estes lavrarão, de ofício, novo ADA, contendo os dados reais, o qual será encaminhado à Secretaria da Receita Federal, para as providências cabíveis.
Art. 17-P. Constitui crédito para compensação com o valor devido a título de TCFA, até o limite de sessenta por cento e relativamente ao mesmo ano, o montante efetivamente pago pelo estabelecimento ao Estado, ao Município e ao Distrito Federal em razão de taxa de fiscalização ambiental.
§ 1º Valores recolhidos ao Estado, ao Município e ao Distrital Federal a **qualquer** outro título, tais como taxas ou preços públicos de licenciamento e venda de produtos, não constituem crédito para compensação com a TCFA.
§ 2º A restituição, administrativa ou judicial, qualquer que seja a causa que a determine, da taxa de fiscalização ambiental estadual ou distrital compensada com a TCFA restaura o direito de crédito do IBAMA contra o estabelecimento, relativamente ao valor compensado.
Art. 17-Q. É o IBAMA autorizado a celebrar convênios com os Estados, os Municípios e o Distrito Federal para desempenharem atividades de fiscalização ambiental, podendo repassar-lhes parcela da receita obtida com a TCFA.
Art. 19. **Ressalvado** o disposto nas Leis nºs 5.357, de 17 de novembro de 1967, e 7.661, de 16 de maio de 1988, a receita proveniente da aplicação desta Lei será recolhida de acordo com o disposto no art. 4º da Lei nº 7.735, de 22 de fevereiro de 1989.

Art 20 - Esta Lei entrará em vigor na data de sua publicação.
Art 21 - Revogam-se as disposições em contrário.

Brasília, em 31 de agosto de 1981; 160º da Independência e 93º da República.

JOÃO FIGUEIREDO

☐ Lei de Crimes e Infrações administrativas Ambientais

LEI Nº 9.605, DE 12 DE FEVEREIRO DE 1998.

> Dispõe sobre as **sanções penais e administrativas derivadas de condutas e atividades lesivas ao meio ambiente**, e dá outras providências.

O PRESIDENTE DA REPÚBLICA Faço saber que o Congresso Nacional decreta e eu sanciono a seguinte Lei:

CAPÍTULO I
DISPOSIÇÕES GERAIS

Art. 2º Quem, de **qualquer** forma, concorre para a prática dos crimes previstos nesta Lei, incide nas penas a estes cominadas, na medida da sua culpabilidade, bem como o diretor, o administrador, o membro de conselho e de órgão técnico, o auditor, o gerente, o preposto ou mandatário de pessoa jurídica, que, sabendo da conduta criminosa de outrem, deixar de impedir a sua prática, quando podia agir para evitá-la.

Art. 3º As pessoas jurídicas serão responsabilizadas administrativa, civil e penalmente conforme o disposto nesta Lei, nos casos em que a infração seja cometida por decisão de seu representante legal ou contratual, ou de seu órgão colegiado, no interesse ou benefício da sua entidade.

Parágrafo único. A responsabilidade das pessoas jurídicas não exclui a das pessoas físicas, autoras, coautoras ou partícipes do mesmo fato.

Art. 4º Poderá ser desconsiderada a pessoa jurídica sempre que sua personalidade for obstáculo ao ressarcimento de prejuízos causados à qualidade do meio ambiente.

CAPÍTULO II
DA APLICAÇÃO DA PENA

Art. 6º Para imposição e gradação da penalidade, a autoridade competente observará:

I - a gravidade do fato, tendo em vista os motivos da infração e suas consequências para a saúde pública e para o meio ambiente;

II - os antecedentes do infrator quanto ao cumprimento da legislação de interesse ambiental;

III - a situação econômica do infrator, no caso de multa.

Art. 7º As penas restritivas de direitos são autônomas e substituem as privativas de liberdade quando:

I - tratar-se de crime culposo ou for aplicada a pena privativa de liberdade inferior a quatro anos;

II - a culpabilidade, os antecedentes, a conduta social e a personalidade do condenado, bem como os motivos e as circunstâncias do crime indicarem que a substituição seja suficiente para efeitos de reprovação e prevenção do crime.

Parágrafo único. As penas restritivas de direitos a que se refere este artigo terão a mesma duração da pena privativa de liberdade substituída.
Art. 8º As penas restritivas de direito são:
I - prestação de serviços à comunidade;
II - interdição temporária de direitos;
III - suspensão parcial ou total de atividades;
IV - prestação pecuniária;
V - recolhimento domiciliar.
Art. 9º A prestação de serviços à comunidade consiste na atribuição ao condenado de tarefas gratuitas junto a parques e jardins públicos e unidades de conservação, e, no caso de dano da coisa particular, pública ou tombada, na restauração desta, se possível.
Art. 10. As penas de interdição temporária de direito são a proibição de o condenado contratar com o Poder Público, de receber incentivos fiscais ou **quaisquer** outros benefícios, bem como de participar de licitações, pelo **prazo** de cinco anos, no caso de crimes dolosos, e de três anos, no de crimes culposos.
Art. 11. A suspensão de atividades será aplicada quando estas não estiverem obedecendo às prescrições legais.
Art. 12. A prestação pecuniária consiste no pagamento em dinheiro à vítima ou à entidade pública ou privada com fim social, de importância, fixada pelo juiz, não inferior a um salário mínimo nem superior a trezentos e sessenta salários mínimos. O valor pago será deduzido do montante de eventual reparação civil a que for condenado o infrator.
Art. 13. O recolhimento domiciliar baseia-se na autodisciplina e senso de responsabilidade do condenado, que deverá, sem vigilância, trabalhar, frequentar curso ou exercer atividade autorizada, permanecendo recolhido nos dias e horários de folga em residência ou em **qualquer** local destinado a sua moradia habitual, conforme estabelecido na sentença condenatória.
Art. 14. São circunstâncias que atenuam a pena:
I - baixo grau de instrução ou escolaridade do agente;
II - arrependimento do infrator, manifestado pela espontânea reparação do dano, ou limitação significativa da degradação ambiental causada;
III - comunicação prévia pelo agente do perigo iminente de degradação ambiental;
IV - colaboração com os agentes encarregados da vigilância e do controle ambiental.
Art. 15. São circunstâncias que agravam a pena, quando não constituem ou qualificam o crime:
I - reincidência nos crimes de natureza ambiental;
II - ter o agente cometido a infração:
a) para obter vantagem pecuniária;
b) coagindo outrem para a execução material da infração;
c) afetando ou expondo a perigo, de maneira grave, a saúde pública ou o meio ambiente;
d) concorrendo para danos à propriedade alheia;
e) atingindo áreas de unidades de conservação ou áreas sujeitas, por ato do Poder Público, a regime especial de uso;
f) atingindo áreas urbanas ou **quaisquer** assentamentos humanos;
g) em período de defeso à fauna;
h) em domingos ou feriados;
i) à noite;

j) em épocas de seca ou inundações;
l) no interior do espaço territorial especialmente protegido;
m) com o emprego de métodos cruéis para abate ou captura de animais;
n) mediante fraude ou abuso de confiança;
o) mediante abuso do direito de licença, permissão ou autorização ambiental;
p) no interesse de pessoa jurídica mantida, total ou parcialmente, por verbas públicas ou beneficiada por incentivos fiscais;
q) atingindo espécies ameaçadas, listadas em relatórios oficiais das autoridades competentes;
r) facilitada por funcionário público no exercício de suas funções.
Art. 16. Nos crimes previstos nesta Lei, a suspensão condicional da pena pode ser aplicada nos casos de condenação a pena privativa de liberdade não superior a três anos.
Art. 17. A verificação da reparação a que se refere o § 2º do art. 78 do Código Penal será feita mediante laudo de reparação do dano ambiental, e as condições a serem impostas pelo juiz deverão relacionar-se com a proteção ao meio ambiente.
Art. 18. A multa será calculada segundo os critérios do Código Penal; se revelar-se ineficaz, ainda que aplicada no valor máximo, poderá ser aumentada até três vezes, tendo em vista o valor da vantagem econômica auferida.
Art. 19. A perícia de constatação do dano ambiental, sempre que possível, fixará o montante do prejuízo causado para efeitos de prestação de fiança e cálculo de multa.
Parágrafo único. A perícia produzida no inquérito civil ou no juízo cível poderá ser aproveitada no processo penal, instaurando-se o contraditório.
Art. 20. A sentença penal condenatória, sempre que possível, fixará o valor mínimo para reparação dos danos causados pela infração, considerando os prejuízos sofridos pelo ofendido ou pelo meio ambiente.
Parágrafo único. Transitada em julgado a sentença condenatória, a execução poderá efetuar-se pelo valor fixado nos termos do *caput*, sem prejuízo da liquidação para apuração do dano efetivamente sofrido.
Art. 21. As penas aplicáveis isolada, cumulativa ou alternativamente às pessoas jurídicas, de acordo com o disposto no art. 3º, são:
I - multa;
II - restritivas de direitos;
III - prestação de serviços à comunidade.
Art. 22. As penas restritivas de direitos da pessoa jurídica são:
I - suspensão parcial ou total de atividades;
II - interdição temporária de estabelecimento, obra ou atividade;
III - proibição de contratar com o Poder Público, bem como dele obter subsídios, subvenções ou doações.
§ 1º A suspensão de atividades será aplicada quando estas não estiverem obedecendo às disposições legais ou regulamentares, relativas à proteção do meio ambiente.
§ 2º A interdição será aplicada quando o estabelecimento, obra ou atividade estiver funcionando sem a devida autorização, ou em desacordo com a concedida, ou com violação de disposição legal ou regulamentar.
§ 3º A proibição de contratar com o Poder Público e dele obter subsídios, subvenções ou doações **não pode**rá exceder o **prazo** de dez anos.
Art. 23. A prestação de serviços à comunidade pela pessoa jurídica consistirá em:

I - custeio de programas e de projetos ambientais;
II - execução de obras de recuperação de áreas degradadas;
III - manutenção de espaços públicos;
IV - contribuições a entidades ambientais ou culturais públicas.
Art. 24. A pessoa jurídica constituída ou utilizada, preponderantemente, com o fim de permitir, facilitar ou ocultar a prática de crime definido nesta Lei terá decretada sua liquidação forçada, seu patrimônio será considerado instrumento do crime e como tal perdido em favor do Fundo Penitenciário Nacional.

CAPÍTULO III
DA APREENSÃO DO PRODUTO E DO INSTRUMENTO DE INFRAÇÃO ADMINISTRATIVA OU DE CRIME

Art. 25. Verificada a infração, serão apreendidos seus produtos e instrumentos, lavrando-se os respectivos autos.
§ 1º Os animais serão prioritariamente libertados em seu habitat ou, sendo tal medida inviável ou não recomendável por questões sanitárias, entregues a jardins zoológicos, fundações ou entidades assemelhadas, para guarda e cuidados sob a responsabilidade de técnicos habilitados.
§ 2º Até que os animais sejam entregues às instituições mencionadas no § 1º deste artigo, o órgão autuante zelará para que eles sejam mantidos em condições adequadas de acondicionamento e transporte que garantam o seu bem-estar físico.
§ 3º Tratando-se de produtos perecíveis ou madeiras, serão estes avaliados e doados a instituições científicas, hospitalares, penais e outras com fins beneficentes.
§ 4° Os produtos e subprodutos da fauna não perecíveis serão destruídos ou doados a instituições científicas, culturais ou educacionais.
§ 5º Os instrumentos utilizados na prática da infração serão vendidos, garantida a sua descaracterização por meio da reciclagem.

CAPÍTULO IV
DA AÇÃO E DO PROCESSO PENAL

Art. 26. Nas infrações penais previstas nesta Lei, a ação penal é pública incondicionada.
Art. 27. Nos crimes ambientais de menor potencial ofensivo, a proposta de aplicação imediata de pena restritiva de direitos ou multa, prevista no art. 76 da Lei nº 9.099, de 26 de setembro de 1995, **somente** poderá ser formulada desde que tenha havido a prévia composição do dano ambiental, de que trata o art. 74 da mesma lei, **salvo** em caso de comprovada impossibilidade.
Art. 28. As disposições do art. 89 da Lei nº 9.099, de 26 de setembro de 1995, aplicam-se aos crimes de menor potencial ofensivo definidos nesta Lei, com as seguintes modificações:
I - a declaração de extinção de punibilidade, de que trata o § 5° do artigo referido no *caput*, dependerá de laudo de constatação de reparação do dano ambiental, **ressalvada** a impossibilidade prevista no inciso I do § 1° do mesmo artigo;
II - na hipótese de o laudo de constatação comprovar não ter sido completa a reparação, o **prazo** de suspensão do processo será prorrogado, até o período

máximo previsto no artigo referido no *caput*, acrescido de mais um ano, com suspensão do **prazo** da prescrição;
III - no período de prorrogação, não se aplicarão as condições dos incisos II, III e IV do § 1° do artigo mencionado no *caput*;
IV - findo o **prazo** de prorrogação, proceder-se-á à lavratura de novo laudo de constatação de reparação do dano ambiental, podendo, conforme seu resultado, ser novamente prorrogado o período de suspensão, até o máximo previsto no inciso II deste artigo, observado o disposto no inciso III;
V - esgotado o **prazo** máximo de prorrogação, a declaração de extinção de punibilidade dependerá de laudo de constatação que comprove ter o acusado tomado as providências necessárias à reparação integral do dano.

CAPÍTULO V
DOS CRIMES CONTRA O MEIO AMBIENTE
Seção I
Dos Crimes contra a Fauna

Art. 29. Matar, perseguir, caçar, apanhar, utilizar espécimes da fauna silvestre, nativos ou em rota migratória, sem a devida permissão, licença ou autorização da autoridade competente, ou em desacordo com a obtida:
Pena - detenção de seis meses a um ano, e multa.
§ 1º Incorre nas mesmas penas:
I - quem impede a procriação da fauna, sem licença, autorização ou em desacordo com a obtida;
II - quem modifica, danifica ou destrói ninho, abrigo ou criadouro natural;
III - quem vende, expõe à venda, exporta ou adquire, guarda, tem em cativeiro ou depósito, utiliza ou transporta ovos, larvas ou espécimes da fauna silvestre, nativa ou em rota migratória, bem como produtos e objetos dela oriundos, provenientes de criadouros não autorizados ou sem a devida permissão, licença ou autorização da autoridade competente.
§ 2º No caso de guarda doméstica de espécie silvestre não considerada ameaçada de extinção, pode o juiz, considerando as circunstâncias, deixar de aplicar a pena.
§ 3° São espécimes da fauna silvestre **todos** aqueles pertencentes às espécies nativas, migratórias e **quaisquer** outras, aquáticas ou terrestres, que tenham todo ou parte de seu ciclo de vida ocorrendo dentro dos limites do território brasileiro, ou águas jurisdicionais brasileiras.
§ 4º A pena é aumentada de metade, se o crime é praticado:
I - contra espécie rara ou considerada ameaçada de extinção, ainda que **somente** no **local** da infração;
II - em período proibido à caça;
III - durante a noite;
IV - com abuso de licença;
V - em unidade de conservação;
VI - com emprego de métodos ou instrumentos capazes de provocar destruição em massa.
§ 5º A pena é aumentada até o triplo, se o crime decorre do exercício de caça profissional.
§ 6º As disposições deste artigo não se aplicam aos atos de pesca.
Art. 30. Exportar para o exterior peles e couros de anfíbios e répteis em bruto, sem a autorização da autoridade ambiental competente:
Pena - reclusão, de um a três anos, e multa.

Art. 31. Introduzir espécime animal no País, sem parecer técnico oficial favorável e licença expedida por autoridade competente:
Pena - detenção, de três meses a um ano, e multa.
Art. 32. Praticar ato de abuso, maus-tratos, ferir ou mutilar animais silvestres, domésticos ou domesticados, nativos ou exóticos:
Pena - detenção, de três meses a um ano, e multa.
§ 1º Incorre nas mesmas penas quem realiza experiência dolorosa ou cruel em animal vivo, ainda que para fins didáticos ou científicos, quando existirem recursos alternativos.
§ 1º-A Quando se tratar de cão ou gato, a pena para as condutas descritas no **caput** deste artigo será de reclusão, de 2 (dois) a 5 (cinco) anos, multa e proibição da guarda.
§ 2º A pena é aumentada de um sexto a um terço, se ocorre morte do animal.
Art. 33. Provocar, pela emissão de efluentes ou carreamento de materiais, o perecimento de espécimes da fauna aquática existentes em rios, lagos, açudes, lagoas, baías ou águas jurisdicionais brasileiras:
Pena - detenção, de um a três anos, ou multa, ou ambas cumulativamente.
Parágrafo único. Incorre nas mesmas penas:
I - quem causa degradação em viveiros, açudes ou estações de aqüicultura de domínio público;
II - quem explora campos naturais de invertebrados aquáticos e algas, sem licença, permissão ou autorização da autoridade competente;
III - quem fundeia embarcações ou lança detritos de **qualquer** natureza sobre bancos de moluscos ou corais, devidamente demarcados em carta náutica.
Art. 34. Pescar em período no qual a pesca seja proibida ou em lugares interditados por órgão competente:
Pena - detenção de um ano a três anos ou multa, ou ambas as penas cumulativamente.
Parágrafo único. Incorre nas mesmas penas quem:
I - pesca espécies que devam ser preservadas ou espécimes com tamanhos inferiores aos permitidos;
II - pesca quantidades superiores às permitidas, ou mediante a utilização de aparelhos, petrechos, técnicas e métodos não permitidos;
III - transporta, comercializa, beneficia ou industrializa espécimes provenientes da coleta, apanha e pesca proibidas.
Art. 35. Pescar mediante a utilização de:
I - explosivos ou substâncias que, em contato com a água, produzam efeito semelhante;
II - substâncias tóxicas, ou outro meio proibido pela autoridade competente:
Pena - reclusão de um ano a cinco anos.
Art. 36. Para os efeitos desta Lei, considera-se pesca todo ato tendente a retirar, extrair, coletar, apanhar, apreender ou capturar espécimes dos grupos dos peixes, crustáceos, moluscos e vegetais hidróbios, suscetíveis ou não de aproveitamento econômico, **ressalvada**s as espécies ameaçadas de extinção, constantes nas listas oficiais da fauna e da flora.
Art. 37. Não é crime o abate de animal, quando realizado:
I - em estado de necessidade, para saciar a fome do agente ou de sua família;
II - para proteger lavouras, pomares e rebanhos da ação predatória ou destruidora de animais, desde que legal e expressamente autorizado pela autoridade competente;

IV - por ser nocivo o animal, desde que assim caracterizado pelo órgão competente.

Seção II
Dos Crimes contra a Flora

Art. 38. Destruir ou danificar floresta considerada de preservação permanente, mesmo que em formação, ou utilizá-la com infringência das normas de proteção:
Pena - detenção, de um a três anos, ou multa, ou ambas as penas cumulativamente.
Parágrafo único. Se o crime for culposo, a pena será reduzida à metade.
Art. 38-A. Destruir ou danificar vegetação primária ou secundária, em estágio avançado ou médio de regeneração, do Bioma Mata Atlântica, ou utilizá-la com infringência das normas de proteção:
Pena - detenção, de 1 (um) a 3 (três) anos, ou multa, ou ambas as penas cumulativamente.
Parágrafo único. Se o crime for culposo, a pena será reduzida à metade.
Art. 39. Cortar árvores em floresta considerada de preservação permanente, sem permissão da autoridade competente:
Pena - detenção, de um a três anos, ou multa, ou ambas as penas cumulativamente.
Art. 40. Causar dano direto ou indireto às Unidades de Conservação e às áreas de que trata o art. 27 do Decreto nº 99.274, de 6 de junho de 1990, independentemente de sua localização:
Pena - reclusão, de um a cinco anos.
§ 1º Entende-se por Unidades de Conservação de Proteção Integral as Estações Ecológicas, as Reservas Biológicas, os Parques Nacionais, os Monumentos Naturais e os Refúgios de Vida Silvestre.
§ 2º A ocorrência de dano afetando espécies ameaçadas de extinção no interior das Unidades de Conservação de Proteção Integral será considerada circunstância agravante para a fixação da pena.
§ 3º Se o crime for culposo, a pena será reduzida à metade.
§ 1º Entende-se por Unidades de Conservação de Uso Sustentável as Áreas de Proteção Ambiental, as Áreas de Relevante Interesse Ecológico, as Florestas Nacionais, as Reservas Extrativistas, as Reservas de Fauna, as Reservas de Desenvolvimento Sustentável e as Reservas Particulares do Patrimônio Natural.
§ 2º A ocorrência de dano afetando espécies ameaçadas de extinção no interior das Unidades de Conservação de Uso Sustentável será considerada circunstância agravante para a fixação da pena.
§ 3º Se o crime for culposo, a pena será reduzida à metade.
Art. 41. Provocar incêndio em mata ou floresta:
Pena - reclusão, de dois a quatro anos, e multa.
Parágrafo único. Se o crime é culposo, a pena é de detenção de seis meses a um ano, e multa.
Art. 42. Fabricar, vender, transportar ou soltar balões que possam provocar incêndios nas florestas e demais formas de vegetação, em áreas urbanas ou **qualquer** tipo de assentamento humano:
Pena - detenção de um a três anos ou multa, ou ambas as penas cumulativamente.

Art. 44. Extrair de florestas de domínio público ou consideradas de preservação permanente, sem prévia autorização, pedra, areia, cal ou **qualquer** espécie de minerais:
Pena - detenção, de seis meses a um ano, e multa.
Art. 45. Cortar ou transformar em carvão madeira de lei, assim classificada por ato do Poder Público, para fins industriais, energéticos ou para **qualquer** outra exploração, econômica ou não, em desacordo com as determinações legais:
Pena - reclusão, de um a dois anos, e multa.
Art. 46. Receber ou adquirir, para fins comerciais ou industriais, madeira, lenha, carvão e outros produtos de origem vegetal, sem exigir a exibição de licença do vendedor, outorgada pela autoridade competente, e sem munir-se da via que deverá acompanhar o produto até final beneficiamento:
Pena - detenção, de seis meses a um ano, e multa.
Parágrafo único. Incorre nas mesmas penas quem vende, expõe à venda, tem em depósito, transporta ou guarda madeira, lenha, carvão e outros produtos de origem vegetal, sem licença válida para todo o tempo da viagem ou do armazenamento, outorgada pela autoridade competente.
Art. 48. Impedir ou dificultar a regeneração natural de florestas e demais formas de vegetação:
Pena - detenção, de seis meses a um ano, e multa.
Art. 49. Destruir, danificar, lesar ou maltratar, por **qualquer** modo ou meio, plantas de ornamentação de logradouros públicos ou em propriedade privada alheia:
Pena - detenção, de três meses a um ano, ou multa, ou ambas as penas cumulativamente.
Parágrafo único. No crime culposo, a pena é de um a seis meses, ou multa.
Art. 50. Destruir ou danificar florestas nativas ou plantadas ou vegetação fixadora de dunas, protetora de mangues, objeto de especial preservação:
Pena - detenção, de três meses a um ano, e multa.
Art. 50-A. Desmatar, explorar economicamente ou degradar floresta, plantada ou nativa, em terras de domínio público ou devolutas, sem autorização do órgão competente:
Pena - reclusão de 2 (dois) a 4 (quatro) anos e multa.
§ 1º Não é crime a conduta praticada quando necessária à subsistência imediata pessoal do agente ou de sua família.
§ 2º Se a área explorada for superior a 1.000 ha (mil hectares), a pena será aumentada de 1 (um) ano por milhar de hectare.
Art. 51. Comercializar motosserra ou utilizá-la em florestas e nas demais formas de vegetação, sem licença ou registro da autoridade competente:
Pena - detenção, de três meses a um ano, e multa.
Art. 52. Penetrar em Unidades de Conservação conduzindo substâncias ou instrumentos próprios para caça ou para exploração de produtos ou subprodutos florestais, sem licença da autoridade competente:
Pena - detenção, de seis meses a um ano, e multa.
Art. 53. Nos crimes previstos nesta Seção, a pena é aumentada de um sexto a um terço se:
I - do fato resulta a diminuição de águas naturais, a erosão do solo ou a modificação do regime climático;
II - o crime é cometido:
a) no período de queda das sementes;
b) no período de formação de vegetações;

c) contra espécies raras ou ameaçadas de extinção, ainda que a ameaça ocorra **somente** no **local** da infração;
d) em época de seca ou inundação;
e) durante a noite, em domingo ou feriado.

Seção III
Da Poluição e outros Crimes Ambientais

Art. 54. Causar poluição de **qualquer** natureza em níveis tais que resultem ou possam resultar em danos à saúde humana, ou que provoquem a mortandade de animais ou a destruição significativa da flora:
Pena - reclusão, de um a quatro anos, e multa.
§ 1º Se o crime é culposo:
Pena - detenção, de seis meses a um ano, e multa.
§ 2º Se o crime:
I - tornar uma área, urbana ou rural, imprópria para a ocupação humana;
II - causar poluição atmosférica que provoque a retirada, ainda que momentânea, dos habitantes das áreas afetadas, ou que cause danos diretos à saúde da população;
III - causar poluição hídrica que torne necessária a interrupção do abastecimento público de água de uma comunidade;
IV - dificultar ou impedir o uso público das praias;
V - ocorrer por lançamento de resíduos sólidos, líquidos ou gasosos, ou detritos, óleos ou substâncias oleosas, em desacordo com as exigências estabelecidas em leis ou **regulamento**s:
Pena - reclusão, de um a cinco anos.
§ 3º Incorre nas mesmas penas previstas no parágrafo anterior quem deixar de adotar, quando assim o exigir a autoridade competente, medidas de precaução em caso de risco de dano ambiental grave ou irreversível.
Art. 55. Executar pesquisa, lavra ou extração de recursos minerais sem a competente autorização, permissão, concessão ou licença, ou em desacordo com a obtida:
Pena - detenção, de seis meses a um ano, e multa.
Parágrafo único. Nas mesmas penas incorre quem deixa de recuperar a área pesquisada ou explorada, nos termos da autorização, permissão, licença, concessão ou determinação do órgão competente.
Art. 56. Produzir, processar, embalar, importar, exportar, comercializar, fornecer, transportar, armazenar, guardar, ter em depósito ou usar produto ou substância tóxica, perigosa ou nociva à saúde humana ou ao meio ambiente, em desacordo com as exigências estabelecidas em leis ou nos seus **regulamento**s:
Pena - reclusão, de um a quatro anos, e multa.
§ 1º Nas mesmas penas incorre quem:
I - abandona os produtos ou substâncias referidos no **caput** ou os utiliza em desacordo com as normas ambientais ou de segurança;
II - manipula, acondiciona, armazena, coleta, transporta, reutiliza, recicla ou dá destinação final a resíduos perigosos de forma diversa da estabelecida em lei ou **regulamento**.
§ 2º Se o produto ou a substância for nuclear ou radioativa, a pena é aumentada de um sexto a um terço.
§ 3º Se o crime é culposo:
Pena - detenção, de seis meses a um ano, e multa.

Art. 58. Nos crimes dolosos previstos nesta Seção, as penas serão aumentadas:
I - de um sexto a um terço, se resulta dano irreversível à flora ou ao meio ambiente em geral;
II - de um terço até a metade, se resulta lesão corporal de natureza grave em outrem;
III - até o dobro, se resultar a morte de outrem.
Parágrafo único. As penalidades previstas neste artigo **somente** serão aplicadas se do fato não resultar crime mais grave.
Art. 60. Construir, reformar, ampliar, instalar ou fazer funcionar, em **qualquer** parte do território nacional, estabelecimentos, obras ou serviços potencialmente poluidores, sem licença ou autorização dos órgãos ambientais competentes, ou contrariando as normas legais e regulamentares pertinentes:
Pena - detenção, de um a seis meses, ou multa, ou ambas as penas cumulativamente.
Art. 61. Disseminar doença ou praga ou espécies que possam causar dano à agricultura, à pecuária, à fauna, à flora ou aos ecossistemas:
Pena - reclusão, de um a quatro anos, e multa.

Seção IV
Dos Crimes contra o Ordenamento Urbano e o Patrimônio Cultural

Art. 62. Destruir, inutilizar ou deteriorar:
I - bem especialmente protegido por lei, ato administrativo ou decisão judicial;
II - arquivo, registro, museu, biblioteca, pinacoteca, instalação científica ou similar protegido por lei, ato administrativo ou decisão judicial:
Pena - reclusão, de um a três anos, e multa.
Parágrafo único. Se o crime for culposo, a pena é de seis meses a um ano de detenção, sem prejuízo da multa.
Art. 63. Alterar o aspecto ou estrutura de edificação ou local especialmente protegido por lei, ato administrativo ou decisão judicial, em razão de seu valor paisagístico, ecológico, turístico, artístico, histórico, cultural, religioso, arqueológico, etnográfico ou monumental, sem autorização da autoridade competente ou em desacordo com a concedida:
Pena - reclusão, de um a três anos, e multa.
Art. 64. Promover construção em solo não edificável, ou no seu entorno, assim considerado em razão de seu valor paisagístico, ecológico, artístico, turístico, histórico, cultural, religioso, arqueológico, etnográfico ou monumental, sem autorização da autoridade competente ou em desacordo com a concedida:
Pena - detenção, de seis meses a um ano, e multa.
Art. 65. Pichar ou por outro meio conspurcar edificação ou monumento urbano:
Pena - detenção, de 3 (três) meses a 1 (um) ano, e multa.
§ 1º Se o ato for realizado em monumento ou coisa tombada em virtude do seu valor artístico, arqueológico ou histórico, a pena é de 6 (seis) meses a 1 (um) ano de detenção e multa.
§ 2º Não constitui crime a prática de grafite realizada com o objetivo de valorizar o patrimônio público ou privado mediante manifestação artística, desde que consentida pelo proprietário e, quando couber, pelo locatário ou arrendatário do bem privado e, no caso de bem público, com a autorização do órgão competente e a observância das posturas municipais e das normas

editadas pelos órgãos governamentais responsáveis pela preservação e conservação do patrimônio histórico e artístico nacional.

Seção V
Dos Crimes contra a Administração Ambiental

Art. 66. Fazer o funcionário público afirmação falsa ou enganosa, omitir a verdade, sonegar informações ou dados técnico-científicos em procedimentos de autorização ou de licenciamento ambiental:
Pena - reclusão, de um a três anos, e multa.
Art. 67. Conceder o funcionário público licença, autorização ou permissão em desacordo com as normas ambientais, para as atividades, obras ou serviços cuja realização depende de ato autorizativo do Poder Público:
Pena - detenção, de um a três anos, e multa.
Parágrafo único. Se o crime é culposo, a pena é de três meses a um ano de detenção, sem prejuízo da multa.
Art. 68. Deixar, aquele que tiver o dever legal ou contratual de fazê-lo, de cumprir obrigação de relevante interesse ambiental:
Pena - detenção, de um a três anos, e multa.
Parágrafo único. Se o crime é culposo, a pena é de três meses a um ano, sem prejuízo da multa.
Art. 69. Obstar ou dificultar a ação fiscalizadora do Poder Público no trato de questões ambientais:
Pena - detenção, de um a três anos, e multa.
Art. 69-A. Elaborar ou apresentar, no licenciamento, concessão florestal ou **qualquer** outro procedimento administrativo, estudo, laudo ou relatório ambiental total ou parcialmente falso ou enganoso, inclusive por omissão:
 Pena - reclusão, de 3 (três) a 6 (seis) anos, e multa.
§ 1º Se o crime é culposo:
Pena - detenção, de 1 (um) a 3 (três) anos.
§ 2º A pena é aumentada de 1/3 (um terço) a 2/3 (dois terços), se há dano significativo ao meio ambiente, em decorrência do uso da informação falsa, incompleta ou enganosa.

CAPÍTULO VI
DA INFRAÇÃO ADMINISTRATIVA

Art. 70. Considera-se infração administrativa ambiental toda ação ou omissão que viole as regras jurídicas de uso, gozo, promoção, proteção e recuperação do meio ambiente.
§ 1º São autoridades competentes para lavrar auto de infração ambiental e instaurar processo administrativo os funcionários de órgãos ambientais integrantes do Sistema Nacional de Meio Ambiente - SISNAMA, designados para as atividades de fiscalização, bem como os agentes das Capitanias dos Portos, do Ministério da Marinha.
§ 2º **Qualquer** pessoa, constatando infração ambiental, poderá dirigir representação às autoridades relacionadas no parágrafo anterior, para efeito do exercício do seu poder de polícia.
§ 3º A autoridade ambiental que tiver conhecimento de infração ambiental é obrigada a promover a sua apuração imediata, mediante processo administrativo próprio, sob pena de corresponsabilidade.

§ 4º As infrações ambientais são apuradas em processo administrativo próprio, assegurado o direito de ampla defesa e o contraditório, observadas as disposições desta Lei.
Art. 71. O processo administrativo para apuração de infração ambiental deve observar os seguintes **prazo**s máximos:
I - vinte dias para o infrator oferecer defesa ou impugnação contra o auto de infração, contados da data da ciência da autuação;
II - trinta dias para a autoridade competente julgar o auto de infração, contados da data da sua lavratura, apresentada ou não a defesa ou impugnação;
III - vinte dias para o infrator recorrer da decisão condenatória à instância superior do Sistema Nacional do Meio Ambiente - SISNAMA, ou à Diretoria de Portos e Costas, do Ministério da Marinha, de acordo com o tipo de autuação;
IV – cinco dias para o pagamento de multa, contados da data do recebimento da notificação.
Art. 72. As infrações administrativas são punidas com as seguintes sanções, observado o disposto no art. 6º:
I - advertência;
II - multa simples;
III - multa diária;
IV - apreensão dos animais, produtos e subprodutos da fauna e flora, instrumentos, petrechos, equipamentos ou veículos de **qualquer** natureza utilizados na infração;
V - destruição ou inutilização do produto;
VI - suspensão de venda e fabricação do produto;
VII - embargo de obra ou atividade;
VIII - demolição de obra;
IX - suspensão parcial ou total de atividades;
XI - restritiva de direitos.
§ 1º Se o infrator cometer, simultaneamente, duas ou mais infrações, ser-lhe-ão aplicadas, cumulativamente, as sanções a elas cominadas.
§ 2º A advertência será aplicada pela inobservância das disposições desta Lei e da legislação em vigor, ou de preceitos regulamentares, sem prejuízo das demais sanções previstas neste artigo.
§ 3º A multa simples será aplicada sempre que o agente, por negligência ou dolo:
I - advertido por irregularidades que tenham sido praticadas, deixar de saná-las, no **prazo** assinalado por órgão competente do SISNAMA ou pela Capitania dos Portos, do Ministério da Marinha;
II - opuser embaraço à fiscalização dos órgãos do SISNAMA ou da Capitania dos Portos, do Ministério da Marinha.
§ 4º A multa simples pode ser convertida em serviços de preservação, melhoria e recuperação da qualidade do meio ambiente.
§ 5º A multa diária será aplicada sempre que o cometimento da infração se prolongar no tempo.
§ 6º A apreensão e destruição referidas nos incisos IV e V do *caput* obedecerão ao disposto no art. 25 desta Lei.
§ 7º As sanções indicadas nos incisos VI a IX do *caput* serão aplicadas quando o produto, a obra, a atividade ou o estabelecimento não estiverem obedecendo às prescrições legais ou regulamentares.
§ 8º As sanções restritivas de direito são:
I - suspensão de registro, licença ou autorização;

II - cancelamento de registro, licença ou autorização;
III - perda ou restrição de incentivos e benefícios fiscais;
IV - perda ou suspensão da participação em linhas de financiamento em estabelecimentos oficiais de crédito;
V - proibição de contratar com a Administração Pública, pelo período de até três anos.
Art. 73. Os valores arrecadados em pagamento de multas por infração ambiental serão revertidos ao Fundo Nacional do Meio Ambiente, criado pela Lei nº 7.797, de 10 de julho de 1989, Fundo Naval, criado pelo Decreto nº 20.923, de 8 de janeiro de 1932, fundos estaduais ou municipais de meio ambiente, ou correlatos, conforme dispuser o órgão arrecadador.
Art. 74. A multa terá por base a unidade, hectare, metro cúbico, quilograma ou outra medida pertinente, de acordo com o objeto jurídico lesado.
Art. 75. O valor da multa de que trata este Capítulo será fixado no regulamento desta Lei e corrigido periodicamente, com base nos índices estabelecidos na legislação pertinente, sendo o mínimo de R$ 50,00 (cinquenta reais) e o máximo de R$ 50.000.000,00 (cinquenta milhões de reais).
Art. 76. O pagamento de multa imposta pelos Estados, Municípios, Distrito Federal ou Territórios substitui a multa federal na mesma hipótese de incidência.

CAPÍTULO VII
DA COOPERAÇÃO **INTERNACIONAL** PARA A PRESERVAÇÃO DO MEIO AMBIENTE

Art. 77. Resguardados a soberania nacional, a ordem pública e os bons costumes, o Governo brasileiro prestará, no que concerne ao meio ambiente, a necessária cooperação a outro país, sem **qualquer** ônus, quando solicitado para:
I - produção de prova;
II - exame de objetos e lugares;
III - informações sobre pessoas e coisas;
IV - presença temporária da pessoa presa, cujas declarações tenham relevância para a decisão de uma causa;
V - outras formas de assistência permitidas pela legislação em vigor ou pelos tratados de que o Brasil seja parte.
§ 1º A solicitação de que trata este artigo será dirigida ao Ministério da Justiça, que a remeterá, quando necessário, ao órgão judiciário competente para decidir a seu respeito, ou a encaminhará à autoridade capaz de atendê-la.
§ 2º A solicitação deverá conter:
I - o nome e a qualificação da autoridade solicitante;
II - o objeto e o motivo de sua formulação;
III - a descrição sumária do procedimento em curso no país solicitante;
IV - a especificação da assistência solicitada;
V - a documentação indispensável ao seu esclarecimento, quando for o caso.
Art. 78. Para a consecução dos fins visados nesta Lei e especialmente para a reciprocidade da cooperação **internacional**, deve ser mantido sistema de comunicações apto a facilitar o intercâmbio rápido e seguro de informações com órgãos de outros países.

CAPÍTULO VIII
DISPOSIÇÕES FINAIS

Art. 79. Aplicam-se subsidiariamente a esta Lei as disposições do Código Penal e do Código de Processo Penal.

Art. 79-A. Para o cumprimento do disposto nesta Lei, os órgãos ambientais integrantes do SISNAMA, responsáveis pela execução de programas e projetos e pelo controle e fiscalização dos estabelecimentos e das atividades suscetíveis de degradarem a qualidade ambiental, ficam autorizados a celebrar, com força de título executivo extrajudicial, termo de compromisso com pessoas físicas ou jurídicas responsáveis pela construção, instalação, ampliação e funcionamento de estabelecimentos e atividades utilizadores de recursos ambientais, considerados efetiva ou potencialmente poluidores.

§ 1º O termo de compromisso a que se refere este artigo destinar-se-á, exclusivamente, a permitir que as pessoas físicas e jurídicas mencionadas no **caput** possam promover as necessárias correções de suas atividades, para o atendimento das exigências impostas pelas autoridades ambientais competentes, sendo obrigatório que o respectivo instrumento disponha sobre:

I - o nome, a qualificação e o endereço das partes compromissadas e dos respectivos representantes legais;

II - o **prazo** de vigência do compromisso, que, em função da complexidade das obrigações nele fixadas, poderá variar entre o mínimo de noventa dias e o máximo de três anos, com possibilidade de prorrogação por igual período;

III - a descrição detalhada de seu objeto, o valor do investimento previsto e o cronograma físico de execução e de implantação das obras e serviços exigidos, com metas trimestrais a serem atingidas;

IV - as multas que podem ser aplicadas à pessoa física ou jurídica compromissada e os casos de rescisão, em decorrência do não-cumprimento das obrigações nele pactuadas;

V - o valor da multa de que trata o inciso IV **não pode**rá ser superior ao valor do investimento previsto;

VI - o foro competente para dirimir litígios entre as partes.

§ 2º No tocante aos empreendimentos em curso até o dia 30 de março de 1998, envolvendo construção, instalação, ampliação e funcionamento de estabelecimentos e atividades utilizadores de recursos ambientais, considerados efetiva ou potencialmente poluidores, a assinatura do termo de compromisso deverá ser requerida pelas pessoas físicas e jurídicas interessadas, até o dia 31 de dezembro de 1998, mediante requerimento escrito protocolizado junto aos órgãos competentes do SISNAMA, devendo ser firmado pelo dirigente máximo do estabelecimento.

§ 3º Da data da protocolização do requerimento previsto no § 2º e enquanto perdurar a vigência do correspondente termo de compromisso, ficarão suspensas, em relação aos fatos que deram causa à celebração do instrumento, a aplicação de sanções administrativas contra a pessoa física ou jurídica que o houver firmado.

§ 4º A celebração do termo de compromisso de que trata este artigo não impede a execução de eventuais multas aplicadas antes da protocolização do requerimento.

§ 5º Considera-se rescindido de pleno direito o termo de compromisso, quando descumprida **qualquer** de suas cláusulas, **ressalvado** o caso fortuito ou de força maior.

§ 6º O termo de compromisso deverá ser firmado em até noventa dias, contados da protocolização do requerimento.

§ 7º O requerimento de celebração do termo de compromisso deverá conter as informações necessárias à verificação da sua viabilidade técnica e jurídica, sob pena de indeferimento do plano.

§ 8º Sob pena de ineficácia, os termos de compromisso deverão ser publicados no órgão oficial competente, mediante extrato.

Art. 80. O Poder Executivo regulamentará esta Lei no **prazo** de noventa dias a contar de sua publicação.

Art. 82. Revogam-se as disposições em contrário.

Brasília, 12 de fevereiro de 1998; 177º da Independência e 110º da República.

FERNANDO HENRIQUE CARDOSO

❏ Regulamentação da Lei de Crimes e Infrações Ambientais

DECRETO Nº 6.514, DE 22 DE JULHO DE 2008.

> Dispõe sobre as **infrações e sanções administrativas ao meio ambiente**, estabelece o processo administrativo federal para apuração destas infrações, e dá outras providências.

O PRESIDENTE DA REPÚBLICA, no uso das atribuições que lhe confere o art. 84, incisos IV e VI, alínea "a", da Constituição, e tendo em vista o disposto no Capítulo VI da Lei nº 9.605, de 12 de fevereiro de 1998, e nas Leis nºs 9.784, de 29 de janeiro de 1999, 8.005, de 22 de março de 1990, 9.873, de 23 de novembro de 1999, e 6.938, de 31 de agosto de 1981,
DECRETA:

CAPÍTULO I
DAS INFRAÇÕES E SANÇÕES ADMINISTRATIVAS AO MEIO AMBIENTE
Seção I
Das Disposições Gerais

Art. 1º Este Capítulo dispõe sobre as condutas infracionais ao meio ambiente e suas respectivas sanções administrativas.

Art. 2º Considera-se infração administrativa ambiental, toda ação ou omissão que viole as regras jurídicas de uso, gozo, promoção, proteção e recuperação do meio ambiente, conforme o disposto na Seção III deste Capítulo.

Parágrafo único. O elenco constante da Seção III deste Capítulo não exclui a previsão de outras infrações previstas na legislação.

Art. 3º As infrações administrativas são punidas com as seguintes sanções:
I - advertência;
II - multa simples;
III - multa diária;
IV - apreensão dos animais, produtos e subprodutos da fauna e flora e demais produtos e subprodutos objeto da infração, instrumentos, petrechos, equipamentos ou veículos de **qualquer** natureza utilizados na infração;
V - destruição ou inutilização do produto;
VI - suspensão de venda e fabricação do produto;
VII - embargo de obra ou atividade e suas respectivas áreas;
VIII - demolição de obra;
IX - suspensão parcial ou total das atividades; e
X - restritiva de direitos.

§ 1º Os valores estabelecidos na Seção III deste Capítulo, quando não disposto de forma diferente, referem-se à multa simples e não impedem a aplicação cumulativa das demais sanções previstas neste Decreto.

§ 2º A caracterização de negligência ou dolo será exigível nas hipóteses previstas nos incisos I e II do § 3º do art. 72 da Lei nº 9.605, de 12 de fevereiro de 1998.

Art. 4º O agente autuante, ao lavrar o auto de infração, indicará as sanções estabelecidas neste Decreto, observando:
I - gravidade dos fatos, tendo em vista os motivos da infração e suas consequências para a saúde pública e para o meio ambiente;
II - antecedentes do infrator, quanto ao cumprimento da legislação de interesse ambiental; e
III - situação econômica do infrator.
§ 1º Para a aplicação do disposto no inciso I, o órgão ou entidade ambiental estabelecerá de forma objetiva critérios complementares para o agravamento e atenuação das sanções administrativas.
§ 2º As sanções aplicadas pelo agente autuante estarão sujeitas à confirmação pela autoridade julgadora.

Subseção I
Da Advertência

Art. 5º A sanção de advertência poderá ser aplicada, mediante a lavratura de auto de infração, para as infrações administrativas de menor lesividade ao meio ambiente, garantidos a ampla defesa e o contraditório.
§ 1º Consideram-se infrações administrativas de menor lesividade ao meio ambiente aquelas em que a multa consolidada não ultrapasse o valor de R$ 1.000,00 (mil reais) ou, na hipótese de multa por unidade de medida, não exceda o valor referido.   (Redação dada pelo Decreto nº 11.080, de 2022)
§ 2º Sem prejuízo do disposto no caput, caso o agente autuante constate a existência de irregularidades a serem sanadas, lavrará o auto de infração com a indicação da respectiva sanção de advertência, ocasião em que estabelecerá **prazo** para que o infrator sane tais irregularidades.
§ 3º Sanadas as irregularidades no **prazo** concedido, o agente autuante certificará o ocorrido nos autos e dará seguimento ao processo estabelecido no Capítulo II.
§ 4º Caso o autuado, por negligência ou dolo, deixe de sanar as irregularidades, o agente autuante certificará o ocorrido e aplicará a sanção de multa relativa à infração praticada, independentemente da advertência.
Art. 6º A sanção de advertência não excluirá a aplicação de outras sanções.
Art. 7º Fica **vedada** a aplicação de nova sanção de advertência no período de três anos contados do julgamento da defesa da última advertência ou de outra penalidade aplicada.

Subseção II
Das Multas

Art. 8º A multa terá por base a unidade, hectare, metro cúbico, quilograma, metro de carvão-mdc, estéreo, metro quadrado, dúzia, estipe, cento, milheiros ou outra medida pertinente, de acordo com o objeto jurídico lesado.
Parágrafo único. O órgão ou entidade ambiental poderá especificar a unidade de medida aplicável para cada espécie de recurso ambiental objeto da infração.
Art. 9º O valor da multa de que trata este Decreto será corrigido, periodicamente, com base nos índices estabelecidos na legislação pertinente, sendo o mínimo de R$ 50,00 (cinquenta reais) e o máximo de R$ 50.000.000,00 (cinquenta milhões de reais).

§ 1º Decorrido o **prazo** estabelecido no **caput** do art. 113, as multas estarão sujeitas à atualização monetária até o seu efetivo pagamento, sem prejuízo da aplicação de juros de mora e demais encargos, conforme previsto em lei. (Incluído pelo Decreto nº 11.080, de 2022)

§ 2º O valor da multa ambiental consolidada **não pode**rá exceder o limite previsto no **caput**, **ressalvado** o disposto no § 1º.

Art. 10. A multa diária será aplicada sempre que o cometimento da infração se prolongar no tempo.

§ 1º Constatada a situação prevista no caput, o agente autuante lavrará auto de infração, indicando, além dos requisitos constantes do art. 97, o valor da multa-dia.

§ 2º O valor da multa-dia deverá ser fixado de acordo com os critérios estabelecidos neste Decreto, **não pode**ndo ser inferior ao mínimo estabelecido no art. 9º nem superior a dez por cento do valor da multa simples máxima cominada para a infração.

§ 3º Lavrado o auto de infração, será aberto **prazo** de defesa nos termos estabelecidos no Capítulo II deste Decreto.

§ 4º A multa diária deixará de ser aplicada a partir da data em que o autuado apresentar ao órgão ambiental documentos que comprovem a regularização da situação que deu causa à lavratura do auto de infração.

§ 5º Caso o agente autuante ou a autoridade competente verifique que a situação que deu causa à lavratura do auto de infração não foi regularizada, a multa diária voltará a ser imposta desde a data em que deixou de ser aplicada, sendo notificado o autuado, sem prejuízo da adoção de outras sanções previstas neste Decreto.

§ 6º Por ocasião do julgamento do auto de infração, a autoridade competente deverá, em caso de procedência da autuação, confirmar ou modificar o valor da multa-dia, decidir o período de sua aplicação e consolidar o montante devido pelo autuado, para posterior execução. (Redação dada pelo Decreto nº 11.080, de 2022)

§ 7º O valor da multa será consolidado e executado periodicamente após o julgamento final, nos casos em que a infração não tenha cessado.

§ 8º A celebração de termo de compromisso de reparação ou cessação dos danos encerrará a contagem da multa diária.

Art. 11. O cometimento de nova infração ambiental pelo mesmo infrator, no período de cinco anos, contado da data em que a decisão administrativa que o tenha condenado por infração anterior tenha se tornado definitiva, implicará:
I - aplicação da multa em triplo, no caso de cometimento da mesma infração; ou
II - aplicação da multa em dobro, no caso de cometimento de infração distinta.

§ 1º O agravamento será apurado no procedimento da nova infração, do qual se fará constar certidão com as informações sobre o auto de infração anterior e o julgamento definitivo que o confirmou.

§ 2º Constatada a existência de decisão condenatória irrecorrível por infração anterior, o autuado será notificado para se manifestar, no **prazo** de dez dias, sobre a possibilidade de agravamento da penalidade.

§ 3º Caracterizada a reincidência, a autoridade competente agravará a penalidade, na forma do disposto nos incisos I e II do **caput**.

§ 4º O agravamento da penalidade por reincidência **não pode**rá ser aplicado após o julgamento de que trata o art. 124.

§ 5º A adesão a uma das soluções legais previstas na alínea "b" do inciso II do § 1º do art. 98-A não eximirá a contabilização da infração cometida para fins de aplicação do disposto neste artigo.
Art. 12. O pagamento de multa por infração ambiental imposta pelos Estados, Municípios, Distrito Federal ou Territórios substitui a aplicação de penalidade pecuniária pelo órgão federal, em decorrência do mesmo fato, respeitados os limites estabelecidos neste Decreto.
Parágrafo único. **Somente** o efetivo pagamento da multa será considerado para efeito da substituição de que trata o **caput**, não sendo admitida para esta finalidade a celebração de termo de compromisso de ajustamento de conduta ou outra forma de compromisso de regularização da infração ou composição de dano, **salvo** se deste também participar o órgão ambiental federal.
Art. 13. Reverterão ao Fundo Nacional do Meio Ambiente - FNMA cinquenta por cento dos valores arrecadados em pagamento de multas aplicadas pela União, podendo o referido percentual ser alterado, a critério dos órgãos arrecadadores. (Redação dada pelo Decreto nº 11.373, de 2023)
Parágrafo único. A destinação dos valores excedentes ao percentual estabelecido no **caput** a fundos administrados por outros entes federativos dependerá da celebração de instrumento específico entre o órgão arrecadador e o gestor do fundo, observado o disposto no art. 73 da Lei nº 9.605, de 1998.

Subseção III
Das Demais Sanções Administrativas

Art. 14. A sanção de apreensão de animais, produtos e subprodutos da fauna e flora, produtos e subprodutos objeto da infração, instrumentos, petrechos, equipamentos ou veículos e embarcações de **qualquer** natureza utilizados na infração reger-se-á pelo disposto nas Seções II, IV e VI do Capítulo II deste Decreto.
Art. 15. As sanções indicadas nos incisos V a IX do art. 3º serão aplicadas quando o produto, a obra, a atividade ou o estabelecimento não estiverem obedecendo às determinações legais ou regulamentares.
Art. 15-A. O embargo de obra ou atividade restringe-se aos locais onde efetivamente caracterizou-se a infração ambiental, não alcançando as demais atividades realizadas em áreas não embargadas da propriedade ou posse ou não correlacionadas com a infração.
Art. 15-B. A cessação das penalidades de suspensão e embargo dependerá de decisão da autoridade ambiental após a apresentação, por parte do autuado, de documentação que regularize a obra ou atividade.
Art. 16. No caso de áreas irregularmente desmatadas ou queimadas, o agente autuante embargará **quaisquer** obras ou atividades nelas localizadas ou desenvolvidas, excetuando as atividades de subsistência.
§ 1º O agente autuante deverá colher **todas** as provas possíveis de autoria e materialidade, bem como da extensão do dano, apoiando-se em documentos, fotos e dados de localização, incluindo as coordenadas geográficas da área embargada, que deverão constar do respectivo auto de infração para posterior georreferenciamento.
§ 2º Não se aplicará a penalidade de embargo de obra ou atividade, ou de área, nos casos em que a infração de que trata o **caput** se der fora da área de

preservação permanente ou reserva legal, **salvo** quando se tratar de desmatamento não autorizado de mata nativa.

Art. 17. O embargo de área irregularmente explorada e objeto do Plano de Manejo Florestal Sustentável - PMFS não exonera seu detentor da execução de atividades de manutenção ou recuperação da floresta, na forma e **prazos** fixados no PMFS e no termo de responsabilidade de manutenção da floresta.

Art. 18. O descumprimento total ou parcial de embargo, sem prejuízo do disposto no art. 79, ensejará a aplicação cumulativa das seguintes sanções:
I - suspensão da atividade que originou a infração e da venda de produtos ou subprodutos criados ou produzidos na área ou **local** objeto do embargo infringido; e
II - cancelamento de registros, licenças ou autorizações de funcionamento da atividade econômica junto aos órgãos ambientais e de fiscalização.

§ 1º O órgão ou entidade ambiental promoverá a divulgação dos dados do imóvel rural, da área ou **local** embargado e do respectivo titular em lista oficial, resguardados os dados protegidos por legislação específica para efeitos do disposto no inciso III do art. 4º da Lei nº 10.650, de 16 de abril de 2003, especificando o exato **local** da área embargada e informando que o auto de infração encontra-se julgado ou pendente de julgamento.

§ 2º A pedido do interessado, o órgão ambiental autuante emitirá certidão em que conste a atividade, a obra e a parte da área do imóvel que são objetos do embargo, conforme o caso.

Art. 19. A sanção de demolição de obra poderá ser aplicada pela autoridade ambiental, após o contraditório e ampla defesa, quando:
I - verificada a construção de obra em área ambientalmente protegida em desacordo com a legislação ambiental; ou
II - quando a obra ou construção realizada não atenda às condicionantes da legislação ambiental e não seja passível de regularização.

§ 1º A demolição poderá ser feita pela administração ou pelo infrator, em **prazo** assinalado, após o julgamento do auto de infração, sem prejuízo do disposto no art. 112.

§ 2º As despesas para a realização da demolição correrão às custas do infrator, que será notificado para realizá-la ou para reembolsar aos cofres públicos os gastos que tenham sido efetuados pela administração.

§ 3º Não será aplicada a penalidade de demolição quando, mediante laudo técnico, for comprovado que o desfazimento poderá trazer piores impactos ambientais que sua manutenção, caso em que a autoridade ambiental, mediante decisão fundamentada, deverá, sem prejuízo das demais sanções cabíveis, impor as medidas necessárias à cessação e mitigação do dano ambiental, observada a legislação em vigor.

Art. 20. As sanções restritivas de direito aplicáveis às pessoas físicas ou jurídicas são:
I - suspensão de registro, licença ou autorização;
II - cancelamento de registro, licença ou autorização;
III - perda ou restrição de incentivos e benefícios fiscais;
IV - perda ou suspensão da participação em linhas de financiamento em estabelecimentos oficiais de crédito; e
V - proibição de contratar com a administração pública;

§ 1º A autoridade julgadora fixará o período de vigência das sanções previstas no **caput**, observados os seguintes **prazos**: (Redação dada pelo Decreto nº 11.080, de 2022)
I - até três anos para a sanção prevista no inciso V;
II - até um ano para as demais sanções.
§ 2º Em **qualquer** caso, a extinção da sanção fica condicionada à regularização da conduta que deu origem ao auto de infração.

Seção II
Dos Prazos Prescricionais

Art. 21. Prescreve em cinco anos a ação da administração objetivando apurar a prática de infrações contra o meio ambiente, contada da data da prática do ato, ou, no caso de infração permanente ou continuada, do dia em que esta tiver cessado.
§ 1º Considera-se iniciada a ação de apuração de infração ambiental pela administração com a lavratura do auto de infração.
§ 2º Incide a prescrição no procedimento de apuração do auto de infração paralisado por mais de três anos, pendente de julgamento ou despacho, cujos autos serão arquivados de ofício ou mediante requerimento da parte interessada, sem prejuízo da apuração da responsabilidade funcional decorrente da paralisação.
§ 3º Quando o fato objeto da infração também constituir crime, a prescrição de que trata o caput reger-se-á pelo **prazo** previsto na lei penal.
§ 4º A prescrição da pretensão punitiva da administração não elide a obrigação de reparar o dano ambiental.
Art. 22. Interrompe-se a prescrição:
I - pelo recebimento do auto de infração ou pela cientificação do infrator por **qualquer** outro meio, inclusive por edital;
II - por **qualquer** ato inequívoco da administração que importe apuração do fato; e
III - pela decisão condenatória recorrível.
Parágrafo único. Considera-se ato inequívoco da administração, para o efeito do que dispõe o inciso II, aqueles que impliquem instrução do processo.
Art. 23. O disposto neste Capítulo não se aplica aos procedimentos relativos a Taxa de Controle e Fiscalização Ambiental de que trata o art. 17-B da Lei nº 6.938, de 31 de agosto de 1981.

Seção III
Das Infrações Administrativas Cometidas Contra o Meio Ambiente
Subseção I
Das Infrações Contra a Fauna

Art. 24. Matar, perseguir, caçar, apanhar, coletar, utilizar espécimes da fauna silvestre, nativos ou em rota migratória, sem a devida permissão, licença ou autorização da autoridade competente, ou em desacordo com a obtida:
Multa de:
I - R$ 500,00 (quinhentos reais) por indivíduo de espécie não constante de listas oficiais de risco ou ameaça de extinção;
II - R$ 5.000,00 (cinco mil reais), por indivíduo de espécie constante de listas oficiais de fauna brasileira ameaçada de extinção, inclusive da Convenção de

Comércio **Internacional** das Espécies da Flora e Fauna Selvagens em Perigo de Extinção - CITES.
§ 1º As multas serão aplicadas em dobro se a infração for praticada com finalidade de obter vantagem pecuniária.
§ 2º Na impossibilidade de aplicação do critério de unidade por espécime para a fixação da multa, aplicar-se-á o valor de R$ 500,00 (quinhentos reais) por quilograma ou fração.
§ 3º Incorre nas mesmas multas:
I - quem impede a procriação da fauna, sem licença, autorização ou em desacordo com a obtida;
II - quem modifica, danifica ou destrói ninho, abrigo ou criadouro natural; ou
III - quem vende, expõe à venda, exporta ou adquire, guarda, tem em cativeiro ou depósito, utiliza ou transporta ovos, larvas ou espécimes da fauna silvestre, nativa ou em rota migratória, bem como produtos e objetos dela oriundos, provenientes de criadouros não autorizados, sem a devida permissão, licença ou autorização da autoridade ambiental competente ou em desacordo com a obtida.
§ 4º No caso de guarda doméstica de espécime silvestre não considerada ameaçada de extinção, pode a autoridade competente, considerando as circunstâncias, deixar de aplicar a multa, em analogia ao disposto no § 2º do art. 29 da Lei nº 9.605, de 1998.
§ 5º No caso de guarda de espécime silvestre, deve a autoridade competente deixar de aplicar as sanções previstas neste Decreto, quando o agente espontaneamente entregar os animais ao órgão ambiental competente.
§ 6º Caso a quantidade ou espécie constatada no ato fiscalizatório esteja em desacordo com o autorizado pela autoridade ambiental competente, o agente autuante promoverá a autuação considerando a totalidade do objeto da fiscalização.
§ 7º São espécimes da fauna silvestre, para os efeitos deste Decreto, **todos** os organismos incluídos no reino animal, pertencentes às espécies nativas, migratórias e **quaisquer** outras não exóticas, aquáticas ou terrestres, que tenham todo ou parte de seu ciclo original de vida ocorrendo dentro dos limites do território brasileiro ou em águas jurisdicionais brasileiras.
§ 8º A coleta de material destinado a fins científicos **somente** é considerada infração, nos termos deste artigo, quando se caracterizar, pelo seu resultado, como danosa ao meio ambiente.
§ 9º A autoridade julgadora poderá, considerando a natureza dos animais, em razão de seu pequeno porte, aplicar multa de R$ 500,00 (quinhentos reais) a R$ 100.000,00 (cem mil reais) quando a contagem individual for de difícil execução ou quando, nesta situação, ocorrendo a contagem individual, a multa final restar desproporcional em relação à gravidade da infração e a capacidade econômica do infrator.
Art. 25. Introduzir espécime animal silvestre, nativo ou exótico, no País ou fora de sua área de distribuição natural, sem parecer técnico oficial favorável e licença expedida pela autoridade ambiental competente, quando exigível:
Multa de R$ 2.000,00 (dois mil reais), com acréscimo por exemplar excedente de:
I - R$ 200,00 (duzentos reais), por indivíduo de espécie não constante em listas oficiais de espécies em risco ou ameaçadas de extinção;

II - R$ 5.000,00 (cinco mil reais), por indivíduo de espécie constante de listas oficiais de fauna brasileira ameaçada de extinção, inclusive da CITES.
§ 1º Entende-se por introdução de espécime animal no País, além do ato de ingresso nas fronteiras nacionais, a guarda e manutenção continuada a **qualquer** tempo.
§ 2º Incorre nas mesmas penas quem reintroduz na natureza espécime da fauna silvestre sem parecer técnico oficial favorável e licença expedida pela autoridade ambiental competente, quando exigível.
Art. 26. Exportar peles e couros de anfíbios e répteis em bruto, sem autorização da autoridade competente:
Multa de R$ 2.000,00 (dois mil reais), com acréscimo de:
I - R$ 200,00 (duzentos reais), por unidade não constante em listas oficiais de espécies em risco ou ameaçadas de extinção; ou
II - R$ 5.000,00 (cinco mil reais), por unidade constante de listas oficiais de fauna brasileira ameaçada de extinção, inclusive da CITES.
Parágrafo único. Caso a quantidade ou espécie constatada no ato fiscalizatório esteja em desacordo com o autorizado pela autoridade ambiental competente, o agente autuante promoverá a autuação considerando a totalidade do objeto da fiscalização.
Art. 27. Praticar caça profissional no País:
Multa de R$ 5.000,00 (cinco mil reais), com acréscimo de:
I - R$ 500,00 (quinhentos reais), por indivíduo capturado; ou
II - R$ 10.000,00 (dez mil reais), por indivíduo de espécie constante de listas oficiais de fauna brasileira ameaçada de extinção, inclusive da CITES.
Art. 28. Comercializar produtos, instrumentos e objetos que impliquem a caça, perseguição, destruição ou apanha de espécimes da fauna silvestre:
Multa de R$ 1.000,00 (mil reais), com acréscimo de R$ 200,00 (duzentos reais), por unidade excedente.
Art. 29. Praticar ato de abuso, maus-tratos, ferir ou mutilar animais silvestres, domésticos ou domesticados, nativos ou exóticos:
Multa de R$ 500,00 (quinhentos reais) a R$ 3.000,00 (três mil reais) por indivíduo.
Art. 30. Molestar de forma intencional **qualquer** espécie de cetáceo, pinípede ou sirênio em águas jurisdicionais brasileiras:
Multa de R$ 2.500,00 (dois mil e quinhentos reais).
Art. 31. Deixar, o jardim zoológico e os criadouros autorizados, de ter o livro de registro do acervo faunístico ou mantê-lo de forma irregular:
Multa de R$ 500,00 a R$ 5.000,00 (mil reais).
Parágrafo único. Incorre na mesma multa quem deixa de manter registro de acervo faunístico e movimentação de plantel em sistemas informatizados de controle de fauna ou fornece dados inconsistentes ou fraudados.
Art. 32. Deixar, o comerciante, de apresentar declaração de estoque e valores oriundos de comércio de animais silvestres:
Multa de R$ 200,00 (duzentos reais) a R$ 10.000,00 (dez mil reais).
Art. 33. Explorar ou fazer uso comercial de imagem de animal silvestre mantido irregularmente em cativeiro ou em situação de abuso ou maus-tratos:
Multa de R$ 5.000,00 (cinco mil reais) a R$ 500.000,00 (quinhentos mil reais).
Parágrafo único. O disposto no caput não se aplica ao uso de imagem para fins jornalísticos, informativos, acadêmicos, de pesquisas científicas e educacionais.

Art. 34. Causar degradação em viveiros, açudes ou estação de aqüicultura de domínio público:
Multa de R$ 5.000,00 (cinco mil reais) a R$ 500.000,00 (quinhentos mil reais).
Art. 35. Pescar em **período** ou **local** no qual a pesca seja proibida:
Multa de R$ 700,00 (setecentos reais) a R$ 100.000,00 (cem mil reais), com acréscimo de R$ 20,00 (vinte reais), por quilo ou fração do produto da pescaria, ou por espécime quando se tratar de produto de pesca para uso ornamental.
Parágrafo único. Incorre nas mesmas multas quem:
I - pesca espécies que devam ser preservadas ou espécimes com tamanhos inferiores aos permitidos;
II - pesca quantidades superiores às permitidas ou mediante a utilização de aparelhos, petrechos, técnicas e métodos não permitidos;
III - transporta, comercializa, beneficia ou industrializa espécimes provenientes da coleta, apanha e pesca proibida;
IV - transporta, conserva, beneficia, descaracteriza, industrializa ou comercializa pescados ou produtos originados da pesca, sem comprovante de origem ou autorização do órgão competente;
V - captura, extrai, coleta, transporta, comercializa ou exporta espécimes de espécies ornamentais oriundos da pesca, sem autorização do órgão competente ou em desacordo com a obtida; e
VI - deixa de apresentar declaração de estoque.
Art. 36. Pescar mediante a utilização de explosivos ou substâncias que, em contato com a água, produzam efeitos semelhantes, ou substâncias tóxicas, ou ainda, por outro meio proibido pela autoridade competente:
Multa de R$ 700,00 (setecentos reais) a R$ 100.000,00 (cem mil reais), com acréscimo de R$ 20,00 (vinte reais), por quilo ou fração do produto da pescaria.
Art. 37. Exercer a pesca sem prévio cadastro, inscrição, autorização, licença, permissão ou registro do órgão competente, ou em desacordo com o obtido:
Multa de R$ 300,00 (trezentos reais) a R$ 10.000,00 (dez mil reais), com acréscimo de R$ 20,00 (vinte reais) por quilo ou fração do produto da pesca, ou por espécime quando se tratar de produto de pesca para ornamentação.
Parágrafo único. Caso a quantidade ou espécie constatada no ato fiscalizatório esteja em desacordo com o autorizado pela autoridade ambiental competente, o agente autuante promoverá a autuação considerando a totalidade do objeto da fiscalização.
Art. 38. Importar ou exportar **quaisquer** espécies aquáticas, em **qualquer** estágio de desenvolvimento, bem como introduzir espécies nativas, exóticas ou não autóctones em águas jurisdicionais brasileiras, sem autorização ou licença do órgão competente, ou em desacordo com a obtida:
Multa de R$ 3.000,00 (três mil reais) a R$ 50.000,00 (cinquenta mil reais), com acréscimo de R$ 20,00 (vinte reais) por quilo ou fração do produto da pescaria, ou por espécime quando se tratar de espécies aquáticas, oriundas de produto de pesca para ornamentação.
§ 1º Incorre na mesma multa quem introduzir espécies nativas ou exóticas em águas jurisdicionais brasileiras, sem autorização do órgão competente, ou em desacordo com a obtida.
§ 2º A multa de que trata o caput será aplicada em dobro se houver dano ou destruição de recife de coral.

Art. 39. Explorar campos naturais de invertebrados aquáticos e algas, bem como recifes de coral sem autorização do órgão ambiental competente ou em desacordo com a obtida:
Multa de R$ 500,00 (quinhentos reais) a R$ 50.000,00 (cinqüenta mil reais), com acréscimo de R$ 20,00 (vinte reais) por quilo ou espécime do produto.
Parágrafo único. Incorre nas mesmas multas quem:
I - utiliza, comercializa ou armazena invertebrados aquáticos, algas, ou recifes de coral ou subprodutos destes sem autorização do órgão competente ou em desacordo com a obtida; e
II - fundeia embarcações ou lança detritos de **qualquer** natureza sobre bancos de moluscos ou corais, devidamente demarcados em carta náutica.
Art. 40. A comercialização do produto da pesca de que trata esta Subseção agravará a penalidade da respectiva infração quando esta incidir sobre espécies sobreexplotadas ou ameaçadas de sobreexplotação, conforme **regulamento** do órgão ambiental competente, com o acréscimo de:
I - R$ 40,00 (quarenta reais) por quilo ou fração do produto da pesca de espécie constante das listas oficiais brasileiras de espécies ameaçadas de sobreexplotação; ou
II - R$ 60,00 (sessenta reais) por quilo ou fração do produto da pesca de espécie constante das listas oficiais brasileiras de espécies sobreexplotadas.
Art. 41. Deixar, os comandantes de embarcações destinadas à pesca, de preencher e entregar, ao fim de cada viagem ou semanalmente, os mapas fornecidos pelo órgão competente:
Multa: R$ 1.000,00 (mil reais).
Art. 42. Para os efeitos deste Decreto, considera-se pesca todo ato tendente a extrair, retirar, coletar, apanhar, apreender ou capturar espécimes dos grupos dos peixes, crustáceos, moluscos aquáticos e vegetais hidróbios suscetíveis ou não de aproveitamento econômico, **ressalvada**s as espécies ameaçadas de extinção, constantes nas listas oficiais da fauna e da flora.
Parágrafo único. Entende-se por ato tendente à pesca aquele em que o infrator esteja munido, equipado ou armado com petrechos de pesca, na área de pesca ou dirigindo-se a ela.

Subseção II
Das Infrações Contra a Flora

Art. 43. Destruir ou danificar florestas ou demais formas de vegetação natural ou utilizá-las com infringência das normas de proteção em área considerada de preservação permanente, sem autorização do órgão competente, quando exigível, ou em desacordo com a obtida:
Multa de R$ 5.000,00 (cinco mil reais) a R$ 50.000,00 (cinquenta mil reais), por hectare ou fração.
Art. 44. Cortar árvores em área considerada de preservação permanente ou cuja espécie seja especialmente protegida, sem permissão da autoridade competente:
Multa de R$ 5.000,00 (cinco mil reais) a R$ 20.000,00 (vinte mil reais) por hectare ou fração, ou R$ 500,00 (quinhentos reais) por árvore, metro cúbico ou fração.
Art. 45. Extrair de florestas de domínio público ou áreas de preservação permanente, sem prévia autorização, pedra, areia, cal ou **qualquer** espécie de minerais:

Multa simples de R$ 5.000,00 (cinco mil reais) a R$ 50.000,00 (cinquenta mil reais) por hectare ou fração.

Art. 46. Transformar madeira oriunda de floresta ou demais formas de vegetação nativa em carvão, para fins industriais, energéticos ou para **qualquer** outra exploração, econômica ou não, sem licença ou em desacordo com as determinações legais:

Multa de R$ 500,00 (quinhentos reais), por metro cúbico de carvão-mdc.

Art. 47. Receber ou adquirir, para fins comerciais ou industriais, madeira serrada ou em tora, lenha, carvão ou outros produtos de origem vegetal, sem exigir a exibição de licença do vendedor, outorgada pela autoridade competente, e sem munir-se da via que deverá acompanhar o produto até final beneficiamento:

Multa de R$ 300,00 (trezentos reais) por unidade, estéreo, quilo, mdc ou metro cúbico aferido pelo método geométrico.

§ 1º Incorre nas mesmas multas quem vende, expõe à venda, tem em depósito, transporta ou guarda madeira, lenha, carvão ou outros produtos de origem vegetal, sem licença válida para todo o tempo da viagem ou do armazenamento, outorgada pela autoridade competente ou em desacordo com a obtida.

§ 2º Considera-se licença válida para todo o tempo da viagem ou do armazenamento aquela cuja autenticidade seja confirmada pelos sistemas de controle eletrônico oficiais, inclusive no que diz respeito à quantidade e espécie autorizada para transporte e armazenamento.

§ 3º Nas infrações de transporte, caso a quantidade ou espécie constatada no ato fiscalizatório esteja em desacordo com o autorizado pela autoridade ambiental competente, o agente autuante promoverá a autuação considerando a totalidade do objeto da fiscalização.

§ 4º Para as demais infrações previstas neste artigo, o agente autuante promoverá a autuação considerando o volume integral de madeira, lenha, carvão ou outros produtos de origem vegetal que não guarde correspondência com aquele autorizado pela autoridade ambiental competente, em razão da quantidade ou espécie.

Art. 48. Impedir ou dificultar a regeneração natural de florestas ou demais formas de vegetação nativa em unidades de conservação ou outras áreas especialmente protegidas, quando couber, área de preservação permanente, reserva legal ou demais locais cuja regeneração tenha sido indicada pela autoridade ambiental competente:

Multa de R$ 5.000,00 (cinco mil reais), por hectare ou fração.

Parágrafo único. O disposto no **caput** não se aplica para o uso permitido das áreas de preservação permanente.

Art. 49. Destruir ou danificar florestas ou **qualquer** tipo de vegetação nativa, objeto de especial preservação, não passíveis de autorização para exploração ou supressão:

Multa de R$ 6.000,00 (seis mil reis) por hectare ou fração.

Parágrafo único. A multa será acrescida de R$ 1.000,00 (mil reais) por hectare ou fração quando a situação prevista no caput se der em detrimento de vegetação primária ou secundária no estágio avançado ou médio de regeneração do bioma Mata Atlântica.

Art. 50. Destruir ou danificar florestas ou **qualquer** tipo de vegetação nativa ou de espécies nativas plantadas, objeto de especial preservação, sem autorização ou licença da autoridade ambiental competente:

Multa de R$ 5.000,00 (cinco mil reais) por hectare ou fração.

§ 1º A multa será acrescida de R$ 500,00 (quinhentos reais) por hectare ou fração quando a situação prevista no caput se der em detrimento de vegetação secundária no estágio inicial de regeneração do bioma Mata Atlântica.

§ 2º Para os fins dispostos no art. 49 e no caput deste artigo, são consideradas de especial preservação as florestas e demais formas de vegetação nativa que tenham regime jurídico próprio e especial de conservação ou preservação definido pela legislação.

Art. 51. Destruir, desmatar, danificar ou explorar floresta ou **qualquer** tipo de vegetação nativa ou de espécies nativas plantadas, em área de reserva legal ou servidão florestal, de domínio público ou privado, sem autorização prévia do órgão ambiental competente ou em desacordo com a concedida:
Multa de R$ 5.000,00 (cinco mil reais) por hectare ou fração.

Art. 51-A. Executar manejo florestal sem autorização prévia do órgão ambiental competente, sem observar os requisitos técnicos estabelecidos em PMFS ou em desacordo com a autorização concedida:
Multa de R$ 1.000,00 (mil reais) por hectare ou fração.

Art. 52. Desmatar, a corte raso, florestas ou demais formações nativas, fora da reserva legal, sem autorização da autoridade competente:
Multa de R$ 1.000,00 (mil reais) por hectare ou fração.

Art. 53. Explorar ou danificar floresta ou **qualquer** tipo de vegetação nativa ou de espécies nativas plantadas, localizada fora de área de reserva legal averbada, de domínio público ou privado, sem aprovação prévia do órgão ambiental competente ou em desacordo com a concedida:
Multa de R$ 300,00 (trezentos reais), por hectare ou fração, ou por unidade, estéreo, quilo, mdc ou metro cúbico.

Parágrafo único. Incide nas mesmas penas quem deixa de cumprir a reposição florestal obrigatória.

Art. 54. Adquirir, intermediar, transportar ou comercializar produto ou subproduto de origem animal ou vegetal produzido sobre área objeto de embargo:
Multa de R$ R$ 500,00 (quinhentos reais) por quilograma ou unidade.

Parágrafo único. A aplicação do disposto neste artigo dependerá de prévia divulgação dos dados do imóvel rural, da área ou **local** embargado e do respectivo titular de que trata o § 1º do art. 18 e estará limitada à área onde efetivamente ocorreu o ilícito.

Art. 54-A. Adquirir, intermediar, transportar ou comercializar produto ou subproduto de origem animal ou vegetal produzido sobre área objeto de desmatamento irregular, localizada no interior de unidade de conservação, após a sua criação: (Incluído pelo Decreto nº 11.080, de 2022)
Multa de R$ 500,00 (quinhentos reais) por quilograma ou unidade.

Art. 55. Deixar de averbar a reserva legal:
Penalidade de advertência e multa diária de R$ 50,00 (cinqüenta reais) a R$ 500,00 (quinhentos reais) por hectare ou fração da área de reserva legal.

§ 1º O autuado será advertido para que, no **prazo** de cento e oitenta dias, apresente termo de compromisso de regularização da reserva legal na forma das alternativas previstas na Lei nº 4.771, de 15 de setembro de 1965..

§ 2º Durante o período previsto no § 1º, a multa diária será suspensa.

§ 3º Caso o autuado não apresente o termo de compromisso previsto no § 1º nos cento e vinte dias assinalados, deverá a autoridade ambiental cobrar a multa diária desde o dia da lavratura do auto de infração, na forma estipulada neste Decreto.
§ 4º As sanções previstas neste artigo não serão aplicadas quando o **prazo** previsto não for cumprido por culpa imputável exclusivamente ao órgão ambiental.
§ 5º O proprietário ou possuidor terá **prazo** de cento e vinte dias para averbar a localização, compensação ou desoneração da reserva legal, contados da emissão dos documentos por parte do órgão ambiental competente ou instituição habilitada.
§ 6º No **prazo** a que se refere o § 5º, as sanções previstas neste artigo não serão aplicadas.
Art. 56. Destruir, danificar, lesar ou maltratar, por **qualquer** modo ou meio, plantas de ornamentação de logradouros públicos ou em propriedade privada alheia:
Multa de R$ 100,00 (cem reais) a R$1.000,00 (mil reais) por unidade ou metro quadrado.
Art. 57. Comercializar, portar ou utilizar em floresta ou demais formas de vegetação, motosserra sem licença ou registro da autoridade ambiental competente:
Multa de R$ 1.000,00 (mil reais), por unidade.
Art. 58. Fazer uso de fogo em áreas agropastoris sem autorização do órgão competente ou em desacordo com a obtida:
Multa de R$ 1.000,00 (mil reais), por hectare ou fração.
Art. 59. Fabricar, vender, transportar ou soltar balões que possam provocar incêndios nas florestas e demais formas de vegetação, em áreas urbanas ou **qualquer** tipo de assentamento humano:
Multa de R$ 1.000,00 (mil reais) a R$ 10.000,00 (dez mil reais), por unidade.
Art. 60. As sanções administrativas previstas nesta Subseção serão aumentadas pela metade quando:
I - **ressalvado**s os casos previstos nos arts. 46 e 58, a infração for consumada mediante uso de fogo ou provocação de incêndio; e
II - a vegetação destruída, danificada, utilizada ou explorada contiver espécies ameaçadas de extinção, constantes de lista oficial.
Art. 60-A. Nas hipóteses previstas nos arts. 50, 51, 52 e 53, em se tratando de espécies nativas plantadas, a autorização de corte poderá ser substituída pelo protocolo do pedido junto ao órgão ambiental competente, caso em que este será instado pelo agente de fiscalização a fazer as necessárias verificações quanto à real origem do material.

Subseção III
Das Infrações Relativas à Poluição e outras Infrações Ambientais

Art. 61. Causar poluição de **qualquer** natureza em níveis tais que resultem ou possam resultar em danos à saúde humana, ou que provoquem a mortandade de animais ou a destruição significativa da biodiversidade:
Multa de R$ 5.000,00 (cinco mil reais) a R$ 50.000.000,00 (cinquenta milhões de reais).
Parágrafo único. As multas e demais penalidades de que trata o caput serão aplicadas após laudo técnico elaborado pelo órgão ambiental competente,

identificando a dimensão do dano decorrente da infração e em conformidade com a gradação do impacto.
Art. 62. Incorre nas mesmas multas do art. 61 quem:
I - tornar uma área, urbana ou rural, imprópria para ocupação humana;
II - causar poluição atmosférica que provoque a retirada, ainda que momentânea, dos habitantes das áreas afetadas ou que provoque, de forma recorrente, significativo desconforto respiratório ou olfativo devidamente atestado pelo agente autuante;
III - causar poluição hídrica que torne necessária a interrupção do abastecimento público de água de uma comunidade;
IV - dificultar ou impedir o uso público das praias pelo lançamento de substâncias, efluentes, carreamento de materiais ou uso indevido dos recursos naturais;
V - lançar resíduos sólidos, líquidos ou gasosos ou detritos, óleos ou substâncias oleosas em desacordo com as exigências estabelecidas em leis ou atos normativos;
VI - deixar, aquele que tem obrigação, de dar destinação ambientalmente adequada a produtos, subprodutos, embalagens, resíduos ou substâncias quando assim determinar a lei ou ato normativo;
VII - deixar de adotar, quando assim o exigir a autoridade competente, medidas de precaução ou contenção em caso de risco ou de dano ambiental grave ou irreversível; e
VIII - provocar pela emissão de efluentes ou carreamento de materiais o perecimento de espécimes da biodiversidade.
IX - lançar resíduos sólidos ou rejeitos em praias, no mar ou em **quaisquer** recursos hídricos;   (Redação dada pelo Decreto nº 10.936, de 2022)
X - lançar resíduos sólidos ou rejeitos **in natura** a céu aberto, excetuados os resíduos de mineração, ou depositá-los em unidades inadequadas, não licenciadas para a atividade;
XI - queimar resíduos sólidos ou rejeitos a céu aberto ou em recipientes, instalações e equipamentos não licenciados para a atividade;
XII - descumprir obrigação prevista no sistema de logística reversa implementado nos termos do disposto na Lei nº 12.305, de 2010, em conformidade com as responsabilidades específicas estabelecidas para o referido sistema;
XIII - deixar de segregar resíduos sólidos na forma estabelecida para a coleta seletiva, quando a referida coleta for instituída pelo titular do serviço público de limpeza urbana e manejo de resíduos sólidos;
XIV - destinar resíduos sólidos urbanos à recuperação energética em desconformidade com o disposto no § 1º do art. 9º da Lei nº 12.305, de 2010, e no seu **regulamento**;
XV - deixar de atualizar e disponibilizar ao órgão municipal competente e a outras autoridades informações completas sobre a execução das ações do sistema de logística reversa sobre sua responsabilidade
XVI - deixar de atualizar e disponibilizar ao órgão municipal competente, ao órgão licenciador do Sisnama e a outras autoridades informações completas sobre a implementação e a operacionalização do plano de gerenciamento de resíduos sólidos sob a sua responsabilidade; e
XVII - deixar de cumprir as regras sobre registro, gerenciamento e informação de que trata o § 2º do art. 39 da Lei nº 12.305, de 2010.
§ 1º As multas de que tratam os incisos I a XI do **caput** serão aplicadas após laudo de constatação.

§ 2º Os consumidores que descumprirem as obrigações previstas nos sistemas de logística reversa e de coleta seletiva ficarão sujeitos à penalidade de advertência.

§ 3º Na hipótese de reincidência no cometimento da infração prevista no § 2º, poderá ser aplicada a penalidade de multa no valor de R$ 50,00 (cinquenta reais) a R$ 500,00 (quinhentos reais).

§ 4º A multa a que se refere o § 3º poderá ser convertida em serviços de preservação, melhoria e recuperação da qualidade do meio ambiente. (

§ 5º Não estão compreendidas na infração de que trata o inciso IX do **caput** as atividades de deslocamento de material do leito de corpos d'água por meio de dragagem, devidamente licenciado ou aprovado.

§ 6º As bacias de decantação de resíduos ou rejeitos industriais ou de mineração, devidamente licenciadas pelo órgão competente do Sisnama, não serão consideradas corpos hídricos para fins do disposto no inciso IX do **caput**.

Art. 63. Executar pesquisa, lavra ou extração de minerais sem a competente autorização, permissão, concessão ou licença da autoridade ambiental competente ou em desacordo com a obtida:

Multa de R$ 1.500,00 (mil e quinhentos reais) a R$ 3.000,00 (três mil reais), por hectare ou fração.

Parágrafo único. Incorre nas mesmas multas quem deixa de recuperar a área pesquisada ou explorada, nos termos da autorização, permissão, licença, concessão ou determinação do órgão ambiental competente.

Art. 64. Produzir, processar, embalar, importar, exportar, comercializar, fornecer, transportar, armazenar, guardar, ter em depósito ou usar produto ou substância tóxica, perigosa ou nociva à saúde humana ou ao meio ambiente, em desacordo com as exigências estabelecidas em leis ou em seus **regulamento**s:

Multa de R$ 500,00 (quinhentos reais) a R$ 2.000.000,00 (dois milhões de reais).

§ 1º Incorre nas mesmas penas quem abandona os produtos ou substâncias referidas no caput, descarta de forma irregular ou os utiliza em desacordo com as normas de segurança.

§ 2º Se o produto ou a substância for nuclear ou radioativa, a multa é aumentada ao quíntuplo.

Art. 65. Deixar, o fabricante de veículos ou motores, de cumprir os requisitos de garantia ao atendimento dos limites vigentes de emissão de poluentes atmosféricos e de ruído, durante os **prazo**s e quilometragens previstos na legislação:

Multa de R$ 100.000,00 (cem mil reais) a R$ 1.000.000,00 (um milhão de reais).

Art. 66. Construir, reformar, ampliar, instalar ou fazer funcionar estabelecimentos, atividades, obras ou serviços utilizadores de recursos ambientais, considerados efetiva ou potencialmente poluidores, sem licença ou autorização dos órgãos ambientais competentes, em desacordo com a licença obtida ou contrariando as normas legais e **regulamento**s pertinentes:

Multa de R$ 500,00 (quinhentos reais) a R$ 10.000.000,00 (dez milhões de reais).

Parágrafo único. Incorre nas mesmas multas quem:

I - constrói, reforma, amplia, instala ou faz funcionar estabelecimento, obra ou serviço sujeito a licenciamento ambiental localizado em unidade de

conservação ou em sua zona de amortecimento, ou em áreas de proteção de mananciais legalmente estabelecidas, sem anuência do respectivo órgão gestor; e
II - deixa de atender a condicionantes estabelecidas na licença ambiental.
Art. 67. Disseminar doença ou praga ou espécies que possam causar dano à fauna, à flora ou aos ecossistemas:
Multa de R$ 5.000,00 (cinco mil reais) a R$ 5.000.000,00 (cinco milhões de reais).
Art. 68. Conduzir, permitir ou autorizar a condução de veículo automotor em desacordo com os limites e exigências ambientais previstos na legislação:
Multa de R$ 1.000,00 (mil reais) a R$ 10.000,00 (dez mil reais).
Art. 69. Importar ou comercializar veículo automotor sem Licença para Uso da Configuração de Veículos ou Motor - LCVM expedida pela autoridade competente:
Multa de R$ 1.000,00 (mil reais) a R$ 10.000.000,00 (dez milhões de reais) e correção de **todas** as unidades de veículo ou motor que sofrerem alterações.
Art. 70. Importar pneu usado ou reformado em desacordo com a legislação:
Multa de R$ 400,00 (quatrocentos reais), por unidade.
§ 1º Incorre na mesma multa quem comercializa, transporta, armazena, guarda ou mantém em depósito pneu usado ou reformado, importado nessas condições.
§ 2º Ficam isentas do pagamento da multa a que se refere este artigo as importações de pneumáticos reformados classificados nas NCM 4012.1100, 4012.1200, 4012.1300 e 4012.1900, procedentes dos Estados Partes do MERCOSUL, ao amparo do Acordo de Complementação Econômica nº 18.
Art. 71. Alterar ou promover a conversão de **qualquer** item em veículos ou motores novos ou usados que provoque alterações nos limites e exigências ambientais previstas na legislação:
Multa de R$ 500,00 (quinhentos reais) a R$ 10.000,00 (dez mil reais), por veículo, e correção da irregularidade.
Art. 71-A. Importar resíduos sólidos perigosos e rejeitos, bem como resíduos sólidos cujas características causem dano ao meio ambiente, à saúde pública e animal e à sanidade vegetal, ainda que para tratamento, reforma, reúso, reutilização ou recuperação: (Redação dada pelo Decreto nº 10.936, de 2022)
Multa de R$ 500,00 (quinhentos reais) a R$ 10.000.000,00 (dez milhões de reais).   (

Subseção IV
Das Infrações Contra o Ordenamento Urbano e o Patrimônio Cultural

Art. 72. Destruir, inutilizar ou deteriorar:
I - bem especialmente protegido por lei, ato administrativo ou decisão judicial; ou
II - arquivo, registro, museu, biblioteca, pinacoteca, instalação científica ou similar protegido por lei, ato administrativo ou decisão judicial:
Multa de R$ 10.000,00 (dez mil reais) a R$ 500.000,00 (quinhentos mil reais).
Art. 73. Alterar o aspecto ou estrutura de edificação ou **local** especialmente protegido por lei, ato administrativo ou decisão judicial, em razão de seu valor paisagístico, ecológico, turístico, artístico, histórico, cultural, religioso, arqueológico, etnográfico ou monumental, sem autorização da autoridade competente ou em desacordo com a concedida:

Multa de R$ 10.000,00 (dez mil reais) a R$ 200.000,00 (duzentos mil reais).
Art. 74. Promover construção em solo não edificável, ou no seu entorno, assim considerado em razão de seu valor paisagístico, ecológico, artístico, turístico, histórico, cultural, religioso, arqueológico, etnográfico ou monumental, sem autorização da autoridade competente ou em desacordo com a concedida:
Multa de R$ 10.000,00 (dez mil reais) a R$ 100.000,00 (cem mil reais).
Art.75. Pichar, grafitar ou por outro meio conspurcar edificação alheia ou monumento urbano:
Multa de R$ 1.000,00 (mil reais) a R$ 50.000,00 (cinqüenta mil reais).
Parágrafo único. Se o ato for realizado em monumento ou coisa tombada, a multa é aplicada em dobro.

Subseção V
Das Infrações Administrativas Contra a Administração Ambiental

Art. 76. Deixar de inscrever-se no Cadastro Técnico Federal de que trata o art.17 da Lei 6.938, de 1981:
Multa de:
I - R$ 50,00 (cinqüenta reais), se pessoa física;
II - R$ 150,00 (cento e cinqüenta reais), se microempresa;
III - R$ 900,00 (novecentos reais), se empresa de pequeno porte;
IV - R$ 1.800,00 (mil e oitocentos reais), se empresa de médio porte; e
V - R$ 9.000,00 (nove mil reais), se empresa de grande porte.
Art. 77. Obstar ou dificultar a ação do Poder Público no exercício de atividades de fiscalização ambiental:
Multa de R$ 500,00 (quinhentos reais) a R$ 100.000,00 (cem mil reais).
Art. 78. Obstar ou dificultar a ação do órgão ambiental, ou de terceiro por ele encarregado, na coleta de dados para a execução de georreferenciamento de imóveis rurais para fins de fiscalização:
Multa de R$ 100,00 (cem reais) a R$ 300,00 (trezentos reais) por hectare do imóvel.
Art. 79. Descumprir embargo de obra ou atividade e suas respectivas áreas:
Multa de R$ 10.000,00 (dez mil reais) a R$ 1.000.000,00 (um milhão de reais).
Art. 80. Deixar de atender a exigências legais ou regulamentares quando devidamente notificado pela autoridade ambiental competente no **prazo** concedido, visando à regularização, correção ou adoção de medidas de controle para cessar a degradação ambiental:
Multa de R$ 1.000,00 (mil reais) a R$ 1.000.000,00 (um milhão de reais).
Art. 81. Deixar de apresentar relatórios ou informações ambientais nos **prazo**s exigidos pela legislação ou, quando aplicável, naquele determinado pela autoridade ambiental:
Multa de R$ 1.000,00 (mil reais) a R$ 100.000,00 (cem mil reais).
Art. 82. Elaborar ou apresentar informação, estudo, laudo ou relatório ambiental total ou parcialmente falso, enganoso ou omisso, seja nos sistemas oficiais de controle, seja no licenciamento, na concessão florestal ou em **qualquer** outro procedimento administrativo ambiental:
Multa de R$ 1.500,00 (mil e quinhentos reais) a R$ 1.000.000,00 (um milhão de reais).
Parágrafo único. Quando a infração de que trata o **caput** envolver movimentação ou geração de crédito em sistema oficial de controle da origem

de produtos florestais, a multa será acrescida de R$ 300,00 (trezentos reais) por unidade, estéreo, quilo, metro de carvão ou metro cúbico. (Incluído pelo Decreto nº 11.080, de 2022)
Art. 83. Deixar de cumprir compensação ambiental determinada por lei, na forma e no **prazo** exigidos pela autoridade ambiental:
Multa de R$ 10.000,00 (dez mil reais) a R$ 1.000.000,00 (um milhão de reais).

Subseção VI
Das Infrações Cometidas Exclusivamente em Unidades de Conservação

Art. 84. Introduzir em unidade de conservação espécies alóctones:
Multa de R$ 2.000,00 (dois mil reais) a R$ 100.000,00 (cem mil reais).
§ 1º Excetuam-se do disposto neste artigo as áreas de proteção ambiental, as florestas nacionais, as reservas extrativistas e as reservas de desenvolvimento sustentável, bem como os animais e plantas necessários à administração e às atividades das demais categorias de unidades de conservação, de acordo com o que se dispuser em **regulamento** e no plano de manejo da unidade.
§ 2º Nas áreas particulares localizadas em refúgios de vida silvestre, monumentos naturais e reservas particulares do patrimônio natural podem ser criados animais domésticos e cultivadas plantas considerados compatíveis com as finalidades da unidade, de acordo com o que dispuser o seu plano de manejo.
Art. 85. Violar as limitações administrativas provisórias impostas às atividades efetiva ou potencialmente causadoras de degradação ambiental nas áreas delimitadas para realização de estudos com vistas à criação de unidade de conservação:
Multa de R$ 1.500,00 (mil e quinhentos reais) a R$ 1.000.000,00 (um milhão de reais).
Parágrafo único. Incorre nas mesmas multas quem explora a corte raso a floresta ou outras formas de vegetação nativa nas áreas definidas no caput.
Art. 86. Realizar pesquisa científica, envolvendo ou não coleta de material biológico, em unidade de conservação sem a devida autorização, quando esta for exigível:
Multa de R$ 500,00 (quinhentos reais) a R$ 10.000,00 (dez mil reais).
§ 1º A multa será aplicada em dobro caso as atividades de pesquisa coloquem em risco demográfico as espécies integrantes dos ecossistemas protegidos.
§ 2º Excetuam-se do disposto neste artigo as áreas de proteção ambiental e reservas particulares do patrimônio natural, quando as atividades de pesquisa científica não envolverem a coleta de material biológico.
Art. 87. Explorar comercialmente produtos ou subprodutos não madeireiros, ou ainda serviços obtidos ou desenvolvidos a partir de recursos naturais, biológicos, cênicos ou culturais em unidade de conservação sem autorização ou permissão do órgão gestor da unidade ou em desacordo com a obtida, quando esta for exigível:
Multa de R$ 1.500,00 (mil e quinhentos reais) a R$ 100.000,00 (cem mil reais).
Parágrafo único. Excetuam-se do disposto neste artigo as áreas de proteção ambiental e reservas particulares do patrimônio natural.

Art. 88. Explorar ou fazer uso comercial de imagem de unidade de conservação sem autorização do órgão gestor da unidade ou em desacordo com a recebida:
Multa de R$ 5.000,00 (cinco mil reais) a R$ 2.000.000,00 (dois milhões de reais).
Parágrafo único. Excetuam-se do disposto neste artigo as áreas de proteção ambiental e reservas particulares do patrimônio natural.
Art. 89. Realizar liberação planejada ou cultivo de organismos geneticamente modificados em áreas de proteção ambiental, ou zonas de amortecimento das demais categorias de unidades de conservação, em desacordo com o estabelecido em seus respectivos planos de manejo, **regulamento**s ou recomendações da Comissão Técnica Nacional de Biossegurança - CTNBio:
Multa de R$ 1.500,00 (mil e quinhentos reais) a R$ 1.000.000,00 (um milhão de reais).
§ 1º A multa será aumentada ao triplo se o ato ocorrer no interior de unidade de conservação de proteção integral.
§ 2º A multa será aumentado ao quádruplo se o organismo geneticamente modificado, liberado ou cultivado irregularmente em unidade de conservação, possuir na área ancestral direto ou parente silvestre ou se representar risco à biodiversidade.
§ 3º O Poder Executivo estabelecerá os limites para o plantio de organismos geneticamente modificados nas áreas que circundam as unidades de conservação até que seja fixada sua zona de amortecimento e aprovado o seu respectivo plano de manejo.
Art. 90. Realizar **quaisquer** atividades ou adotar conduta em desacordo com os objetivos da unidade de conservação, o seu plano de manejo e **regulamento**s:
Multa de R$ 500,00 (quinhentos reais) a R$ 10.000,00 (dez mil reais).
Art. 91. Causar dano à unidade de conservação:
Multa de R$ 200,00 (duzentos reais) a R$ 100.000,00 (cem mil reais).
Art. 92. Penetrar em unidade de conservação conduzindo substâncias ou instrumentos próprios para caça, pesca ou para exploração de produtos ou subprodutos florestais e minerais, sem licença da autoridade competente, quando esta for exigível:
Multa de R$ 1.000,00 (mil reais) a R$ 10.000,00 (dez mil reais).
Parágrafo único. Incorre nas mesmas multas quem penetrar em unidade de conservação cuja visitação pública ou permanência sejam **vedada**s pelas normas aplicáveis ou ocorram em desacordo com a licença da autoridade competente.
Art. 93. As infrações previstas neste Decreto, quando afetarem ou forem cometidas em unidade de conservação ou em sua zona de amortecimento, terão os valores de suas respectivas multas aplicados em dobro, **ressalvado**s os casos em que a determinação de aumento do valor da multa seja superior a este ou as hipóteses em que a unidade de conservação configure elementar do tipo. (

CAPÍTULO II
DO PROCESSO ADMINISTRATIVO PARA APURAÇÃO DE INFRAÇÕES AMBIENTAIS

Seção I
Das Disposições Preliminares

Art. 94. Este Capítulo regula o processo administrativo federal para a apuração de infrações administrativas por condutas e atividades lesivas ao meio ambiente.
Parágrafo único. O objetivo deste Capítulo é dar unidade às normas legais esparsas que versam sobre procedimentos administrativos em matéria ambiental, bem como, nos termos do que dispõe o art. 84, inciso VI, alínea "a", da Constituição, disciplinar as regras de funcionamento pelas quais a administração pública federal, de caráter ambiental, deverá pautar-se na condução do processo.
Art. 95. O processo será orientado pelos princípios da legalidade, finalidade, motivação, razoabilidade, proporcionalidade, moralidade, ampla defesa, contraditório, segurança jurídica, interesse público e eficiência, bem como pelos critérios mencionados no parágrafo único do art. 2º da Lei nº 9.784, de 29 de janeiro de 1999.
Art. 95-A. A adesão a uma das soluções legais previstas no inciso II do § 5º do art. 96 será estimulada pela administração pública federal ambiental, com vistas a encerrar os processos administrativos federais relativos à apuração de infrações administrativas por condutas e atividades lesivas ao meio ambiente.   (Incluído pelo Decreto nº 11.373, de 2023)
Art. 95-B. O procedimento para a adesão a uma das soluções legais previstas no inciso II do § 5º do art. 96 será estabelecido em **regulamento** do órgão ou da entidade ambiental responsável pela apuração da infração ambiental.

§ 1º A adesão de que trata o **caput** será admitida **somente** na hipótese de multa ambiental consolidada.
§ 2º O pagamento da multa ambiental consolidada será interpretado como adesão a solução legal e implicará o encerramento imediato do processo administrativo, observadas as condições previstas em **regulamento** do órgão ou da entidade ambiental responsável pela apuração da infração ambiental.

Seção II
Da Autuação

Art. 96. Constatada a ocorrência de infração administrativa ambiental, será lavrado auto de infração, do qual deverá ser dado ciência ao autuado, assegurando-se o contraditório e a ampla defesa.
§ 1º O autuado será intimado da lavratura do auto de infração pelas seguintes formas:
I - pessoalmente;
II - por seu representante legal;
III - por carta registrada com aviso de recebimento;
IV - por edital, se estiver o infrator autuado em lugar incerto, não sabido ou se não for localizado no endereço.

§ 2º Caso o autuado se recuse a dar ciência do auto de infração, o agente autuante certificará o ocorrido na presença de duas testemunhas e o entregará ao autuado.

§ 3º Nos casos de evasão ou ausência do responsável pela infração administrativa, e inexistindo preposto identificado, o agente autuante aplicará o disposto no § 1º, encaminhando o auto de infração por via postal com aviso de recebimento ou outro meio válido que assegure a sua ciência.

§ 4º A intimação pessoal ou por via postal com aviso de recebimento será substituída por intimação eletrônica, observado o disposto na legislação específica.

§ 5º Do termo de notificação da lavratura do auto de infração constará que o autuado, no **prazo** de vinte dias, contado da data da cientificação, poderá:

I - apresentar defesa ou impugnação contra o auto de infração; ou

II - aderir a uma das seguintes soluções legais possíveis para o encerramento do processo:

a) pagamento da multa com desconto;

b) parcelamento da multa; ou

c) conversão da multa em serviços de preservação, de melhoria e de recuperação da qualidade do meio ambiente.

§ 6º Os autos de infração, os processos administrativos deles originados e os polígonos de embargo são públicos e deverão ser disponibilizados à população via sítio oficial na internet, respeitada a Lei nº 13.709, de 14 de agosto de 2018.

§ 7º Os órgãos responsáveis pela autuação deverão manter base de dados pública de **todos** os autos de infração emitidos e disponibilizá-la à população via sítio oficial na Internet.

Art. 97. O auto de infração deverá ser lavrado em impresso próprio, com a identificação do autuado, a descrição clara e objetiva das infrações administrativas constatadas e a indicação dos respectivos dispositivos legais e regulamentares infringidos, não devendo conter emendas ou rasuras que comprometam sua validade.

Art. 97-B. O requerimento de adesão imediata a uma das soluções legais previstas no inciso II do § 5º do art. 96 conterá: (Redação dada pelo Decreto nº 11.373, de 2023)

I - a confissão irrevogável e irretratável do débito, indicado pelo autuado, decorrente de multa ambiental consolidada na data do requerimento;

II - a desistência de impugnar judicial ou administrativamente a autuação ambiental ou de prosseguir com eventuais impugnações ou recursos administrativos e ações judiciais que tenham por objeto o auto de infração discriminado no requerimento; e

III - a renúncia a **quaisquer** alegações de direito sobre as quais possam ser fundamentadas as impugnações e os recursos administrativos e as ações judiciais a que se refere o inciso II.

Parágrafo único. Na hipótese de autuação ambiental impugnada judicialmente, o autuado apresentará, no ato do requerimento de que trata o **caput**, cópia do protocolo do pedido de extinção do respectivo processo com resolução do mérito, dirigido ao juízo competente, com fundamento na alínea "c" do inciso III do **caput** do art. 487 da Lei nº 13.105, de 16 de março de 2015 - Código de Processo Civil.

Art. 98. O auto de infração, os eventuais termos de aplicação de medidas administrativas, o relatório de fiscalização e o documento de comprovação da

ciência do autuado serão encaminhados ao setor competente para o processamento da autuação ambiental.
Parágrafo único. O relatório de fiscalização será elaborado pelo agente autuante e conterá:
I - a descrição das circunstâncias que levaram à constatação da infração ambiental e à identificação da autoria;
II - o registro da situação por fotografias, imagens de satélite, vídeos, mapas, termos de declaração ou outros meios de prova;   (Redação dada pelo Decreto nº 11.373, de 2023)
III - os critérios utilizados para a fixação da multa acima do limite mínimo, quando for o caso;
IV - a indicação justificada da incidência de circunstâncias agravantes ou atenuantes, observados os critérios estabelecidos pelo órgão ou pela entidade ambiental; e
V - outras informações consideradas relevantes.
Art. 99. O auto de infração que apresentar vício sanável poderá ser convalidado de ofício pela autoridade julgadora, mediante despacho saneador, devidamente justificado.
Art. 100. O auto de infração que apresentar vício insanável será declarado nulo pela autoridade julgadora.
§ 1º Para os efeitos do caput, considera-se vício insanável aquele em que a correção da autuação implica modificação do fato descrito no auto de infração.
§ 2º Nos casos em que o auto de infração for declarado nulo e estiver caracterizada a conduta ou atividade lesiva ao meio ambiente, deverá ser lavrado novo auto, observadas as regras relativas à prescrição.
§ 3º O erro no enquadramento legal da infração não implica vício insanável, podendo ser alterado pela autoridade julgadora mediante decisão fundamentada que retifique o auto de infração.
Art. 101. Constatada a infração ambiental, o agente autuante, no uso do seu poder de polícia, poderá adotar as seguintes medidas administrativas: (Vide ADPF 640)
I - apreensão;
II - embargo de obra ou atividade e suas respectivas áreas;
III - suspensão de venda ou fabricação de produto;
IV - suspensão parcial ou total de atividades;
V - destruição ou inutilização dos produtos, subprodutos e instrumentos da infração; e
VI - demolição.
§ 1º As medidas de que trata este artigo têm como objetivo prevenir a ocorrência de novas infrações, resguardar a recuperação ambiental e garantir o resultado prático do processo administrativo.
§ 2º A aplicação de tais medidas será lavrada em formulário próprio, sem emendas ou rasuras que comprometam sua validade, e deverá conter, além da indicação dos respectivos dispositivos legais e regulamentares infringidos, os motivos que ensejaram o agente autuante a assim proceder.
§ 3º A administração ambiental estabelecerá os formulários específicos a que se refere o § 2º.
§ 4º O embargo de obra ou atividade restringe-se aos locais onde efetivamente caracterizou-se a infração ambiental, não alcançando as demais atividades realizadas em áreas não embargadas da propriedade ou posse ou não correlacionadas com a infração.

Art. 102. Os animais, produtos, subprodutos, instrumentos, petrechos, veículos de **qualquer** natureza referidos no inciso IV do art. 72 da Lei nº 9.605, de 1998, serão objeto da apreensão de que trata o inciso I do art. 101, **salvo** impossibilidade justificada. (Vide ADPF 640)

§ 1º A apreensão de produtos, subprodutos, instrumentos, petrechos e veículos de **qualquer** natureza de que trata o **caput** independe de sua fabricação ou utilização exclusiva para a prática de atividades ilícitas. (

§ 2º Na hipótese de o responsável pela infração administrativa ou o detentor ou o proprietário dos bens de que trata o **caput** ser indeterminado, desconhecido ou de domicílio indefinido, a notificação da lavratura do termo de apreensão será realizada por meio da publicação de seu extrato no Diário Oficial da União.

Art. 103. Os animais domésticos e exóticos serão apreendidos quando: (Vide ADPF 640)

I - forem encontrados no interior de unidade de conservação de proteção integral; ou

II - forem encontrados em área de preservação permanente ou quando impedirem a regeneração natural de vegetação em área cujo corte não tenha sido autorizado, desde que, em **todos** os casos, tenha havido prévio embargo.

§ 1º Na hipótese prevista no inciso II, os proprietários deverão ser previamente notificados para que promovam a remoção dos animais do **local** no **prazo** assinalado pela autoridade competente.

§ 2º Não será adotado o procedimento previsto no § 1º quando não for possível identificar o proprietário dos animais apreendidos, seu preposto ou representante.

§ 3º O disposto no **caput** não será aplicado quando a atividade tenha sido caracterizada como de baixo impacto e previamente autorizada, quando couber, nos termos da legislação em vigor. (

Art. 104. A autoridade ambiental, mediante decisão fundamentada em que se demonstre a existência de interesse público relevante, poderá autorizar o uso do bem apreendido nas hipóteses em que não haja outro meio disponível para a consecução da respectiva ação fiscalizatória.

Parágrafo único. Os veículos de **qualquer** natureza que forem apreendidos poderão ser utilizados pela administração ambiental para fazer o deslocamento do material apreendido até **local** adequado ou para promover a recomposição do dano ambiental.

Art. 105. Os bens apreendidos deverão ficar sob a guarda do órgão ou entidade responsável pela fiscalização, podendo, **excepcionalmente**, ser confiados a fiel depositário, até o julgamento do processo administrativo.

Parágrafo único. Nos casos de anulação, cancelamento ou revogação da apreensão, o órgão ou a entidade ambiental responsável pela apreensão restituirá o bem no estado em que se encontra ou, na impossibilidade de fazê-lo, indenizará o proprietário pelo valor de avaliação consignado no termo de apreensão.

Art. 106. A critério da administração, o depósito de que trata o art. 105 poderá ser confiado:

I - a órgãos e entidades de caráter ambiental, beneficente, científico, cultural, educacional, hospitalar, penal e militar; ou

II - ao próprio autuado, desde que a posse dos bens ou animais não traga risco de utilização em novas infrações.

§ 1º Os órgãos e entidades públicas que se encontrarem sob a condição de depositário serão preferencialmente contemplados no caso da destinação final do bem ser a doação.
§ 2º Os bens confiados em depósito **não pode**rão ser utilizados pelos depositários, **salvo** o uso lícito de veículos e embarcações pelo próprio autuado.
§ 3º A entidade fiscalizadora poderá celebrar convênios ou acordos com os órgãos e entidades públicas para garantir, após a destinação final, o repasse de verbas de ressarcimento relativas aos custos do depósito.
Art. 107. Após a apreensão, a autoridade competente, levando-se em conta a natureza dos bens e animais apreendidos e considerando o risco de perecimento, procederá da seguinte forma:
I - os animais da fauna silvestre serão libertados em seu hábitat ou entregues a jardins zoológicos, fundações, entidades de caráter cientifico, centros de triagem, criadouros regulares ou entidades assemelhadas, desde que fiquem sob a responsabilidade de técnicos habilitados, podendo ainda, respeitados os **regulamento**s vigentes, serem entregues em guarda doméstica provisória.
II - os animais domésticos ou exóticos mencionados no art.103 poderão ser vendidos;
III - os produtos perecíveis e as madeiras sob risco iminente de perecimento serão avaliados e doados.
§ 1º Os animais de que trata o inciso II, após avaliados, poderão ser doados, mediante decisão motivada da autoridade ambiental, sempre que sua guarda ou venda forem inviáveis econômica ou operacionalmente.
§ 2º A doação a que se refere o § 1º será feita às instituições mencionadas no art. 135.
§ 3º O órgão ou entidade ambiental deverá estabelecer mecanismos que assegurem a indenização ao proprietário dos animais vendidos ou doados, pelo valor de avaliação consignado no termo de apreensão, caso esta não seja confirmada na decisão do processo administrativo.
§ 4º Serão consideradas sob risco iminente de perecimento as madeiras que estejam acondicionadas a céu aberto ou que não puderem ser guardadas ou depositadas em locais próprios, sob vigilância, ou ainda quando inviável o transporte e guarda, atestados pelo agente autuante no documento de apreensão.
§ 5º A libertação dos animais da fauna silvestre em seu hábitat natural deverá observar os critérios técnicos previamente estabelecidos pelo órgão ou entidade ambiental competente.
Art. 108. O embargo de obra ou atividade e suas respectivas áreas tem por objetivo impedir a continuidade do dano ambiental, propiciar a regeneração do meio ambiente e dar viabilidade à recuperação da área degradada, devendo restringir-se exclusivamente ao **local** onde verificou-se a prática do ilícito.
§ 1º No caso de descumprimento ou violação do embargo, a autoridade competente, além de adotar as medidas previstas nos arts. 18 e 79, deverá comunicar ao Ministério Público, no **prazo** máximo de setenta e duas horas, para que seja apurado o cometimento de infração penal.
§ 2º Nos casos em que o responsável pela infração administrativa ou o detentor do imóvel onde foi praticada a infração for indeterminado, desconhecido ou de domicílio indefinido, será realizada notificação da

lavratura do termo de embargo mediante a publicação de seu extrato no Diário Oficial da União.

Art. 109. A suspensão de venda ou fabricação de produto constitui medida que visa a evitar a colocação no mercado de produtos e subprodutos oriundos de infração administrativa ao meio ambiente ou que tenha como objetivo interromper o uso contínuo de matéria-prima e subprodutos de origem ilegal.

Art. 110. A suspensão parcial ou total de atividades constitui medida que visa a impedir a continuidade de processos produtivos em desacordo com a legislação ambiental.

Art. 111. Os produtos, inclusive madeiras, subprodutos e instrumentos utilizados na prática da infração poderão ser destruídos ou inutilizados quando:

I - a medida for necessária para evitar o seu uso e aproveitamento indevidos nas situações em que o transporte e a guarda forem inviáveis em face das circunstâncias; ou

II - possam expor o meio ambiente a riscos significativos ou comprometer a segurança da população e dos agentes públicos envolvidos na fiscalização.

Parágrafo único. O termo de destruição ou inutilização deverá ser instruído com elementos que identifiquem as condições anteriores e posteriores à ação, bem como a avaliação dos bens destruídos.

Art. 112. A demolição de obra, edificação ou construção não habitada e utilizada diretamente para a infração ambiental dar-se-á **excepcionalmente** no ato da fiscalização nos casos em que se constatar que a ausência da demolição importa em iminente risco de agravamento do dano ambiental ou de graves riscos à saúde.

§ 1º A demolição poderá ser feita pelo agente autuante, por quem este autorizar ou pelo próprio infrator e deverá ser devidamente descrita e documentada, inclusive com fotografias.

§ 2º As despesas para a realização da demolição correrão às custas do infrator.

§ 3º A demolição de que trata o caput não será realizada em edificações residenciais.

Seção III
Da Defesa

Art. 113. O autuado poderá, no **prazo** de vinte dias, contado da data da ciência da autuação, oferecer defesa ou impugnação contra o auto de infração.   (Redação dada pelo Decreto nº 11.373, de 2023)

Parágrafo único. O desconto de trinta por cento de que tratam o § 2º do art. 3º e o art. 4º da Lei nº 8.005, de 22 de março de 1990, será aplicado na hipótese de o autuado optar pelo pagamento da multa à vista.

Art. 114. A defesa poderá ser protocolizada em **qualquer** unidade administrativa do órgão ambiental que promoveu a autuação, que o encaminhará imediatamente à unidade responsável.

Art. 115. A defesa será formulada por escrito e deverá conter os fatos e fundamentos jurídicos que contrariem o disposto no auto de infração e termos que o acompanham, bem como a especificação das provas que o autuado pretende produzir a seu favor, devidamente justificadas.

Parágrafo único. Requerimentos formulados fora do **prazo** de defesa não serão conhecidos, podendo ser desentranhados dos autos conforme decisão da autoridade ambiental competente.

Art. 116. O autuado poderá ser representado por advogado ou procurador legalmente constituído, e deverá anexar à defesa o respectivo instrumento de procuração. (Redação dada pelo Decreto nº 11.373, de 2023)
Parágrafo único. O autuado poderá requerer **prazo** de até quinze dias para a juntada do instrumento a que se refere o **caput**.
Art. 117. A defesa não será conhecida quando apresentada:
I - fora do **prazo**;
II - por quem não seja legitimado; ou
III - perante órgão ou entidade ambiental incompetente.

Seção IV
Da Instrução e Julgamento

Art. 118. Ao autuado caberá a prova dos fatos que tenha alegado, sem prejuízo do dever atribuído à autoridade julgadora para instrução do processo.
Art. 119. A autoridade julgadora poderá requisitar a produção de provas necessárias à sua convicção e parecer técnico ou contradita do agente autuante, especificado o objeto a ser esclarecido. (Redação dada pelo Decreto nº 11.373, de 2023)
Art. 120. As provas ilícitas, impertinentes, desnecessárias ou protelatórias propostas pelo autuado serão recusadas por meio de decisão fundamentada.
Art. 121. O órgão da Procuradoria-Geral Federal, quando houver controvérsia jurídica, emitirá parecer fundamentado para a motivação da decisão da autoridade julgadora.
Art. 122. Encerrada a instrução, o autuado terá o direito de manifestar-se em alegações finais, no **prazo** máximo de dez dias.

§ 1º Para fins de apresentação de alegações finais pelos interessados, o setor responsável pela instrução notificará o autuado e publicará em sua sede administrativa e na Internet a relação dos processos que entrarão na pauta de julgamento.
§ 2º A notificação de que trata o § 1º deste artigo poderá ser realizada por:
I - via postal com aviso de recebimento;
II - notificação eletrônica, observado o disposto no § 4º do art. 96; ou
III - outro meio válido.
Art. 123. A decisão da autoridade julgadora não se vincula às sanções aplicadas pelo agente autuante, ou ao valor da multa, podendo, em decisão motivada, de ofício ou a requerimento do interessado, minorar, manter ou majorar o seu valor, respeitados os limites estabelecidos na legislação ambiental vigente.
Parágrafo único. Na hipótese de ser identificada, após o encerramento da instrução processual, a possibilidade de agravamento da penalidade, o autuado será notificado, para que formule, no **prazo** de dez dias, as suas alegações, antes do julgamento de que trata o art. 124:
I - por via postal com aviso de recebimento;
II - por notificação eletrônica, observado o disposto no § 4º do art. 96; ou
III - por outro meio válido que assegure a certeza da ciência.

Art. 124. Oferecida ou não a defesa, a autoridade julgadora, no **prazo** de trinta dias, julgará o auto de infração, decidindo sobre a aplicação das penalidades.
§ 1º Nos termos do que dispõe o art. 101, as medidas administrativas que forem aplicadas no momento da autuação deverão ser apreciadas no ato decisório, sob pena de ineficácia.
§ 2º A inobservância do **prazo** para julgamento não torna nula a decisão da autoridade julgadora e o processo.
§ 3º O órgão ou entidade ambiental competente indicará, em ato próprio, a autoridade administrativa responsável pelo julgamento da defesa, observando-se o disposto no art. 17 da Lei nº 9.784, de 1999.
Art. 125. A decisão deverá ser motivada, com a indicação dos fatos e fundamentos jurídicos em que se baseia.
Parágrafo único. A motivação deve ser explícita, clara e congruente, podendo consistir em declaração de concordância com fundamentos de anteriores pareceres, informações ou decisões, que, neste caso, serão parte integrante do ato decisório.
Art. 126. Julgado o auto de infração, o autuado será notificado por via postal com aviso de recebimento ou outro meio válido que assegure a certeza de sua ciência para pagar a multa no **prazo** de cinco dias, a partir do recebimento da notificação, ou para apresentar recurso.
Parágrafo único. O pagamento realizado no **prazo** disposto no caput contará com o desconto de trinta por cento do valor corrigido da penalidade, nos termos do art. 4º da Lei nº 8.005, de 1990.

Seção V
Dos Recursos

Art. 127. Da decisão proferida pela autoridade julgadora caberá recurso no **prazo** de vinte dias.
§ 1º O recurso voluntário de que trata este artigo será dirigido à autoridade que proferiu o julgamento na primeira instância, a qual, se não reconsiderar a decisão no **prazo** de cinco dias, o encaminhará à autoridade competente para o julgamento em segunda e última instância administrativa.
§ 2º O órgão ou entidade ambiental competente indicará, em ato próprio, a autoridade superior que será responsável pelo julgamento do recurso mencionado no **caput**.
§ 3º O autuado poderá exercer, no **prazo** a que se refere o **caput**, a faculdade prevista no § 2º do art. 148, o que caracterizará a renúncia ao direito de recorrer.
Art. 127-A. O julgamento proferido em primeira instância estará sujeito ao reexame necessário nas hipóteses estabelecidas em **regulamento** do órgão ou da entidade ambiental competente.
Parágrafo único. O recurso de ofício será interposto mediante declaração na própria decisão.
Art. 128. O recurso interposto na forma prevista no art. 127 não terá efeito suspensivo.
§ 1º Na hipótese de justo receio de prejuízo de difícil ou incerta reparação, a autoridade recorrida ou a imediatamente superior poderá, de ofício ou a pedido do recorrente, conceder efeito suspensivo ao recurso.
§ 2º Quando se tratar de penalidade de multa, o recurso de que trata o art. 127 terá efeito suspensivo quanto a esta penalidade.

Art. 129. A autoridade responsável pelo julgamento do recurso poderá confirmar, modificar, anular ou revogar, total ou parcialmente, a decisão recorrida.
Art. 131. O recurso não será conhecido quando interposto:
I - fora do **prazo**;
II - perante órgão ambiental incompetente; ou
III - por quem não seja legitimado.

Seção VI
Do Procedimento Relativo à Destinação dos Bens e Animais Apreendidos

Art. 134. Após decisão que confirme o auto de infração, os bens e animais apreendidos que ainda não tenham sido objeto da destinação prevista no art. 107, não mais retornarão ao infrator, devendo ser destinados da seguinte forma:
I - os produtos perecíveis serão doados;
II - as madeiras poderão ser doadas a órgãos ou entidades públicas, vendidas ou utilizadas pela administração quando houver necessidade, conforme decisão motivada da autoridade competente;
III - os produtos e subprodutos da fauna não perecíveis serão destruídos ou doados a instituições científicas, culturais ou educacionais;
IV - os instrumentos utilizados na prática da infração poderão ser destruídos, utilizados pela administração quando houver necessidade, doados ou vendidos, garantida a sua descaracterização, neste último caso, por meio da reciclagem quando o instrumento puder ser utilizado na prática de novas infrações;
V - os demais petrechos, equipamentos, veículos e embarcações descritos no inciso IV do art. 72 da Lei nº 9.605, de 1998, poderão ser utilizados pela administração quando houver necessidade, ou ainda vendidos, doados ou destruídos, conforme decisão motivada da autoridade ambiental;
VI - os animais domésticos e exóticos serão vendidos ou doados.
VII - os animais da fauna silvestre serão libertados em seu hábitat ou entregues a jardins zoológicos, fundações, centros de triagem, criadouros regulares ou entidades assemelhadas, desde que fiquem sob a responsabilidade de técnicos habilitados.
Art. 135. Os bens apreendidos poderão ser doados pela autoridade competente para órgãos e entidades públicas de caráter científico, cultural, educacional, hospitalar, penal, militar e social, bem como para outras entidades sem fins lucrativos de caráter beneficente.
Parágrafo único. Os produtos da fauna não perecíveis serão destruídos ou doados a instituições científicas, culturais ou educacionais.
Art. 136. Tratando-se de apreensão de substâncias ou produtos tóxicos, perigosos ou nocivos à saúde humana ou ao meio ambiente, as medidas a serem adotadas, inclusive a destruição, serão determinadas pelo órgão competente e correrão a expensas do infrator.
Art. 137. O termo de doação de bens apreendidos vedará a transferência a terceiros, a **qualquer** título, dos animais, produtos, subprodutos, instrumentos, petrechos, equipamentos, veículos e embarcações doados.
Parágrafo único. A autoridade ambiental poderá autorizar a transferência dos bens doados quando tal medida for considerada mais adequada à execução dos fins institucionais dos beneficiários.

Art. 138. Os bens sujeitos à venda serão submetidos a leilão, nos termos do § 5º do art. 22 da Lei nº 8.666, de 21 de junho de 1993.
Parágrafo único. Os custos operacionais de depósito, remoção, transporte, beneficiamento e demais encargos legais correrão à conta do adquirente.

Seção VII
Do Procedimento de Conversão de Multa Simples em Serviços de Preservação, Melhoria e Recuperação da Qualidade do Meio Ambiente

Art. 139. Fica instituído o Programa de Conversão de Multas Ambientais emitidas por órgãos e entidades da União integrantes do Sistema Nacional do Meio Ambiente - Sisnama.
Parágrafo único. A autoridade competente, nos termos do disposto no § 4º do art. 72 da Lei nº 9.605, de 1998, poderá converter a multa simples em serviços de preservação, de melhoria e de recuperação da qualidade do meio ambiente, **exceto** as multas decorrentes de infrações ambientais que tenham provocado morte humana e outras hipóteses previstas em **regulamento** do órgão ou da entidade ambiental responsável pela apuração da infração ambiental.   Art. 140. São considerados serviços de preservação, melhoria e recuperação da qualidade do meio ambiente, as ações, as atividades e as obras incluídas em projetos com, no mínimo, um dos seguintes objetivos:
I - recuperação:
a) de áreas degradadas para conservação da biodiversidade e conservação e melhoria da qualidade do meio ambiente;
b) de processos ecológicos e de serviços ecossistêmicos essenciais;
c) de vegetação nativa;
d) de áreas de recarga de aquíferos; e
e) de solos degradados ou em processo de desertificação;
II - proteção e manejo de espécies da flora nativa e da fauna silvestre;
III - monitoramento da qualidade do meio ambiente e desenvolvimento de indicadores ambientais;
IV - mitigação ou adaptação às mudanças do clima;
V - manutenção de espaços públicos que tenham como objetivo a conservação, a proteção e a recuperação de espécies da flora nativa ou da fauna silvestre e de áreas verdes urbanas destinadas à proteção dos recursos hídricos;
VI - educação ambiental;
VII - promoção da regularização fundiária de unidades de conservação;
VIII - saneamento básico;
IX - garantia da sobrevivência e ações de recuperação e de reabilitação de espécies da flora nativa e da fauna silvestre por instituições públicas de **qualquer** ente federativo ou privadas sem fins lucrativos; ou
X - implantação, gestão, monitoramento e proteção de unidades de conservação.
§ 1º Na hipótese de os serviços a serem executados demandarem recuperação da vegetação nativa em imóvel rural, as áreas beneficiadas com a prestação de serviço objeto da conversão deverão estar inscritas no Cadastro Ambiental Rural - CAR.

§ 2º O disposto no § 1º não se aplica aos assentamentos de reforma agrária, aos territórios indígenas e quilombolas e às unidades de conservação, **ressalvadas** as Áreas de Proteção Ambiental.

Art. 140-B. Os órgãos federais de que trata esta Seção poderão realizar chamamentos públicos para selecionar projetos apresentados por órgãos e entidades, públicas ou privadas sem fins lucrativos, para a execução dos serviços de que trata o art. 140, em áreas públicas ou privadas. (Incluído pelo Decreto nº 11.373, de 2023)

Parágrafo único. Os chamamentos públicos previstos no **caput** poderão ser realizados de forma conjunta pelos órgãos federais de que trata esta Seção.

Art. 141. Não caberá conversão de multa para reparação de danos decorrentes das próprias infrações.

Art. 142. O autuado poderá requerer a conversão de multa de que trata esta Seção até o momento da sua manifestação em alegações finais, na forma estabelecida no art. 122.

Art. 142-A. O autuado, ao pleitear a conversão de multa, deverá optar pela:

I - conversão direta, com a implementação, por seus meios, de serviço de preservação, de melhoria e de recuperação da qualidade do meio ambiente, no âmbito de, no mínimo, um dos objetivos previstos no **caput** do art. 140; ou

II - conversão indireta, com adesão a projeto previamente selecionado pelo órgão federal emissor da multa, na forma estabelecida no art. 140-B, observados os objetivos previstos no **caput** do art. 140.

§ 1º Na hipótese prevista no inciso I do **caput**, o autuado respeitará as diretrizes definidas pelo órgão federal emissor da multa, que poderá admitir a participação de mais de um autuado na elaboração e na execução do projeto.

§ 2º Na hipótese prevista no inciso II do **caput**, o autuado poderá outorgar poderes ao órgão federal emissor da multa para escolha do projeto a ser contemplado.

§ 3º Ato normativo próprio do órgão ou da entidade ambiental responsável pela apuração da infração ambiental detalhará as regras para operacionalização da conversão de multa direta e indireta.

Art. 143. O valor dos custos dos serviços de preservação, conservação, melhoria e recuperação da qualidade do meio ambiente será igual ou superior ao valor da multa convertida.

§ 1º Independentemente do valor da multa aplicada, o autuado fica obrigado a reparar integralmente o dano que tenha causado.

§ 2º A autoridade ambiental, ao deferir o pedido de conversão, aplicará sobre o valor da multa consolidada o desconto de:

I - quarenta por cento, na hipótese prevista no inciso I do **caput** do art. 142-A, se a conversão for requerida juntamente com a defesa;

II - trinta e cinco por cento, na hipótese prevista no inciso I do **caput** do art. 142-A, se a conversão for requerida até o **prazo** das alegações finais;

III - sessenta por cento, na hipótese prevista no inciso II do **caput** do art. 142-A, se a conversão for requerida juntamente com a defesa; ou

IV - cinquenta por cento, na hipótese prevista no inciso II do **caput** do art. 142-A, se a conversão for requerida até o **prazo** das alegações finais.

§ 3º-A Na hipótese prevista nos incisos III e IV do § 2º, o valor consolidado nominal da multa a ser convertida poderá ser parcelado em até vinte e quatro parcelas mensais e sucessivas, sobre as quais incidirá reajuste mensal com base na variação do Índice Nacional de Preços ao Consumidor Amplo - IPCA. (

§ 4º-A Os custos decorrentes de serviços bancários necessários à operacionalização da conversão de multa na modalidade prevista nos incisos III e IV do **caput** do art. 142-A serão deduzidos dos valores obtidos por meio dos rendimentos sobre os valores depositados em conta garantia em banco público, até o limite dos referidos custos.

§ 5º-A Na hipótese de os resultados dos rendimentos sobre os valores depositados em conta garantia não serem suficientes para a cobertura dos custos bancários, o autuado complementará o valor faltoso. (

§ 6º-A Na hipótese de os resultados dos rendimentos sobre os valores depositados em conta garantia ultrapassarem o valor devido aos custos bancários, o excedente será aplicado integralmente na prestação de serviços ambientais estabelecidos pelo órgão federal emissor da multa, conforme estabelecido no art. 140.   (Incluído pelo Decreto nº 11.373, de 2023)

§ 7º O valor resultante do desconto **não pode**rá ser inferior ao valor mínimo legal aplicável à infração.

Art. 144-A. O requerimento de conversão de multa na modalidade prevista no inciso I do **caput** do art. 142-A será instruído com o projeto, conforme as diretrizes estabelecidas pelo órgão federal emissor da multa.

§ 1º Na hipótese de o autuado não dispor de projeto na data do requerimento, a autoridade julgadora, se provocada, poderá conceder **prazo** de sessenta dias para que o autuado apresente o referido projeto.

§ 2º Antes de decidir sobre o pedido de conversão de multa na modalidade de que trata este artigo, a autoridade julgadora poderá determinar ao autuado que proceda, em **prazo** predefinido, a emendas, revisões e ajustes no projeto, incluído o objetivo de adequá-lo ao valor consolidado da multa a ser convertida. (

§ 3º O não atendimento por parte do autuado das situações previstas neste artigo implicará o indeferimento do pedido de conversão de multa.

Art. 145. A autoridade julgadora deverá, em decisão única, julgar o auto de infração e o pedido de conversão da multa por ocasião do julgamento do auto de infração. (

§ 1º A autoridade julgadora considerará as peculiaridades do caso concreto, os antecedentes do infrator e o efeito dissuasório da multa ambiental, e poderá, em decisão motivada, deferir ou não o pedido de conversão formulado pelo autuado, observado o disposto no art. 141.

§ 2º Na hipótese de deferimento do pedido de conversão, a autoridade julgadora notificará o autuado para comparecer à unidade administrativa indicada pelo órgão federal do emissor da multa para a assinatura do termo de compromisso de que trata o art. 146.

§ 3º O deferimento do pedido de conversão suspende o prazo para interposição de recurso hierárquico.   (

§ 4º Caberá recurso hierárquico da decisão que indeferir o pedido de conversão da multa aplicada, na forma estabelecida no art. 127.

Art. 146. Na hipótese de decisão favorável ao pedido, as partes celebrarão termo de compromisso, que estabelecerá os termos da vinculação do autuado ao objeto da conversão de multa pelo prazo de execução do projeto aprovado ou de sua cota-parte no projeto escolhido pelo órgão federal emissor da multa.

§ 1º O termo de compromisso conterá as seguintes cláusulas obrigatórias:
I - nome, qualificação e endereço das partes compromissadas e de seus representantes legais;
II - serviço ambiental objeto da conversão;
III - prazo de vigência do compromisso, que será vinculado ao tempo necessário à conclusão do objeto da conversão que, em função de sua complexidade e das obrigações pactuadas, poderá variar entre o mínimo de noventa dias e o máximo de dez anos, admitida a prorrogação, desde que justificada;
IV - multa a ser aplicada em decorrência do não cumprimento das obrigações pactuadas;
V - efeitos do descumprimento parcial ou total do objeto pactuado;
VI - regularização ambiental e reparação dos danos decorrentes da infração ambiental;
VII - foro competente para dirimir litígios entre as partes.
§ 2º Na hipótese da conversão prevista no inciso I do **caput** do art. 142-A, o termo de compromisso conterá:
I - a descrição detalhada do objeto;
II- o valor do investimento previsto para sua execução;
III - as metas a serem atingidas; e
IV - o anexo com plano de trabalho, do qual constarão os cronogramas físico e financeiro de implementação do projeto aprovado.
§ 3º-A Na hipótese da conversão prevista no inciso II do **caput** do art. 142-A, o termo de compromisso deverá:
I - ser instruído com comprovante de depósito integral ou de parcela em conta garantia em banco público, observado o previsto no § 3º-A do art. 143, referente ao valor do projeto selecionado ou à respectiva cota-parte de projeto, nos termos definidos pelo órgão federal emissor da multa;
II - conter a outorga de poderes do autuado ao órgão federal emissor da multa para a escolha do projeto a ser apoiado, quando for o caso;
III - contemplar a autorização do infrator ao banco público, detentor do depósito do valor da multa a ser convertida, para custear as despesas do projeto selecionado;
IV - prever a inclusão da entidade selecionada como signatária e suas obrigações para a execução do projeto contemplado; e
V - estabelecer a vedação do levantamento, a **qualquer** tempo, pelo autuado ou pelo órgão federal emissor da multa, do valor depositado na conta garantia, na forma estabelecida no inciso I deste parágrafo.
§ 4º A assinatura do termo de compromisso suspende a exigibilidade da multa aplicada e implica renúncia ao direito de recorrer administrativamente.
§ 5º A celebração do termo de compromisso não põe fim ao processo administrativo e o órgão ambiental monitorará e avaliará, a **qualquer** tempo, o cumprimento das obrigações pactuadas.
§ 6º A efetiva conversão da multa se concretizará **somente** após a conclusão do objeto, parte integrante do projeto, a sua comprovação pelo executor e a aprovação pelo órgão federal emissor da multa.
§ 7º O termo de compromisso terá efeito nas esferas civil e administrativa.

§ 8º O inadimplemento do termo de compromisso implica:
I - na esfera administrativa, a inscrição imediata do débito em dívida ativa para cobrança da multa resultante do auto de infração em seu valor integral, acrescido dos consectários legais incidentes; e (
II - na esfera civil, a execução judicial imediata das obrigações pactuadas, tendo em vista seu caráter de título executivo extrajudicial.
§ 10. Os recursos depositados pelo autuado na conta garantia referida no inciso I do § 3º-A estão vinculados ao projeto e assegurarão o cumprimento da sua obrigação de prestar os serviços de preservação, de melhoria e de recuperação da qualidade do meio ambiente. (
Art. 147. Os extratos dos termos de compromisso celebrados serão publicados no Diário Oficial da União.
Art. 148. O órgão federal emissor da multa definirá as diretrizes e os critérios para os projetos a que se refere esta Seção e a forma de acompanhamento e de fiscalização da execução dos serviços prestados em decorrência das multas a serem convertidas. (
§ 1º O órgão federal emissor da multa instituirá Câmara Consultiva Nacional para subsidiar a estratégia de implementação do Programa de Conversão de Multas Ambientais no que se refere às infrações apuradas por ele, e caberá à Câmara opinar sobre temas e áreas prioritárias a serem beneficiadas com os serviços decorrentes da conversão e sobre as estratégias de monitoramento, observadas as diretrizes da Política Nacional do Meio Ambiente e da Política Nacional sobre Mudança do Clima. (
§ 2º A Câmara Consultiva Nacional será presidida pelo órgão federal emissor da multa e contemplará a participação, além de seus representantes, de representantes do Ministério do Meio Ambiente e de seus órgãos vinculados, bem como da sociedade civil.
§ 3º O órgão federal emissor da multa poderá criar câmaras regionais ou estaduais e grupos de trabalho direcionados a territórios, temas ou projetos específicos. (
§ 4º A composição e o funcionamento dos órgãos colegiados referidos neste artigo serão definidos em ato normativo editado pelo órgão federal emissor da multa. (
§ 5º Os órgãos federais emissores de multa poderão estruturar, conjuntamente, câmaras regionais ou estaduais ou grupos de trabalho conforme referido no § 3º. (
Art. 148-A. Ao autuado que, sob a égide de regime jurídico anterior, tenha pleiteado tempestivamente a conversão da multa, é garantida a adequação aos termos deste Decreto.

CAPÍTULO III
DAS DISPOSIÇÕES FINAIS

Art. 149. Os órgãos ambientais integrantes do Sistema Nacional do Meio Ambiente - SISNAMA ficam obrigados a dar, trimestralmente, publicidade das sanções administrativas aplicadas com fundamento neste Decreto:
I - no Sistema Nacional de Informações Ambientais - SISNIMA, de que trata o art. 9º, inciso VII, da Lei nº 6.938, de 1981; e
II - em seu sítio na rede mundial de computadores.
Parágrafo único. Quando da publicação das listas, nos termos do **caput**, o órgão ambiental deverá, obrigatoriamente, informar se os processos estão

julgados em definitivo ou encontram-se pendentes de julgamento ou recurso.

Art. 149-A. O disposto no art. 11 aplica-se aos autos de infração lavrados a partir da entrada em vigor do Decreto nº 11.080, de 2022.

Art. 150. Nos termos do que dispõe o § 1º do art. 70 da Lei nº 9.605, de 1998, este Decreto se aplica, no que couber, à Capitania dos Portos do Comando da Marinha.

Art. 150-A. Os prazos de que trata este Decreto contam-se na forma do disposto no **caput** do art. 66 da Lei nº 9.784, de 1999 .

Art. 151. Os órgãos e entidades ambientais federais competentes estabelecerão, por meio de instrução normativa, os procedimentos administrativos complementares relativos à execução deste Decreto.

Art. 152. O disposto no art. 55 entrará em vigor em 11 de junho de 2012.

Art. 152-A. Os embargos impostos em decorrência da ocupação irregular de áreas de reserva legal não averbadas e cuja vegetação nativa tenha sido suprimida até 21 de dezembro de 2007, serão suspensos até 11 de dezembro de 2009, mediante o protocolo pelo interessado de pedido de regularização da reserva legal junto ao órgão ambiental competente.

Parágrafo único. O disposto no **caput** não se aplica a desmatamentos irregulares ocorridos no Bioma Amazônia.

Art. 153. Ficam revogados os Decretos n°s 3.179, de 21 de setembro de 1999, 3.919, de 14 de setembro de 2001, 4.592, de 11 de fevereiro de 2003, 5.523, de 25 de agosto de 2005, os arts. 26 e 27 do Decreto nº 5.975, de 30 de novembro de 2006, e os arts. 12 e 13 do Decreto nº 6.321, de 21 de dezembro de 2007.

Art. 154. Este Decreto entra em vigor na data de sua publicação.

Brasília, 22 de julho de 2008; 187º da Independência e 120º da República.

LUIZ INÁCIO LULA DA SILVA

☐ Lei que disciplina as competências ambientais a todos os entes

LEI COMPLEMENTAR Nº 140, DE 8 DE DEZEMBRO DE 2011

> Fixa normas, nos termos dos incisos III, VI e VII do **caput** e do parágrafo único do art. 23 da Constituição Federal, para a cooperação entre a União, os Estados, o Distrito Federal e os Municípios nas ações administrativas decorrentes do exercício da **competência comum** relativas à **proteção das paisagens naturais notáveis, à proteção do meio ambiente, ao combate à poluição em qualquer de suas formas e à preservação das florestas, da fauna e da flora**; e altera a Lei nº 6.938, de 31 de agosto de 1981.

A PRESIDENTA DA REPÚBLICA Faço saber que o Congresso Nacional decreta e eu sanciono a seguinte Lei Complementar:

CAPÍTULO I
DISPOSIÇÕES GERAIS

Art. 1º Esta Lei Complementar fixa normas, nos termos dos incisos III, VI e VII do caput e do parágrafo único do art. 23 da Constituição Federal, para a cooperação entre a União, os Estados, o Distrito Federal e os Municípios nas ações administrativas decorrentes do exercício da competência comum relativas à proteção das paisagens naturais notáveis, à proteção do meio ambiente, ao combate à poluição em **qualquer** de suas formas e à preservação das florestas, da fauna e da flora.
Art. 2º Para os fins desta Lei Complementar, consideram-se:
I - licenciamento ambiental: o procedimento administrativo destinado a licenciar atividades ou empreendimentos utilizadores de recursos ambientais, efetiva ou potencialmente poluidores ou capazes, sob qualquer forma, de causar degradação ambiental;
II - atuação supletiva: ação do ente da Federação que se substitui ao ente federativo originariamente detentor das atribuições, nas hipóteses definidas nesta Lei Complementar;
III - atuação subsidiária: ação do ente da Federação que visa a auxiliar no desempenho das atribuições decorrentes das competências comuns, quando solicitado pelo ente federativo originariamente detentor das atribuições definidas nesta Lei Complementar.
Art. 3º Constituem objetivos fundamentais da União, dos Estados, do Distrito Federal e dos Municípios, no exercício da competência comum a que se refere esta Lei Complementar:

I - proteger, defender e conservar o meio ambiente ecologicamente equilibrado, promovendo gestão descentralizada, democrática e eficiente;
II - garantir o equilíbrio do desenvolvimento socioeconômico com a proteção do meio ambiente, observando a dignidade da pessoa humana, a erradicação da pobreza e a redução das desigualdades sociais e regionais;
III - harmonizar as políticas e ações administrativas para evitar a sobreposição de atuação entre os entes federativos, de forma a evitar conflitos de atribuições e garantir uma atuação administrativa eficiente;
IV - garantir a uniformidade da política ambiental para todo o País, respeitadas as peculiaridades regionais e locais.

CAPÍTULO II
DOS INSTRUMENTOS DE COOPERAÇÃO

Art. 4º Os entes federativos podem valer-se, entre outros, dos seguintes instrumentos de cooperação institucional:
I - consórcios públicos, nos termos da legislação em vigor;
II - convênios, acordos de cooperação técnica e outros instrumentos similares com órgãos e entidades do Poder Público, respeitado o art. 241 da Constituição Federal;
III - Comissão Tripartite Nacional, Comissões Tripartites Estaduais e Comissão Bipartite do Distrito Federal;
IV - fundos públicos e privados e outros instrumentos econômicos;
V - delegação de atribuições de um ente federativo a outro, respeitados os requisitos previstos nesta Lei Complementar;
VI - delegação da execução de ações administrativas de um ente federativo a outro, respeitados os requisitos previstos nesta Lei Complementar.
§ 1º Os instrumentos mencionados no inciso II do **caput** podem ser firmados com prazo indeterminado.
§ 2º A Comissão Tripartite Nacional será formada, paritariamente, por representantes dos Poderes Executivos da União, dos Estados, do Distrito Federal e dos Municípios, com o objetivo de fomentar a gestão ambiental compartilhada e descentralizada entre os entes federativos.
§ 3º As Comissões Tripartites Estaduais serão formadas, paritariamente, por representantes dos Poderes Executivos da União, dos Estados e dos Municípios, com o objetivo de fomentar a gestão ambiental compartilhada e descentralizada entre os entes federativos.
§ 4º A Comissão Bipartite do Distrito Federal será formada, paritariamente, por representantes dos Poderes Executivos da União e do Distrito Federal, com o objetivo de fomentar a gestão ambiental compartilhada e descentralizada entre esses entes federativos.
§ 5º As Comissões Tripartites e a Comissão Bipartite do Distrito Federal terão sua organização e funcionamento regidos pelos respectivos regimentos internos.
Art. 5º O ente federativo poderá delegar, mediante convênio, a execução de ações administrativas a ele atribuídas nesta Lei Complementar, desde que o ente destinatário da delegação disponha de órgão ambiental capacitado a executar as ações administrativas a serem delegadas e de conselho de meio ambiente.
Parágrafo único. Considera-se órgão ambiental capacitado, para os efeitos do disposto no **caput**, aquele que possui técnicos próprios ou em consórcio,

devidamente habilitados e em número compatível com a demanda das ações administrativas a serem delegadas.

CAPÍTULO III
DAS AÇÕES DE COOPERAÇÃO

Art. 6º As ações de cooperação entre a União, os Estados, o Distrito Federal e os Municípios deverão ser desenvolvidas de modo a atingir os objetivos previstos no art. 3º e a garantir o desenvolvimento sustentável, harmonizando e integrando **todas** as políticas governamentais.
Art. 7º São ações administrativas da União:
I - formular, executar e fazer cumprir, em âmbito nacional, a Política Nacional do Meio Ambiente;
II - exercer a gestão dos recursos ambientais no âmbito de suas atribuições;
III - promover ações relacionadas à Política Nacional do Meio Ambiente nos âmbitos nacional e **internacional**;
IV - promover a integração de programas e ações de órgãos e entidades da administração pública da União, dos Estados, do Distrito Federal e dos Municípios, relacionados à proteção e à gestão ambiental;
V - articular a cooperação técnica, científica e financeira, em apoio à Política Nacional do Meio Ambiente;
VI - promover o desenvolvimento de estudos e pesquisas direcionados à proteção e à gestão ambiental, divulgando os resultados obtidos;
VII - promover a articulação da Política Nacional do Meio Ambiente com as de Recursos Hídricos, Desenvolvimento Regional, Ordenamento Territorial e outras;
VIII - organizar e manter, com a colaboração dos órgãos e entidades da administração pública dos Estados, do Distrito Federal e dos Municípios, o Sistema Nacional de Informação sobre Meio Ambiente (Sinima);
IX - elaborar o zoneamento ambiental de âmbito nacional e **regional**;
X - definir espaços territoriais e seus componentes a serem especialmente protegidos;
XI - promover e orientar a educação ambiental em **todos** os níveis de ensino e a conscientização pública para a proteção do meio ambiente;
XII - controlar a produção, a comercialização e o emprego de técnicas, métodos e substâncias que comportem risco para a vida, a qualidade de vida e o meio ambiente, na forma da lei;
XIII - exercer o controle e fiscalizar as atividades e empreendimentos cuja atribuição para licenciar ou autorizar, ambientalmente, for cometida à União;
XIV - promover o licenciamento ambiental de empreendimentos e atividades:
a) localizados ou desenvolvidos conjuntamente no Brasil e em país limítrofe;
b) localizados ou desenvolvidos no mar territorial, na plataforma continental ou na zona econômica exclusiva;
c) localizados ou desenvolvidos em terras indígenas;
d) localizados ou desenvolvidos em unidades de conservação instituídas pela União, **exceto** em Áreas de Proteção Ambiental (APAs);
e) localizados ou desenvolvidos em 2 (dois) ou mais Estados;
f) de caráter militar, excetuando-se do licenciamento ambiental, nos termos de ato do Poder Executivo, aqueles previstos no preparo e emprego das Forças Armadas, conforme disposto na Lei Complementar nº 97, de 9 de junho de 1999;

g) destinados a pesquisar, lavrar, produzir, beneficiar, transportar, armazenar e dispor material radioativo, em **qualquer** estágio, ou que utilizem energia nuclear em **qualquer** de suas formas e aplicações, mediante parecer da Comissão Nacional de Energia Nuclear (Cnen); ou
h) que atendam tipologia estabelecida por ato do Poder Executivo, a partir de proposição da Comissão Tripartite Nacional, assegurada a participação de um membro do Conselho Nacional do Meio Ambiente (Conama), e considerados os critérios de porte, potencial poluidor e natureza da atividade ou empreendimento;
XV - aprovar o manejo e a supressão de vegetação, de florestas e formações sucessoras em:
a) florestas públicas federais, terras devolutas federais ou unidades de conservação instituídas pela União, **exceto** em APAs; e
b) atividades ou empreendimentos licenciados ou autorizados, ambientalmente, pela União;
XVI - elaborar a relação de espécies da fauna e da flora ameaçadas de extinção e de espécies sobreexplotadas no território nacional, mediante laudos e estudos técnico-científicos, fomentando as atividades que conservem essas espécies **in situ**;
XVII - controlar a introdução no País de espécies exóticas potencialmente invasoras que possam ameaçar os ecossistemas, **habitats** e espécies nativas;
XVIII - aprovar a liberação de exemplares de espécie exótica da fauna e da flora em ecossistemas naturais frágeis ou protegidos;
XIX - controlar a exportação de componentes da biodiversidade brasileira na forma de espécimes silvestres da flora, micro-organismos e da fauna, partes ou produtos deles derivados;
XX - controlar a apanha de espécimes da fauna silvestre, ovos e larvas;
XXI - proteger a fauna migratória e as espécies inseridas na relação prevista no inciso XVI;
XXII - exercer o controle ambiental da pesca em âmbito **nacional** ou **regional**;
XXIII - gerir o patrimônio genético e o acesso ao conhecimento tradicional associado, respeitadas as atribuições setoriais;
XXIV - exercer o controle ambiental sobre o transporte marítimo de produtos perigosos; e
XXV - exercer o controle ambiental sobre o transporte interestadual, fluvial ou terrestre, de produtos perigosos.
Parágrafo único. O licenciamento dos empreendimentos cuja localização compreenda concomitantemente áreas das faixas terrestre e marítima da zona costeira será de atribuição da União exclusivamente nos casos previstos em tipologia estabelecida por ato do Poder Executivo, a partir de proposição da Comissão Tripartite Nacional, assegurada a participação de um membro do Conselho Nacional do Meio Ambiente (Conama) e considerados os critérios de porte, potencial poluidor e natureza da atividade ou empreendimento.
Art. 8º São ações administrativas dos Estados:
I - executar e fazer cumprir, em âmbito estadual, a Política Nacional do Meio Ambiente e demais políticas nacionais relacionadas à proteção ambiental;
II - exercer a gestão dos recursos ambientais no âmbito de suas atribuições;
III - formular, executar e fazer cumprir, em âmbito estadual, a Política Estadual de Meio Ambiente;

IV - promover, no âmbito estadual, a integração de programas e ações de órgãos e entidades da administração pública da União, dos Estados, do Distrito Federal e dos Municípios, relacionados à proteção e à gestão ambiental;
V - articular a cooperação técnica, científica e financeira, em apoio às Políticas Nacional e Estadual de Meio Ambiente;
VI - promover o desenvolvimento de estudos e pesquisas direcionados à proteção e à gestão ambiental, divulgando os resultados obtidos;
VII - organizar e manter, com a colaboração dos órgãos municipais competentes, o Sistema Estadual de Informações sobre Meio Ambiente;
VIII - prestar informações à União para a formação e atualização do Sinima;
IX - elaborar o zoneamento ambiental de âmbito estadual, em conformidade com os zoneamentos de âmbito **nacional e regional**;
X - definir espaços territoriais e seus componentes a serem especialmente protegidos;
XI - promover e orientar a educação ambiental em **todos** os níveis de ensino e a conscientização pública para a proteção do meio ambiente;
XII - controlar a produção, a comercialização e o emprego de técnicas, métodos e substâncias que comportem risco para a vida, a qualidade de vida e o meio ambiente, na forma da lei;
XIII - exercer o controle e fiscalizar as atividades e empreendimentos cuja atribuição para licenciar ou autorizar, ambientalmente, for cometida aos Estados;
XIV - promover o licenciamento ambiental de atividades ou empreendimentos utilizadores de recursos ambientais, efetiva ou potencialmente poluidores ou capazes, sob **qualquer** forma, de causar degradação ambiental, **ressalvado** o disposto nos arts. 7º e 9º;
XV - promover o licenciamento ambiental de atividades ou empreendimentos localizados ou desenvolvidos em unidades de conservação instituídas pelo Estado, **exceto** em Áreas de Proteção Ambiental (APAs);
XVI - aprovar o manejo e a supressão de vegetação, de florestas e formações sucessoras em:
a) florestas públicas estaduais ou unidades de conservação do Estado, **exceto** em Áreas de Proteção Ambiental (APAs);
b) imóveis rurais, observadas as atribuições previstas no inciso XV do art. 7º; e
c) atividades ou empreendimentos licenciados ou autorizados, ambientalmente, pelo Estado;
XVII - elaborar a relação de espécies da fauna e da flora ameaçadas de extinção no respectivo território, mediante laudos e estudos técnico-científicos, fomentando as atividades que conservem essas espécies **in situ**;
XVIII - controlar a apanha de espécimes da fauna silvestre, ovos e larvas destinadas à implantação de criadouros e à pesquisa científica, **ressalvado** o disposto no inciso XX do art. 7º;
XIX - aprovar o funcionamento de criadouros da fauna silvestre;
XX - exercer o controle ambiental da pesca em âmbito estadual; e
XXI - exercer o controle ambiental do transporte fluvial e terrestre de produtos perigosos, **ressalvado** o disposto no inciso XXV do art. 7º.
Art. 9º São ações administrativas dos Municípios:
I - executar e fazer cumprir, em âmbito municipal, as Políticas Nacional e Estadual de Meio Ambiente e demais políticas nacionais e estaduais relacionadas à proteção do meio ambiente;

II - exercer a gestão dos recursos ambientais no âmbito de suas atribuições;
III - formular, executar e fazer cumprir a Política Municipal de Meio Ambiente;
IV - promover, no Município, a integração de programas e ações de órgãos e entidades da administração pública federal, estadual e municipal, relacionados à proteção e à gestão ambiental;
V - articular a cooperação técnica, científica e financeira, em apoio às Políticas Nacional, Estadual e Municipal de Meio Ambiente;
VI - promover o desenvolvimento de estudos e pesquisas direcionados à proteção e à gestão ambiental, divulgando os resultados obtidos;
VII - organizar e manter o Sistema Municipal de Informações sobre Meio Ambiente;
VIII - prestar informações aos Estados e à União para a formação e atualização dos Sistemas Estadual e Nacional de Informações sobre Meio Ambiente;
IX - elaborar o Plano Diretor, observando os zoneamentos ambientais;
X - definir espaços territoriais e seus componentes a serem especialmente protegidos;
XI - promover e orientar a educação ambiental em **todos** os níveis de ensino e a conscientização pública para a proteção do meio ambiente;
XII - controlar a produção, a comercialização e o emprego de técnicas, métodos e substâncias que comportem risco para a vida, a qualidade de vida e o meio ambiente, na forma da lei;
XIII - exercer o controle e fiscalizar as atividades e empreendimentos cuja atribuição para licenciar ou autorizar, ambientalmente, for cometida ao Município;
XIV - observadas as atribuições dos demais entes federativos previstas nesta Lei Complementar, promover o licenciamento ambiental das atividades ou empreendimentos:
a) que causem ou possam causar impacto ambiental de âmbito **local**, conforme tipologia definida pelos respectivos Conselhos Estaduais de Meio Ambiente, considerados os critérios de porte, potencial poluidor e natureza da atividade; ou
b) localizados em unidades de conservação instituídas pelo Município, **exceto** em Áreas de Proteção Ambiental (APAs);
XV - observadas as atribuições dos demais entes federativos previstas nesta Lei Complementar, aprovar:
a) a supressão e o manejo de vegetação, de florestas e formações sucessoras em florestas públicas municipais e unidades de conservação instituídas pelo Município, **exceto** em Áreas de Proteção Ambiental (APAs); e
b) a supressão e o manejo de vegetação, de florestas e formações sucessoras em empreendimentos licenciados ou autorizados, ambientalmente, pelo Município.
Art. 10. São ações administrativas do Distrito Federal as previstas nos arts. 8º e 9º.
Art. 11. A lei poderá estabelecer regras próprias para atribuições relativas à autorização de manejo e supressão de vegetação, considerada a sua caracterização como vegetação primária ou secundária em diferentes estágios de regeneração, assim como a existência de espécies da flora ou da fauna ameaçadas de extinção.
Art. 12. Para fins de licenciamento ambiental de atividades ou empreendimentos utilizadores de recursos ambientais, efetiva ou potencialmente poluidores ou capazes, sob **qualquer** forma, de causar

degradação ambiental, e para autorização de supressão e manejo de vegetação, o critério do ente federativo instituidor da unidade de conservação não será aplicado às Áreas de Proteção Ambiental (APAs).
Parágrafo único. A definição do ente federativo responsável pelo licenciamento e autorização a que se refere o **caput**, no caso das APAs, seguirá os critérios previstos nas alíneas "a", "b", "e", "f" e "h" do inciso XIV do art. 7º, no inciso XIV do art. 8º e na alínea "a" do inciso XIV do art. 9º.
Art. 13. Os empreendimentos e atividades são licenciados ou autorizados, ambientalmente, por um único ente federativo, em conformidade com as atribuições estabelecidas nos termos desta Lei Complementar.
§ 1º Os demais entes federativos interessados podem manifestar-se ao órgão responsável pela licença ou autorização, de maneira não vinculante, respeitados os prazos e procedimentos do licenciamento ambiental.
§ 2º A supressão de vegetação decorrente de licenciamentos ambientais é autorizada pelo ente federativo licenciador.
§ 3º Os valores alusivos às taxas de licenciamento ambiental e outros serviços afins devem guardar relação de proporcionalidade com o custo e a complexidade do serviço prestado pelo ente federativo.
Art. 14. Os órgãos licenciadores devem observar os prazos estabelecidos para tramitação dos processos de licenciamento.
§ 1º As exigências de complementação oriundas da análise do empreendimento ou atividade devem ser comunicadas pela autoridade licenciadora de uma única vez ao empreendedor, **ressalvada**s aquelas decorrentes de fatos novos.
§ 2º As exigências de complementação de informações, documentos ou estudos feitas pela autoridade licenciadora suspendem o prazo de aprovação, que continua a fluir após o seu atendimento integral pelo empreendedor.
§ 3º O decurso dos prazos de licenciamento, sem a emissão da licença ambiental, não implica emissão tácita nem autoriza a prática de ato que dela dependa ou decorra, mas instaura a competência supletiva referida no art. 15.
§ 4º A renovação de licenças ambientais deve ser requerida com antecedência mínima de 120 (cento e vinte) dias da expiração de seu prazo de validade, fixado na respectiva licença, ficando este automaticamente prorrogado até a manifestação definitiva do órgão ambiental competente.
Art. 15. Os entes federativos devem atuar em caráter supletivo nas ações administrativas de licenciamento e na autorização ambiental, nas seguintes hipóteses:
I - inexistindo órgão ambiental capacitado ou conselho de meio ambiente no Estado ou no Distrito Federal, a União deve desempenhar as ações administrativas estaduais ou distritais até a sua criação;
II - inexistindo órgão ambiental capacitado ou conselho de meio ambiente no Município, o Estado deve desempenhar as ações administrativas municipais até a sua criação; e
III - inexistindo órgão ambiental capacitado ou conselho de meio ambiente no Estado e no Município, a União deve desempenhar as ações administrativas até a sua criação em um daqueles entes federativos.
Art. 16. A ação administrativa subsidiária dos entes federativos dar-se-á por meio de apoio técnico, científico, administrativo ou financeiro, sem prejuízo de outras formas de cooperação.
Parágrafo único. A ação subsidiária deve ser solicitada pelo ente originariamente detentor da atribuição nos termos desta Lei Complementar.

Art. 17. Compete ao órgão responsável pelo licenciamento ou autorização, conforme o caso, de um empreendimento ou atividade, lavrar auto de infração ambiental e instaurar processo administrativo para a apuração de infrações à legislação ambiental cometidas pelo empreendimento ou atividade licenciada ou autorizada.

§ 1º **Qualquer** pessoa legalmente identificada, ao constatar infração ambiental decorrente de empreendimento ou atividade utilizadores de recursos ambientais, efetiva ou potencialmente poluidores, pode dirigir representação ao órgão a que se refere o **caput**, para efeito do exercício de seu poder de polícia.

§ 2º Nos casos de iminência ou ocorrência de degradação da qualidade ambiental, o ente federativo que tiver conhecimento do fato deverá determinar medidas para evitá-la, fazer cessá-la ou mitigá-la, comunicando imediatamente ao órgão competente para as providências cabíveis.

§ 3º O disposto no **caput** deste artigo não impede o exercício pelos entes federativos da atribuição comum de fiscalização da conformidade de empreendimentos e atividades efetiva ou potencialmente poluidores ou utilizadores de recursos naturais com a legislação ambiental em vigor, prevalecendo o auto de infração ambiental lavrado por órgão que detenha a atribuição de licenciamento ou autorização a que se refere o **caput**.

CAPÍTULO IV
DISPOSIÇÕES FINAIS E TRANSITÓRIAS

Art. 18. Esta Lei Complementar aplica-se **apenas** aos processos de licenciamento e autorização ambiental iniciados a partir de sua vigência.

§ 1º Na hipótese de que trata a alínea "h" do inciso XIV do art. 7º, a aplicação desta Lei Complementar dar-se-á a partir da entrada em vigor do ato previsto no referido dispositivo.

§ 2º Na hipótese de que trata a alínea "a" do inciso XIV do art. 9º, a aplicação desta Lei Complementar dar-se-á a partir da edição da decisão do respectivo Conselho Estadual.

§ 3º Enquanto não forem estabelecidas as tipologias de que tratam os §§ 1º e 2º deste artigo, os processos de licenciamento e autorização ambiental serão conduzidos conforme a legislação em vigor.

Art. 19. O manejo e a supressão de vegetação em situações ou áreas não previstas nesta Lei Complementar dar-se-ão nos termos da legislação em vigor.

Art. 20. O art. 10 da Lei nº 6.938, de 31 de agosto de 1981, passa a vigorar com a seguinte redação:

"Art. 10. A construção, instalação, ampliação e funcionamento de estabelecimentos e atividades utilizadores de recursos ambientais, efetiva ou potencialmente poluidores ou capazes, sob **qualquer** forma, de causar degradação ambiental dependerão de prévio licenciamento ambiental.

§ 1º Os pedidos de licenciamento, sua renovação e a respectiva concessão serão publicados no jornal oficial, bem como em periódico **regional ou local** de grande circulação, ou em meio eletrônico de comunicação mantido pelo órgão ambiental competente.

Art. 21. Revogam-se os §§ 2º, 3º e 4º do art. 10 e o § 1º do art. 11 da Lei nº 6.938, de 31 de agosto de 1981.

Art. 22. Esta Lei Complementar entra em vigor na data de sua publicação.

Brasília, 8 de dezembro de 2011; 190º da Independência e 123º da República.

DILMA ROUSSEFF

❑ Regulamentação da LC 140/2011 (União)

DECRETO Nº 8.437, DE 22 DE ABRIL DE 2015

> Regulamenta o disposto no art. 7º, **caput**, inciso XIV, alínea "h", e parágrafo único, da **Lei Complementar nº 140, de 8 de dezembro de 2011**, para estabelecer as **tipologias de empreendimentos e atividades cujo licenciamento ambiental** será de competência da **União**.

A PRESIDENTA DA REPÚBLICA, no uso da atribuição que lhe confere o art. 84, **caput**, IV, da Constituição, e tendo em vista o disposto no art. 7º, **caput**, inciso XIV, alínea "h" e parágrafo único, da Lei Complementar nº 140, de 8 de dezembro de 2011,
DECRETA :

CAPÍTULO I
DISPOSIÇÕES PRELIMINARES

Art. 1º Este Decreto estabelece, em cumprimento ao disposto no art. 7º, **caput**, inciso XIV, "h", e parágrafo único, da Lei Complementar nº 140, de 8 de dezembro de 2011, a tipologia de empreendimentos e atividades cujo licenciamento ambiental será de competência da União.

Art. 2º Para os fins deste Decreto, adotam-se as seguintes definições:
I - implantação de rodovia - construção de rodovia em acordo com as normas rodoviárias de projetos geométricos, com ou sem pavimentação, observada a classe estabelecida pelo Departamento Nacional de Infraestrutura de Transportes - DNIT;
II - pavimentação de rodovia - obras para execução do revestimento superior da rodovia, com pavimento asfáltico, de concreto, cimento ou alvenaria poliédrica;
III - ampliação da capacidade de rodovias - conjunto de operações que resultam no aumento da capacidade do fluxo de tráfego de rodovia pavimentada existente e no aumento da segurança de tráfego de veículos e pedestres, compreendendo a duplicação rodoviária integral ou parcial, a construção de multifaixas e a implantação ou substituição de obras de arte especiais para duplicação;
IV - acesso rodoviário - segmento rodoviário de entrada e saída para área urbana, porto, terminal ou instalação à margem da rodovia;
V - travessia urbana - via ou sucessão de vias que proporciona a passagem preferencial de veículos dentro do perímetro urbano;
VI - contorno rodoviário - trecho de rodovia destinado à circulação de veículos na periferia das áreas urbanas, de modo a evitar ou minimizar o tráfego no seu interior, sem circundar completamente a localidade;
VII - manutenção de rodovias pavimentadas - processo sistemático e contínuo de correção, devido a condicionamentos cronológicos ou decorrentes de eventos supervenientes, a que devem ser submetidas as rodovias pavimentadas, para oferecer permanentemente, ao usuário, tráfego

econômico, confortável e seguro, por meio das ações de conservação, recuperação e restauração realizadas nos limites das suas faixas de domínio;
VIII - conservação de rodovias pavimentadas - conjunto de operações rotineiras, periódicas e de emergência, com o objetivo de preservar as características técnicas e operacionais do sistema rodoviário e suas instalações físicas, para proporcionar conforto e segurança aos usuários;
IX - restauração de rodovia pavimentada - conjunto de operações aplicadas à rodovia com pavimento desgastado ou danificado, com o objetivo de restabelecer suas características técnicas originais ou de adaptá-la às condições de tráfego atual e prolongar seu período de vida útil, por meio de intervenções de reforço, reciclagem, reconstrução do pavimento, recuperação, complementação ou substituição dos componentes da rodovia;
X - melhoramento de rodovia pavimentada - conjunto de operações que modificam as características técnicas existentes ou acrescentam características novas à rodovia já pavimentada, nos limites da sua faixa de domínio, para adequar sua capacidade a atuais demandas operacionais, visando a assegurar nível superior de segurança do tráfego por meio de intervenção na sua geometria, sistema de sinalização e de segurança e adequação ou incorporação de elementos nos demais componentes da rodovia;
XI - regularização ambiental - conjunto de procedimentos visando a obter o licenciamento ambiental de ferrovias e rodovias federais pavimentadas, por meio da obtenção da licença de operação;
XII - implantação de ferrovia - conjunto de ações necessárias para construir uma ferrovia em faixa de terreno onde não exista ferrovia previamente implantada;
XIII - ampliação de capacidade de linhas férreas - obras ou intervenções que visam a melhorar a segurança e o nível de serviço da ferrovia, tais como, a sua duplicação e a implantação e ampliação de pátio ferroviário;
XIV - pátio ferroviário - segmentos de linhas férreas que têm os objetivos de permitir o cruzamento, o estacionamento e a formação de trens e de efetuar operações de carga e descarga;
XV - contorno ferroviário - trecho de ferrovia que tem por objetivo eliminar parcial ou totalmente as operações ferroviárias dentro de área urbana;
XVI - ramal ferroviário - linha férrea secundária que deriva de uma ferrovia, com o objetivo de atender a um ponto de carregamento ou de fazer a conexão com outra ferrovia;
XVII - melhoramentos de ferrovia:
a) obras relacionadas à reforma da linha férrea e das estruturas que a compõe; e
b) obras de transposição de linha férrea em locais onde há cruzamento entre ferrovia e vias públicas, tais como, viadutos ferroviários ou rodoviários, passarelas, tubulações de água, esgoto ou drenagem;
XVIII - implantação e ampliação de estrutura de apoio de ferrovias - implantação e ampliação de oficinas e postos de manutenção ou de abastecimento, estações de controle de tráfego, subestações elétricas e de comunicação, terminais de cargas e passageiros;
XIX - porto organizado - bem público construído e aparelhado para atender a necessidades de navegação, de movimentação de passageiros ou de movimentação e armazenagem de mercadorias e cujo tráfego e operações portuárias estejam sob jurisdição de autoridade portuária;

XX - instalação portuária - instalação localizada dentro ou fora da área do porto organizado e utilizada em movimentação de passageiros ou em movimentação ou armazenagem de mercadorias, destinadas ou provenientes de transporte aquaviário;
XXI - área do porto organizado - área delimitada por ato do Poder Executivo que compreende as instalações portuárias e a infraestrutura de proteção e de acesso ao porto organizado;
XXII - terminal de uso privado - instalação portuária explorada mediante autorização e localizada fora da área do porto organizado;
XXIII - intervenções hidroviárias, assim compreendidas:
a) implantação de hidrovias - obras e serviços de engenharia para implantação de canal de navegação em rios com potencial hidroviário com o objetivo de integração intermodal; e
b) ampliação de capacidade de transporte - conjunto de ações que visam a elevar o padrão navegável da hidrovia, com a expansão do seu gabarito de navegação por meio do melhoramento das condições operacionais, da segurança e da disponibilidade de navegação, tais como, dragagem de aprofundamento e alargamento de canal, derrocamento, alargamento e proteção de vão de pontes, retificação de meandros e dispositivos de transposição de nível;
XXIV - dragagem - obra ou serviço de engenharia que consiste na limpeza, desobstrução, remoção, derrocamento ou escavação de material do fundo de rios, lagos, mares, baías e canais;
XXV - **TEU** - **Twenty-foot Equivalent Units** (Unidades Equivalentes a Vinte Pés) - unidade utilizada para conversão da capacidade de contêineres de diversos tamanhos ao tipo padrão **International Organization for Standardization** - **ISO** de vinte pés;
XXVI - **offshore** - ambiente marinho e zona de transição terra-mar ou área localizada no mar;
XXVII - **onshore** - ambiente terrestre ou área localizada em terra;
XXVIII - jazida convencional de petróleo e gás natural - reservatório ou depósito de petróleo ou gás natural possível de ser posto em produção sem o uso de tecnologias e processos especiais de recuperação;
XXIX - recurso não convencional de petróleo e gás natural - recurso cuja produção não atinge taxas de fluxo econômico viável ou que não produzem volumes econômicos de petróleo e gás sem a ajuda de tratamentos de estimulação maciça ou de tecnologias e processos especiais de recuperação, como as areias betuminosas - **oilsands** , o gás e o óleo de folhelho - **shale-gas** e **shale-oil** , o metano em camadas de carvão - **coalbed methane**, os hidratos de metano e os arenitos de baixa permeabilidade - **tightsandstones** ;
XXX - sistema de geração de energia elétrica - sistema de transformação em energia elétrica de **qualquer** outra forma de energia, seja qual for a sua origem, e suas instalações de uso exclusivo, até a subestação de transmissão e de distribuição de energia elétrica, compreendendo:
a) usina hidrelétrica - instalações e equipamentos destinados à transformação do potencial hidráulico em energia elétrica;
b) pequena central hidrelétrica - usina hidrelétrica com capacidade instalada de pequeno porte, destinada à transformação do potencial hidráulico em energia elétrica;
c) usina termelétrica - instalações e equipamentos destinados à transformação da energia calorífica de combustíveis em energia elétrica; e

d) usina eólica - instalações e equipamentos destinados à transformação do potencial cinético dos ventos em energia elétrica;
XXXI - sistema de transmissão de energia elétrica - sistema de transporte de energia elétrica, por meio de linhas de transmissão, subestações e equipamentos associados com o objetivo de integrar eletricamente:
a) sistema de geração de energia elétrica a outro sistema de transmissão até as subestações distribuidoras;
b) dois ou mais sistemas de transmissão ou distribuição;
c) conexão de consumidores livres ou autoprodutores;
d) interligações **internacionai**s; e
e) instalações de transmissão ou distribuição para suprimento temporário; e
XXXII - sistema de distribuição de energia elétrica - sistema responsável pelo fornecimento de energia elétrica aos consumidores.

CAPÍTULO II
DAS TIPOLOGIAS

Art. 3º Sem prejuízo das disposições contidas no art. 7º, **caput**, inciso XIV, alíneas "a" a "g", da Lei Complementar nº 140, de 2011, serão licenciados pelo órgão ambiental federal competente os seguintes empreendimentos ou atividades:
I - rodovias federais:
a) implantação;
b) pavimentação e ampliação de capacidade com extensão igual ou superior a duzentos quilômetros;
c) regularização ambiental de rodovias pavimentadas, podendo ser contemplada a autorização para as atividades de manutenção, conservação, recuperação, restauração, ampliação de capacidade e melhoramento; e
d) atividades de manutenção, conservação, recuperação, restauração e melhoramento em rodovias federais regularizadas;
II - ferrovias federais:
a) implantação;
b) ampliação de capacidade; e
c) regularização ambiental de ferrovias federais;
III - hidrovias federais:
a) implantação; e
b) ampliação de capacidade cujo somatório dos trechos de intervenções seja igual ou superior a duzentos quilômetros de extensão;
IV - portos organizados, **exceto** as instalações portuárias que movimentem carga em volume inferior a 450.000 **TEU** /ano ou a 15.000.000 ton/ano;
V - terminais de uso privado e instalações portuárias que movimentem carga em volume superior a 450.000 **TEU** /ano ou a 15.000.000 ton/ano;
VI - exploração e produção de petróleo, gás natural e outros hidrocarbonetos fluidos nas seguintes hipóteses:
a) exploração e avaliação de jazidas, compreendendo as atividades de aquisição sísmica, coleta de dados de fundo (**piston core**), perfuração de poços e teste de longa duração quando realizadas no ambiente marinho e em zona de transição terra-mar (**offshore**);
b) produção, compreendendo as atividades de perfuração de poços, implantação de sistemas de produção e escoamento, quando realizada no ambiente marinho e em zona de transição terra-mar (**offshore**); e

c) produção, quando realizada a partir de recurso não convencional de petróleo e gás natural, em ambiente marinho e em zona de transição terra-mar (**offshore**) ou terrestre (**onshore**), compreendendo as atividades de perfuração de poços, fraturamento hidráulico e implantação de sistemas de produção e escoamento; e
VII - sistemas de geração e transmissão de energia elétrica, quais sejam:
a) usinas hidrelétricas com capacidade instalada igual ou superior a trezentos megawatt;
b) usinas termelétricas com capacidade instalada igual ou superior a trezentos megawatt; e
c) usinas eólicas, no caso de empreendimentos e atividades **offshore** e zona de transição terra-mar.
§ 1º O disposto nas alíneas "a" e "b" do inciso I do **caput**, em **qualquer** extensão, não se aplica nos casos de contornos e acessos rodoviários, anéis viários e travessias urbanas.
§ 2º O disposto no inciso II do **caput** não se aplica nos casos de implantação e ampliação de pátios ferroviários, melhoramentos de ferrovias, implantação e ampliação de estruturas de apoio de ferrovias, ramais e contornos ferroviários.
§ 3º A competência para o licenciamento será da União quando caracterizadas situações que comprometam a continuidade e a segurança do suprimento eletroenergético, reconhecidas pelo Comitê de Monitoramento do Setor Elétrico - CMSE, ou a necessidade de sistemas de transmissão de energia elétrica associados a empreendimentos estratégicos, indicada pelo Conselho Nacional de Política Energética - CNPE.

CAPÍTULO III
DISPOSIÇÕES FINAIS E TRANSITÓRIAS

Art. 4º Os processos de licenciamento e autorização ambiental das atividades e empreendimentos de que trata o art. 3º iniciados em data anterior à publicação deste Decreto terão sua tramitação mantida perante os órgãos originários até o término da vigência da licença de operação, cuja renovação caberá ao ente federativo competente, nos termos deste Decreto.
§ 1º Caso o pedido de renovação da licença de operação tenha sido protocolado no órgão ambiental originário em data anterior à publicação deste Decreto, a renovação caberá ao referido órgão.
§ 2º Os pedidos de renovação posteriores aos referidos no § 1º serão realizados pelos entes federativos competentes, nos termos deste Decreto.
Art. 5º O processo de licenciamento ambiental de trechos de rodovias e ferrovias federais que se iniciar em órgão ambiental estadual ou municipal de acordo com as disposições deste Decreto será assumido pelo órgão ambiental federal na licença de operação pertinente, mediante comprovação do atendimento das condicionantes da licença ambiental concedida pelo ente federativo.
Parágrafo único. A comprovação do atendimento das condicionantes ocorrerá por meio de documento emitido pelo órgão licenciador estadual ou municipal.
Art. 6º Este Decreto entra em vigor em sua data de publicação.
Brasília, 22 de abril de 2015; 194º da Independência e 127º da República.

DILMA ROUSSEFF

❏ Lei da Carreira de Especialista em Meio Ambiente

LEI Nº 10.410, DE 11 DE JANEIRO DE 2002.

> Cria e disciplina a carreira de **Especialista em Meio Ambiente.**

O PRESIDENTE DA REPÚBLICA Faço saber que o Congresso Nacional decreta e eu sanciono a seguinte Lei:

Art. 1º Fica criada a Carreira de Especialista em Meio Ambiente, composta pelos cargos de Gestor Ambiental, Gestor Administrativo, Analista Ambiental, Analista Administrativo, Técnico Ambiental, Técnico Administrativo e Auxiliar Administrativo, abrangendo os cargos de pessoal do Ministério do Meio Ambiente [e Mudança do Clima do Brasil], do Instituto Brasileiro do Meio Ambiente e dos Recursos Naturais Renováveis - IBAMA e do Instituto Chico Mendes de Conservação da Biodiversidade - Instituto Chico Mendes.

§ 1º Os atuais cargos de provimento efetivo integrantes dos quadros de pessoal a que se refere o *caput* passam a denominar-se cargos de Gestor Ambiental e Gestor Administrativo do Ministério do Meio Ambiente – MMA e Analista Ambiental, Analista Administrativo, Técnico Ambiental, Técnico Administrativo e Auxiliar Administrativo do Instituto Brasileiro do Meio Ambiente e dos Recursos Naturais Renováveis – Ibama, na proporção a ser definida em **regulamento**, vedando-se a modificação do nível de escolaridade do cargo em razão da transformação feita.

§ 2º Sem prejuízo do disposto no § 1º, ficam criados:

I - no quadro de pessoal do Ministério do Meio Ambiente, 300 (trezentos) cargos efetivos de Gestor Ambiental;

II - no quadro de pessoal da autarquia a que se refere o *caput*, 2.000 (dois mil) cargos efetivos de Analista Ambiental.

§ 3º Os cargos de nível intermediário ou auxiliar alcançados pelo disposto no § 1º que estejam vagos poderão ser transformados em cargos de Analista Ambiental ou Analista Administrativo, quando integrantes do quadro de pessoal do Ibama, e extintos, se pertencentes ao quadro de pessoal do Ministério do Meio Ambiente.

§ 4º Estende-se, após a vacância, o disposto no § 3º aos cargos ali referidos que se encontrem ocupados na data de publicação desta Lei.

§ 5º No uso da prerrogativa prevista no § 1º, é **vedada** a transformação de cargos de provimento efetivo idênticos em distintos cargos de provimento efetivo.

Art. 2º São atribuições dos ocupantes do cargo de Gestor Ambiental:

I - formulação das políticas nacionais de meio ambiente e dos recursos hídricos afetas à:

a) regulação, gestão e ordenamento do uso e acesso aos recursos ambientais;

b) melhoria da qualidade ambiental e uso sustentável dos recursos naturais;

II - estudos e proposição de instrumentos estratégicos para a implementação das políticas nacionais de meio ambiente, bem como para seu acompanhamento, avaliação e controle; e

III - desenvolvimento de estratégias e proposição de soluções de integração entre políticas ambientais e setoriais, com base nos princípios e diretrizes do desenvolvimento sustentável.
Art. 3º São atribuições do cargo de Gestor Administrativo o exercício de **todas** as atividades administrativas e logísticas relativas ao exercício das competências constitucionais e legais a cargo do Ministério do Meio Ambiente, fazendo uso de **todos** os equipamentos e recursos disponíveis para a consecução dessas atividades.
Art. 4º São atribuições dos ocupantes do cargo de Analista Ambiental o planejamento ambiental, organizacional e estratégico afetos à execução das políticas nacionais de meio ambiente formuladas no âmbito da União, em especial as que se relacionem com as seguintes atividades:
I – regulação, controle, fiscalização, licenciamento e auditoria ambiental;
II – monitoramento ambiental;
III – gestão, proteção e controle da qualidade ambiental;
IV – ordenamento dos recursos florestais e pesqueiros;
V – conservação dos ecossistemas e das espécies neles inseridas, incluindo seu manejo e proteção; e
VI – estímulo e difusão de tecnologias, informação e educação ambientais.
Parágrafo único. As atividades mencionadas no caput poderão ser distribuídas por áreas de especialização ou agrupadas de modo a caracterizar um conjunto mais abrangente de atribuições, nos termos do edital do concurso público.
Art. 5º É atribuição do cargo de Analista Administrativo o exercício de **todas** as atividades administrativas e logísticas relativas ao exercício das competências constitucionais e legais a cargo do Ibama e do Instituto Chico Mendes.
Art. 6º São atribuições dos titulares do cargo de Técnico Ambiental:
I – prestação de suporte e apoio técnico especializado às atividades dos Gestores e Analistas Ambientais;
II – execução de atividades de coleta, seleção e tratamento de dados e informações especializadas voltadas para as atividades finalísticas; e
III – orientação e controle de processos voltados às áreas de conservação, pesquisa, proteção e defesa ambiental.
Parágrafo único. O exercício das atividades de fiscalização pelos titulares dos cargos de Técnico Ambiental deverá ser precedido de ato de designação próprio da autoridade ambiental à qual estejam vinculados e dar-se-á na forma de norma a ser baixada pelo Ibama ou pelo Instituto Chico Mendes de Conservação da Biodiversidade – Instituto Chico Mendes, conforme o Quadro de Pessoal a que pertencerem.
Art. 7º Constitui atribuição do cargo de Técnico Administrativo a atuação em atividades administrativas e logísticas de apoio relativas ao exercício das competências constitucionais e legais a cargo do Ibama e do Instituto Chico Mendes.
Art. 8º Constitui atribuição do cargo de Auxiliar Administrativo o desempenho das atividades administrativas e logísticas de nível básico relativas ao exercício das competências constitucionais e legais a cargo do Ibama e do Instituto Chico Mendes.
Art. 9º As atribuições pertinentes aos cargos de Gestor Administrativo, Analista Administrativo, Técnico Administrativo e Auxiliar Administrativo podem ser especificadas, de acordo com o interesse da administração, por especialidade profissional.

Art. 11. O ingresso nos cargos da Carreira de Especialista em Meio Ambiente referidos no art. 1º desta Lei ocorrerá mediante aprovação prévia em concurso público, de provas ou de provas e títulos, no padrão inicial da classe inicial.

§ lº O concurso de que trata o caput poderá ser organizado em etapas, incluindo, se for o caso, curso de formação, conforme dispuser o edital do concurso.

§ 2º São requisitos de escolaridade para ingresso nos cargos referidos no art. 1º:

I - diploma de graduação em nível superior ou habilitação legal equivalente, para os cargos de Gestor Ambiental e Analista Ambiental;

II - diploma de graduação em nível superior, com habilitação legal específica, conforme edital do concurso, para os cargos de Gestor Administrativo e Analista Administrativo;

III - certificado de conclusão de ensino médio ou equivalente, para o cargo de Técnico Ambiental; e

IV - certificado de conclusão de ensino médio, e habilitação legal específica, se for o caso, conforme definido no edital do concurso, para o cargo de Técnico Administrativo.

§ 3º O concurso para o ingresso no cargo de Analista Ambiental poderá ser realizado por área de especialização, podendo ser exigida formação específica, conforme estabelecido no edital.

Art. 11-A. É **vedada** a remoção com mudança de sede do servidor recém nomeado antes de decorrido pelo menos 5 (cinco) anos de efetivo exercício na localidade para a qual tenha sido designado para ter o primeiro exercício.

Parágrafo único. Excluem-se da vedação a que se refere o **caput** as hipóteses de remoção de que tratam o inciso I e as alíneas a, b e c do inciso III do art. 36 da Lei nº 8.112, de 11 de dezembro de 1990.

Art. 12. Os ocupantes dos cargos da Carreira de Especialista em Meio Ambiente cumprirão jornada de trabalho de 40 (quarenta) horas.

Art. 13. Os padrões de vencimento básico dos cargos da Carreira de Especialista em Meio Ambiente são os constantes dos Anexos I, II e III desta Lei, com efeitos financeiros a partir das datas neles especificadas.

Art. 13-A. A estrutura remuneratória dos cargos de provimento efetivo integrantes da Carreira de Especialista em Meio Ambiente, de que trata o art. 1º, terá a seguinte composição:

I - para os cargos de nível superior e de nível intermediário:
a) Vencimento Básico;
b) Gratificação de Desempenho de Atividade de Especialista Ambiental - GDAEM, de que trata a Lei nº 11.156, de 29 de julho de 2005; e
c) Gratificação de Qualificação - GQ, observado o disposto no art. 13-B;

II - para os cargos de nível auxiliar:
a) Vencimento Básico; e
b) Gratificação de Desempenho de Atividade de Especialista Ambiental - GDAEM, de que trata a Lei nº 11.156, de 29 de julho de 2005.

Parágrafo único. Os integrantes da Carreira de que trata o caput deste artigo não fazem jus à percepção da Vantagem Pecuniária Individual -VPI, de que trata a Lei nº 10.698, de 2 de julho de 2003.

Art. 13-B. A partir de 1º de janeiro de 2013, fica instituída a Gratificação de Qualificação - GQ, a ser concedida aos titulares de cargos de provimento efetivo de nível superior e intermediário referidos no art. 1º, em retribuição à formação acadêmica e profissional, obtida mediante participação, com aproveitamento, em cursos regularmente instituídos de pós-graduação **lato** ou **stricto sensu**, graduação, ou cursos de capacitação ou qualificação profissional, na forma do **regulamento**.

§ 1º Os cursos a que se refere o **caput** deverão ser compatíveis com as atividades do Ministério do Meio Ambiente, do Ibama ou do Instituto Chico Mendes e deverão estar em consonância com o Plano de Capacitação. § 2º Os cursos de Doutorado e Mestrado, para os fins previstos no **caput**, serão considerados **somente** se credenciados pelo Conselho Nacional de Educação e, quando realizados no exterior, revalidados por instituição nacional competente para tanto.

§ 3º A Gratificação de Qualificação de que trata o **caput** será concedida em três níveis, de acordo com os valores constantes do Anexo IV, observados os seguintes parâmetros:

I - para os ocupantes de cargos de nível superior:

a) Gratificação de Qualificação - GQ Nível I, observado o requisito mínimo de certificado de conclusão de curso de pós-graduação em sentido amplo;

b) Gratificação de Qualificação - GQ Nível II, observado o requisito mínimo de titulação de mestrado, na forma do **regulamento**; ou

c) Gratificação de Qualificação - GQ Nível III, observado o requisito mínimo de titulação de doutorado, na forma do **regulamento**; e

II - para os ocupantes de cargos de Técnicos Administrativos e Técnicos Ambientais:

a) Gratificação de Qualificação - GQ Nível I, observados os requisitos mínimos de certificado de conclusão com aproveitamento em cursos de capacitação ou de qualificação profissional que totalizem cento e oitenta horas, na forma do **regulamento**;

b) Gratificação de Qualificação - GQ Nível II, observados os requisitos mínimos de certificado de conclusão, com aproveitamento, de cursos de capacitação ou de qualificação profissional que totalizem duzentas e cinquenta horas, na forma do **regulamento**; ou

c) Gratificação de Qualificação - GQ Nível III, observados os requisitos mínimos de certificado de conclusão, com aproveitamento, de cursos de capacitação ou de qualificação profissional que totalizem trezentas e sessenta horas ou diploma de curso de graduação ou certificado de conclusão de curso de Especialização, na forma do **regulamento**.

§ 4º A Gratificação de Qualificação - GQ será considerada no cálculo dos proventos e das pensões **somente** se tiver sido percebida pelo servidor enquanto em atividade.

§ 5º É **vedada** a percepção cumulativa de níveis diferentes de Gratificação de Qualificação - GQ.

Art. 13-C. A partir de 1º de janeiro de 2013, o cargo de Auxiliar Administrativo da Carreira de Especialista em Meio Ambiente, de que trata o art. 1º, passa a ser estruturado na forma do Anexo V desta Lei.

Parágrafo único. A alteração de que trata o **caput** ocorrerá na forma da correlação estabelecida no Anexo VI desta Lei.

Art. 14. O desenvolvimento do servidor na Carreira de Especialista em Meio Ambiente de que trata o art. 1º ocorrerá mediante progressão funcional e promoção.
Parágrafo único. Para os fins desta Lei, progressão funcional é a passagem do servidor para o padrão de vencimento imediatamente superior dentro de uma mesma classe, e promoção, a passagem do servidor do último padrão de uma classe para o primeiro padrão da classe imediatamente superior.
Art. 15. O desenvolvimento do servidor nos cargos da Carreira de Especialista em Meio Ambiente de que trata o art. 1º desta Lei observará as seguintes regras:
I - para fins de progressão funcional:
a) cumprimento do interstício de 1 (um) ano de efetivo exercício em cada padrão; e
b) resultado igual ou superior a 70% (setenta por cento) do limite máximo da pontuação nas avaliações de desempenho individual, no interstício considerado para progressão; e
II - para fins de promoção:
a) cumprimento do interstício de 1 (um) ano de efetivo exercício no último padrão de cada classe;
b) resultado igual ou superior a 80% (oitenta por cento) do limite máximo da pontuação nas avaliações de desempenho individual, no interstício considerado para promoção; e
c) participação em eventos de capacitação com conteúdo e carga horária mínima definidos em ato do Poder Executivo.
§ 1º Para fins de promoção, a participação em eventos de capacitação, estabelecida na alínea c do inciso II do caput, será desconsiderada nos primeiros 2 (dois) anos a partir da data da publicação, para permitir a adequação do órgão, das entidades e dos servidores a essa exigência.
§ 2º A avaliação de desempenho individual aplicada para fins de percepção da Gratificação de Desempenho de Atividade de Especialista Ambiental - GDAEM será utilizada para fins de avaliação de desempenho para progressão e promoção.
§ 3º Ao servidor ocupante de Cargo de Natureza Especial ou de cargo em comissão do Grupo-Direção e Assessoramento Superiores - DAS níveis 4, 5 ou 6 ou equivalentes aplica-se, para fins de progressão e promoção, **somente** o disposto nas alíneas a dos incisos I e II do caput e c do inciso II do caput.
§ 4º Os critérios de progressão previstos nas alíneas a e b do inciso I do caput aplicam-se a partir de lº de janeiro de 2014.
Art. 16-A. O interstício para a progressão funcional e promoção, na forma prevista na alínea a dos incisos I e II do caput do art. 15, será computado em dias, se contado da data de entrada em exercício do servidor no cargo.
§ 1º No caso de servidores já em exercício, o interstício de que trata o caput observará a data da última progressão funcional ou promoção concedida ao servidor.
§ 2º A contagem do interstício para progressão funcional e promoção será suspensa nas ausências e nos afastamentos do servidor, **ressalvado**s aqueles considerados pela Lei nº 8.112, de 11 de dezembro de 1990, como de efetivo exercício, sendo retomado o cômputo a partir do retorno à atividade.

§ 3º Em caso de afastamento considerado como de efetivo exercício, sem prejuízo da remuneração, o servidor receberá a mesma pontuação obtida anteriormente na avaliação de desempenho para fins de progressão funcional e promoção, até que seja processada a sua primeira avaliação após o retorno.
§ 4º Não haverá progressão funcional ou promoção caso não tenha havido avaliação anterior, ainda que por força de afastamento considerado como de efetivo exercício.
Art. 17-A. Cabe ao órgão de lotação ao qual o servidor esteja vinculado implementar programa permanente de capacitação, treinamento e desenvolvimento, destinado a assegurar a profissionalização dos titulares dos cargos integrantes da Carreira de Especialista em Meio Ambiente de que trata o art. 1º.
§ 1º A capacitação e a qualificação observarão o Plano Anual de Capacitação com o objetivo de aprimorar a formação dos servidores do quadro de pessoal efetivo e o desempenho das atividades de cada unidade.
§ 2º As necessidades de capacitação e qualificação do servidor cujo desempenho tenha sido considerado insuficiente serão priorizadas no planejamento do Plano Anual de Capacitação do órgão de lotação ao qual o servidor esteja vinculado.
Art. 17-B. O exercício das atribuições típicas dos cargos que integram a Carreira de Especialista em Meio Ambiente, de que trata esta Lei, em localidades situadas na Amazônia Legal, assegurará aos seus titulares prioridade na realização do curso de capacitação específico para fins de promoção e nos concursos de remoção.
Art. 18-A. Os atos de progressão funcional e promoção serão publicados, respectivamente, em Boletim Interno do órgão de lotação e no Diário Oficial da União, produzindo efeitos financeiros a partir do primeiro dia subsequente à data em que o servidor completou os requisitos exigidos.
Art. 27. São criados, no âmbito da Agência Nacional de Águas – ANA, de modo a compor seu quadro de pessoal, 266 (duzentos e sessenta e seis) cargos de Regulador, 84 (oitenta e quatro) cargos de Analista de Suporte à Regulação, ambos de nível superior, destinados à execução das atribuições legalmente instituídas pela Lei nº 9.984, de 17 de junho de 2000, e 20 (vinte) cargos efetivos de Procurador.
Art. 28. A implementação do disposto nesta Lei observará o disposto no § 1º do art. 169 da Constituição Federal e as normas pertinentes da Lei Complementar nº 101, de 4 de maio de 2000.

Art. 29. Esta Lei entra em vigor na data de sua publicação.
Brasília, 11 de janeiro de 2002; 181º da Independência e 114º da República.

FERNANDO HENRIQUE CARDOSO

☐ **Regime Jurídico das parcerias entre a Administração Pública as OSC.**

LEI Nº 13.019, DE 31 DE JULHO DE 2014.

> Estabelece o regime jurídico das parcerias entre **a administração pública e as organizações da sociedade civil (OSC)**, em regime de mútua cooperação, para a consecução de finalidades de interesse público e recíproco, mediante a execução de atividades ou de projetos previamente estabelecidos em planos de trabalho inseridos em termos de colaboração, em termos de fomento ou em acordos de cooperação; define diretrizes para a política de fomento, de colaboração e de cooperação com organizações da sociedade civil; e altera as Leis nºs 8.429, de 2 de junho de 1992, e 9.790, de 23 de março de 1999.

A PRESIDENTA DA REPÚBLICA Faço saber que o Congresso Nacional decreta e eu sanciono a seguinte Lei:

Art. 1º Esta Lei institui normas gerais para as parcerias entre a administração pública e organizações da sociedade civil, em regime de mútua cooperação, para a consecução de finalidades de interesse público e recíproco, mediante a execução de atividades ou de projetos previamente estabelecidos em planos de trabalho inseridos em termos de colaboração, em termos de fomento ou em acordos de cooperação.

CAPÍTULO I
DISPOSIÇÕES PRELIMINARES

Art. 2º Para os fins desta Lei, considera-se:
I - organização da sociedade civil:
a) entidade privada sem fins lucrativos que não distribua entre os seus sócios ou associados, conselheiros, diretores, empregados, doadores ou terceiros eventuais resultados, sobras, excedentes operacionais, brutos ou líquidos, dividendos, isenções de **qualquer** natureza, participações ou parcelas do seu patrimônio, auferidos mediante o exercício de suas atividades, e que os aplique integralmente na consecução do respectivo objeto social, de forma imediata ou por meio da constituição de fundo patrimonial ou fundo de reserva;
b) as sociedades cooperativas previstas na Lei nº 9.867, de 10 de novembro de 1999 ; as integradas por pessoas em situação de risco ou vulnerabilidade pessoal ou social; as alcançadas por programas e ações de combate à pobreza e de geração de trabalho e renda; as voltadas para fomento, educação e capacitação de trabalhadores rurais ou capacitação de agentes de

assistência técnica e extensão rural; e as capacitadas para execução de atividades ou de projetos de interesse público e de cunho social.
c) as organizações religiosas que se dediquem a atividades ou a projetos de interesse público e de cunho social distintas das destinadas a fins exclusivamente religiosos;
II - administração pública: União, Estados, Distrito Federal, Municípios e respectivas autarquias, fundações, empresas públicas e sociedades de economia mista prestadoras de serviço público, e suas subsidiárias, alcançadas pelo disposto no § 9º do art. 37 da Constituição Federal ;
III - parceria: conjunto de direitos, responsabilidades e obrigações decorrentes de relação jurídica estabelecida formalmente entre a administração pública e organizações da sociedade civil, em regime de mútua cooperação, para a consecução de finalidades de interesse público e recíproco, mediante a execução de atividade ou de projeto expressos em termos de colaboração, em termos de fomento ou em acordos de cooperação;
III-A - atividade: conjunto de operações que se realizam de modo contínuo ou permanente, das quais resulta um produto ou serviço necessário à satisfação de interesses compartilhados pela administração pública e pela organização da sociedade civil;
III-B - projeto: conjunto de operações, limitadas no tempo, das quais resulta um produto destinado à satisfação de interesses compartilhados pela administração pública e pela organização da sociedade civil;
IV - dirigente: pessoa que detenha poderes de administração, gestão ou controle da organização da sociedade civil, habilitada a assinar termo de colaboração, termo de fomento ou acordo de cooperação com a administração pública para a consecução de finalidades de interesse público e recíproco, ainda que delegue essa competência a terceiros;
V - administrador público: agente público revestido de competência para assinar termo de colaboração, termo de fomento ou acordo de cooperação com organização da sociedade civil para a consecução de finalidades de interesse público e recíproco, ainda que delegue essa competência a terceiros;
VI - gestor: agente público responsável pela gestão de parceria celebrada por meio de termo de colaboração ou termo de fomento, designado por ato publicado em meio oficial de comunicação, com poderes de controle e fiscalização;
VII - termo de colaboração: instrumento por meio do qual são formalizadas as parcerias estabelecidas pela administração pública com organizações da sociedade civil para a consecução de finalidades de interesse público e recíproco propostas pela administração pública que envolvam a transferência de recursos financeiros;
VIII - termo de fomento: instrumento por meio do qual são formalizadas as parcerias estabelecidas pela administração pública com organizações da sociedade civil para a consecução de finalidades de interesse público e recíproco propostas pelas organizações da sociedade civil, que envolvam a transferência de recursos financeiros;
VIII-A - acordo de cooperação: instrumento por meio do qual são formalizadas as parcerias estabelecidas pela administração pública com organizações da sociedade civil para a consecução de finalidades de interesse público e recíproco que não envolvam a transferência de recursos financeiros;
IX - conselho de política pública: órgão criado pelo poder público para atuar como instância consultiva, na respectiva área de atuação, na formulação,

implementação, acompanhamento, monitoramento e avaliação de políticas públicas;
X - comissão de seleção: órgão colegiado destinado a processar e julgar chamamentos públicos, constituído por ato publicado em meio oficial de comunicação, assegurada a participação de pelo menos um servidor ocupante de cargo efetivo ou emprego permanente do quadro de pessoal da administração pública;
XI - comissão de monitoramento e avaliação: órgão colegiado destinado a monitorar e avaliar as parcerias celebradas com organizações da sociedade civil mediante termo de colaboração ou termo de fomento, constituído por ato publicado em meio oficial de comunicação, assegurada a participação de pelo menos um servidor ocupante de cargo efetivo ou emprego permanente do quadro de pessoal da administração pública;
XII - chamamento público: procedimento destinado a selecionar organização da sociedade civil para firmar parceria por meio de termo de colaboração ou de fomento, no qual se garanta a observância dos princípios da isonomia, da legalidade, da impessoalidade, da moralidade, da igualdade, da publicidade, da probidade administrativa, da vinculação ao instrumento convocatório, do julgamento objetivo e dos que lhes são correlatos;
XIII - bens remanescentes: os de natureza permanente adquiridos com recursos financeiros envolvidos na parceria, necessários à consecução do objeto, mas que a ele não se incorporam;
XIV - prestação de contas: procedimento em que se analisa e se avalia a execução da parceria, pelo qual seja possível verificar o cumprimento do objeto da parceria e o alcance das metas e dos resultados previstos, compreendendo duas fases:
a) apresentação das contas, de responsabilidade da organização da sociedade civil;
b) análise e manifestação conclusiva das contas, de responsabilidade da administração pública, sem prejuízo da atuação dos órgãos de controle;
Art. 2º-A. As parcerias disciplinadas nesta Lei respeitarão, em **todos** os seus aspectos, as normas específicas das políticas públicas setoriais relativas ao objeto da parceria e as respectivas instâncias de pactuação e deliberação.
Art. 3º Não se aplicam as exigências desta Lei:
I - às transferências de recursos homologadas pelo Congresso Nacional ou autorizadas pelo Senado Federal naquilo em que as disposições específicas dos tratados, acordos e convenções **internacionais** conflitarem com esta Lei;
III - aos contratos de gestão celebrados com organizações sociais, desde que cumpridos os requisitos previstos na Lei nº 9.637, de 15 de maio de 1998 ;
IV - aos convênios e contratos celebrados com entidades filantrópicas e sem fins lucrativos nos termos do § 1º do art. 199 da Constituição Federal ;
V - aos termos de compromisso cultural referidos no § 1º do art. 9º da Lei nº 13.018, de 22 de julho de 2014 ;
VI - aos termos de parceria celebrados com organizações da sociedade civil de interesse público, desde que cumpridos os requisitos previstos na Lei nº 9.790, de 23 de março de 1999 ;
VII - às transferências referidas no art. 2º da Lei nº 10.845, de 5 de março de 2004, e nos arts. 5º e 22 da Lei nº 11.947, de 16 de junho de 2009 ;
IX - aos pagamentos realizados a título de anuidades, contribuições ou taxas associativas em favor de organismos **internacionais** ou entidades que sejam obrigatoriamente constituídas por:
a) membros de Poder ou do Ministério Público;

b) dirigentes de órgão ou de entidade da administração pública;
c) pessoas jurídicas de direito público interno;
d) pessoas jurídicas integrantes da administração pública;
X - às parcerias entre a administração pública e os serviços sociais autônomos.

Art. 4º-A. **Todas** as reuniões, deliberações e votações das organizações da sociedade civil poderão ser feitas virtualmente, e o sistema de deliberação remota deverá garantir os direitos de voz e de voto a quem os teria em reunião ou assembleia presencial.   (Incluído pela Lei nº 14.309, de 2022)

CAPÍTULO II
DA CELEBRAÇÃO DO TERMO DE COLABORAÇÃO OU DE FOMENTO
Seção I
Normas Gerais

Art. 5º O regime jurídico de que trata esta Lei tem como fundamentos a gestão pública democrática, a participação social, o fortalecimento da sociedade civil, a transparência na aplicação dos recursos públicos, os princípios da legalidade, da legitimidade, da impessoalidade, da moralidade, da publicidade, da economicidade, da eficiência e da eficácia, destinando-se a assegurar:
I - o reconhecimento da participação social como direito do cidadão;
II - a solidariedade, a cooperação e o respeito à diversidade para a construção de valores de cidadania e de inclusão social e produtiva;
III - a promoção do desenvolvimento **local, regional e nacional**, inclusivo e sustentável;
IV - o direito à informação, à transparência e ao controle social das ações públicas;
V - a integração e a transversalidade dos procedimentos, mecanismos e instâncias de participação social;
VI - a valorização da diversidade cultural e da educação para a cidadania ativa;
VII - a promoção e a defesa dos direitos humanos;
VIII - a preservação, a conservação e a proteção dos recursos hídricos e do meio ambiente;
IX - a valorização dos direitos dos povos indígenas e das comunidades tradicionais;
X - a preservação e a valorização do patrimônio cultural brasileiro, em suas dimensões material e imaterial.
Art. 6º São diretrizes fundamentais do regime jurídico de parceria:
I - a promoção, o fortalecimento institucional, a capacitação e o incentivo à organização da sociedade civil para a cooperação com o poder público;
II - a priorização do controle de resultados;
III - o incentivo ao uso de recursos atualizados de tecnologias de informação e comunicação;
IV - o fortalecimento das ações de cooperação institucional entre os entes federados nas relações com as organizações da sociedade civil;
V - o estabelecimento de mecanismos que ampliem a gestão de informação, transparência e publicidade;
VI - a ação integrada, complementar e descentralizada, de recursos e ações, entre os entes da Federação, evitando sobreposição de iniciativas e fragmentação de recursos;

VII - a sensibilização, a capacitação, o aprofundamento e o aperfeiçoamento do trabalho de gestores públicos, na implementação de atividades e projetos de interesse público e relevância social com organizações da sociedade civil;
VIII - a adoção de práticas de gestão administrativa necessárias e suficientes para coibir a obtenção, individual ou coletiva, de benefícios ou vantagens indevidos;
 IX - a promoção de soluções derivadas da aplicação de conhecimentos, da ciência e tecnologia e da inovação para atender necessidades e demandas de maior qualidade de vida da população em situação de desigualdade social.

Seção II
Da Capacitação de Gestores, Conselheiros e Sociedade Civil Organizada

Art. 7º A União poderá instituir, em coordenação com os Estados, o Distrito Federal, os Municípios e organizações da sociedade civil, programas de capacitação voltados a:
I - administradores públicos, dirigentes e gestores;
II - representantes de organizações da sociedade civil;
III - membros de conselhos de políticas públicas;
 IV - membros de comissões de seleção;
V - membros de comissões de monitoramento e avaliação;
VI - demais agentes públicos e privados envolvidos na celebração e execução das parcerias disciplinadas nesta Lei.
Parágrafo único. A participação nos programas previstos no **caput** não constituirá condição para o exercício de função envolvida na materialização das parcerias disciplinadas nesta Lei.
Art. 8º Ao decidir sobre a celebração de parcerias previstas nesta Lei, o administrador público:
I - considerará, obrigatoriamente, a capacidade operacional da administração pública para celebrar a parceria, cumprir as obrigações dela decorrentes e assumir as respectivas responsabilidades;
II - avaliará as propostas de parceria com o rigor técnico necessário;
III - designará gestores habilitados a controlar e fiscalizar a execução em tempo hábil e de modo eficaz;
IV - apreciará as prestações de contas na forma e nos prazos determinados nesta Lei e na legislação específica.
Parágrafo único. A administração pública adotará as medidas necessárias, tanto na capacitação de pessoal, quanto no provimento dos recursos materiais e tecnológicos necessários, para assegurar a capacidade técnica e operacional de que trata o **caput** deste artigo.

Seção III
Da Transparência e do Controle

Art. 10. A administração pública deverá manter, em seu sítio oficial na internet, a relação das parcerias celebradas e dos respectivos planos de trabalho, até cento e oitenta dias após o respectivo encerramento.
Art. 11. A organização da sociedade civil deverá divulgar na internet e em locais visíveis de suas sedes sociais e dos estabelecimentos em que exerça suas ações **todas** as parcerias celebradas com a administração pública.
Parágrafo único. As informações de que tratam este artigo e o art. 10 deverão incluir, no mínimo:

I - data de assinatura e identificação do instrumento de parceria e do órgão da administração pública responsável;
II - nome da organização da sociedade civil e seu número de inscrição no Cadastro Nacional da Pessoa Jurídica - CNPJ da Secretaria da Receita Federal do Brasil - RFB;
III - descrição do objeto da parceria;
IV - valor total da parceria e valores liberados, quando for o caso;
V - situação da prestação de contas da parceria, que deverá informar a data prevista para a sua apresentação, a data em que foi apresentada, o prazo para a sua análise e o resultado conclusivo.
VI - quando vinculados à execução do objeto e pagos com recursos da parceria, o valor total da remuneração da equipe de trabalho, as funções que seus integrantes desempenham e a remuneração prevista para o respectivo exercício.
Art. 12. A administração pública deverá divulgar pela internet os meios de representação sobre a aplicação irregular dos recursos envolvidos na parceria.

Seção IV
Do Fortalecimento da Participação Social e da Divulgação das Ações

Art. 14. A administração pública divulgará, na forma de **regulamento**, nos meios públicos de comunicação por radiodifusão de sons e de sons e imagens, campanhas publicitárias e programações desenvolvidas por organizações da sociedade civil, no âmbito das parcerias previstas nesta Lei, mediante o emprego de recursos tecnológicos e de linguagem adequados à garantia de acessibilidade por pessoas com deficiência.
Art. 15. Poderá ser criado, no âmbito do Poder Executivo federal, o Conselho Nacional de Fomento e Colaboração, de composição paritária entre representantes governamentais e organizações da sociedade civil, com a finalidade de divulgar boas práticas e de propor e apoiar políticas e ações voltadas ao fortalecimento das relações de fomento e de colaboração previstas nesta Lei.
§ 1º A composição e o funcionamento do Conselho Nacional de Fomento e Colaboração serão disciplinados em **regulamento**.
§ 2º Os demais entes federados também poderão criar instância participativa, nos termos deste artigo.
§ 3º Os conselhos setoriais de políticas públicas e a administração pública serão consultados quanto às políticas e ações voltadas ao fortalecimento das relações de fomento e de colaboração propostas pelo Conselho de que trata o **caput** deste artigo.

Seção V
Dos Termos de Colaboração e de Fomento

Art. 16. O termo de colaboração deve ser adotado pela administração pública para consecução de planos de trabalho de sua iniciativa, para celebração de parcerias com organizações da sociedade civil que envolvam a transferência de recursos financeiros.
Parágrafo único. Os conselhos de políticas públicas poderão apresentar propostas à administração pública para celebração de termo de colaboração com organizações da sociedade civil.

Art. 17. O termo de fomento deve ser adotado pela administração pública para consecução de planos de trabalho propostos por organizações da sociedade civil que envolvam a transferência de recursos financeiros.

Seção VI
Do Procedimento de Manifestação de Interesse Social

Art. 18. É instituído o Procedimento de Manifestação de Interesse Social como instrumento por meio do qual as organizações da sociedade civil, movimentos sociais e cidadãos poderão apresentar propostas ao poder público para que este avalie a possibilidade de realização de um chamamento público objetivando a celebração de parceria.

Art. 19. A proposta a ser encaminhada à administração pública deverá atender aos seguintes requisitos:
I - identificação do subscritor da proposta;
II - indicação do interesse público envolvido;
III - diagnóstico da realidade que se quer modificar, aprimorar ou desenvolver e, quando possível, indicação da viabilidade, dos custos, dos benefícios e dos prazos de execução da ação pretendida.

Art. 20. Preenchidos os requisitos do art. 19, a administração pública deverá tornar pública a proposta em seu sítio eletrônico e, verificada a conveniência e oportunidade para realização do Procedimento de Manifestação de Interesse Social, o instaurará para oitiva da sociedade sobre o tema.

Parágrafo único. Os prazos e regras do procedimento de que trata esta Seção observarão **regulamento** próprio de cada ente federado, a ser aprovado após a publicação desta Lei.

Art. 21. A realização do Procedimento de Manifestação de Interesse Social não implicará necessariamente na execução do chamamento público, que acontecerá de acordo com os interesses da administração.

§ 1º A realização do Procedimento de Manifestação de Interesse Social não dispensa a convocação por meio de chamamento público para a celebração de parceria.

§ 2º A proposição ou a participação no Procedimento de Manifestação de Interesse Social não impede a organização da sociedade civil de participar no eventual chamamento público subsequente.

§ 3º É **vedado** condicionar a realização de chamamento público ou a celebração de parceria à prévia realização de Procedimento de Manifestação de Interesse Social.

Seção VII
Do Plano de Trabalho

Art. 22. Deverá constar do plano de trabalho de parcerias celebradas mediante termo de colaboração ou de fomento:
I - descrição da realidade que será objeto da parceria, devendo ser demonstrado o nexo entre essa realidade e as atividades ou projetos e metas a serem atingidas;
II - descrição de metas a serem atingidas e de atividades ou projetos a serem executados;
II-A - previsão de receitas e de despesas a serem realizadas na execução das atividades ou dos projetos abrangidos pela parceria;
III - forma de execução das atividades ou dos projetos e de cumprimento das metas a eles atreladas;

IV - definição dos parâmetros a serem utilizados para a aferição do cumprimento das metas.

Seção VIII
Do Chamamento Público

Art. 23. A administração pública deverá adotar procedimentos claros, objetivos e simplificados que orientem os interessados e facilitem o acesso direto aos seus órgãos e instâncias decisórias, independentemente da modalidade de parceria prevista nesta Lei.
Parágrafo único. Sempre que possível, a administração pública estabelecerá critérios a serem seguidos, especialmente quanto às seguintes características:
I - objetos;
II - metas;
IV - custos;
VI - indicadores, quantitativos ou qualitativos, de avaliação de resultados.
Art. 24. **Exceto** nas hipóteses previstas nesta Lei, a celebração de termo de colaboração ou de fomento será precedida de chamamento público voltado a selecionar organizações da sociedade civil que tornem mais eficaz a execução do objeto.
§ 1º O edital do chamamento público especificará, no mínimo:
I - a programação orçamentária que autoriza e viabiliza a celebração da parceria;
III - o objeto da parceria;
IV - as datas, os prazos, as condições, o local e a forma de apresentação das propostas;
V - as datas e os critérios de seleção e julgamento das propostas, inclusive no que se refere à metodologia de pontuação e ao peso atribuído a cada um dos critérios estabelecidos, se for o caso;
VI - o valor previsto para a realização do objeto;
VIII - as condições para interposição de recurso administrativo;
IX - a minuta do instrumento por meio do qual será celebrada a parceria;
X - de acordo com as características do objeto da parceria, medidas de acessibilidade para pessoas com deficiência ou mobilidade reduzida e idosos.
§ 2º É **vedado** admitir, prever, incluir ou tolerar, nos atos de convocação, cláusulas ou condições que comprometam, restrinjam ou frustrem o seu caráter competitivo em decorrência de **qualquer** circunstância impertinente ou irrelevante para o específico objeto da parceria, admitidos:
I - a seleção de propostas apresentadas exclusivamente por concorrentes sediados ou com representação atuante e reconhecida na unidade da Federação onde será executado o objeto da parceria;
II - o estabelecimento de cláusula que delimite o território ou a abrangência da prestação de atividades ou da execução de projetos, conforme estabelecido nas políticas setoriais.
Art. 26. O edital deverá ser amplamente divulgado em página do sítio oficial da administração pública na internet, com antecedência mínima de trinta dias.
Art. 27. O grau de adequação da proposta aos objetivos específicos do programa ou da ação em que se insere o objeto da parceria e, quando for o caso, ao valor de referência constante do chamamento constitui critério obrigatório de julgamento.

§ 1º As propostas serão julgadas por uma comissão de seleção previamente designada, nos termos desta Lei, ou constituída pelo respectivo conselho gestor, se o projeto for financiado com recursos de fundos específicos.
§ 2º Será impedida de participar da comissão de seleção pessoa que, nos últimos cinco anos, tenha mantido relação jurídica com, ao menos, uma das entidades participantes do chamamento público.
§ 3º Configurado o impedimento previsto no § 2º , deverá ser designado membro substituto que possua qualificação equivalente à do substituído.
§ 4º A administração pública homologará e divulgará o resultado do julgamento em página do sítio previsto no art. 26.
§ 5º Será obrigatoriamente justificada a seleção de proposta que não for a mais adequada ao valor de referência constante do chamamento público.
§ 6º A homologação não gera direito para a organização da sociedade civil à celebração da parceria.
Art. 28. **Somente** depois de encerrada a etapa competitiva e ordenadas as propostas, a administração pública procederá à verificação dos documentos que comprovem o atendimento pela organização da sociedade civil selecionada dos requisitos previstos nos arts. 33 e 34.
§ 1º Na hipótese de a organização da sociedade civil selecionada não atender aos requisitos exigidos nos arts. 33 e 34, aquela imediatamente mais bem classificada poderá ser convidada a aceitar a celebração de parceria nos termos da proposta por ela apresentada.
§ 2º Caso a organização da sociedade civil convidada nos termos do § 1º aceite celebrar a parceria, proceder-se-á à verificação dos documentos que comprovem o atendimento aos requisitos previstos nos arts. 33 e 34.
Art. 29. Os termos de colaboração ou de fomento que envolvam recursos decorrentes de emendas parlamentares às leis orçamentárias anuais e os acordos de cooperação serão celebrados sem chamamento público, **exceto**, em relação aos acordos de cooperação, quando o objeto envolver a celebração de comodato, doação de bens ou outra forma de compartilhamento de recurso patrimonial, hipótese em que o respectivo chamamento público observará o disposto nesta Lei.
Art. 30. A administração pública poderá dispensar a realização do chamamento público:
I - no caso de urgência decorrente de paralisação ou iminência de paralisação de atividades de relevante interesse público, pelo prazo de até cento e oitenta dias;
II - nos casos de guerra, calamidade pública, grave perturbação da ordem pública ou ameaça à paz social;
III - quando se tratar da realização de programa de proteção a pessoas ameaçadas ou em situação que possa comprometer a sua segurança;
VI - no caso de atividades voltadas ou vinculadas a serviços de educação, saúde e assistência social, desde que executadas por organizações da sociedade civil previamente credenciadas pelo órgão gestor da respectiva política.
Art. 31. Será considerado inexigível o chamamento público na hipótese de inviabilidade de competição entre as organizações da sociedade civil, em razão da natureza singular do objeto da parceria ou se as metas **somente** puderem ser atingidas por uma entidade específica, especialmente quando:
I - o objeto da parceria constituir incumbência prevista em acordo, ato ou compromisso **internaciona**l, no qual sejam indicadas as instituições que utilizarão os recursos;

II - a parceria decorrer de transferência para organização da sociedade civil que esteja autorizada em lei na qual seja identificada expressamente a entidade beneficiária, inclusive quando se tratar da subvenção prevista no inciso I do § 3º do art. 12 da Lei nº 4.320, de 17 de março de 1964, observado o disposto no art. 26 da Lei Complementar nº 101, de 4 de maio de 2000.
Art. 32. Nas hipóteses dos arts. 30 e 31 desta Lei, a ausência de realização de chamamento público será justificada pelo administrador público.
§ 1º Sob pena de nulidade do ato de formalização de parceria prevista nesta Lei, o extrato da justificativa previsto no **caput** deverá ser publicado, na mesma data em que for efetivado, no sítio oficial da administração pública na internet e, eventualmente, a critério do administrador público, também no meio oficial de publicidade da administração pública.
§ 2º Admite-se a impugnação à justificativa, apresentada no prazo de cinco dias a contar de sua publicação, cujo teor deve ser analisado pelo administrador público responsável em até cinco dias da data do respectivo protocolo.
§ 3º Havendo fundamento na impugnação, será revogado o ato que declarou a dispensa ou considerou inexigível o chamamento público, e será imediatamente iniciado o procedimento para a realização do chamamento público, conforme o caso.
§ 4º A dispensa e a inexigibilidade de chamamento público, bem como o disposto no art. 29, não afastam a aplicação dos demais dispositivos desta Lei.

Seção IX
Dos Requisitos para Celebração do Termo de Colaboração e do Termo de Fomento

Art. 33. Para celebrar as parcerias previstas nesta Lei, as organizações da sociedade civil deverão ser regidas por normas de organização interna que prevejam, expressamente:
I - objetivos voltados à promoção de atividades e finalidades de relevância pública e social;
III - que, em caso de dissolução da entidade, o respectivo patrimônio líquido seja transferido a outra pessoa jurídica de igual natureza que preencha os requisitos desta Lei e cujo objeto social seja, preferencialmente, o mesmo da entidade extinta;
IV - escrituração de acordo com os princípios fundamentais de contabilidade e com as Normas Brasileiras de Contabilidade;
V - possuir:
a) no mínimo, um, dois ou três anos de existência, com cadastro ativo, comprovados por meio de documentação emitida pela Secretaria da Receita Federal do Brasil, com base no Cadastro Nacional da Pessoa Jurídica - CNPJ, conforme, respectivamente, a parceria seja celebrada no âmbito dos Municípios, do Distrito Federal ou dos Estados e da União, admitida a redução desses prazos por ato específico de cada ente na hipótese de nenhuma organização atingi-los;
b) experiência prévia na realização, com efetividade, do objeto da parceria ou de natureza semelhante;

c) instalações, condições materiais e capacidade técnica e operacional para o desenvolvimento das atividades ou projetos previstos na parceria e o cumprimento das metas estabelecidas.

§ 1º Na celebração de acordos de cooperação, **somente** será exigido o requisito previsto no inciso I.

§ 2º Serão dispensadas do atendimento ao disposto nos incisos I e III as organizações religiosas.

§ 3º As sociedades cooperativas deverão atender às exigências previstas na legislação específica e ao disposto no inciso IV, estando dispensadas do atendimento aos requisitos previstos nos incisos I e III.

§ 5º Para fins de atendimento do previsto na alínea c do inciso V, não será necessária a demonstração de capacidade instalada prévia.

Art. 34. Para celebração das parcerias previstas nesta Lei, as organizações da sociedade civil deverão apresentar:

II - certidões de regularidade fiscal, previdenciária, tributária, de contribuições e de dívida ativa, de acordo com a legislação aplicável de cada ente federado;

III - certidão de existência jurídica expedida pelo cartório de registro civil ou cópia do estatuto registrado e de eventuais alterações ou, tratando-se de sociedade cooperativa, certidão simplificada emitida por junta comercial;

V - cópia da ata de eleição do quadro dirigente atual;

VI - relação nominal atualizada dos dirigentes da entidade, com endereço, número e órgão expedidor da carteira de identidade e número de registro no Cadastro de Pessoas Físicas - CPF da Secretaria da Receita Federal do Brasil - RFB de cada um deles;

VII - comprovação de que a organização da sociedade civil funciona no endereço por ela declarado;

Art. 35. A celebração e a formalização do termo de colaboração e do termo de fomento dependerão da adoção das seguintes providências pela administração pública:

I - realização de chamamento público, **ressalvada**s as hipóteses previstas nesta Lei;

II - indicação expressa da existência de prévia dotação orçamentária para execução da parceria;

III - demonstração de que os objetivos e finalidades institucionais e a capacidade técnica e operacional da organização da sociedade civil foram avaliados e são compatíveis com o objeto;

IV - aprovação do plano de trabalho, a ser apresentado nos termos desta Lei;

V - emissão de parecer de órgão técnico da administração pública, que deverá pronunciar-se, de forma expressa, a respeito:

a) do mérito da proposta, em conformidade com a modalidade de parceria adotada;

b) da identidade e da reciprocidade de interesse das partes na realização, em mútua cooperação, da parceria prevista nesta Lei;

c) da viabilidade de sua execução;

d) da verificação do cronograma de desembolso;

e) da descrição de quais serão os meios disponíveis a serem utilizados para a fiscalização da execução da parceria, assim como dos procedimentos que deverão ser adotados para avaliação da execução física e financeira, no cumprimento das metas e objetivos;

g) da designação do gestor da parceria;

h) da designação da comissão de monitoramento e avaliação da parceria;

VI - emissão de parecer jurídico do órgão de assessoria ou consultoria jurídica da administração pública acerca da possibilidade de celebração da parceria.

§ 1º Não será exigida contrapartida financeira como requisito para celebração de parceria, facultada a exigência de contrapartida em bens e serviços cuja expressão monetária será obrigatoriamente identificada no termo de colaboração ou de fomento.

§ 2º Caso o parecer técnico ou o parecer jurídico de que tratam, respectivamente, os incisos V e VI concluam pela possibilidade de celebração da parceria com ressalvas, deverá o administrador público sanar os aspectos **ressalvado**s ou, mediante ato formal, justificar a preservação desses aspectos ou sua exclusão.

§ 3º Na hipótese de o gestor da parceria deixar de ser agente público ou ser lotado em outro órgão ou entidade, o administrador público deverá designar novo gestor, assumindo, enquanto isso não ocorrer, **todas** as obrigações do gestor, com as respectivas responsabilidades.

§ 5º Caso a organização da sociedade civil adquira equipamentos e materiais permanentes com recursos provenientes da celebração da parceria, o bem será gravado com cláusula de inalienabilidade, e ela deverá formalizar promessa de transferência da propriedade à administração pública, na hipótese de sua extinção.

§ 6º Será impedida de participar como gestor da parceria ou como membro da comissão de monitoramento e avaliação pessoa que, nos últimos 5 (cinco) anos, tenha mantido relação jurídica com, ao menos, 1 (uma) das organizações da sociedade civil partícipes.

§ 7º Configurado o impedimento do § 6º, deverá ser designado gestor ou membro substituto que possua qualificação técnica equivalente à do substituído.

Art. 35-A. É permitida a atuação em rede, por duas ou mais organizações da sociedade civil, mantida a integral responsabilidade da organização celebrante do termo de fomento ou de colaboração, desde que a organização da sociedade civil signatária do termo de fomento ou de colaboração possua:

I - mais de cinco anos de inscrição no CNPJ;

II - capacidade técnica e operacional para supervisionar e orientar diretamente a atuação da organização que com ela estiver atuando em rede.

Parágrafo único. A organização da sociedade civil que assinar o termo de colaboração ou de fomento deverá celebrar termo de atuação em rede para repasse de recursos às não celebrantes, ficando obrigada a, no ato da respectiva formalização:

I - verificar, nos termos do **regulamento**, a regularidade jurídica e fiscal da organização executante e não celebrante do termo de colaboração ou do termo de fomento, devendo comprovar tal verificação na prestação de contas;

II - comunicar à administração pública em até sessenta dias a assinatura do termo de atuação em rede.

Art. 36. Será obrigatória a estipulação do destino a ser dado aos bens remanescentes da parceria.

Parágrafo único. Os bens remanescentes adquiridos com recursos transferidos poderão, a critério do administrador público, ser doados quando, após a consecução do objeto, não forem necessários para assegurar a continuidade do objeto pactuado, observado o disposto no respectivo termo e na legislação vigente.

Art. 38. O termo de fomento, o termo de colaboração e o acordo de cooperação **somente** produzirão efeitos jurídicos após a publicação dos respectivos extratos no meio oficial de publicidade da administração pública.

Seção X
Das Vedações

Art. 39. Ficará impedida de celebrar **qualquer** modalidade de parceria prevista nesta Lei a organização da sociedade civil que:
I - não esteja regularmente constituída ou, se **estrangeira**, não esteja autorizada a funcionar no território nacional;
II - esteja omissa no dever de prestar contas de parceria anteriormente celebrada;
III - tenha como dirigente membro de Poder ou do Ministério Público, ou dirigente de órgão ou entidade da administração pública da mesma esfera governamental na qual será celebrado o termo de colaboração ou de fomento, estendendo-se a vedação aos respectivos cônjuges ou companheiros, bem como parentes em linha reta, colateral ou por afinidade, até o segundo grau;
IV - tenha tido as contas rejeitadas pela administração pública nos últimos cinco anos, **exceto** se:
a) for sanada a irregularidade que motivou a rejeição e quitados os débitos eventualmente imputados;
b) for reconsiderada ou revista a decisão pela rejeição;
c) a apreciação das contas estiver pendente de decisão sobre recurso com efeito suspensivo;
V - tenha sido punida com uma das seguintes sanções, pelo período que durar a penalidade:
a) suspensão de participação em licitação e impedimento de contratar com a administração;
b) declaração de inidoneidade para licitar ou contratar com a administração pública;
c) a prevista no inciso II do art. 73 desta Lei;
d) a prevista no inciso III do art. 73 desta Lei;
VI - tenha tido contas de parceria julgadas irregulares ou rejeitadas por Tribunal ou Conselho de Contas de **qualquer** esfera da Federação, em decisão irrecorrível, nos últimos 8 (oito) anos;
VII - tenha entre seus dirigentes pessoa:
a) cujas contas relativas a parcerias tenham sido julgadas irregulares ou rejeitadas por Tribunal ou Conselho de Contas de **qualquer** esfera da Federação, em decisão irrecorrível, nos últimos 8 (oito) anos;
b) julgada responsável por falta grave e inabilitada para o exercício de cargo em comissão ou função de confiança, enquanto durar a inabilitação;
c) considerada responsável por ato de improbidade, enquanto durarem os prazos estabelecidos nos incisos I, II e III do art. 12 da Lei nº 8.429, de 2 de junho de 1992.
§ 1º Nas hipóteses deste artigo, é igualmente **vedada** a transferência de novos recursos no âmbito de parcerias em execução, excetuando-se os casos de serviços essenciais que **não podem** ser adiados sob pena de prejuízo ao erário ou à população, desde que precedida de expressa e fundamentada autorização do dirigente máximo do órgão ou entidade da administração pública, sob pena de responsabilidade solidária.

§ 2º Em **qualquer** das hipóteses previstas no **caput,** persiste o impedimento para celebrar parceria enquanto não houver o ressarcimento do dano ao erário, pelo qual seja responsável a organização da sociedade civil ou seu dirigente.
§ 4º Para os fins do disposto na alínea a do inciso IV e no § 2º , não serão considerados débitos que decorram de atrasos na liberação de repasses pela administração pública ou que tenham sido objeto de parcelamento, se a organização da sociedade civil estiver em situação regular no parcelamento.
§ 5º A vedação prevista no inciso III não se aplica à celebração de parcerias com entidades que, pela sua própria natureza, sejam constituídas pelas autoridades referidas naquele inciso, sendo **vedado** que a mesma pessoa figure no termo de colaboração, no termo de fomento ou no acordo de cooperação simultaneamente como dirigente e administrador público.
§ 6º Não são considerados membros de Poder os integrantes de conselhos de direitos e de políticas públicas.
Art. 40. É **vedada** a celebração de parcerias previstas nesta Lei que tenham por objeto, envolvam ou incluam, direta ou indiretamente, delegação das funções de regulação, de fiscalização, de exercício do poder de polícia ou de outras atividades exclusivas de Estado.
Art. 41. **Ressalvado** o disposto no art. 3º e no parágrafo único do art. 84, serão celebradas nos termos desta Lei as parcerias entre a administração pública e as entidades referidas no inciso I do art. 2º .

CAPÍTULO III
DA FORMALIZAÇÃO E DA EXECUÇÃO
Seção I
Disposições Preliminares

Art. 42. As parcerias serão formalizadas mediante a celebração de termo de colaboração, de termo de fomento ou de acordo de cooperação, conforme o caso, que terá como cláusulas essenciais:
I - a descrição do objeto pactuado;
II - as obrigações das partes;
III - quando for o caso, o valor total e o cronograma de desembolso;
V - a contrapartida, quando for o caso, observado o disposto no § 1º do art. 35;
VI - a vigência e as hipóteses de prorrogação;
VII - a obrigação de prestar contas com definição de forma, metodologia e prazos;
VIII - a forma de monitoramento e avaliação, com a indicação dos recursos humanos e tecnológicos que serão empregados na atividade ou, se for o caso, a indicação da participação de apoio técnico nos termos previstos no § 1º do art. 58 desta Lei;
IX - a obrigatoriedade de restituição de recursos, nos casos previstos nesta Lei;
X - a definição, se for o caso, da titularidade dos bens e direitos remanescentes na data da conclusão ou extinção da parceria e que, em razão de sua execução, tenham sido adquiridos, produzidos ou transformados com recursos repassados pela administração pública;
XII - a prerrogativa atribuída à administração pública para assumir ou transferir a responsabilidade pela execução do objeto, no caso de paralisação, de modo a evitar sua descontinuidade;

XIV - quando for o caso, a obrigação de a organização da sociedade civil manter e movimentar os recursos em conta bancária específica, observado o disposto no art. 51;
XV - o livre acesso dos agentes da administração pública, do controle interno e do Tribunal de Contas correspondente aos processos, aos documentos e às informações relacionadas a termos de colaboração ou a termos de fomento, bem como aos locais de execução do respectivo objeto;
XVI - a faculdade dos partícipes rescindirem o instrumento, a **qualquer** tempo, com as respectivas condições, sanções e delimitações claras de responsabilidades, além da estipulação de prazo mínimo de antecedência para a publicidade dessa intenção, que **não pode**rá ser inferior a 60 (sessenta) dias;
XVII - a indicação do foro para dirimir as dúvidas decorrentes da execução da parceria, estabelecendo a obrigatoriedade da prévia tentativa de solução administrativa, com a participação de órgão encarregado de assessoramento jurídico integrante da estrutura da administração pública;
XIX - a responsabilidade exclusiva da organização da sociedade civil pelo gerenciamento administrativo e financeiro dos recursos recebidos, inclusive no que diz respeito às despesas de custeio, de investimento e de pessoal;
XX - a responsabilidade exclusiva da organização da sociedade civil pelo pagamento dos encargos trabalhistas, previdenciários, fiscais e comerciais relacionados à execução do objeto previsto no termo de colaboração ou de fomento, não implicando responsabilidade solidária ou subsidiária da administração pública a inadimplência da organização da sociedade civil em relação ao referido pagamento, os ônus incidentes sobre o objeto da parceria ou os danos decorrentes de restrição à sua execução.
Parágrafo único. Constará como anexo do termo de colaboração, do termo de fomento ou do acordo de cooperação o plano de trabalho, que deles será parte integrante e indissociável.

Seção III
Das Despesas

Art. 45. As despesas relacionadas à execução da parceria serão executadas nos termos dos incisos XIX e XX do art. 42, sendo **vedado**:
I - utilizar recursos para finalidade alheia ao objeto da parceria;
II - pagar, a **qualquer** título, servidor ou empregado público com recursos vinculados à parceria, **salvo** nas hipóteses previstas em **lei específica** e na lei de diretrizes orçamentárias;
Art. 46. Poderão ser pagas, entre outras despesas, com recursos vinculados à parceria:
I - remuneração da equipe encarregada da execução do plano de trabalho, inclusive de pessoal próprio da organização da sociedade civil, durante a vigência da parceria, compreendendo as despesas com pagamentos de impostos, contribuições sociais, Fundo de Garantia do Tempo de Serviço - FGTS, férias, décimo terceiro salário, salários proporcionais, verbas rescisórias e demais encargos sociais e trabalhistas;
II - diárias referentes a deslocamento, hospedagem e alimentação nos casos em que a execução do objeto da parceria assim o exija;
III - custos indiretos necessários à execução do objeto, seja qual for a proporção em relação ao valor total da parceria;

IV - aquisição de equipamentos e materiais permanentes essenciais à consecução do objeto e serviços de adequação de espaço físico, desde que necessários à instalação dos referidos equipamentos e materiais.
§ 1º A inadimplência da administração pública não transfere à organização da sociedade civil a responsabilidade pelo pagamento de obrigações vinculadas à parceria com recursos próprios.
§ 2º A inadimplência da organização da sociedade civil em decorrência de atrasos na liberação de repasses relacionados à parceria **não pode**rá acarretar restrições à liberação de parcelas subsequentes.
§ 3º O pagamento de remuneração da equipe contratada pela organização da sociedade civil com recursos da parceria não gera vínculo trabalhista com o poder público.

Seção IV
Da Liberação dos Recursos

Art. 48. As parcelas dos recursos transferidos no âmbito da parceria serão liberadas em estrita conformidade com o respectivo cronograma de desembolso, **exceto** nos casos a seguir, nos quais ficarão retidas até o saneamento das impropriedades:
I - quando houver evidências de irregularidade na aplicação de parcela anteriormente recebida;
II - quando constatado desvio de finalidade na aplicação dos recursos ou o inadimplemento da organização da sociedade civil em relação a obrigações estabelecidas no termo de colaboração ou de fomento;
III - quando a organização da sociedade civil deixar de adotar sem justificativa suficiente as medidas saneadoras apontadas pela administração pública ou pelos órgãos de controle interno ou externo.
Art. 49. Nas parcerias cuja duração exceda um ano, é obrigatória a prestação de contas ao término de cada exercício.
Art. 50. A administração pública deverá viabilizar o acompanhamento pela internet dos processos de liberação de recursos referentes às parcerias celebradas nos termos desta Lei.

Seção V
Da Movimentação e Aplicação Financeira dos Recursos

Art. 51. Os recursos recebidos em decorrência da parceria serão depositados em conta corrente específica isenta de tarifa bancária na instituição financeira pública determinada pela administração pública.
Parágrafo único. Os rendimentos de ativos financeiros serão aplicados no objeto da parceria, estando sujeitos às mesmas condições de prestação de contas exigidas para os recursos transferidos.
Art. 52. Por ocasião da conclusão, denúncia, rescisão ou extinção da parceria, os saldos financeiros remanescentes, inclusive os provenientes das receitas obtidas das aplicações financeiras realizadas, serão devolvidos à administração pública no prazo improrrogável de trinta dias, sob pena de imediata instauração de tomada de contas especial do responsável, providenciada pela autoridade competente da administração pública.
Art. 53. Toda a movimentação de recursos no âmbito da parceria será realizada mediante transferência eletrônica sujeita à identificação do beneficiário final e à obrigatoriedade de depósito em sua conta bancária.

§ 1º Os pagamentos deverão ser realizados mediante crédito na conta bancária de titularidade dos fornecedores e prestadores de serviços.
§ 2º Demonstrada a impossibilidade física de pagamento mediante transferência eletrônica, o termo de colaboração ou de fomento poderá admitir a realização de pagamentos em espécie.

Seção VI
Das Alterações

Art. 55. A vigência da parceria poderá ser alterada mediante solicitação da organização da sociedade civil, devidamente formalizada e justificada, a ser apresentada à administração pública em, no mínimo, trinta dias antes do termo inicialmente previsto.
Parágrafo único. A prorrogação de ofício da vigência do termo de colaboração ou de fomento deve ser feita pela administração pública quando ela der causa a atraso na liberação de recursos financeiros, limitada ao exato período do atraso verificado.
Art. 57. O plano de trabalho da parceria poderá ser revisto para alteração de valores ou de metas, mediante termo aditivo ou por apostila ao plano de trabalho original.

Seção VII
Do Monitoramento e Avaliação

Art. 58. A administração pública promoverá o monitoramento e a avaliação do cumprimento do objeto da parceria.
§ 1º Para a implementação do disposto no **caput,** a administração pública poderá valer-se do apoio técnico de terceiros, delegar competência ou firmar parcerias com órgãos ou entidades que se situem próximos ao local de aplicação dos recursos.
§ 2º Nas parcerias com vigência superior a 1 (um) ano, a administração pública realizará, sempre que possível, pesquisa de satisfação com os beneficiários do plano de trabalho e utilizará os resultados como subsídio na avaliação da parceria celebrada e do cumprimento dos objetivos pactuados, bem como na reorientação e no ajuste das metas e atividades definidas.
§ 3º Para a implementação do disposto no § 2º , a administração pública poderá valer-se do apoio técnico de terceiros, delegar competência ou firmar parcerias com órgãos ou entidades que se situem próximos ao local de aplicação dos recursos.
Art. 59. A administração pública emitirá relatório técnico de monitoramento e avaliação de parceria celebrada mediante termo de colaboração ou termo de fomento e o submeterá à comissão de monitoramento e avaliação designada, que o homologará, independentemente da obrigatoriedade de apresentação da prestação de contas devida pela organização da sociedade civil.
§ 1º O relatório técnico de monitoramento e avaliação da parceria, sem prejuízo de outros elementos, deverá conter:
I - descrição sumária das atividades e metas estabelecidas;
II - análise das atividades realizadas, do cumprimento das metas e do impacto do benefício social obtido em razão da execução do objeto até o período, com base nos indicadores estabelecidos e aprovados no plano de trabalho;
III - valores efetivamente transferidos pela administração pública;

V - análise dos documentos comprobatórios das despesas apresentados pela organização da sociedade civil na prestação de contas, quando não for comprovado o alcance das metas e resultados estabelecidos no respectivo termo de colaboração ou de fomento;
VI - análise de eventuais auditorias realizadas pelos controles interno e externo, no âmbito da fiscalização preventiva, bem como de suas conclusões e das medidas que tomaram em decorrência dessas auditorias.
§ 2º No caso de parcerias financiadas com recursos de fundos específicos, o monitoramento e a avaliação serão realizados pelos respectivos conselhos gestores, respeitadas as exigências desta Lei.
Art. 60. Sem prejuízo da fiscalização pela administração pública e pelos órgãos de controle, a execução da parceria será acompanhada e fiscalizada pelos conselhos de políticas públicas das áreas correspondentes de atuação existentes em cada esfera de governo.
Parágrafo único. As parcerias de que trata esta Lei estarão também sujeitas aos mecanismos de controle social previstos na legislação.

Seção VIII
Das Obrigações do Gestor

Art. 61. São obrigações do gestor:
I - acompanhar e fiscalizar a execução da parceria;
II - informar ao seu superior hierárquico a existência de fatos que comprometam ou possam comprometer as atividades ou metas da parceria e de indícios de irregularidades na gestão dos recursos, bem como as providências adotadas ou que serão adotadas para sanar os problemas detectados;
I
IV - emitir parecer técnico conclusivo de análise da prestação de contas final, levando em consideração o conteúdo do relatório técnico de monitoramento e avaliação de que trata o art. 59;
V - disponibilizar materiais e equipamentos tecnológicos necessários às atividades de monitoramento e avaliação.
Art. 62. Na hipótese de inexecução por culpa exclusiva da organização da sociedade civil, a administração pública poderá, exclusivamente para assegurar o atendimento de serviços essenciais à população, por ato próprio e independentemente de autorização judicial, a fim de realizar ou manter a execução das metas ou atividades pactuadas:
I - retomar os bens públicos em poder da organização da sociedade civil parceira, **qualquer** que tenha sido a modalidade ou título que concedeu direitos de uso de tais bens;
II - assumir a responsabilidade pela execução do restante do objeto previsto no plano de trabalho, no caso de paralisação, de modo a evitar sua descontinuidade, devendo ser considerado na prestação de contas o que foi executado pela organização da sociedade civil até o momento em que a administração assumiu essas responsabilidades.
Parágrafo único. As situações previstas no **caput** devem ser comunicadas pelo gestor ao administrador público.

CAPÍTULO IV
DA PRESTAÇÃO DE CONTAS
Seção I
Normas Gerais

Art. 63. A prestação de contas deverá ser feita observando-se as regras previstas nesta Lei, além de prazos e normas de elaboração constantes do instrumento de parceria e do plano de trabalho.

§ 1º A administração pública fornecerá manuais específicos às organizações da sociedade civil por ocasião da celebração das parcerias, tendo como premissas a simplificação e a racionalização dos procedimentos.

§ 2º Eventuais alterações no conteúdo dos manuais referidos no § 1º deste artigo devem ser previamente informadas à organização da sociedade civil e publicadas em meios oficiais de comunicação.

§ 3º O **regulamento** estabelecerá procedimentos simplificados para prestação de contas.

Art. 64. A prestação de contas apresentada pela organização da sociedade civil deverá conter elementos que permitam ao gestor da parceria avaliar o andamento ou concluir que o seu objeto foi executado conforme pactuado, com a descrição pormenorizada das atividades realizadas e a comprovação do alcance das metas e dos resultados esperados, até o período de que trata a prestação de contas.

§ 1º Serão glosados valores relacionados a metas e resultados descumpridos sem justificativa suficiente.

§ 2º Os dados financeiros serão analisados com o intuito de estabelecer o nexo de causalidade entre a receita e a despesa realizada, a sua conformidade e o cumprimento das normas pertinentes.

§ 3º A análise da prestação de contas deverá considerar a verdade real e os resultados alcançados.

§ 4º A prestação de contas da parceria observará regras específicas de acordo com o montante de recursos públicos envolvidos, nos termos das disposições e procedimentos estabelecidos conforme previsto no plano de trabalho e no termo de colaboração ou de fomento.

Art. 65. A prestação de contas e **todos** os atos que dela decorram dar-se-ão em plataforma eletrônica, permitindo a visualização por qualquer interessado.

Art. 66. A prestação de contas relativa à execução do termo de colaboração ou de fomento dar-se-á mediante a análise dos documentos previstos no plano de trabalho, nos termos do inciso IX do art. 22, além dos seguintes relatórios:

I - relatório de execução do objeto, elaborado pela organização da sociedade civil, contendo as atividades ou projetos desenvolvidos para o cumprimento do objeto e o comparativo de metas propostas com os resultados alcançados;

II - relatório de execução financeira do termo de colaboração ou do termo de fomento, com a descrição das despesas e receitas efetivamente realizadas e sua vinculação com a execução do objeto, na hipótese de descumprimento de metas e resultados estabelecidos no plano de trabalho.

Parágrafo único. A administração pública deverá considerar ainda em sua análise os seguintes relatórios elaborados internamente, quando houver:

I - relatório de visita técnica **in loco** eventualmente realizada durante a execução da parceria;

II - relatório técnico de monitoramento e avaliação, homologado pela comissão de monitoramento e avaliação designada, sobre a conformidade do

cumprimento do objeto e os resultados alcançados durante a execução do termo de colaboração ou de fomento.
Art. 67. O gestor emitirá parecer técnico de análise de prestação de contas da parceria celebrada.
§ 1º No caso de prestação de contas única, o gestor emitirá parecer técnico conclusivo para fins de avaliação do cumprimento do objeto.
§ 2º Se a duração da parceria exceder um ano, a organização da sociedade civil deverá apresentar prestação de contas ao fim de cada exercício, para fins de monitoramento do cumprimento das metas do objeto.
§ 4º Para fins de avaliação quanto à eficácia e efetividade das ações em execução ou que já foram realizadas, os pareceres técnicos de que trata este artigo deverão, obrigatoriamente, mencionar:
I - os resultados já alcançados e seus benefícios;
II - os impactos econômicos ou sociais;
III - o grau de satisfação do público-alvo;
IV - a possibilidade de sustentabilidade das ações após a conclusão do objeto pactuado.
Art. 68. Os documentos incluídos pela entidade na plataforma eletrônica prevista no art. 65, desde que possuam garantia da origem e de seu signatário por certificação digital, serão considerados originais para os efeitos de prestação de contas.
Parágrafo único. Durante o prazo de 10 (dez) anos, contado do dia útil subsequente ao da prestação de contas, a entidade deve manter em seu arquivo os documentos originais que compõem a prestação de contas.

Seção II
Dos Prazos

Art. 69. A organização da sociedade civil prestará contas da boa e regular aplicação dos recursos recebidos no prazo de até noventa dias a partir do término da vigência da parceria ou no final de cada exercício, se a duração da parceria exceder um ano.
§ 1º O prazo para a prestação final de contas será estabelecido de acordo com a complexidade do objeto da parceria.
§ 2º O disposto no **caput** não impede que a administração pública promova a instauração de tomada de contas especial antes do término da parceria, ante evidências de irregularidades na execução do objeto.
§ 3º Na hipótese do § 2º, o dever de prestar contas surge no momento da liberação de recurso envolvido na parceria.
§ 4º O prazo referido no **caput** poderá ser prorrogado por até 30 (trinta) dias, desde que devidamente justificado.
§ 5º A manifestação conclusiva sobre a prestação de contas pela administração pública observará os prazos previstos nesta Lei, devendo concluir, alternativamente, pela:
I - aprovação da prestação de contas;
II - aprovação da prestação de contas com ressalvas; ou
III - rejeição da prestação de contas e determinação de imediata instauração de tomada de contas especial.
§ 6º As impropriedades que deram causa à rejeição da prestação de contas serão registradas em plataforma eletrônica de acesso público, devendo ser levadas em consideração por ocasião da assinatura de futuras parcerias com a administração pública, conforme definido em **regulamento**.

Art. 70. Constatada irregularidade ou omissão na prestação de contas, será concedido prazo para a organização da sociedade civil sanar a irregularidade ou cumprir a obrigação.

§ 1º O prazo referido no **caput** é limitado a 45 (quarenta e cinco) dias por notificação, prorrogável, no máximo, por igual período, dentro do prazo que a administração pública possui para analisar e decidir sobre a prestação de contas e comprovação de resultados.

§ 2º Transcorrido o prazo para saneamento da irregularidade ou da omissão, não havendo o saneamento, a autoridade administrativa competente, sob pena de responsabilidade solidária, deve adotar as providências para apuração dos fatos, identificação dos responsáveis, quantificação do dano e obtenção do ressarcimento, nos termos da legislação vigente.

Art. 71. A administração pública apreciará a prestação final de contas apresentada, no prazo de até cento e cinquenta dias, contado da data de seu recebimento ou do cumprimento de diligência por ela determinada, prorrogável justificadamente por igual período.

§ 4º O transcurso do prazo definido nos termos do **caput** sem que as contas tenham sido apreciadas:

I - não significa impossibilidade de apreciação em data posterior ou vedação a que se adotem medidas saneadoras, punitivas ou destinadas a ressarcir danos que possam ter sido causados aos cofres públicos;

II - nos casos em que não for constatado dolo da organização da sociedade civil ou de seus prepostos, sem prejuízo da atualização monetária, impede a incidência de juros de mora sobre débitos eventualmente apurados, no período entre o final do prazo referido neste parágrafo e a data em que foi ultimada a apreciação pela administração pública.

Art. 72. As prestações de contas serão avaliadas:

I - regulares, quando expressarem, de forma clara e objetiva, o cumprimento dos objetivos e metas estabelecidos no plano de trabalho;

II - regulares com ressalva, quando evidenciarem impropriedade ou **qualquer** outra falta de natureza formal que não resulte em dano ao erário;

III - irregulares, quando comprovada **qualquer** das seguintes circunstâncias:

a) omissão no dever de prestar contas;
b) descumprimento injustificado dos objetivos e metas estabelecidos no plano de trabalho;
c) dano ao erário decorrente de ato de gestão ilegítimo ou antieconômico;
d) desfalque ou desvio de dinheiro, bens ou valores públicos.

§ 1º O administrador público responde pela decisão sobre a aprovação da prestação de contas ou por omissão em relação à análise de seu conteúdo, levando em consideração, no primeiro caso, os pareceres técnico, financeiro e jurídico, sendo permitida delegação a autoridades diretamente subordinadas, **vedada** a subdelegação.

§ 2º Quando a prestação de contas for avaliada como irregular, após exaurida a fase recursal, se mantida a decisão, a organização da sociedade civil poderá solicitar autorização para que o ressarcimento ao erário seja promovido por meio de ações compensatórias de interesse público, mediante a apresentação de novo plano de trabalho, conforme o objeto descrito no termo de colaboração ou de fomento e a área de atuação da organização, cuja mensuração econômica será feita a partir do plano de trabalho original, desde que não tenha havido dolo ou fraude e não seja o caso de restituição integral dos recursos.

CAPÍTULO V
DA RESPONSABILIDADE E DAS SANÇÕES
Seção I
Das Sanções Administrativas à Entidade

Art. 73. Pela execução da parceria em desacordo com o plano de trabalho e com as normas desta Lei e da legislação específica, a administração pública poderá, garantida a prévia defesa, aplicar à organização da sociedade civil as seguintes sanções:
I - advertência;
II - suspensão temporária da participação em chamamento público e impedimento de celebrar parceria ou contrato com órgãos e entidades da esfera de governo da administração pública sancionadora, por prazo não superior a dois anos;
III - declaração de inidoneidade para participar de chamamento público ou celebrar parceria ou contrato com órgãos e entidades de **todas** as esferas de governo, enquanto perdurarem os motivos determinantes da punição ou até que seja promovida a reabilitação perante a própria autoridade que aplicou a penalidade, que será concedida sempre que a organização da sociedade civil ressarcir a administração pública pelos prejuízos resultantes e após decorrido o prazo da sanção aplicada com base no inciso II.
§ 1º As sanções estabelecidas nos incisos II e III são de competência exclusiva de Ministro de Estado ou de Secretário Estadual, Distrital ou Municipal, conforme o caso, facultada a defesa do interessado no respectivo processo, no prazo de dez dias da abertura de vista, podendo a reabilitação ser requerida após dois anos de aplicação da penalidade.
§ 2º Prescreve em cinco anos, contados a partir da data da apresentação da prestação de contas, a aplicação de penalidade decorrente de infração relacionada à execução da parceria.
§ 3º A prescrição será interrompida com a edição de ato administrativo voltado à apuração da infração.

Seção III
Dos Atos de Improbidade Administrativa

Art. 77. O art. 10 da Lei nº 8.429, de 2 de junho de 1992, passa a vigorar com as seguintes alterações:

....

> VIII - frustrar a licitude de processo licitatório ou de processo seletivo para celebração de parcerias com entidades sem fins lucrativos, ou dispensá-los indevidamente;

....

> XVI - facilitar ou concorrer, por **qualquer** forma, para a incorporação, ao patrimônio particular de pessoa física ou jurídica, de bens, rendas, verbas ou valores públicos transferidos pela administração pública a entidades privadas mediante celebração de parcerias, sem a observância das formalidades legais ou regulamentares aplicáveis à espécie;
> XVII - permitir ou concorrer para que pessoa física ou jurídica privada utilize bens, rendas, verbas ou valores públicos transferidos pela administração pública a entidade privada mediante celebração de parcerias, sem a observância das formalidades legais ou regulamentares aplicáveis à espécie;
> XVIII - celebrar parcerias da administração pública com entidades privadas sem a observância das formalidades legais ou regulamentares aplicáveis à espécie;

XIX - agir negligentemente na celebração, fiscalização e análise das prestações de contas de parcerias firmadas pela administração pública com entidades privadas;
XX - liberar recursos de parcerias firmadas pela administração pública com entidades privadas sem a estrita observância das normas pertinentes ou influir de **qualquer** forma para a sua aplicação irregular.
XXI - liberar recursos de parcerias firmadas pela administração pública com entidades privadas sem a estrita observância das normas pertinentes ou influir de **qualquer** forma para a sua aplicação irregular." (NR)
Art. 78. O art. 11 da Lei nº 8.429, de 2 de junho de 1992, passa a vigorar acrescido do seguinte inciso VIII:
"Art. 11. ....
....

VIII - descumprir as normas relativas à celebração, fiscalização e aprovação de contas de parcerias firmadas pela administração pública com entidades privadas." (NR)
Art. 78-A. O art. 23 da Lei nº 8.429, de 2 de junho de 1992, passa a vigorar acrescido do seguinte inciso III:
"Art. 23. ....
....

III - até cinco anos da data da apresentação à administração pública da prestação de contas final pelas entidades referidas no parágrafo único do art. 1º desta Lei.' (NR)"

CAPÍTULO VI
DISPOSIÇÕES FINAIS

Art. 80. O processamento das compras e contratações que envolvam recursos financeiros provenientes de parceria poderá ser efetuado por meio de sistema eletrônico disponibilizado pela administração pública às organizações da sociedade civil, aberto ao público via internet, que permita aos interessados formular propostas.
Parágrafo único. O Sistema de Cadastramento Unificado de Fornecedores - SICAF, mantido pela União, fica disponibilizado aos demais entes federados, para fins do disposto no **caput,** sem prejuízo do uso de seus próprios sistemas.
Art. 81. Mediante autorização da União, os Estados, os Municípios e o Distrito Federal poderão aderir ao Sistema de Gestão de Convênios e Contratos de Repasse - SICONV para utilizar suas funcionalidades no cumprimento desta Lei.
Art. 81-A. Até que seja viabilizada a adaptação do sistema de que trata o art. 81 ou de seus correspondentes nas demais unidades da federação:
I - serão utilizadas as rotinas previstas antes da entrada em vigor desta Lei para repasse de recursos a organizações da sociedade civil decorrentes de parcerias celebradas nos termos desta Lei;
II - os Municípios de até cem mil habitantes serão autorizados a efetivar a prestação de contas e os atos dela decorrentes sem utilização da plataforma eletrônica prevista no art. 65.

Art. 81-B. O ex-prefeito de Município ou o ex-governador de Estado ou do Distrito Federal cujo ente federado tenha aderido ao sistema de que trata o art. 81 terá acesso a **todos** os registros de convênios celebrados durante a sua gestão, até a manifestação final do concedente sobre as respectivas prestações de contas.   (Incluído pela Lei nº 14.345, de 2022)

Art. 83. As parcerias existentes no momento da entrada em vigor desta Lei permanecerão regidas pela legislação vigente ao tempo de sua celebração, sem prejuízo da aplicação subsidiária desta Lei, naquilo em que for cabível, desde que em benefício do alcance do objeto da parceria.

§ 1º As parcerias de que trata o **caput** poderão ser prorrogadas de ofício, no caso de atraso na liberação de recursos por parte da administração pública, por período equivalente ao atraso.

§ 2º As parcerias firmadas por prazo indeterminado antes da data de entrada em vigor desta Lei, ou prorrogáveis por período superior ao inicialmente estabelecido, no prazo de até um ano após a data da entrada em vigor desta Lei, serão, alternativamente:

I - substituídas pelos instrumentos previstos nos arts. 16 ou 17, conforme o caso;
II - objeto de rescisão unilateral pela administração pública.

Art. 84. Não se aplica às parcerias regidas por esta Lei o disposto na Lei nº 8.666, de 21 de junho de 1993. (Redação dada pela Lei nº 13.204, de 2015)

Parágrafo único. São regidos pelo art. 116 da Lei nº 8.666, de 21 de junho de 1993, convênios:

I - entre entes federados ou pessoas jurídicas a eles vinculadas;
II - decorrentes da aplicação do disposto no inciso IV do art. 3º.

Art. 84-A. A partir da vigência desta Lei, somente serão celebrados convênios nas hipóteses do parágrafo único do art. 84.

Art. 84-B. As organizações da sociedade civil farão jus aos seguintes benefícios, independentemente de certificação:

I - receber doações de empresas, até o limite de 2% (dois por cento) de sua receita bruta;
II - receber bens móveis considerados irrecuperáveis, apreendidos, abandonados ou disponíveis, administrados pela Secretaria da Receita Federal do Brasil;

Art. 84-C. Os benefícios previstos no art. 84-B serão conferidos às organizações da sociedade civil que apresentem entre seus objetivos sociais pelo menos uma das seguintes finalidades:

I - promoção da assistência social;
II - promoção da cultura, defesa e conservação do patrimônio histórico e artístico;
III - promoção da educação;
IV - promoção da saúde;
V - promoção da segurança alimentar e nutricional;
VI - defesa, preservação e conservação do meio ambiente e promoção do desenvolvimento sustentável;
VII - promoção do voluntariado;
VIII - promoção do desenvolvimento econômico e social e combate à pobreza;
IX - experimentação, não lucrativa, de novos modelos socioprodutivos e de sistemas alternativos de produção, comércio, emprego e crédito;
X - promoção de direitos estabelecidos, construção de novos direitos e assessoria jurídica gratuita de interesse suplementar;
XI - promoção da ética, da paz, da cidadania, dos direitos humanos, da democracia e de outros valores universais;
XII - organizações religiosas que se dediquem a atividades de interesse público e de cunho social distintas das destinadas a fins exclusivamente religiosos;

XIII - estudos e pesquisas, desenvolvimento de tecnologias alternativas, produção e divulgação de informações e conhecimentos técnicos e científicos que digam respeito às atividades mencionadas neste artigo.
Parágrafo único. É **vedada** às entidades beneficiadas na forma do art. 84-B a participação em campanhas de interesse político-partidário ou eleitorais, sob **quaisquer** meios ou formas.
Art. 85. O art. 1º da Lei nº 9.790, de 23 de março de 1999, passa a vigorar com a seguinte redação:

> "Art. 1º Podem qualificar-se como Organizações da Sociedade Civil de Interesse Público as pessoas jurídicas de direito privado sem fins lucrativos que tenham sido constituídas e se encontrem em funcionamento regular há, no mínimo, 3 (três) anos, desde que os respectivos objetivos sociais e normas estatutárias atendam aos requisitos instituídos por esta Lei." (NR)

Art. 85-A. O art. 3º da Lei nº 9.790, de 23 de março de 1999, passa a vigorar acrescido do seguinte inciso XIII:

> "Art. 3º ....
> ....
> XIII - estudos e pesquisas para o desenvolvimento, a disponibilização e a implementação de tecnologias voltadas à mobilidade de pessoas, por qualquer meio de transporte.
> ....' (NR)"

Art. 85-B. O parágrafo único do art. 4º da Lei nº 9.790, de 23 de março de 1999, passa a vigorar com a seguinte redação:

> 'Art. 4º ....
> Parágrafo único. É permitida a participação de servidores públicos na composição de conselho ou diretoria de Organização da Sociedade Civil de Interesse Público.' (NR)"

Art. 86. A Lei nº 9.790, de 23 de março de 1999, passa a vigorar acrescida dos seguintes arts. 15-A e 15-B:

> "Art. 15-B. A prestação de contas relativa à execução do Termo de Parceria perante o órgão da entidade estatal parceira refere-se à correta aplicação dos recursos públicos recebidos e ao adimplemento do objeto do Termo de Parceria, mediante a apresentação dos seguintes documentos:
> I - relatório anual de execução de atividades, contendo especificamente relatório sobre a execução do objeto do Termo de Parceria, bem como comparativo entre as metas propostas e os resultados alcançados;
> II - demonstrativo integral da receita e despesa realizadas na execução;
> III - extrato da execução física e financeira;
> IV - demonstração de resultados do exercício;
> V - balanço patrimonial;
> VI - demonstração das origens e das aplicações de recursos;
> VII - demonstração das mutações do patrimônio social;
> VIII - notas explicativas das demonstrações contábeis, caso necessário;
> IX - parecer e relatório de auditoria, se for o caso."

Art. 87. As exigências de transparência e publicidade previstas em **todas** as etapas que envolvam a parceria, desde a fase preparatória até o fim da prestação de contas, naquilo que for necessário, serão excepcionadas quando se tratar de programa de proteção a pessoas ameaçadas ou em situação que possa comprometer a sua segurança, na forma do **regulamento**.
Art. 88. Esta Lei entra em vigor após decorridos quinhentos e quarenta dias de sua publicação oficial, observado o disposto nos §§ 1º e 2º deste artigo.

§ 1º Para os Municípios, esta Lei entra em vigor a partir de 1º de janeiro de 2017.

§ 2º Por ato administrativo local, o disposto nesta Lei poderá ser implantado nos Municípios a partir da data decorrente do disposto no **caput.**

Brasília, 31 de julho de 2014; 193º da Independência e 126º da República.

DILMA ROUSSEFF

❏ Novo Código Florestal de 2012

LEI Nº 12.651, DE 25 DE MAIO DE 2012.

> Dispõe sobre a **proteção da vegetação nativa**; altera as Leis nº 6.938, de 31 de agosto de 1981, 9.393, de 19 de dezembro de 1996, e 11.428, de 22 de dezembro de 2006; revoga as Leis nºs 4.771, de 15 de setembro de 1965, e 7.754, de 14 de abril de 1989, e a Medida Provisória nº 2.166-67, de 24 de agosto de 2001; e dá outras providências.

A PRESIDENTA DA REPÚBLICA Faço saber que o Congresso Nacional decreta e eu sanciono a seguinte Lei:

CAPÍTULO I
DISPOSIÇÕES GERAIS

Art. 1º-A. Esta Lei estabelece normas gerais sobre a proteção da vegetação, áreas de Preservação Permanente e as áreas de Reserva Legal; a exploração florestal, o suprimento de matéria-prima florestal, o controle da origem dos produtos florestais e o controle e prevenção dos incêndios florestais, e prevê instrumentos econômicos e financeiros para o alcance de seus objetivos.

Parágrafo único. Tendo como objetivo o desenvolvimento sustentável, esta Lei atenderá aos seguintes princípios:

I - afirmação do compromisso soberano do Brasil com a preservação das suas florestas e demais formas de vegetação nativa, bem como da biodiversidade, do solo, dos recursos hídricos e da integridade do sistema climático, para o bem estar das gerações presentes e futuras;

II - reafirmação da importância da função estratégica da atividade agropecuária e do papel das florestas e demais formas de vegetação nativa na sustentabilidade, no crescimento econômico, na melhoria da qualidade de vida da população brasileira e na presença do País nos mercados nacional e **internacional** de alimentos e bioenergia;

III - ação governamental de proteção e uso sustentável de florestas, consagrando o compromisso do País com a compatibilização e harmonização entre o uso produtivo da terra e a preservação da água, do solo e da vegetação;

IV - responsabilidade comum da União, Estados, Distrito Federal e Municípios, em colaboração com a sociedade civil, na criação de políticas para a preservação e restauração da vegetação nativa e de suas funções ecológicas e sociais nas áreas urbanas e rurais;

V - fomento à pesquisa científica e tecnológica na busca da inovação para o uso sustentável do solo e da água, a recuperação e a preservação das florestas e demais formas de vegetação nativa;

VI - criação e mobilização de incentivos econômicos para fomentar a preservação e a recuperação da vegetação nativa e para promover o desenvolvimento de atividades produtivas sustentáveis.

Art. 2º As florestas existentes no território nacional e as demais formas de vegetação nativa, reconhecidas de utilidade às terras que revestem, são bens de interesse comum a **todos** os habitantes do País, exercendo-se os direitos de propriedade com as limitações que a legislação em geral e especialmente esta Lei estabelecem.

§ 1º Na utilização e exploração da vegetação, as ações ou omissões contrárias às disposições desta Lei são consideradas uso irregular da propriedade, aplicando-se o procedimento sumário previsto no inciso II do art. 275 da Lei nº 5.869, de 11 de janeiro de 1973 - Código de Processo Civil, sem prejuízo da responsabilidade civil, nos termos do § 1º do art. 14 da Lei nº 6.938, de 31 de agosto de 1981, e das sanções administrativas, civis e penais.

§ 2º As obrigações previstas nesta Lei têm natureza real e são transmitidas ao sucessor, de **qualquer** natureza, no caso de transferência de domínio ou posse do imóvel rural.

Art. 3º Para os efeitos desta Lei, entende-se por:

I - Amazônia Legal: os Estados do Acre, Pará, Amazonas, Roraima, Rondônia, Amapá e Mato Grosso e as regiões situadas ao norte do paralelo 13º S, dos Estados de Tocantins e Goiás, e ao oeste do meridiano de 44º W, do Estado do Maranhão;

II - Área de Preservação Permanente - APP: área protegida, coberta ou não por vegetação nativa, com a função ambiental de preservar os recursos hídricos, a paisagem, a estabilidade geológica e a biodiversidade, facilitar o fluxo gênico de fauna e flora, proteger o solo e assegurar o bem-estar das populações humanas;

III - Reserva Legal: área localizada no interior de uma propriedade ou posse rural, delimitada nos termos do art. 12, com a função de assegurar o uso econômico de modo sustentável dos recursos naturais do imóvel rural, auxiliar a conservação e a reabilitação dos processos ecológicos e promover a conservação da biodiversidade, bem como o abrigo e a proteção de fauna silvestre e da flora nativa;

IV - área rural consolidada: área de imóvel rural com ocupação antrópica preexistente a 22 de julho de 2008, com edificações, benfeitorias ou atividades agrossilvipastoris, admitida, neste último caso, a adoção do regime de pousio;

V - pequena propriedade ou posse rural familiar: aquela explorada mediante o trabalho pessoal do agricultor familiar e empreendedor familiar rural, incluindo os assentamentos e projetos de reforma agrária, e que atenda ao disposto no art. 3º da Lei nº 11.326, de 24 de julho de 2006;

VI - uso alternativo do solo: substituição de vegetação nativa e formações sucessoras por outras coberturas do solo, como atividades agropecuárias, industriais, de geração e transmissão de energia, de mineração e de transporte, assentamentos urbanos ou outras formas de ocupação humana;

VII - manejo sustentável: administração da vegetação natural para a obtenção de benefícios econômicos, sociais e ambientais, respeitando-se os mecanismos de sustentação do ecossistema objeto do manejo e considerando-se, cumulativa ou alternativamente, a utilização de múltiplas espécies madeireiras ou não, de múltiplos produtos e subprodutos da flora, bem como a utilização de outros bens e serviços;

VIII - utilidade pública:

a) as atividades de segurança nacional e proteção sanitária;

b) as obras de infraestrutura destinadas às concessões e aos serviços públicos de transporte, sistema viário, inclusive aquele necessário aos parcelamentos de solo urbano aprovados pelos Municípios,

saneamento, energia, telecomunicações, radiodifusão, bem como mineração, **exceto**, neste último caso, a extração de areia, argila, saibro e cascalho;
c) atividades e obras de defesa civil;
d) atividades que comprovadamente proporcionem melhorias na proteção das funções ambientais referidas no inciso II deste artigo;
e) outras atividades similares devidamente caracterizadas e motivadas em procedimento administrativo próprio, quando inexistir alternativa técnica e locacional ao empreendimento proposto, definidas em ato do Chefe do Poder Executivo federal;
IX - interesse social:
a) as atividades imprescindíveis à proteção da integridade da vegetação nativa, tais como prevenção, combate e controle do fogo, controle da erosão, erradicação de invasoras e proteção de plantios com espécies nativas;
b) a exploração agroflorestal sustentável praticada na pequena propriedade ou posse rural familiar ou por povos e comunidades tradicionais, desde que não descaracterize a cobertura vegetal existente e não prejudique a função ambiental da área;
c) a implantação de infraestrutura pública destinada a esportes, lazer e atividades educacionais e culturais ao ar livre em áreas urbanas e rurais consolidadas, observadas as condições estabelecidas nesta Lei;
d) a regularização fundiária de assentamentos humanos ocupados predominantemente por população de baixa renda em áreas urbanas consolidadas, observadas as condições estabelecidas na Lei nº 11.977, de 7 de julho de 2009;
e) implantação de instalações necessárias à captação e condução de água e de efluentes tratados para projetos cujos recursos hídricos são partes integrantes e essenciais da atividade;
f) as atividades de pesquisa e extração de areia, argila, saibro e cascalho, outorgadas pela autoridade competente;
g) outras atividades similares devidamente caracterizadas e motivadas em procedimento administrativo próprio, quando inexistir alternativa técnica e locacional à atividade proposta, definidas em ato do Chefe do Poder Executivo federal;
X - atividades eventuais ou de baixo impacto ambiental:
a) abertura de pequenas vias de acesso interno e suas pontes e pontilhões, quando necessárias à travessia de um curso d'água, ao acesso de pessoas e animais para a obtenção de água ou à retirada de produtos oriundos das atividades de manejo agroflorestal sustentável;
b) implantação de instalações necessárias à captação e condução de água e efluentes tratados, desde que comprovada a outorga do direito de uso da água, quando couber;
c) implantação de trilhas para o desenvolvimento do ecoturismo;
d) construção de rampa de lançamento de barcos e pequeno ancoradouro;
e) construção de moradia de agricultores familiares, remanescentes de comunidades quilombolas e outras populações extrativistas e tradicionais em áreas rurais, onde o abastecimento de água se dê pelo esforço próprio dos moradores;
f) construção e manutenção de cercas na propriedade;
g) pesquisa científica relativa a recursos ambientais, respeitados outros requisitos previstos na legislação aplicável;

h) coleta de produtos não madeireiros para fins de subsistência e produção de mudas, como sementes, castanhas e frutos, respeitada a legislação específica de acesso a recursos genéticos;
i) plantio de espécies nativas produtoras de frutos, sementes, castanhas e outros produtos vegetais, desde que não implique supressão da vegetação existente nem prejudique a função ambiental da área;
j) exploração agroflorestal e manejo florestal sustentável, comunitário e familiar, incluindo a extração de produtos florestais não madeireiros, desde que não descaracterizem a cobertura vegetal nativa existente nem prejudiquem a função ambiental da área;
k) outras ações ou atividades similares, reconhecidas como eventuais e de baixo impacto ambiental em ato do Conselho Nacional do Meio Ambiente - CONAMA ou dos Conselhos Estaduais de Meio Ambiente;
XII - vereda: fitofisionomia de savana, encontrada em solos hidromórficos, usualmente com a palmeira arbórea Mauritia flexuosa - buriti emergente, sem formar dossel, em meio a agrupamentos de espécies arbustivo-herbáceas;
XIII - manguezal: ecossistema litorâneo que ocorre em terrenos baixos, sujeitos à ação das marés, formado por vasas lodosas recentes ou arenosas, às quais se associa, predominantemente, a vegetação natural conhecida como mangue, com influência fluviomarinha, típica de solos limosos de regiões estuarinas e com dispersão descontínua ao longo da costa brasileira, entre os Estados do Amapá e de Santa Catarina;
XIV - salgado ou marismas tropicais hipersalinos: áreas situadas em regiões com frequências de inundações intermediárias entre marés de sizígias e de quadratura, com solos cuja salinidade varia entre 100 (cem) e 150 (cento e cinquenta) partes por 1.000 (mil), onde pode ocorrer a presença de vegetação herbácea específica;
XV - apicum: áreas de solos hipersalinos situadas nas regiões entremarés superiores, inundadas **apenas** pelas marés de sizígias, que apresentam salinidade superior a 150 (cento e cinquenta) partes por 1.000 (mil), desprovidas de vegetação vascular;
XVI - restinga: depósito arenoso paralelo à linha da costa, de forma geralmente alongada, produzido por processos de sedimentação, onde se encontram diferentes comunidades que recebem influência marinha, com cobertura vegetal em mosaico, encontrada em praias, cordões arenosos, dunas e depressões, apresentando, de acordo com o estágio sucessional, estrato herbáceo, arbustivo e arbóreo, este último mais interiorizado;
XVII - nascente: afloramento natural do lençol freático que apresenta perenidade e dá início a um curso d'água;
XVIII - olho d'água: afloramento natural do lençol freático, mesmo que intermitente;
XIX - leito regular: a calha por onde correm regularmente as águas do curso d'água durante o ano;
XX - área verde urbana: espaços, públicos ou privados, com predomínio de vegetação, preferencialmente nativa, natural ou recuperada, previstos no Plano Diretor, nas Leis de Zoneamento Urbano e Uso do Solo do Município, indisponíveis para construção de moradias, destinados aos propósitos de recreação, lazer, melhoria da qualidade ambiental urbana, proteção dos recursos hídricos, manutenção ou melhoria paisagística, proteção de bens e manifestações culturais;
XXI - várzea de inundação ou planície de inundação: áreas marginais a cursos d'água sujeitas a enchentes e inundações periódicas;

XXII - faixa de passagem de inundação: área de várzea ou planície de inundação adjacente a cursos d'água que permite o escoamento da enchente;
XXIII - relevo ondulado: expressão geomorfológica usada para designar área caracterizada por movimentações do terreno que geram depressões, cuja intensidade permite sua classificação como relevo suave ondulado, ondulado, fortemente ondulado e montanhoso.
XXIV - pousio: prática de interrupção temporária de atividades ou usos agrícolas, pecuários ou silviculturais, por no máximo 5 (cinco) anos, para possibilitar a recuperação da capacidade de uso ou da estrutura física do solo;
XXV - áreas úmidas: pantanais e superfícies terrestres cobertas de forma periódica por águas, cobertas originalmente por florestas ou outras formas de vegetação adaptadas à inundação;
XXVI - área urbana consolidada: aquela de que trata o inciso II do caput do art. 47 da Lei nº 11.977, de 7 de julho de 2009 ; e
XXVII - crédito de carbono: título de direito sobre bem intangível e incorpóreo transacionável (
Parágrafo único. Para os fins desta Lei, estende-se o tratamento dispensado aos imóveis a que se refere o inciso V deste artigo às propriedades e posses rurais com até 4 (quatro) módulos fiscais que desenvolvam atividades agrossilvipastoris, bem como às terras indígenas e às demais áreas de povos e comunidades tradicionais que façam uso coletivo do seu território.

CAPÍTULO II
DAS ÁREAS DE PRESERVAÇÃO PERMANENTE
Seção I
Da Delimitação das Áreas de Preservação Permanente

Art. 4º Considera-se Área de Preservação Permanente, em zonas rurais ou urbanas, para os efeitos desta Lei:
I - as faixas marginais de **qualquer** curso d'água natural perene e intermitente, **excluído**s os efêmeros, desde a borda da calha do leito regular, em largura mínima de:
a) 30 (trinta) metros, para os cursos d'água de menos de 10 (dez) metros de largura;
b) 50 (cinquenta) metros, para os cursos d'água que tenham de 10 (dez) a 50 (cinquenta) metros de largura;
c) 100 (cem) metros, para os cursos d'água que tenham de 50 (cinquenta) a 200 (duzentos) metros de largura;
d) 200 (duzentos) metros, para os cursos d'água que tenham de 200 (duzentos) a 600 (seiscentos) metros de largura;
e) 500 (quinhentos) metros, para os cursos d'água que tenham largura superior a 600 (seiscentos) metros;
II - as áreas no entorno dos lagos e lagoas naturais, em faixa com largura mínima de:
a) 100 (cem) metros, em zonas rurais, **exceto** para o corpo d'água com até 20 (vinte) hectares de superfície, cuja faixa marginal será de 50 (cinquenta) metros;
b) 30 (trinta) metros, em zonas urbanas;
III - as áreas no entorno dos reservatórios d'água artificiais, decorrentes de barramento ou represamento de cursos d'água naturais, na faixa definida na licença ambiental do empreendimento;

IV - as áreas no entorno das nascentes e dos olhos d'água perenes, **qualquer** que seja sua situação topográfica, no raio mínimo de 50 (cinquenta) metros;
V - as encostas ou partes destas com declividade superior a 45°, equivalente a 100% (cem por cento) na linha de maior declive;
VI - as restingas, como fixadoras de dunas ou estabilizadoras de mangues;
VII - os manguezais, em toda a sua extensão;
VIII - as bordas dos tabuleiros ou chapadas, até a linha de ruptura do relevo, em faixa **nunca** inferior a 100 (cem) metros em projeções horizontais;
IX - no topo de morros, montes, montanhas e serras, com altura mínima de 100 (cem) metros e inclinação média maior que 25°, as áreas delimitadas a partir da curva de nível correspondente a 2/3 (dois terços) da altura mínima da elevação sempre em relação à base, sendo esta definida pelo plano horizontal determinado por planície ou espelho d'água adjacente ou, nos relevos ondulados, pela cota do ponto de sela mais próximo da elevação;
X - as áreas em altitude superior a 1.800 (mil e oitocentos) metros, **qualquer** que seja a vegetação;
XI - em veredas, a faixa marginal, em projeção horizontal, com largura mínima de 50 (cinquenta) metros, a partir do espaço permanentemente brejoso e encharcado.
§ 1º Não será exigida Área de Preservação Permanente no entorno de reservatórios artificiais de água que não decorram de barramento ou represamento de cursos d'água naturais.
§ 4º Nas acumulações naturais ou artificiais de água com superfície inferior a 1 (um) hectare, fica dispensada a reserva da faixa de proteção prevista nos incisos II e III do caput, **vedada** nova supressão de áreas de vegetação nativa, **salvo** autorização do órgão ambiental competente do Sistema Nacional do Meio Ambiente - Sisnama.
§ 5º É admitido, para a pequena propriedade ou posse rural familiar, de que trata o inciso V do art. 3º desta Lei, o plantio de culturas temporárias e sazonais de vazante de ciclo curto na faixa de terra que fica exposta no período de vazante dos rios ou lagos, desde que não implique supressão de novas áreas de vegetação nativa, seja conservada a qualidade da água e do solo e seja protegida a fauna silvestre.
§ 6º Nos imóveis rurais com até 15 (quinze) módulos fiscais, é admitida, nas áreas de que tratam os incisos I e II do caput deste artigo, a prática da aquicultura e a infraestrutura física diretamente a ela associada, desde que:
I - sejam adotadas práticas sustentáveis de manejo de solo e água e de recursos hídricos, garantindo sua qualidade e quantidade, de acordo com norma dos Conselhos Estaduais de Meio Ambiente;
II - esteja de acordo com os respectivos planos de bacia ou planos de gestão de recursos hídricos;
III - seja realizado o licenciamento pelo órgão ambiental competente;
IV - o imóvel esteja inscrito no Cadastro Ambiental Rural - CAR.
V - não implique novas supressões de vegetação nativa.
Art. 5º Na implantação de reservatório d'água artificial destinado a geração de energia ou abastecimento público, é obrigatória a aquisição, desapropriação ou instituição de servidão administrativa pelo empreendedor das Áreas de Preservação Permanente criadas em seu entorno, conforme estabelecido no licenciamento ambiental, observando-se a faixa mínima de 30 (trinta) metros e máxima de 100 (cem) metros em área rural, e a faixa mínima de 15 (quinze) metros e máxima de 30 (trinta) metros em área urbana.

§ 1º Na implantação de reservatórios d'água artificiais de que trata o caput, o empreendedor, no âmbito do licenciamento ambiental, elaborará Plano Ambiental de Conservação e Uso do Entorno do Reservatório, em conformidade com termo de referência expedido pelo órgão competente do Sistema Nacional do Meio Ambiente - Sisnama, **não pode**ndo o uso exceder a 10% (dez por cento) do total da Área de Preservação Permanente.

§ 2º O Plano Ambiental de Conservação e Uso do Entorno de Reservatório Artificial, para os empreendimentos licitados a partir da vigência desta Lei, deverá ser apresentado ao órgão ambiental concomitantemente com o Plano Básico Ambiental e aprovado até o início da operação do empreendimento, não constituindo a sua ausência impedimento para a expedição da licença de instalação.

Art. 6º Consideram-se, ainda, de preservação permanente, quando declaradas de interesse social por ato do Chefe do Poder Executivo, as áreas cobertas com florestas ou outras formas de vegetação destinadas a uma ou mais das seguintes finalidades:

I - conter a erosão do solo e mitigar riscos de enchentes e deslizamentos de terra e de rocha;
II - proteger as restingas ou veredas;
III - proteger várzeas;
IV - abrigar exemplares da fauna ou da flora ameaçados de extinção;
V - proteger sítios de excepcional beleza ou de valor científico, cultural ou histórico;
VI - formar faixas de proteção ao longo de rodovias e ferrovias;
VII - assegurar condições de bem-estar público;
VIII - auxiliar a defesa do território nacional, a critério das autoridades militares.
IX - proteger áreas úmidas, especialmente as de importância **internacional**.

Seção II
Do Regime de Proteção das Áreas de Preservação Permanente

Art. 7º A vegetação situada em Área de Preservação Permanente deverá ser mantida pelo proprietário da área, possuidor ou ocupante a **qualquer** título, pessoa física ou jurídica, de direito público ou privado.

§ 1º Tendo ocorrido supressão de vegetação situada em Área de Preservação Permanente, o proprietário da área, possuidor ou ocupante a **qualquer** título é obrigado a promover a recomposição da vegetação, **ressalvado**s os usos autorizados previstos nesta Lei.

§ 2º A obrigação prevista no § 1º tem natureza real e é transmitida ao sucessor no caso de transferência de domínio ou posse do imóvel rural.

§ 3º No caso de supressão não autorizada de vegetação realizada após 22 de julho de 2008, é **vedada** a concessão de novas autorizações de supressão de vegetação enquanto não cumpridas as obrigações previstas no § 1º.

Art. 8º A intervenção ou a supressão de vegetação nativa em Área de Preservação Permanente **somente** ocorrerá nas hipóteses de utilidade pública, de interesse social ou de baixo impacto ambiental previstas nesta Lei.

§ 1º A supressão de vegetação nativa protetora de nascentes, dunas e restingas **somente** poderá ser autorizada em caso de utilidade pública.

§ 2º A intervenção ou a supressão de vegetação nativa em Área de Preservação Permanente de que tratam os incisos VI e VII do caput do art. 4º poderá ser autorizada, **excepcionalmente**, em locais onde a função ecológica

do manguezal esteja comprometida, para execução de obras habitacionais e de urbanização, inseridas em projetos de regularização fundiária de interesse social, em áreas urbanas consolidadas ocupadas por população de baixa renda.
§ 3º É dispensada a autorização do órgão ambiental competente para a execução, em caráter de urgência, de atividades de segurança nacional e obras de interesse da defesa civil destinadas à prevenção e mitigação de acidentes em áreas urbanas.
§ 4º Não haverá, em **qualquer** hipótese, direito à regularização de futuras intervenções ou supressões de vegetação nativa, além das previstas nesta Lei.
Art. 9º É permitido o acesso de pessoas e animais às Áreas de Preservação Permanente para obtenção de água e para realização de atividades de baixo impacto ambiental.

CAPÍTULO III
DAS ÁREAS DE USO RESTRITO

Art. 10. Nos pantanais e planícies pantaneiras, é permitida a exploração ecologicamente sustentável, devendo-se considerar as recomendações técnicas dos órgãos oficiais de pesquisa, ficando novas supressões de vegetação nativa para uso alternativo do solo condicionadas à autorização do órgão estadual do meio ambiente, com base nas recomendações mencionadas neste artigo.
Art. 11. Em áreas de inclinação entre 25º e 45º, serão permitidos o manejo florestal sustentável e o exercício de atividades agrossilvipastoris, bem como a manutenção da infraestrutura física associada ao desenvolvimento das atividades, observadas boas práticas agronômicas, sendo **vedada** a conversão de novas áreas, excetuadas as hipóteses de utilidade pública e interesse social.

CAPÍTULO III-A
DO USO ECOLOGICAMENTE SUSTENTÁVEL DOS APICUNS E SALGADOS

Art. 11-A. A Zona Costeira é patrimônio nacional, nos termos do § 4º do art. 225 da Constituição Federal, devendo sua ocupação e exploração dar-se de modo ecologicamente sustentável.
§ 1º Os apicuns e salgados podem ser utilizados em atividades de carcinicultura e salinas, desde que observados os seguintes requisitos:
I - área total ocupada em cada Estado não superior a 10% (dez por cento) dessa modalidade de fitofisionomia no bioma amazônico e a 35% (trinta e cinco por cento) no restante do País, **excluída**s as ocupações consolidadas que atendam ao disposto no § 6º deste artigo;
II - salvaguarda da absoluta integridade dos manguezais arbustivos e dos processos ecológicos essenciais a eles associados, bem como da sua produtividade biológica e condição de berçário de recursos pesqueiros;
III - licenciamento da atividade e das instalações pelo órgão ambiental estadual, cientificado o Instituto Brasileiro do Meio Ambiente e dos Recursos Naturais Renováveis - IBAMA e, no caso de uso de terrenos de marinha ou outros bens da União, realizada regularização prévia da titulação perante a União;

IV - recolhimento, tratamento e disposição adequados dos efluentes e resíduos;
V - garantia da manutenção da qualidade da água e do solo, respeitadas as Áreas de Preservação Permanente; e
VI - respeito às atividades tradicionais de sobrevivência das comunidades locais.
§ 2º A licença ambiental, na hipótese deste artigo, será de 5 (cinco) anos, renovável **apenas** se o empreendedor cumprir as exigências da legislação ambiental e do próprio licenciamento, mediante comprovação anual, inclusive por mídia fotográfica.
§ 3º São sujeitos à apresentação de Estudo Prévio de Impacto Ambiental - EPIA e Relatório de Impacto Ambiental - RIMA os novos empreendimentos:
I - com área superior a 50 (cinquenta) hectares, **vedada** a fragmentação do projeto para ocultar ou camuflar seu porte;
II - com área de até 50 (cinquenta) hectares, se potencialmente causadores de significativa degradação do meio ambiente; ou
III - localizados em região com adensamento de empreendimentos de carcinicultura ou salinas cujo impacto afete áreas comuns.
§ 4º O órgão licenciador competente, mediante decisão motivada, poderá, sem prejuízo das sanções administrativas, cíveis e penais cabíveis, bem como do dever de recuperar os danos ambientais causados, alterar as condicionantes e as medidas de controle e adequação, quando ocorrer:
I - descumprimento ou cumprimento inadequado das condicionantes ou medidas de controle previstas no licenciamento, ou desobediência às normas aplicáveis;
II - fornecimento de informação falsa, dúbia ou enganosa, inclusive por omissão, em **qualquer** fase do licenciamento ou período de validade da licença; ou
III - superveniência de informações sobre riscos ao meio ambiente ou à saúde pública.
§ 5º A ampliação da ocupação de apicuns e salgados respeitará o Zoneamento Ecológico-Econômico da Zona Costeira - ZEEZOC, com a individualização das áreas ainda passíveis de uso, em escala mínima de 1:10.000, que deverá ser concluído por cada Estado no prazo máximo de 1 (um) ano a partir da data da publicação desta Lei.
§ 6º É assegurada a regularização das atividades e empreendimentos de carcinicultura e salinas cuja ocupação e implantação tenham ocorrido antes de 22 de julho de 2008, desde que o empreendedor, pessoa física ou jurídica, comprove sua localização em apicum ou salgado e se obrigue, por termo de compromisso, a proteger a integridade dos manguezais arbustivos adjacentes.
§ 7º É **vedada** a manutenção, licenciamento ou regularização, em **qualquer** hipótese ou forma, de ocupação ou exploração irregular em apicum ou salgado, **ressalvada**s as exceções previstas neste artigo.

CAPÍTULO IV
DA ÁREA DE RESERVA LEGAL
Seção I
Da Delimitação da Área de Reserva Legal

Art. 12. Todo imóvel rural deve manter área com cobertura de vegetação nativa, a título de Reserva Legal, sem prejuízo da aplicação das normas sobre as Áreas de Preservação Permanente, observados os seguintes percentuais mínimos em relação à área do imóvel, excetuados os casos previstos no art. 68 desta Lei:
I - localizado na Amazônia Legal:
a) 80% (oitenta por cento), no imóvel situado em área de florestas;
b) 35% (trinta e cinco por cento), no imóvel situado em área de cerrado;
c) 20% (vinte por cento), no imóvel situado em área de campos gerais;
II - localizado nas demais regiões do País: 20% (vinte por cento).
§ 1º Em caso de fracionamento do imóvel rural, a **qualquer** título, inclusive para assentamentos pelo Programa de Reforma Agrária, será considerada, para fins do disposto do caput , a área do imóvel antes do fracionamento.
§ 2º O percentual de Reserva Legal em imóvel situado em área de formações florestais, de cerrado ou de campos gerais na Amazônia Legal será definido considerando separadamente os índices contidos nas alíneas a, b e c do inciso I do caput .
§ 3º Após a implantação do CAR, a supressão de novas áreas de floresta ou outras formas de vegetação nativa **apenas** será autorizada pelo órgão ambiental estadual integrante do Sisnama se o imóvel estiver inserido no mencionado cadastro, **ressalvado** o previsto no art. 30.
§ 4º Nos casos da alínea a do inciso I, o poder público poderá reduzir a Reserva Legal para até 50% (cinquenta por cento), para fins de recomposição, quando o Município tiver mais de 50% (cinquenta por cento) da área ocupada por unidades de conservação da natureza de domínio público e por terras indígenas homologadas.
§ 5º Nos casos da alínea a do inciso I, o poder público estadual, ouvido o Conselho Estadual de Meio Ambiente, poderá reduzir a Reserva Legal para até 50% (cinquenta por cento), quando o Estado tiver Zoneamento Ecológico-Econômico aprovado e mais de 65% (sessenta e cinco por cento) do seu território ocupado por unidades de conservação da natureza de domínio público, devidamente regularizadas, e por terras indígenas homologadas.
§ 6º Os empreendimentos de abastecimento público de água e tratamento de esgoto não estão sujeitos à constituição de Reserva Legal.
§ 7º Não será exigido Reserva Legal relativa às áreas adquiridas ou desapropriadas por detentor de concessão, permissão ou autorização para exploração de potencial de energia hidráulica, nas quais funcionem empreendimentos de geração de energia elétrica, subestações ou sejam instaladas linhas de transmissão e de distribuição de energia elétrica.
§ 8º Não será exigido Reserva Legal relativa às áreas adquiridas ou desapropriadas com o objetivo de implantação e ampliação de capacidade de rodovias e ferrovias.
Art. 13. Quando indicado pelo Zoneamento Ecológico-Econômico - ZEE estadual, realizado segundo metodologia unificada, o poder público federal poderá:
I - reduzir, exclusivamente para fins de regularização, mediante recomposição, regeneração ou compensação da Reserva Legal de imóveis com área rural

consolidada, situados em área de floresta localizada na Amazônia Legal, para até 50% (cinquenta por cento) da propriedade, **excluída**s as áreas prioritárias para conservação da biodiversidade e dos recursos hídricos e os corredores ecológicos;
II - ampliar as áreas de Reserva Legal em até 50% (cinquenta por cento) dos percentuais previstos nesta Lei, para cumprimento de metas nacionais de proteção à biodiversidade ou de redução de emissão de gases de efeito estufa.
§ 1º No caso previsto no inciso I do caput , o proprietário ou possuidor de imóvel rural que mantiver Reserva Legal conservada e averbada em área superior aos percentuais exigidos no referido inciso poderá instituir servidão ambiental sobre a área excedente, nos termos da Lei nº 6.938, de 31 de agosto de 1981, e Cota de Reserva Ambiental.
§ 2º Os Estados que não possuem seus Zoneamentos Ecológico-Econômicos - ZEEs segundo a metodologia unificada, estabelecida em norma federal, terão o prazo de 5 (cinco) anos, a partir da data da publicação desta Lei, para a sua elaboração e aprovação.
Art. 14. A localização da área de Reserva Legal no imóvel rural deverá levar em consideração os seguintes estudos e critérios:
I - o plano de bacia hidrográfica;
II - o Zoneamento Ecológico-Econômico
III - a formação de corredores ecológicos com outra Reserva Legal, com Área de Preservação Permanente, com Unidade de Conservação ou com outra área legalmente protegida;
IV - as áreas de maior importância para a conservação da biodiversidade; e
V - as áreas de maior fragilidade ambiental.
§ 1º O órgão estadual integrante do Sisnama ou instituição por ele habilitada deverá aprovar a localização da Reserva Legal após a inclusão do imóvel no CAR, conforme o art. 29 desta Lei.
§ 2º Protocolada a documentação exigida para a análise da localização da área de Reserva Legal, ao proprietário ou possuidor rural **não pode**rá ser imputada sanção administrativa, inclusive restrição a direitos, por **qualquer** órgão ambiental competente integrante do Sisnama, em razão da não formalização da área de Reserva Legal.
Art. 15. Será admitido o cômputo das Áreas de Preservação Permanente no cálculo do percentual da Reserva Legal do imóvel, desde que:
I - o benefício previsto neste artigo não implique a conversão de novas áreas para o uso alternativo do solo;
II - a área a ser computada esteja conservada ou em processo de recuperação, conforme comprovação do proprietário ao órgão estadual integrante do Sisnama; e
III - o proprietário ou possuidor tenha requerido inclusão do imóvel no Cadastro Ambiental Rural - CAR, nos termos desta Lei.
§ 1º O regime de proteção da Área de Preservação Permanente não se altera na hipótese prevista neste artigo.
§ 2º O proprietário ou possuidor de imóvel com Reserva Legal conservada e inscrita no Cadastro Ambiental Rural - CAR de que trata o art. 29, cuja área ultrapasse o mínimo exigido por esta Lei, poderá utilizar a área excedente para fins de constituição de servidão ambiental, Cota de Reserva Ambiental e outros instrumentos congêneres previstos nesta Lei.

§ 3º O cômputo de que trata o caput aplica-se a **todas** as modalidades de cumprimento da Reserva Legal, abrangendo a regeneração, a recomposição e a compensação.
§ 4º É dispensada a aplicação do inciso I do caput deste artigo, quando as Áreas de Preservação Permanente conservadas ou em processo de recuperação, somadas às demais florestas e outras formas de vegetação nativa existentes em imóvel, ultrapassarem:
I - 80% (oitenta por cento) do imóvel rural localizado em áreas de floresta na Amazônia Legal; e
Art. 16. Poderá ser instituído Reserva Legal em regime de condomínio ou coletiva entre propriedades rurais, respeitado o percentual previsto no art. 12 em relação a cada imóvel.
Parágrafo único. No parcelamento de imóveis rurais, a área de Reserva Legal poderá ser agrupada em regime de condomínio entre os adquirentes.

Seção II
Do Regime de Proteção da Reserva Legal

Art. 17. A Reserva Legal deve ser conservada com cobertura de vegetação nativa pelo proprietário do imóvel rural, possuidor ou ocupante a **qualquer** título, pessoa física ou jurídica, de direito público ou privado.
§ 1º Admite-se a exploração econômica da Reserva Legal mediante manejo sustentável, previamente aprovado pelo órgão competente do Sisnama, de acordo com as modalidades previstas no art. 20.
§ 2º Para fins de manejo de Reserva Legal na pequena propriedade ou posse rural familiar, os órgãos integrantes do Sisnama deverão estabelecer procedimentos simplificados de elaboração, análise e aprovação de tais planos de manejo.
§ 3º É obrigatória a suspensão imediata das atividades em área de Reserva Legal desmatada irregularmente após 22 de julho de 2008.
§ 4º Sem prejuízo das sanções administrativas, cíveis e penais cabíveis, deverá ser iniciado, nas áreas de que trata o § 3º deste artigo, o processo de recomposição da Reserva Legal em até 2 (dois) anos contados a partir da data da publicação desta Lei, devendo tal processo ser concluído nos prazos estabelecidos pelo Programa de Regularização Ambiental - PRA, de que trata o art. 59.
Art. 18. A área de Reserva Legal deverá ser registrada no órgão ambiental competente por meio de inscrição no CAR de que trata o art. 29, sendo **vedada** a alteração de sua destinação, nos casos de transmissão, a **qualquer** título, ou de desmembramento, com as exceções previstas nesta Lei.
§ 1º A inscrição da Reserva Legal no CAR será feita mediante a apresentação de planta e memorial descritivo, contendo a indicação das coordenadas geográficas com pelo menos um ponto de amarração, conforme ato do Chefe do Poder Executivo.
§ 2º Na posse, a área de Reserva Legal é assegurada por termo de compromisso firmado pelo possuidor com o órgão competente do Sisnama, com força de título executivo extrajudicial, que explicite, no mínimo, a localização da área de Reserva Legal e as obrigações assumidas pelo possuidor por força do previsto nesta Lei.
§ 3º A transferência da posse implica a sub-rogação das obrigações assumidas no termo de compromisso de que trata o § 2º.

§ 4º O registro da Reserva Legal no CAR desobriga a averbação no Cartório de Registro de Imóveis, sendo que, no período entre a data da publicação desta Lei e o registro no CAR, o proprietário ou possuidor rural que desejar fazer a averbação terá direito à gratuidade deste ato.

Art. 19. A inserção do imóvel rural em perímetro urbano definido mediante lei municipal não desobriga o proprietário ou posseiro da manutenção da área de Reserva Legal, que só será extinta concomitantemente ao registro do parcelamento do solo para fins urbanos aprovado segundo a legislação específica e consoante as diretrizes do plano diretor de que trata o § 1º do art. 182 da Constituição Federal.

Art. 20. No manejo sustentável da vegetação florestal da Reserva Legal, serão adotadas práticas de exploração seletiva nas modalidades de manejo sustentável sem propósito comercial para consumo na propriedade e manejo sustentável para exploração florestal com propósito comercial.

Art. 21. É livre a coleta de produtos florestais não madeireiros, tais como frutos, cipós, folhas e sementes, devendo-se observar:
I - os períodos de coleta e volumes fixados em **regulamento**s específicos, quando houver;
II - a época de maturação dos frutos e sementes;
III - técnicas que não coloquem em risco a sobrevivência de indivíduos e da espécie coletada no caso de coleta de flores, folhas, cascas, óleos, resinas, cipós, bulbos, bambus e raízes.

Art. 22. O manejo florestal sustentável da vegetação da Reserva Legal com propósito comercial depende de autorização do órgão competente e deverá atender as seguintes diretrizes e orientações:
I - não descaracterizar a cobertura vegetal e não prejudicar a conservação da vegetação nativa da área;
II - assegurar a manutenção da diversidade das espécies;
III - conduzir o manejo de espécies exóticas com a adoção de medidas que favoreçam a regeneração de espécies nativas.

Art. 23. O manejo sustentável para exploração florestal eventual sem propósito comercial, para consumo no próprio imóvel, independe de autorização dos órgãos competentes, devendo **apenas** ser declarados previamente ao órgão ambiental a motivação da exploração e o volume explorado, limitada a exploração anual a 20 (vinte) metros cúbicos.

Art. 24. No manejo florestal nas áreas fora de Reserva Legal, aplica-se igualmente o disposto nos arts. 21, 22 e 23.

Seção III
Do Regime de Proteção das Áreas Verdes Urbanas

Art. 25. O poder público municipal contará, para o estabelecimento de áreas verdes urbanas, com os seguintes instrumentos:
I - o exercício do direito de preempção para aquisição de remanescentes florestais relevantes, conforme dispõe a Lei nº 10.257, de 10 de julho de 2001;
II - a transformação das Reservas Legais em áreas verdes nas expansões urbanas
III - o estabelecimento de exigência de áreas verdes nos loteamentos, empreendimentos comerciais e na implantação de infraestrutura; e
IV - aplicação em áreas verdes de recursos oriundos da compensação ambiental.

CAPÍTULO V
DA SUPRESSÃO DE VEGETAÇÃO PARA USO ALTERNATIVO DO SOLO

Art. 26. A supressão de vegetação nativa para uso alternativo do solo, tanto de domínio público como de domínio privado, dependerá do cadastramento do imóvel no CAR, de que trata o art. 29, e de prévia autorização do órgão estadual competente do Sisnama.

§ 3º No caso de reposição florestal, deverão ser priorizados projetos que contemplem a utilização de espécies nativas do mesmo bioma onde ocorreu a supressão.

§ 4º O requerimento de autorização de supressão de que trata o caput conterá, no mínimo, as seguintes informações:
I - a localização do imóvel, das Áreas de Preservação Permanente, da Reserva Legal e das áreas de uso restrito, por coordenada geográfica, com pelo menos um ponto de amarração do perímetro do imóvel;
II - a reposição ou compensação florestal, nos termos do § 4º do art. 33;
III - a utilização efetiva e sustentável das áreas já convertidas;
IV - o uso alternativo da área a ser desmatada.

Art. 27. Nas áreas passíveis de uso alternativo do solo, a supressão de vegetação que abrigue espécie da flora ou da fauna ameaçada de extinção, segundo lista oficial publicada pelos órgãos federal ou estadual ou municipal do Sisnama, ou espécies migratórias, dependerá da adoção de medidas compensatórias e mitigadoras que assegurem a conservação da espécie.

Art. 28. Não é permitida a conversão de vegetação nativa para uso alternativo do solo no imóvel rural que possuir área abandonada.

CAPÍTULO VI
DO CADASTRO AMBIENTAL RURAL

Art. 29. É criado o Cadastro Ambiental Rural - CAR, no âmbito do Sistema Nacional de Informação sobre Meio Ambiente - SINIMA, registro público eletrônico de âmbito nacional, obrigatório para **todos** os imóveis rurais, com a finalidade de integrar as informações ambientais das propriedades e posses rurais, compondo base de dados para controle, monitoramento, planejamento ambiental e econômico e combate ao desmatamento.

§ 1º A inscrição do imóvel rural no CAR deverá ser feita, preferencialmente, no órgão ambiental municipal ou estadual, que, nos termos do regulamento, exigirá do proprietário ou possuidor rural:
I - identificação do proprietário ou possuidor rural;
II - comprovação da propriedade ou posse;
III - identificação do imóvel por meio de planta e memorial descritivo, contendo a indicação das coordenadas geográficas com pelo menos um ponto de amarração do perímetro do imóvel, informando a localização dos remanescentes de vegetação nativa, das Áreas de Preservação Permanente, das Áreas de Uso Restrito, das áreas consolidadas e, caso existente, também da localização da Reserva Legal.

§ 2º O cadastramento não será considerado título para fins de reconhecimento do direito de propriedade ou posse, tampouco elimina a necessidade de cumprimento do disposto no art. 2º da Lei nº 10.267, de 28 de agosto de 2001.

§ 3º A inscrição no CAR é obrigatória e por prazo indeterminado para **todas** as propriedades e posses rurais.

§ 4º Os proprietários e possuidores dos imóveis rurais que os inscreverem no CAR até o dia 31 de dezembro de 2020 terão direito à adesão ao Programa de Regularização Ambiental (PRA), de que trata o art. 59 desta Lei.

Art. 30. Nos casos em que a Reserva Legal já tenha sido averbada na matrícula do imóvel e em que essa averbação identifique o perímetro e a localização da reserva, o proprietário não será obrigado a fornecer ao órgão ambiental as informações relativas à Reserva Legal previstas no inciso III do § 1º do art. 29.

Parágrafo único. Para que o proprietário se desobrigue nos termos do caput, deverá apresentar ao órgão ambiental competente a certidão de registro de imóveis onde conste a averbação da Reserva Legal ou termo de compromisso já firmado nos casos de posse.

CAPÍTULO VII
DA EXPLORAÇÃO FLORESTAL

Art. 31. A exploração de florestas nativas e formações sucessoras, de domínio público ou privado, **ressalvado**s os casos previstos nos arts. 21, 23 e 24, dependerá de licenciamento pelo órgão competente do Sisnama, mediante aprovação prévia de Plano de Manejo Florestal Sustentável - PMFS que contemple técnicas de condução, exploração, reposição florestal e manejo compatíveis com os variados ecossistemas que a cobertura arbórea forme.

§ 1º O PMFS atenderá os seguintes fundamentos técnicos e científicos:
I - caracterização dos meios físico e biológico;
II - determinação do estoque existente;
III - intensidade de exploração compatível com a capacidade de suporte ambiental da floresta;
IV - ciclo de corte compatível com o tempo de restabelecimento do volume de produto extraído da floresta;
V - promoção da regeneração natural da floresta;
VI - adoção de sistema silvicultural adequado;
VII - adoção de sistema de exploração adequado;
VIII - monitoramento do desenvolvimento da floresta remanescente;
IX - adoção de medidas mitigadoras dos impactos ambientais e sociais.

§ 2º A aprovação do PMFS pelo órgão competente do Sisnama confere ao seu detentor a licença ambiental para a prática do manejo florestal sustentável, não se aplicando outras etapas de licenciamento ambiental.

§ 3º O detentor do PMFS encaminhará relatório anual ao órgão ambiental competente com as informações sobre toda a área de manejo florestal sustentável e a descrição das atividades realizadas.

§ 4º O PMFS será submetido a vistorias técnicas para fiscalizar as operações e atividades desenvolvidas na área de manejo.

§ 5º Respeitado o disposto neste artigo, serão estabelecidas em ato do Chefe do Poder Executivo disposições diferenciadas sobre os PMFS em escala empresarial, de pequena escala e comunitário.

§ 6º Para fins de manejo florestal na pequena propriedade ou posse rural familiar, os órgãos do Sisnama deverão estabelecer procedimentos simplificados de elaboração, análise e aprovação dos referidos PMFS.

§ 7º Compete ao órgão federal de meio ambiente a aprovação de PMFS incidentes em florestas públicas de domínio da União.

Art. 32. São isentos de PMFS:

I - a supressão de florestas e formações sucessoras para uso alternativo do solo;
II - o manejo e a exploração de florestas plantadas localizadas fora das Áreas de Preservação Permanente e de Reserva Legal;
III - a exploração florestal não comercial realizada nas propriedades rurais a que se refere o inciso V do art. 3º ou por populações tradicionais.
Art. 33. As pessoas físicas ou jurídicas que utilizam matéria-prima florestal em suas atividades devem suprir-se de recursos oriundos de:
I - florestas plantadas;
II - PMFS de floresta nativa aprovado pelo órgão competente do Sisnama;
III - supressão de vegetação nativa autorizada pelo órgão competente do Sisnama;
IV - outras formas de biomassa florestal definidas pelo órgão competente do Sisnama.
§ 1º São obrigadas à reposição florestal as pessoas físicas ou jurídicas que utilizam matéria-prima florestal oriunda de supressão de vegetação nativa ou que detenham autorização para supressão de vegetação nativa.
§ 2º É isento da obrigatoriedade da reposição florestal aquele que utilize:
I - costaneiras, aparas, cavacos ou outros resíduos provenientes da atividade industrial
II - matéria-prima florestal:
a) oriunda de PMFS;
b) oriunda de floresta plantada;
c) não madeireira.
§ 3º A isenção da obrigatoriedade da reposição florestal não desobriga o interessado da comprovação perante a autoridade competente da origem do recurso florestal utilizado.
§ 4º A reposição florestal será efetivada no Estado de origem da matéria-prima utilizada, mediante o plantio de espécies preferencialmente nativas, conforme determinações do órgão competente do Sisnama.
Art. 34. As empresas industriais que utilizam grande quantidade de matéria-prima florestal são obrigadas a elaborar e implementar Plano de Suprimento Sustentável - PSS, a ser submetido à aprovação do órgão competente do Sisnama.
§ 1º O PSS assegurará produção equivalente ao consumo de matéria-prima florestal pela atividade industrial.
§ 2º O PSS incluirá, no mínimo:
I - programação de suprimento de matéria-prima florestal
II - indicação das áreas de origem da matéria-prima florestal georreferenciadas;
III - cópia do contrato entre os particulares envolvidos, quando o PSS incluir suprimento de matéria-prima florestal oriunda de terras pertencentes a terceiros.
§ 3º Admite-se o suprimento mediante matéria-prima em oferta no mercado:
I - na fase inicial de instalação da atividade industrial, nas condições e durante o período, não superior a 10 (dez) anos, previstos no PSS, **ressalvado**s os contratos de suprimento mencionados no inciso III do § 2º ;
II - no caso de aquisição de produtos provenientes do plantio de florestas exóticas, licenciadas por órgão competente do Sisnama, o suprimento será comprovado posteriormente mediante relatório anual em que conste a localização da floresta e as quantidades produzidas.

§ 4º O PSS de empresas siderúrgicas, metalúrgicas ou outras que consumam grandes quantidades de carvão vegetal ou lenha estabelecerá a utilização exclusiva de matéria-prima oriunda de florestas plantadas ou de PMFS e será parte integrante do processo de licenciamento ambiental do empreendimento.
§ 5º Serão estabelecidos, em ato do Chefe do Poder Executivo, os parâmetros de utilização de matéria-prima florestal para fins de enquadramento das empresas industriais no disposto no caput .

CAPÍTULO VIII
DO CONTROLE DA ORIGEM DOS PRODUTOS FLORESTAIS

Art. 35. O controle da origem da madeira, do carvão e de outros produtos ou subprodutos florestais incluirá sistema nacional que integre os dados dos diferentes entes federativos, coordenado, fiscalizado e regulamentado pelo órgão federal competente do Sisnama.
§ 1º O plantio ou reflorestamento com espécies florestais nativas ou exóticas independem de autorização prévia, desde que observadas as limitações e condições previstas nesta Lei, devendo ser informados ao órgão competente, no prazo de até 1 (um) ano, para fins de controle de origem.
§ 2º É livre a extração de lenha e demais produtos de florestas plantadas nas áreas não consideradas Áreas de Preservação Permanente e Reserva Legal.
§ 3º O corte ou a exploração de espécies nativas plantadas em área de uso alternativo do solo serão permitidos independentemente de autorização prévia, devendo o plantio ou reflorestamento estar previamente cadastrado no órgão ambiental competente e a exploração ser previamente declarada nele para fins de controle de origem.
§ 4º Os dados do sistema referido no caput serão disponibilizados para acesso público por meio da rede mundial de computadores, cabendo ao órgão federal coordenador do sistema fornecer os programas de informática a serem utilizados e definir o prazo para integração dos dados e as informações que deverão ser aportadas ao sistema nacional.
§ 5º O órgão federal coordenador do sistema nacional poderá bloquear a emissão de Documento de Origem Florestal - DOF dos entes federativos não integrados ao sistema e fiscalizar os dados e relatórios respectivos.
Art. 36. O transporte, por **qualquer** meio, e o armazenamento de madeira, lenha, carvão e outros produtos ou subprodutos florestais oriundos de florestas de espécies nativas, para fins comerciais ou industriais, requerem licença do órgão competente do Sisnama, observado o disposto no art. 35.
§ 1º A licença prevista no caput será formalizada por meio da emissão do DOF, que deverá acompanhar o material até o beneficiamento final.
§ 2º Para a emissão do DOF, a pessoa física ou jurídica responsável deverá estar registrada no Cadastro Técnico Federal de Atividades Potencialmente Poluidoras ou Utilizadoras de Recursos Ambientais, previsto no art. 17 da Lei nº 6.938, de 31 de agosto de 1981.
§ 3º Todo aquele que recebe ou adquire, para fins comerciais ou industriais, madeira, lenha, carvão e outros produtos ou subprodutos de florestas de espécies nativas é obrigado a exigir a apresentação do DOF e munir-se da via que deverá acompanhar o material até o beneficiamento final.
§ 4º No DOF deverão constar a especificação do material, sua volumetria e dados sobre sua origem e destino.

§ 5º O órgão ambiental federal do Sisnama regulamentará os casos de dispensa da licença prevista no caput .
Art. 37. O comércio de plantas vivas e outros produtos oriundos da flora nativa dependerá de licença do órgão estadual competente do Sisnama e de registro no Cadastro Técnico Federal de Atividades Potencialmente Poluidoras ou Utilizadoras de Recursos Ambientais, previsto no art. 17 da Lei nº 6.938, de 31 de agosto de 1981, sem prejuízo de outras exigências cabíveis.
Parágrafo único. A exportação de plantas vivas e outros produtos da flora dependerá de licença do órgão federal competente do Sisnama, observadas as condições estabelecidas no caput .

CAPÍTULO IX
DA PROIBIÇÃO DO USO DE FOGO E DO CONTROLE DOS INCÊNDIOS

Art. 38. É proibido o uso de fogo na vegetação, **exceto** nas seguintes situações:
I - em locais ou regiões cujas peculiaridades justifiquem o emprego do fogo em práticas agropastoris ou florestais, mediante prévia aprovação do órgão estadual ambiental competente do Sisnama, para cada imóvel rural ou de forma **regionalizada**, que estabelecerá os critérios de monitoramento e controle;
II - emprego da queima controlada em Unidades de Conservação, em conformidade com o respectivo plano de manejo e mediante prévia aprovação do órgão gestor da Unidade de Conservação, visando ao manejo conservacionista da vegetação nativa, cujas características ecológicas estejam associadas evolutivamente à ocorrência do fogo;
III - atividades de pesquisa científica vinculada a projeto de pesquisa devidamente aprovado pelos órgãos competentes e realizada por instituição de pesquisa reconhecida, mediante prévia aprovação do órgão ambiental competente do Sisnama.
§ 1º Na situação prevista no inciso I, o órgão estadual ambiental competente do Sisnama exigirá que os estudos demandados para o licenciamento da atividade rural contenham planejamento específico sobre o emprego do fogo e o controle dos incêndios.
§ 2º Excetuam-se da proibição constante no caput as práticas de prevenção e combate aos incêndios e as de agricultura de subsistência exercidas pelas populações tradicionais e indígenas.
§ 3º Na apuração da responsabilidade pelo uso irregular do fogo em terras públicas ou particulares, a autoridade competente para fiscalização e autuação deverá comprovar o nexo de causalidade entre a ação do proprietário ou **qualquer** preposto e o dano efetivamente causado.
§ 4º É necessário o estabelecimento de nexo causal na verificação das responsabilidades por infração pelo uso irregular do fogo em terras públicas ou particulares.
Art. 39. Os órgãos ambientais do Sisnama, bem como todo e qualquer órgão público ou privado responsável pela gestão de áreas com vegetação nativa ou plantios florestais, deverão elaborar, atualizar e implantar planos de contingência para o combate aos incêndios florestais.

§ 1º Os planos de contingência para o combate aos incêndios florestais dos órgãos do Sisnama conterão diretrizes para o uso da aviação agrícola no combate a incêndios em **todos** os tipos de vegetação. (Incluído pela Lei nº 14.406, de 2022)

§ 2º As aeronaves utilizadas para combate a incêndios deverão atender às normas técnicas definidas pelas autoridades competentes do poder público e ser pilotadas por profissionais devidamente qualificados para o desempenho dessa atividade, na forma do regulamento. (

Art. 40. O Governo Federal deverá estabelecer uma Política Nacional de Manejo e Controle de Queimadas, Prevenção e Combate aos Incêndios Florestais, que promova a articulação institucional com vistas na substituição do uso do fogo no meio rural, no controle de queimadas, na prevenção e no combate aos incêndios florestais e no manejo do fogo em áreas naturais protegidas.
§ 1º A Política mencionada neste artigo deverá prever instrumentos para a análise dos impactos das queimadas sobre mudanças climáticas e mudanças no uso da terra, conservação dos ecossistemas, saúde pública e fauna, para subsidiar planos estratégicos de prevenção de incêndios florestais.
§ 2º A Política mencionada neste artigo deverá observar cenários de mudanças climáticas e potenciais aumentos de risco de ocorrência de incêndios florestais.
§ 3º A Política de que trata o **caput** deste artigo contemplará programa de uso da aviação agrícola no combate a incêndios em **todos** os tipos de vegetação. (

CAPÍTULO X
DO PROGRAMA DE APOIO E INCENTIVO À PRESERVAÇÃO E RECUPERAÇÃO DO MEIO AMBIENTE

Art. 41. É o Poder Executivo federal autorizado a instituir, sem prejuízo do cumprimento da legislação ambiental, programa de apoio e incentivo à conservação do meio ambiente, bem como para adoção de tecnologias e boas práticas que conciliem a produtividade agropecuária e florestal, com redução dos impactos ambientais, como forma de promoção do desenvolvimento ecologicamente sustentável, observados sempre os critérios de progressividade, abrangendo as seguintes categorias e linhas de ação:
I - pagamento ou incentivo a serviços ambientais como retribuição, monetária ou não, às atividades de conservação e melhoria dos ecossistemas e que gerem serviços ambientais, tais como, isolada ou cumulativamente:
a) o sequestro, a conservação, a manutenção e o aumento do estoque e a diminuição do fluxo de carbono;
b) a conservação da beleza cênica natural;
c) a conservação da biodiversidade;
d) a conservação das águas e dos serviços hídricos;
e) a regulação do clima;
f) a valorização cultural e do conhecimento tradicional ecossistêmico;
g) a conservação e o melhoramento do solo;
h) a manutenção de Áreas de Preservação Permanente, de Reserva Legal e de uso restrito;

II - compensação pelas medidas de conservação ambiental necessárias para o cumprimento dos objetivos desta Lei, utilizando-se dos seguintes instrumentos, dentre outros:
a) obtenção de crédito agrícola, em **todas** as suas modalidades, com taxas de juros menores, bem como limites e prazos maiores que os praticados no mercado;
b) contratação do seguro agrícola em condições melhores que as praticadas no mercado;
c) dedução das Áreas de Preservação Permanente, de Reserva Legal e de uso restrito da base de cálculo do Imposto sobre a Propriedade Territorial Rural - ITR, gerando créditos tributários;
d) destinação de parte dos recursos arrecadados com a cobrança pelo uso da água, na forma da Lei nº 9.433, de 8 de janeiro de 1997, para a manutenção, recuperação ou recomposição das Áreas de Preservação Permanente, de Reserva Legal e de uso restrito na bacia de geração da receita;
e) linhas de financiamento para atender iniciativas de preservação voluntária de vegetação nativa, proteção de espécies da flora nativa ameaçadas de extinção, manejo florestal e agroflorestal sustentável realizados na propriedade ou posse rural, ou recuperação de áreas degradadas;
f) isenção de impostos para os principais insumos e equipamentos, tais como: fios de arame, postes de madeira tratada, bombas d'água, trado de perfuração de solo, dentre outros utilizados para os processos de recuperação e manutenção das Áreas de Preservação Permanente, de Reserva Legal e de uso restrito;
III - incentivos para comercialização, inovação e aceleração das ações de recuperação, conservação e uso sustentável das florestas e demais formas de vegetação nativa, tais como:
a) participação preferencial nos programas de apoio à comercialização da produção agrícola;
b) destinação de recursos para a pesquisa científica e tecnológica e a extensão rural relacionadas à melhoria da qualidade ambiental.
§ 1º Para financiar as atividades necessárias à regularização ambiental das propriedades rurais, o programa poderá prever:
I - destinação de recursos para a pesquisa científica e tecnológica e a extensão rural relacionadas à melhoria da qualidade ambiental;
II - dedução da base de cálculo do imposto de renda do proprietário ou possuidor de imóvel rural, pessoa física ou jurídica, de parte dos gastos efetuados com a recomposição das Áreas de Preservação Permanente, de Reserva Legal e de uso restrito cujo desmatamento seja anterior a 22 de julho de 2008;
III - utilização de fundos públicos para concessão de créditos reembolsáveis e não reembolsáveis destinados à compensação, recuperação ou recomposição das Áreas de Preservação Permanente, de Reserva Legal e de uso restrito cujo desmatamento seja anterior a 22 de julho de 2008.
§ 2º O programa previsto no caput poderá, ainda, estabelecer diferenciação tributária para empresas que industrializem ou comercializem produtos originários de propriedades ou posses rurais que cumpram os padrões e limites estabelecidos nos arts. 4º , 6º , 11 e 12 desta Lei, ou que estejam em processo de cumpri-los.
§ 3º Os proprietários ou possuidores de imóveis rurais inscritos no CAR, inadimplentes em relação ao cumprimento do termo de compromisso ou PRA ou que estejam sujeitos a sanções por infrações ao disposto nesta Lei, **exceto**

aquelas suspensas em virtude do disposto no Capítulo XIII, não são elegíveis para os incentivos previstos nas alíneas *a* a *e* do inciso II do caput deste artigo até que as referidas sanções sejam extintas.

§ 4º As atividades de manutenção das Áreas de Preservação Permanente, de Reserva Legal e de uso restrito são elegíveis para **quaisquer** pagamentos ou incentivos por serviços ambientais, configurando adicionalidade para fins de mercados nacionais e **internacionai**s de reduções de emissões certificadas de gases de efeito estufa.

§ 5º O programa relativo a serviços ambientais previsto no inciso I do caput deste artigo deverá integrar os sistemas em âmbito nacional e estadual, objetivando a criação de um mercado de serviços ambientais.

§ 6º Os proprietários localizados nas zonas de amortecimento de Unidades de Conservação de Proteção Integral são elegíveis para receber apoio técnico-financeiro da compensação prevista no art. 36 da Lei nº 9.985, de 18 de julho de 2000, com a finalidade de recuperação e manutenção de áreas prioritárias para a gestão da unidade.

§ 7º O pagamento ou incentivo a serviços ambientais a que se refere o inciso I deste artigo serão prioritariamente destinados aos agricultores familiares como definidos no inciso V do art. 3º desta Lei.

Art. 42. O Governo Federal implantará programa para conversão da multa prevista no art. 50 do Decreto nº 6.514, de 22 de julho de 2008, destinado a imóveis rurais, referente a autuações vinculadas a desmatamentos em áreas onde não era **vedada** a supressão, que foram promovidos sem autorização ou licença, em data anterior a 22 de julho de 2008.

Art. 44. É instituída a Cota de Reserva Ambiental - CRA, título nominativo representativo de área com vegetação nativa, existente ou em processo de recuperação:

I - sob regime de servidão ambiental, instituída na forma do art. 9º-A da Lei nº 6.938, de 31 de agosto de 1981;

II - correspondente à área de Reserva Legal instituída voluntariamente sobre a vegetação que exceder os percentuais exigidos no art. 12 desta Lei;

III - protegida na forma de Reserva Particular do Patrimônio Natural - RPPN, nos termos do art. 21 da Lei nº 9.985, de 18 de julho de 2000;

IV - existente em propriedade rural localizada no interior de Unidade de Conservação de domínio público que ainda não tenha sido desapropriada.

§ 1º A emissão de CRA será feita mediante requerimento do proprietário, após inclusão do imóvel no CAR e laudo comprobatório emitido pelo próprio órgão ambiental ou por entidade credenciada, assegurado o controle do órgão federal competente do Sisnama, na forma de ato do Chefe do Poder Executivo.

§ 2º A CRA **não pode** ser emitida com base em vegetação nativa localizada em área de RPPN instituída em sobreposição à Reserva Legal do imóvel.

§ 3º A Cota de Reserva Florestal - CRF emitida nos termos do art. 44-B da Lei nº 4.771, de 15 de setembro de 1965, passa a ser considerada, pelo efeito desta Lei, como Cota de Reserva Ambiental.

§ 4º Poderá ser instituída CRA da vegetação nativa que integra a Reserva Legal dos imóveis a que se refere o inciso V do art. 3º desta Lei.

Art. 45. A CRA será emitida pelo órgão competente do Sisnama em favor de proprietário de imóvel incluído no CAR que mantenha área nas condições previstas no art. 44.

§ 1º O proprietário interessado na emissão da CRA deve apresentar ao órgão referido no caput proposta acompanhada de:

I - certidão atualizada da matrícula do imóvel expedida pelo registro de imóveis competente;
II - cédula de identidade do proprietário, quando se tratar de pessoa física;
III - ato de designação de responsável, quando se tratar de pessoa jurídica;
IV - certidão negativa de débitos do Imposto sobre a Propriedade Territorial Rural - ITR;
V - memorial descritivo do imóvel, com a indicação da área a ser vinculada ao título, contendo pelo menos um ponto de amarração georreferenciado relativo ao perímetro do imóvel e um ponto de amarração georreferenciado relativo à Reserva Legal.
§ 2º Aprovada a proposta, o órgão referido no caput emitirá a CRA correspondente, identificando:
I - o número da CRA no sistema único de controle;
II - o nome do proprietário rural da área vinculada ao título;
III - a dimensão e a localização exata da área vinculada ao título, com memorial descritivo contendo pelo menos um ponto de amarração georreferenciado;
IV - o bioma correspondente à área vinculada ao título;
V - a classificação da área em uma das condições previstas no art. 46.
§ 3º O vínculo de área à CRA será averbado na matrícula do respectivo imóvel no registro de imóveis competente.
§ 4º O órgão federal referido no caput pode delegar ao órgão estadual competente atribuições para emissão, cancelamento e transferência da CRA, assegurada a implementação de sistema único de controle.
Art. 46. Cada CRA corresponderá a 1 (um) hectare:
I - de área com vegetação nativa primária ou com vegetação secundária em **qualquer** estágio de regeneração ou recomposição;
II - de áreas de recomposição mediante reflorestamento com espécies nativas.
§ 1º O estágio sucessional ou o tempo de recomposição ou regeneração da vegetação nativa será avaliado pelo órgão ambiental estadual competente com base em declaração do proprietário e vistoria de campo.
§ 2º A CRA **não pode**rá ser emitida pelo órgão ambiental competente quando a regeneração ou recomposição da área forem improváveis ou inviáveis.
Art. 47. É obrigatório o registro da CRA pelo órgão emitente, no prazo de 30 (trinta) dias, contado da data da sua emissão, em bolsas de mercadorias de âmbito nacional ou em sistemas de registro e de liquidação financeira de ativos autorizados pelo Banco Central do Brasil.
Art. 48. A CRA pode ser transferida, onerosa ou gratuitamente, a pessoa física ou a pessoa jurídica de direito público ou privado, mediante termo assinado pelo titular da CRA e pelo adquirente.
§ 1º A transferência da CRA só produz efeito uma vez registrado o termo previsto no caput no sistema único de controle.
§ 2º A CRA só pode ser utilizada para compensar Reserva Legal de imóvel rural situado no mesmo bioma da área à qual o título está vinculado.
§ 3º A CRA só pode ser utilizada para fins de compensação de Reserva Legal se respeitados os requisitos estabelecidos no § 6º do art. 66.
§ 4º A utilização de CRA para compensação da Reserva Legal será averbada na matrícula do imóvel no qual se situa a área vinculada ao título e na do imóvel beneficiário da compensação.
Art. 49. Cabe ao proprietário do imóvel rural em que se situa a área vinculada à CRA a responsabilidade plena pela manutenção das condições de conservação da vegetação nativa da área que deu origem ao título.

§ 1º A área vinculada à emissão da CRA com base nos incisos I, II e III do art. 44 desta Lei poderá ser utilizada conforme PMFS.
§ 2º A transmissão inter vivos ou causa mortis do imóvel não elimina nem altera o vínculo de área contida no imóvel à CRA.
Art. 50. A CRA **somente** poderá ser cancelada nos seguintes casos:
I - por solicitação do proprietário rural, em caso de desistência de manter áreas nas condições previstas nos incisos I e II do art. 44;
II - automaticamente, em razão de término do prazo da servidão ambiental;
III - por decisão do órgão competente do Sisnama, no caso de degradação da vegetação nativa da área vinculada à CRA cujos custos e prazo de recuperação ambiental inviabilizem a continuidade do vínculo entre a área e o título.
§ 1º O cancelamento da CRA utilizada para fins de compensação de Reserva Legal só pode ser efetivado se assegurada Reserva Legal para o imóvel no qual a compensação foi aplicada.
§ 2º O cancelamento da CRA nos termos do inciso III do caput independe da aplicação das devidas sanções administrativas e penais decorrentes de infração à legislação ambiental, nos termos da Lei nº 9.605, de 12 de fevereiro de 1998.
§ 3º O cancelamento da CRA deve ser averbado na matrícula do imóvel no qual se situa a área vinculada ao título e do imóvel no qual a compensação foi aplicada.

CAPÍTULO XI
DO CONTROLE DO DESMATAMENTO

Art. 51. O órgão ambiental competente, ao tomar conhecimento do desmatamento em desacordo com o disposto nesta Lei, deverá embargar a obra ou atividade que deu causa ao uso alternativo do solo, como medida administrativa voltada a impedir a continuidade do dano ambiental, propiciar a regeneração do meio ambiente e dar viabilidade à recuperação da área degradada.
§ 1º O embargo restringe-se aos locais onde efetivamente ocorreu o desmatamento ilegal, não alcançando as atividades de subsistência ou as demais atividades realizadas no imóvel não relacionadas com a infração.
§ 2º O órgão ambiental responsável deverá disponibilizar publicamente as informações sobre o imóvel embargado, inclusive por meio da rede mundial de computadores, resguardados os dados protegidos por legislação específica, caracterizando o exato local da área embargada e informando em que estágio se encontra o respectivo procedimento administrativo.
§ 3º A pedido do interessado, o órgão ambiental responsável emitirá certidão em que conste a atividade, a obra e a parte da área do imóvel que são objetos do embargo, conforme o caso.

CAPÍTULO XII
DA AGRICULTURA FAMILIAR

Art. 52. A intervenção e a supressão de vegetação em Áreas de Preservação Permanente e de Reserva Legal para as atividades eventuais ou de baixo impacto ambiental, previstas no inciso X do art. 3º , excetuadas as alíneas *b* e *g,* quando desenvolvidas nos imóveis a que se refere o inciso V do

art. 3º , dependerão de simples declaração ao órgão ambiental competente, desde que esteja o imóvel devidamente inscrito no CAR.
Art. 53. Para o registro no CAR da Reserva Legal, nos imóveis a que se refere o inciso V do art. 3º , o proprietário ou possuidor apresentará os dados identificando a área proposta de Reserva Legal, cabendo aos órgãos competentes integrantes do Sisnama, ou instituição por ele habilitada, realizar a captação das respectivas coordenadas geográficas.
Parágrafo único. O registro da Reserva Legal nos imóveis a que se refere o inciso V do art. 3º é gratuito, devendo o poder público prestar apoio técnico e jurídico.
Art. 54. Para cumprimento da manutenção da área de reserva legal nos imóveis a que se refere o inciso V do art. 3º , poderão ser computados os plantios de árvores frutíferas, ornamentais ou industriais, compostos por espécies exóticas, cultivadas em sistema intercalar ou em consórcio com espécies nativas da região em sistemas agroflorestais.
Parágrafo único. O poder público estadual deverá prestar apoio técnico para a recomposição da vegetação da Reserva Legal nos imóveis a que se refere o inciso V do art. 3º .
Art. 55. A inscrição no CAR dos imóveis a que se refere o inciso V do art. 3º observará procedimento simplificado no qual será obrigatória **apenas** a apresentação dos documentos mencionados nos incisos I e II do § 1º do art. 29 e de croqui indicando o perímetro do imóvel, as Áreas de Preservação Permanente e os remanescentes que formam a Reserva Legal.
Art. 56. O licenciamento ambiental de PMFS comercial nos imóveis a que se refere o inciso V do art. 3º se beneficiará de procedimento simplificado de licenciamento ambiental.
§ 1º O manejo sustentável da Reserva Legal para exploração florestal eventual, sem propósito comercial direto ou indireto, para consumo no próprio imóvel a que se refere o inciso V do art. 3º , independe de autorização dos órgãos ambientais competentes, limitada a retirada anual de material lenhoso a 2 (dois) metros cúbicos por hectare.
§ 2º O manejo previsto no § 1º **não pode**rá comprometer mais de 15% (quinze por cento) da biomassa da Reserva Legal nem ser superior a 15 (quinze) metros cúbicos de lenha para uso doméstico e uso energético, por propriedade ou posse rural, por ano.
§ 3º Para os fins desta Lei, entende-se por manejo eventual, sem propósito comercial, o suprimento, para uso no próprio imóvel, de lenha ou madeira serrada destinada a benfeitorias e uso energético nas propriedades e posses rurais, em quantidade não superior ao estipulado no § 1º deste artigo.
§ 4º Os limites para utilização previstos no § 1º deste artigo no caso de posse coletiva de populações tradicionais ou de agricultura familiar serão adotados por unidade familiar.
§ 5º As propriedades a que se refere o inciso V do art. 3º são desobrigadas da reposição florestal se a matéria-prima florestal for utilizada para consumo próprio.
Art. 57. Nos imóveis a que se refere o inciso V do art. 3º , o manejo florestal madeireiro sustentável da Reserva Legal com propósito comercial direto ou indireto depende de autorização simplificada do órgão ambiental competente, devendo o interessado apresentar, no mínimo, as seguintes informações:
I - dados do proprietário ou possuidor rural;

II - dados da propriedade ou posse rural, incluindo cópia da matrícula do imóvel no Registro Geral do Cartório de Registro de Imóveis ou comprovante de posse;
III - croqui da área do imóvel com indicação da área a ser objeto do manejo seletivo, estimativa do volume de produtos e subprodutos florestais a serem obtidos com o manejo seletivo, indicação da sua destinação e cronograma de execução previsto.

Art. 58. Assegurado o controle e a fiscalização dos órgãos ambientais competentes dos respectivos planos ou projetos, assim como as obrigações do detentor do imóvel, o poder público poderá instituir programa de apoio técnico e incentivos financeiros, podendo incluir medidas indutoras e linhas de financiamento para atender, prioritariamente, os imóveis a que se refere o inciso V do caput do art. 3º , nas iniciativas de:
I - preservação voluntária de vegetação nativa acima dos limites estabelecidos no art. 12;
II - proteção de espécies da flora nativa ameaçadas de extinção;
III - implantação de sistemas agroflorestal e agrossilvipastoris;
IV - recuperação ambiental de Áreas de Preservação Permanente e de Reserva Legal;
V - recuperação de áreas degradadas;
VI - promoção de assistência técnica para regularização ambiental e recuperação de áreas degradadas;
VII - produção de mudas e sementes;
VIII - pagamento por serviços ambientais.

CAPÍTULO XIII
DISPOSIÇÕES TRANSITÓRIAS
Seção I
Disposições Gerais

Art. 59. A União, os Estados e o Distrito Federal deverão implantar Programas de Regularização Ambiental (PRAs) de posses e propriedades rurais, com o objetivo de adequá-las aos termos deste Capítulo.
§ 1º Na regulamentação dos PRAs, a União estabelecerá normas de caráter geral, e os Estados e o Distrito Federal ficarão incumbidos do seu detalhamento por meio da edição de normas de caráter específico, em razão de suas peculiaridades territoriais, climáticas, históricas, culturais, econômicas e sociais, conforme preceitua o art. 24 da Constituição Federal..

§ 2º A inscrição do imóvel rural no CAR é condição obrigatória para a adesão ao PRA, que será requerida pelo proprietário ou possuidor do imóvel rural no prazo de 180 (cento e oitenta) dias, contado da convocação pelo órgão competente, observado o disposto no § 4º do art. 29.   (Redação dada pela Medida Provisória nº 1.150, de 2022)

§ 3º Com base no requerimento de adesão ao PRA, o órgão competente integrante do Sisnama convocará o proprietário ou possuidor para assinar o termo de compromisso, que constituirá título executivo extrajudicial.
§ 4º No período entre a publicação desta Lei e a implantação do PRA em cada Estado e no Distrito Federal, bem como após a adesão do interessado ao

PRA e enquanto estiver sendo cumprido o termo de compromisso, o proprietário ou possuidor **não pode**rá ser autuado por infrações cometidas antes de 22 de julho de 2008, relativas à supressão irregular de vegetação em Áreas de Preservação Permanente, de Reserva Legal e de uso restrito.

§ 5º A partir da assinatura do termo de compromisso, serão suspensas as sanções decorrentes das infrações mencionadas no § 4º deste artigo e, cumpridas as obrigações estabelecidas no PRA ou no termo de compromisso para a regularização ambiental das exigências desta Lei, nos prazos e condições neles estabelecidos, as multas referidas neste artigo serão consideradas como convertidas em serviços de preservação, melhoria e recuperação da qualidade do meio ambiente, regularizando o uso de áreas rurais consolidadas conforme definido no PRA.

§ 7º Caso os Estados e o Distrito Federal não implantem o PRA até 31 de dezembro de 2020, o proprietário ou possuidor de imóvel rural poderá aderir ao PRA implantado pela União, observado o disposto no § 2º deste artigo.

Art. 60. A assinatura de termo de compromisso para regularização de imóvel ou posse rural perante o órgão ambiental competente, mencionado no art. 59, suspenderá a punibilidade dos crimes previstos nos arts. 38, 39 e 48 da Lei nº 9.605, de 12 de fevereiro de 1998, enquanto o termo estiver sendo cumprido.

§ 1º A prescrição ficará interrompida durante o período de suspensão da pretensão punitiva.

§ 2º Extingue-se a punibilidade com a efetiva regularização prevista nesta Lei.

Seção II
Das Áreas Consolidadas em Áreas de Preservação Permanente

Art. 61-A. Nas Áreas de Preservação Permanente, é autorizada, exclusivamente, a continuidade das atividades agrossilvipastoris, de ecoturismo e de turismo rural em áreas rurais consolidadas até 22 de julho de 2008.

§ 1º Para os imóveis rurais com área de até 1 (um) módulo fiscal que possuam áreas consolidadas em Áreas de Preservação Permanente ao longo de cursos d'água naturais, será obrigatória a recomposição das respectivas faixas marginais em 5 (cinco) metros, contados da borda da calha do leito regular, independentemente da largura do curso d´água.

§ 2º Para os imóveis rurais com área superior a 1 (um) módulo fiscal e de até 2 (dois) módulos fiscais que possuam áreas consolidadas em Áreas de Preservação Permanente ao longo de cursos d'água naturais, será obrigatória a recomposição das respectivas faixas marginais em 8 (oito) metros, contados da borda da calha do leito regular, independentemente da largura do curso d´água.

§ 3º Para os imóveis rurais com área superior a 2 (dois) módulos fiscais e de até 4 (quatro) módulos fiscais que possuam áreas consolidadas em Áreas de Preservação Permanente ao longo de cursos d'água naturais, será obrigatória a recomposição das respectivas faixas marginais em 15 (quinze) metros, contados da borda da calha do leito regular, independentemente da largura do curso d'água.

§ 4º Para os imóveis rurais com área superior a 4 (quatro) módulos fiscais que possuam áreas consolidadas em Áreas de Preservação Permanente ao longo

de cursos d'água naturais, será obrigatória a recomposição das respectivas faixas marginais:
II - nos demais casos, conforme determinação do PRA, observado o mínimo de 20 (vinte) e o máximo de 100 (cem) metros, contados da borda da calha do leito regular.
§ 5º Nos casos de áreas rurais consolidadas em Áreas de Preservação Permanente no entorno de nascentes e olhos d'água perenes, será admitida a manutenção de atividades agrossilvipastoris, de ecoturismo ou de turismo rural, sendo obrigatória a recomposição do raio mínimo de 15 (quinze) metros.
§ 6º Para os imóveis rurais que possuam áreas consolidadas em Áreas de Preservação Permanente no entorno de lagos e lagoas naturais, será admitida a manutenção de atividades agrossilvipastoris, de ecoturismo ou de turismo rural, sendo obrigatória a recomposição de faixa marginal com largura mínima de:
I - 5 (cinco) metros, para imóveis rurais com área de até 1 (um) módulo fiscal;
II - 8 (oito) metros, para imóveis rurais com área superior a 1 (um) módulo fiscal e de até 2 (dois) módulos fiscais;
III - 15 (quinze) metros, para imóveis rurais com área superior a 2 (dois) módulos fiscais e de até 4 (quatro) módulos fiscais; e
IV - 30 (trinta) metros, para imóveis rurais com área superior a 4 (quatro) módulos fiscais.
§ 7º Nos casos de áreas rurais consolidadas em veredas, será obrigatória a recomposição das faixas marginais, em projeção horizontal, delimitadas a partir do espaço brejoso e encharcado, de largura mínima de:
I - 30 (trinta) metros, para imóveis rurais com área de até 4 (quatro) módulos fiscais; e
II - 50 (cinquenta) metros, para imóveis rurais com área superior a 4 (quatro) módulos fiscais.
§ 8º Será considerada, para os fins do disposto no caput e nos §§ 1º a 7º, a área detida pelo imóvel rural em 22 de julho de 2008.
§ 9º A existência das situações previstas no caput deverá ser informada no CAR para fins de monitoramento, sendo exigida, nesses casos, a adoção de técnicas de conservação do solo e da água que visem à mitigação dos eventuais impactos.
§ 10. Antes mesmo da disponibilização do CAR, no caso das intervenções já existentes, é o proprietário ou possuidor rural responsável pela conservação do solo e da água, por meio de adoção de boas práticas agronômicas.
§ 11. A realização das atividades previstas no caput observará critérios técnicos de conservação do solo e da água indicados no PRA previsto nesta Lei, sendo **vedada** a conversão de novas áreas para uso alternativo do solo nesses locais.
§ 12. Será admitida a manutenção de residências e da infraestrutura associada às atividades agrossilvipastoris, de ecoturismo e de turismo rural, inclusive o acesso a essas atividades, independentemente das determinações contidas no caput e nos §§ 1º a 7º, desde que não estejam em área que ofereça risco à vida ou à integridade física das pessoas.
§ 13. A recomposição de que trata este artigo poderá ser feita, isolada ou conjuntamente, pelos seguintes métodos:
I - condução de regeneração natural de espécies nativas;
II - plantio de espécies nativas;

III - plantio de espécies nativas conjugado com a condução da regeneração natural de espécies nativas;
IV - plantio intercalado de espécies lenhosas, perenes ou de ciclo longo, exóticas com nativas de ocorrência **regional**, em até 50% (cinquenta por cento) da área total a ser recomposta, no caso dos imóveis a que se refere o inciso V do caput do art. 3º ;
§ 14. Em **todos** os casos previstos neste artigo, o poder público, verificada a existência de risco de agravamento de processos erosivos ou de inundações, determinará a adoção de medidas mitigadoras que garantam a estabilidade das margens e a qualidade da água, após deliberação do Conselho Estadual de Meio Ambiente ou de órgão colegiado estadual equivalente.
§ 15. A partir da data da publicação desta Lei e até o término do prazo de adesão ao PRA de que trata o § 2º do art. 59, é autorizada a continuidade das atividades desenvolvidas nas áreas de que trata o caput , as quais deverão ser informadas no CAR para fins de monitoramento, sendo exigida a adoção de medidas de conservação do solo e da água.
§ 16. As Áreas de Preservação Permanente localizadas em imóveis inseridos nos limites de Unidades de Conservação de Proteção Integral criadas por ato do poder público até a data de publicação desta Lei não são passíveis de ter quaisquer atividades consideradas como consolidadas nos termos do caput e dos §§ 1º a 15, **ressalvado** o que dispuser o Plano de Manejo elaborado e aprovado de acordo com as orientações emitidas pelo órgão competente do Sisnama, nos termos do que dispuser regulamento do Chefe do Poder Executivo, devendo o proprietário, possuidor rural ou ocupante a **qualquer** título adotar **todas** as medidas indicadas.
§ 17. Em bacias hidrográficas consideradas críticas, conforme previsto em legislação específica, o Chefe do Poder Executivo poderá, em ato próprio, estabelecer metas e diretrizes de recuperação ou conservação da vegetação nativa superiores às definidas no caput e nos §§ 1º a 7º , como projeto prioritário, ouvidos o Comitê de Bacia Hidrográfica e o Conselho Estadual de Meio Ambiente.
Art. 61-B. Aos proprietários e possuidores dos imóveis rurais que, em 22 de julho de 2008, detinham até 10 (dez) módulos fiscais e desenvolviam atividades agrossilvipastoris nas áreas consolidadas em Áreas de Preservação Permanente é garantido que a exigência de recomposição, nos termos desta Lei, somadas **todas** as Áreas de Preservação Permanente do imóvel, não ultrapassará:
I - 10% (dez por cento) da área total do imóvel, para imóveis rurais com área de até 2 (dois) módulos fiscais;
II - 20% (vinte por cento) da área total do imóvel, para imóveis rurais com área superior a 2 (dois) e de até 4 (quatro) módulos fiscais;
Art. 61-C. Para os assentamentos do Programa de Reforma Agrária, a recomposição de áreas consolidadas em Áreas de Preservação Permanente ao longo ou no entorno de cursos d'água, lagos e lagoas naturais observará as exigências estabelecidas no art. 61-A, observados os limites de cada área demarcada individualmente, objeto de contrato de concessão de uso, até a titulação por parte do Instituto Nacional de Colonização e Reforma Agrária - Incra.
Art. 62. Para os reservatórios artificiais de água destinados a geração de energia ou abastecimento público que foram registrados ou tiveram seus contratos de concessão ou autorização assinados anteriormente à Medida Provisória nº 2.166-67, de 24 de agosto de 2001, a faixa da Área de

Preservação Permanente será a distância entre o nível máximo operativo normal e a cota máxima maximorum .
Art. 63. Nas áreas rurais consolidadas nos locais de que tratam os incisos V, VIII, IX e X do art. 4º , será admitida a manutenção de atividades florestais, culturas de espécies lenhosas, perenes ou de ciclo longo, bem como da infraestrutura física associada ao desenvolvimento de atividades agrossilvipastoris, **vedada** a conversão de novas áreas para uso alternativo do solo.
§ 1º O pastoreio extensivo nos locais referidos no caput deverá ficar restrito às áreas de vegetação campestre natural ou já convertidas para vegetação campestre, admitindo-se o consórcio com vegetação lenhosa perene ou de ciclo longo.
§ 2º A manutenção das culturas e da infraestrutura de que trata o caput é condicionada à adoção de práticas conservacionistas do solo e da água indicadas pelos órgãos de assistência técnica rural.
§ 3º Admite-se, nas Áreas de Preservação Permanente, previstas no inciso VIII do art. 4º , dos imóveis rurais de até 4 (quatro) módulos fiscais, no âmbito do PRA, a partir de boas práticas agronômicas e de conservação do solo e da água, mediante deliberação dos Conselhos Estaduais de Meio Ambiente ou órgãos colegiados estaduais equivalentes, a consolidação de outras atividades agrossilvipastoris, **ressalvada**s as situações de risco de vida.
Art. 64. Na Reurb-S dos núcleos urbanos informais que ocupam Áreas de Preservação Permanente, a regularização fundiária será admitida por meio da aprovação do projeto de regularização fundiária, na forma da **lei específica** de regularização fundiária urbana.
§ 1º O projeto de regularização fundiária de interesse social deverá incluir estudo técnico que demonstre a melhoria das condições ambientais em relação à situação anterior com a adoção das medidas nele preconizadas.
§ 2º O estudo técnico mencionado no § 1º deverá conter, no mínimo, os seguintes elementos:
I - caracterização da situação ambiental da área a ser regularizada;
II - especificação dos sistemas de saneamento básico;
III - proposição de intervenções para a prevenção e o controle de riscos geotécnicos e de inundações;
IV - recuperação de áreas degradadas e daquelas não passíveis de regularização;
V - comprovação da melhoria das condições de sustentabilidade urbano-ambiental, considerados o uso adequado dos recursos hídricos, a não ocupação das áreas de risco e a proteção das unidades de conservação, quando for o caso;
VI - comprovação da melhoria da habitabilidade dos moradores propiciada pela regularização proposta; e
VII - garantia de acesso público às praias e aos corpos d'água.
Art. 65. Na Reurb-E dos núcleos urbanos informais que ocupam Áreas de Preservação Permanente não identificadas como áreas de risco, a regularização fundiária será admitida por meio da aprovação do projeto de regularização fundiária, na forma da **lei específica** de regularização fundiária urbana.
§ 1º O processo de regularização fundiária de interesse específico deverá incluir estudo técnico que demonstre a melhoria das condições ambientais em relação à situação anterior e ser instruído com os seguintes elementos:
I - a caracterização físico-ambiental, social, cultural e econômica da área;

II - a identificação dos recursos ambientais, dos passivos e fragilidades ambientais e das restrições e potencialidades da área;
III - a especificação e a avaliação dos sistemas de infraestrutura urbana e de saneamento básico implantados, outros serviços e equipamentos públicos;
IV - a identificação das unidades de conservação e das áreas de proteção de mananciais na área de influência direta da ocupação, sejam elas águas superficiais ou subterrâneas;
V - a especificação da ocupação consolidada existente na área;
VI - a identificação das áreas consideradas de risco de inundações e de movimentos de massa rochosa, tais como deslizamento, queda e rolamento de blocos, corrida de lama e outras definidas como de risco geotécnico;
VII - a indicação das faixas ou áreas em que devem ser resguardadas as características típicas da Área de Preservação Permanente com a devida proposta de recuperação de áreas degradadas e daquelas não passíveis de regularização;
VIII - a avaliação dos riscos ambientais;
IX - a comprovação da melhoria das condições de sustentabilidade urbano-ambiental e de habitabilidade dos moradores a partir da regularização; e
X - a demonstração de garantia de acesso livre e gratuito pela população às praias e aos corpos d'água, quando couber.
§ 2º Para fins da regularização ambiental prevista no caput, ao longo dos rios ou de **qualquer** curso d'água, será mantida faixa não edificável com largura mínima de 15 (quinze) metros de cada lado.
§ 3º Em áreas urbanas tombadas como patrimônio histórico e cultural, a faixa não edificável de que trata o § 2º poderá ser redefinida de maneira a atender aos parâmetros do ato do tombamento.

Seção III
Das Áreas Consolidadas em Áreas de Reserva Legal

Art. 66. O proprietário ou possuidor de imóvel rural que detinha, em 22 de julho de 2008, área de Reserva Legal em extensão inferior ao estabelecido no art. 12, poderá regularizar sua situação, independentemente da adesão ao PRA, adotando as seguintes alternativas, isolada ou conjuntamente:
I - recompor a Reserva Legal;
II - permitir a regeneração natural da vegetação na área de Reserva Legal;
III - compensar a Reserva Legal.
§ 1º A obrigação prevista no caput tem natureza real e é transmitida ao sucessor no caso de transferência de domínio ou posse do imóvel rural.
§ 2º A recomposição de que trata o inciso I do caput deverá atender os critérios estipulados pelo órgão competente do Sisnama e ser concluída em até 20 (vinte) anos, abrangendo, a cada 2 (dois) anos, no mínimo 1/10 (um décimo) da área total necessária à sua complementação.
§ 3º A recomposição de que trata o inciso I do caput poderá ser realizada mediante o plantio intercalado de espécies nativas com exóticas ou frutíferas, em sistema agroflorestal, observados os seguintes parâmetros:
I - o plantio de espécies exóticas deverá ser combinado com as espécies nativas de ocorrência **regional**;
II - a área recomposta com espécies exóticas **não pode**rá exceder a 50% (cinquenta por cento) da área total a ser recuperada.

§ 4º Os proprietários ou possuidores do imóvel que optarem por recompor a Reserva Legal na forma dos §§ 2º e 3º terão direito à sua exploração econômica, nos termos desta Lei.

§ 5º A compensação de que trata o inciso III do caput deverá ser precedida pela inscrição da propriedade no CAR e poderá ser feita mediante:
I - aquisição de Cota de Reserva Ambiental - CRA;
II - arrendamento de área sob regime de servidão ambiental ou Reserva Legal;
III - doação ao poder público de área localizada no interior de Unidade de Conservação de domínio público pendente de regularização fundiária;
IV - cadastramento de outra área equivalente e excedente à Reserva Legal, em imóvel de mesma titularidade ou adquirida em imóvel de terceiro, com vegetação nativa estabelecida, em regeneração ou recomposição, desde que localizada no mesmo bioma.

§ 6º As áreas a serem utilizadas para compensação na forma do § 5º deverão:
I - ser equivalentes em extensão à área da Reserva Legal a ser compensada;
II - estar localizadas no mesmo bioma da área de Reserva Legal a ser compensada;
III - se fora do Estado, estar localizadas em áreas identificadas como prioritárias pela União ou pelos Estados.

§ 7º A definição de áreas prioritárias de que trata o § 6º buscará favorecer, entre outros, a recuperação de bacias hidrográficas excessivamente desmatadas, a criação de corredores ecológicos, a conservação de grandes áreas protegidas e a conservação ou recuperação de ecossistemas ou espécies ameaçados.

§ 8º Quando se tratar de imóveis públicos, a compensação de que trata o inciso III do caput poderá ser feita mediante concessão de direito real de uso ou doação, por parte da pessoa jurídica de direito público proprietária de imóvel rural que não detém Reserva Legal em extensão suficiente, ao órgão público responsável pela Unidade de Conservação de área localizada no interior de Unidade de Conservação de domínio público, a ser criada ou pendente de regularização fundiária.

§ 9º As medidas de compensação previstas neste artigo **não pode**rão ser utilizadas como forma de viabilizar a conversão de novas áreas para uso alternativo do solo.

Art. 67. Nos imóveis rurais que detinham, em 22 de julho de 2008, área de até 4 (quatro) módulos fiscais e que possuam remanescente de vegetação nativa em percentuais inferiores ao previsto no art. 12, a Reserva Legal será constituída com a área ocupada com a vegetação nativa existente em 22 de julho de 2008, **vedada**s novas conversões para uso alternativo do solo.

Art. 68. Os proprietários ou possuidores de imóveis rurais que realizaram supressão de vegetação nativa respeitando os percentuais de Reserva Legal previstos pela legislação em vigor à época em que ocorreu a supressão são dispensados de promover a recomposição, compensação ou regeneração para os percentuais exigidos nesta Lei.

§ 1º Os proprietários ou possuidores de imóveis rurais poderão provar essas situações consolidadas por documentos tais como a descrição de fatos históricos de ocupação da região, registros de comercialização, dados agropecuários da atividade, contratos e documentos bancários relativos à produção, e por **todos** os outros meios de prova em direito admitidos.

§ 2º Os proprietários ou possuidores de imóveis rurais, na Amazônia Legal, e seus herdeiros necessários que possuam índice de Reserva Legal maior que 50% (cinquenta por cento) de cobertura florestal e não realizaram a supressão da vegetação nos percentuais previstos pela legislação em vigor à época poderão utilizar a área excedente de Reserva Legal também para fins de constituição de servidão ambiental, Cota de Reserva Ambiental - CRA e outros instrumentos congêneres previstos nesta Lei.

CAPÍTULO XIV
DISPOSIÇÕES COMPLEMENTARES E FINAIS

Art. 69. São obrigados a registro no órgão federal competente do Sisnama os estabelecimentos comerciais responsáveis pela comercialização de motosserras, bem como aqueles que as adquirirem.
§ 1º A licença para o porte e uso de motosserras será renovada a cada 2 (dois) anos.
§ 2º Os fabricantes de motosserras são obrigados a imprimir, em local visível do equipamento, numeração cuja sequência será encaminhada ao órgão federal competente do Sisnama e constará nas correspondentes notas fiscais.
Art. 70. Além do disposto nesta Lei e sem prejuízo da criação de unidades de conservação da natureza, na forma da Lei nº 9.985, de 18 de julho de 2000, e de outras ações cabíveis voltadas à proteção das florestas e outras formas de vegetação, o poder público federal, estadual ou municipal poderá:
I - proibir ou limitar o corte das espécies da flora raras, endêmicas, em perigo ou ameaçadas de extinção, bem como das espécies necessárias à subsistência das populações tradicionais, delimitando as áreas compreendidas no ato, fazendo depender de autorização prévia, nessas áreas, o corte de outras espécies;
II - declarar **qualquer** árvore imune de corte, por motivo de sua localização, raridade, beleza ou condição de porta-sementes;
III - estabelecer exigências administrativas sobre o registro e outras formas de controle de pessoas físicas ou jurídicas que se dedicam à extração, indústria ou comércio de produtos ou subprodutos florestais.
Art. 71. A União, em conjunto com os Estados, o Distrito Federal e os Municípios, realizará o Inventário Florestal Nacional, para subsidiar a análise da existência e qualidade das florestas do País, em imóveis privados e terras públicas.
Parágrafo único. A União estabelecerá critérios e mecanismos para uniformizar a coleta, a manutenção e a atualização das informações do Inventário Florestal Nacional.
Art. 72. Para efeitos desta Lei, a atividade de silvicultura, quando realizada em área apta ao uso alternativo do solo, é equiparada à atividade agrícola, nos termos da Lei nº 8.171, de 17 de janeiro de 1991, que "dispõe sobre a política agrícola".
Art. 73. Os órgãos centrais e executores do Sisnama criarão e implementarão, com a participação dos órgãos estaduais, indicadores de sustentabilidade, a serem publicados semestralmente, com vistas em aferir a evolução dos componentes do sistema abrangidos por disposições desta Lei.
Art. 74. A Câmara de Comércio Exterior - CAMEX, de que trata o art. 20-B da Lei nº 9.649, de 27 de maio de 1998, com a redação dada pela Medida Provisória nº 2.216-37, de 31 de agosto de 2001, é autorizada a adotar

medidas de restrição às importações de bens de origem agropecuária ou florestal produzidos em países que não observem normas e padrões de proteção do meio ambiente compatíveis com as estabelecidas pela legislação brasileira.

Art. 75. Os PRAs instituídos pela União, Estados e Distrito Federal deverão incluir mecanismo que permita o acompanhamento de sua implementação, considerando os objetivos e metas nacionais para florestas, especialmente a implementação dos instrumentos previstos nesta Lei, a adesão cadastral dos proprietários e possuidores de imóvel rural, a evolução da regularização das propriedades e posses rurais, o grau de regularidade do uso de matéria-prima florestal e o controle e prevenção de incêndios florestais.

Art. 78. O art. 9º-A da Lei nº 6.938, de 31 de agosto de 1981, passa a vigorar com a seguinte redação:

"Art. 9º-A. O proprietário ou possuidor de imóvel, pessoa natural ou jurídica, pode, por instrumento público ou particular ou por termo administrativo firmado perante órgão integrante do Sisnama, limitar o uso de toda a sua propriedade ou de parte dela para preservar, conservar ou recuperar os recursos ambientais existentes, instituindo servidão ambiental.

§ 1º O instrumento ou termo de instituição da servidão ambiental deve incluir, no mínimo, os seguintes itens:
I - memorial descritivo da área da servidão ambiental, contendo pelo menos um ponto de amarração georreferenciado;
II - objeto da servidão ambiental;
III - direitos e deveres do proprietário ou possuidor instituidor;
IV - prazo durante o qual a área permanecerá como servidão ambiental.
§ 2º A servidão ambiental não se aplica às Áreas de Preservação Permanente e à Reserva Legal mínima exigida.
§ 3º A restrição ao uso ou à exploração da vegetação da área sob servidão ambiental deve ser, no mínimo, a mesma estabelecida para a Reserva Legal.
§ 4º Devem ser objeto de averbação na matrícula do imóvel no registro de imóveis competente:
I - o instrumento ou termo de instituição da servidão ambiental;
II - o contrato de alienação, cessão ou transferência da servidão ambiental.
§ 5º Na hipótese de compensação de Reserva Legal, a servidão ambiental deve ser averbada na matrícula de **todos** os imóveis envolvidos.
§ 6º É **vedada**, durante o prazo de vigência da servidão ambiental, a alteração da destinação da área, nos casos de transmissão do imóvel a **qualquer** título, de desmembramento ou de retificação dos limites do imóvel.
§ 7º As áreas que tenham sido instituídas na forma de servidão florestal, nos termos do art. 44-A da Lei nº 4.771, de 15 de setembro de 1965, passam a ser consideradas, pelo efeito desta Lei, como de servidão ambiental." (NR)

Art. 78-A. Após 31 de dezembro de 2017, as instituições financeiras só concederão crédito agrícola, em **qualquer** de suas modalidades, para proprietários de imóveis rurais que estejam inscritos no CAR.

Parágrafo único. O prazo de que trata este artigo será prorrogado em observância aos novos prazos de que trata o § 3º do art. 29.

Art. 79. A Lei nº 6.938, de 31 de agosto de 1981, passa a vigorar acrescida dos seguintes arts. 9º-B e 9º-C:

> "Art. 9º-B. *A servidão ambiental poderá ser onerosa ou gratuita, temporária ou perpétua.*

§ 1º O prazo mínimo da servidão ambiental temporária é de 15 (quinze) anos.
§ 2º A servidão ambiental perpétua equivale, para fins creditícios, tributários e de acesso aos recursos de fundos públicos, à Reserva Particular do Patrimônio Natural - RPPN, definida no art. 21 da Lei nº 9.985, de 18 de julho de 2000.
§ 3º O detentor da servidão ambiental poderá aliená-la, cedê-la ou transferi-la, total ou parcialmente, por prazo determinado ou em caráter definitivo, em favor de outro proprietário ou de entidade pública ou privada que tenha a conservação ambiental como fim social."
"Art. 9º-C. O contrato de alienação, cessão ou transferência da servidão ambiental deve ser averbado na matrícula do imóvel.
§ 1º O contrato referido no caput deve conter, no mínimo, os seguintes itens:
I - a delimitação da área submetida a preservação, conservação ou recuperação ambiental;
II - o objeto da servidão ambiental;
III - os direitos e deveres do proprietário instituidor e dos futuros adquirentes ou sucessores;
IV - os direitos e deveres do detentor da servidão ambiental;
V - os benefícios de ordem econômica do instituidor e do detentor da servidão ambiental;
VI - a previsão legal para garantir o seu cumprimento, inclusive medidas judiciais necessárias, em caso de ser descumprido.
§ 2º São deveres do proprietário do imóvel serviente, entre outras obrigações estipuladas no contrato:
I - manter a área sob servidão ambiental;
II - prestar contas ao detentor da servidão ambiental sobre as condições dos recursos naturais ou artificiais;
III - permitir a inspeção e a fiscalização da área pelo detentor da servidão ambiental;
IV - defender a posse da área serviente, por **todos** os meios em direito admitidos.
§ 3º São deveres do detentor da servidão ambiental, entre outras obrigações estipuladas no contrato:
I - documentar as características ambientais da propriedade;
II - monitorar periodicamente a propriedade para verificar se a servidão ambiental está sendo mantida;
III - prestar informações necessárias a **quaisquer** interessados na aquisição ou aos sucessores da propriedade;
IV - manter relatórios e arquivos atualizados com as atividades da área objeto da servidão;
V - defender judicialmente a servidão ambiental."
Art. 80. A alínea d do inciso II do § 1º do art. 10 da Lei nº 9.393, de 19 de dezembro de 1996, passa a vigorar com a seguinte redação:
"Art. 10. ....
§ 1º ....
....
II - ....
....

d) sob regime de servidão ambiental;
...." (NR)

Art. 81. O caput do art. 35 da Lei nº 11.428, de 22 de dezembro de 2006, passa a vigorar com a seguinte redação:

> "Art. 35. A conservação, em imóvel rural ou urbano, da vegetação primária ou da vegetação secundária em **qualquer** estágio de regeneração do Bioma Mata Atlântica cumpre função social e é de interesse público, podendo, a critério do proprietário, as áreas sujeitas à restrição de que trata esta Lei ser computadas para efeito da Reserva Legal e seu excedente utilizado para fins de compensação ambiental ou instituição de Cota de Reserva Ambiental - CRA.
> ...." (NR)

Art. 82. São a União, os Estados, o Distrito Federal e os Municípios autorizados a instituir, adaptar ou reformular, no prazo de 6 (seis) meses, no âmbito do Sisnama, instituições florestais ou afins, devidamente aparelhadas para assegurar a plena consecução desta Lei.

Parágrafo único. As instituições referidas no caput poderão credenciar, mediante edital de seleção pública, profissionais devidamente habilitados para apoiar a regularização ambiental das propriedades previstas no inciso V do art. 3º, nos termos de regulamento baixado por ato do Chefe do Poder Executivo.

Art. 83. Revogam-se as Leis nºs 4.771, de 15 de setembro de 1965, e 7.754, de 14 de abril de 1989, e suas alterações posteriores, e a Medida Provisória nº 2.166-67, de 24 de agosto de 2001.

Art. 84. Esta Lei entra em vigor na data de sua publicação.

Brasília, 25 de maio de 2012; 191º da Independência e 124º da República.

DILMA ROUSSEFF

❑ Regulamento do Cadastro Ambiental Rural (CAR)

DECRETO Nº 7.830, DE 17 DE OUTUBRO DE 2012

> Dispõe sobre o **Sistema de Cadastro Ambiental Rural, o Cadastro Ambiental Rural**, estabelece normas de caráter geral aos Programas de Regularização Ambiental, de que trata a Lei nº 12.651, de 25 de maio de 2012, e dá outras providências.

A PRESIDENTA DA REPÚBLICA, no uso das atribuições que lhe confere o art. 84, **caput,** incisos IV e VI, alínea "a", da Constituição, e tendo em vista o disposto na Lei n º 12.651, de 25 de maio de 2012,
DECRETA:

CAPÍTULO I
DISPOSIÇÕES GERAIS

Art. 1 º Este Decreto dispõe sobre o Sistema de Cadastro Ambiental Rural - SICAR, sobre o Cadastro Ambiental Rural - CAR, e estabelece normas de caráter geral aos Programas de Regularização Ambiental - PRA, de que trata a Lei n º 12.651, de 25 de maio de 2012.

Art. 2 º Para os efeitos deste Decreto entende-se por:

I - Sistema de Cadastro Ambiental Rural - SICAR - sistema eletrônico de âmbito nacional destinado ao gerenciamento de informações ambientais dos imóveis rurais;

II - Cadastro Ambiental Rural - CAR - registro eletrônico de abrangência nacional junto ao órgão ambiental competente, no âmbito do Sistema Nacional de Informação sobre Meio Ambiente – SINIMA, obrigatório para **todos** os imóveis rurais, com a finalidade de integrar as informações ambientais das propriedades e posses rurais, compondo base de dados para controle, monitoramento, planejamento ambiental e econômico e combate ao desmatamento;

III - termo de compromisso - documento formal de adesão ao Programa de Regularização Ambiental - PRA, que contenha, no mínimo, os compromissos de manter, recuperar ou recompor as áreas de preservação permanente, de reserva legal e de uso restrito do imóvel rural, ou ainda de compensar áreas de reserva legal;

IV - área de remanescente de vegetação nativa - área com vegetação nativa em estágio primário ou secundário avançado de regeneração;

V - área degradada - área que se encontra alterada em função de impacto antrópico, sem capacidade de regeneração natural;

VI - área alterada - área que após o impacto ainda mantém capacidade de regeneração natural;

VII - área abandonada - espaço de produção convertido para o uso alternativo do solo sem nenhuma exploração produtiva há pelo menos trinta e seis meses e não formalmente caracterizado como área de pousio;

VIII - recomposição - restituição de ecossistema ou de comunidade biológica nativa degradada ou alterada a condição não degradada, que pode ser diferente de sua condição original;

IX - planta - representação gráfica plana, em escala mínima de 1:50.000, que contenha particularidades naturais e artificiais do imóvel rural;
X - croqui - representação gráfica simplificada da situação geográfica do imóvel rural, a partir de ima gem de satélite georreferenciada disponibilizada via SICAR e que inclua os remanescentes de vegetação nativa, as servidões, as áreas de preservação permanente, as áreas de uso restrito, as áreas consolidadas e a localização das reservas legais;
XI - pousio - prática de interrupção temporária de atividades ou usos agrícolas, pecuários ou silviculturais, por no máximo cinco anos, para possibilitar a recuperação da capacidade de uso ou da estrutura física do solo;
XII - rio perene - corpo de água lótico que possui naturalmente escoamento superficial durante todo o período do ano;
XIII - rio intermitente - corpo de água lótico que naturalmente não apresenta escoamento superficial por períodos do ano;
XIV - rio efêmero - corpo de água lótico que possui escoamento superficial **apenas** durante ou imediatamente após períodos de precipitação;
XV - regularização ambiental - atividades desenvolvidas e implementadas no imóvel rural que visem a atender ao disposto na legislação ambiental e, de forma prioritária, à manutenção e recuperação de áreas de preservação permanente, de reserva legal e de uso restrito, e à compensação da reserva legal, quando couber;
XVI - sistema agroflorestal - sistema de uso e ocupação do solo em que plantas lenhosas perenes são manejadas em associação com plantas herbáceas, arbustivas, arbóreas, culturas agrícolas, forrageiras em uma mesma unidade de manejo, de acordo com arranjo espacial e temporal, com alta diversidade de espécies e interações entre estes componentes;
XVII - projeto de recomposição de área degradada e alterada- instrumento de planejamento das ações de recomposição contendo metodologias, cronograma e insumos; e
XVIII - Cota de Reserva Ambiental - CRA - título nominativo representativo de área com vegetação nativa existente ou em processo de recuperação conforme o disposto no art. 44 da Lei nº 12.651, de 2012 .

CAPÍTULO II
DO SISTEMA DE CADASTRO AMBIENTAL RURAL E DO CADASTRO AMBIENTAL RURAL
Seção I
Do Sistema de Cadastro Ambiental Rural - SICAR

Art. 3 º Fica criado o Sistema de Cadastro Ambiental Rural - SICAR, com os seguintes objetivos:
I - receber, gerenciar e integrar os dados do CAR de **todos** os entes federativos;
II - cadastrar e controlar as informações dos imóveis rurais, referentes a seu perímetro e localização, aos remanescentes de vegetação nativa, às áreas de interesse social, às áreas de utilidade pública, às Áreas de Preservação Permanente, às Áreas de Uso Restrito, às áreas consolidadas e às Reservas Legais;
III - monitorar a manutenção, a recomposição, a regeneração, a compensação e a supressão da vegetação nativa e da cobertura vegetal nas áreas de Preservação Permanente, de Uso Restrito, e de Reserva Legal, no interior dos imóveis rurais;

IV - promover o planejamento ambiental e econômico do uso do solo e conservação ambiental no território nacional; e
V - disponibilizar informações de natureza pública sobre a regularização ambiental dos imóveis rurais em território nacional, na Internet.
§ 1º Os órgãos integrantes do SINIMA disponibilizarão e m sítio eletrônico localizado na Internet a interface de programa de cadastramento integrada ao SICAR destinado à inscrição, consulta e acompanhamento da situação da regularização ambiental dos imóveis rurais.
§ 2º Os entes federativos que não disponham de sistema para o cadastramento de imóveis rurais poderão utilizar o módulo de cadastro ambiental rural, disponível no SICAR, por meio de instrumento de cooperação com o Ministério do Meio Ambiente [e Mudança do Clima].
§ 3º Os órgãos competentes poderão desenvolver módulos complementares para atender a peculiaridades locais, desde que sejam compatíveis com o SICAR e observem os Padrões de Interoperabilidade de Governo Eletrônico - e-PING, em linguagem e mecanismos de gestão de dados.
§ 4º O Ministério do Meio Ambiente disponibilizará imagens destinadas ao mapeamento das propriedades e posses rurais para compor a base de dados do sistema de informações geográficas do SICAR, com vistas à implantação do CAR.
Art. 4º Os entes federativos que já disponham de sistema para o cadastramento de imóveis rurais deverão integrar sua base de dados ao SICAR, nos termos do inciso VIII do **caput** do art. 8º e do inciso VIII do **caput** do art. 9º da Lei Complementar nº 140, de 8 de dezembro de 2011 .

Seção II
Do Cadastro Ambiental Rural

Art. 5º O Cadastro Ambiental Rural - CAR deverá contemplar os dados do proprietário, possuidor rural ou responsável direto pelo imóvel rural, a respectiva planta georreferenciada do perímetro do imóvel, das áreas de interesse social e das áreas de utilidade pública, com a informação da localização dos remanescentes de vegetação nativa, das Áreas de Preservação Permanente, das Áreas de Uso Restrito, das áreas consolidadas e da localização das Reservas Legais.
Art. 6º A inscrição no CAR, obrigatória para **todas** as propriedades e posses rurais, tem natureza declaratória e permanente, e conterá informações sobre o imóvel rural, conforme o disposto no art. 21.
§ 1º As informações são de responsabilidade do declarante, que incorrerá em sanções penais e administrativas, sem prejuízo de outras previstas na legislação, quando total ou parcialmente falsas, enganosas ou omissas.
§ 2º A inscrição no CAR deverá ser requerida no prazo de 1 (um) ano contado da sua implantação, preferencialmente junto ao órgão ambiental municipal ou estadual competente do Sistema Nacional do Meio Ambiente - SISNAMA.
§ 3º As informações serão atualizadas periodicamente ou sempre que houver alteração de natureza dominial ou possessória.
§ 4º A atualização ou alteração dos dados inseridos no CAR só poderão ser efetuadas pelo proprietário ou possuidor rural ou representante legalmente constituído.
Art. 7º Caso detectadas pendências ou inconsistências nas informações declaradas e nos documentos apresentados no CAR, o órgão responsável

deverá notificar o requerente, de uma única vez, para que preste informações complementares ou promova a correção e adequação das informações prestadas.

§ 1º Na hipótese do **caput,** o requerente deverá fazer as alterações no prazo estabelecido pelo órgão ambiental competente, sob pena de cancelamento da sua inscrição no CAR.

§ 2º Enquanto não houver manifestação do órgão competente acerca de pendências ou inconsistências nas informações declaradas e nos documentos apresentados para a inscrição no CAR, será considerada efetivada a inscrição do imóvel rural no CAR, para **todos** os fins previstos em lei.

§ 3º O órgão ambiental competente poderá realizar vistorias de campo sempre que julgar necessário para verificação das informações declaradas e acompanhamento dos compromissos assumidos.

§ 4º Os documentos comprobatórios das informações declaradas poderão ser solicitados, a **qualquer** tempo, pelo órgão competente, e poderão ser fornecidos por meio digital.

Art. 8º Para o registro no CAR dos imóveis rurais referidos no inciso V do **caput** do art. 3º , da Lei nº 12.651, de 2012, será observado procedimento simplificado, nos termos de ato do Ministro de Estado do Meio Ambiente, no qual será obrigatória **apenas** a identificação do proprietário ou possuidor rural, a comprovação da propriedade ou posse e a apresentação de croqui que indique o perímetro do imóvel, as Áreas de Preservação Permanente e os remanescentes que formam a Reserva Legal.

§ 1º Caberá ao proprietário ou possuidor apresentar os dados com a identificação da área proposta de Reserva Legal.

§ 2º Caberá aos órgãos competentes integrantes do SISNAMA, ou instituição por ele habilitada, realizar a captação das respectivas coordenadas geográficas, devendo o poder público prestar apoio técnico e jurídico, assegurada a gratuidade de que trata o parágrafo único do art. 53 da Lei nº 12.651, de 2012, sendo facultado ao proprietário ou possuidor fazê-lo por seus próprios meios.

§ 3º Aplica-se o disposto neste artigo ao proprietário ou possiero rural com até quatro módulos fiscais que desenvolvam atividades agrossilvipastoris, e aos povos e comunidades indígenas e tradicionais que façam uso coletivo do seu território.

CAPÍTULO III
DO PROGRAMA DE REGULARIZAÇÃO AMBIENTAL - PRA

Art. 9º Serão instituídos, no âmbito da União, dos Estados e do Distrito Federal, Programas de Regularização Ambiental - PRAs, que compreenderão o conjunto de ações ou iniciativas a serem desenvolvidas por proprietários e posseiros rurais com o objetivo de adequar e promover a regularização ambiental com vistas ao cumprimento do disposto no Capítulo XIII da Lei no 12.651, de 2012.

Parágrafo único. São instrumentos do Programa de Regularização Ambiental:
I - o Cadastro Ambiental Rural - CAR, conforme disposto no **caput** do art. 5º ;
II - o termo de compromisso;
III - o Projeto de Recomposição de Áreas Degradadas e Alteradas; e,
IV - as Cotas de Reserva Ambiental - CRA, quando couber.

Art. 10. Os Programas de Regularização Ambiental - PRAs deverão ser implantados no prazo de um ano, contado da data da publicação da Lei nº

12.651, de 2012, prorrogável por uma única vez, por igual período, por ato do Chefe do Poder Executivo.
Art. 11. A inscrição do imóvel rural no CAR é condição obrigatória para a adesão ao PRA, a que deverá ser requerida pelo interessado no prazo de um ano, contado a partir da sua implantação, prorrogável por uma única vez, por igual período, por ato do Chefe do Poder Executivo.
Art. 12. No período entre a publicação da Lei nº 12.651, de 2012, e a implantação do PRA em cada Estado e no Distrito Federal, e após a adesão do interessado ao PRA e enquanto estiver sendo cumprido o termo de compromisso, o proprietário ou possuidor **não pode**rá ser autuado por infrações cometidas antes de 22 de julho de 2008, relativas à supressão irregular de vegetação em Áreas de Preservação Permanente, de Reserva Legal e de uso restrito.
Art. 13. A partir da assinatura do termo de compromisso, serão suspensas as sanções decorrentes das infrações mencionadas no art. 12, e cumpridas as obrigações estabelecidas no PRA ou no termo de compromisso para a regularização ambiental das exigências previstas na Lei nº 12.651, de 2012, nos prazos e condições neles estabelecidos.
Parágrafo único. As multas decorrentes das infrações referidas no **caput** serão consideradas como convertidas em serviços de preservação, melhoria e recuperação da qualidade do meio ambiente, regularizando o uso de áreas rurais consolidadas conforme definido no PRA.
Art. 14. O proprietário ou possuidor rural inscrito no CAR que for autuado pelas infrações cometidas antes de 22 de julho de 2008, durante o prazo de que trata o art. 11, poderá promover a regularização da situação por meio da adesão ao PRA, aplicando-se-lhe o disposto no art. 13.
Art. 15. Os PRAs a serem instituídos pela União, Estados e Distrito Federal deverão incluir mecanismo que permita o acompanhamento de sua implementação, considerando os objetivos e metas nacionais para florestas, especialmente a implementação dos instrumentos previstos na Lei nº 12.651, de 2012, a adesão cadastral dos proprietários e possuidores de imóvel rural, a evolução da regularização das propriedades e posses rurais, o grau de regularidade do uso de matéria-prima florestal e o controle e prevenção de incêndios florestais.
Art. 16. As atividades contidas nos Projetos de Recomposição de Áreas Degradadas e Alteradas deverão ser concluídas de acordo com o cronograma previsto no Termo de Compromisso.
§ 1º A recomposição da Reserva Legal de que trata o art. 66 da Lei nº 12.651, de 2012, deverá atender os critérios estipulados pelo órgão competente do SISNAMA e ser concluída em até vinte anos, abrangendo, a cada dois anos, no mínimo um décimo da área total necessária à sua complementação.
§ 2º É facultado ao proprietário ou possuidor de imóvel rural, o uso alternativo do solo da área necessária à recomposição ou regeneração da Reserva Legal, resguardada a área da parcela mínima definida no Termo de Compromisso que já tenha sido ou que esteja sendo recomposta ou regenerada, devendo adotar boas práticas agronômicas com vistas à conservação do solo e água.
Art. 17. Os PRAs deverão prever as sanções a serem aplicadas pelo não cumprimento dos Termos de Compromisso firmados nos termos deste Decreto.

Art. 18. A recomposição das áreas de reserva legal poderá ser realizada mediante o plantio intercalado de espécies nativas e exóticas, em sistema agroflorestal, observados os seguintes parâmetros:
I - o plantio de espécies exóticas deverá ser combinado com as espécies nativas de ocorrência **regional**; e
II - a área recomposta com espécies exóticas **não pode**rá exceder a cinquenta por cento da área total a ser recuperada.
Parágrafo único. O proprietário ou possuidor de imóvel rural que optar por recompor a reserva legal com utilização do plantio intercalado de espécies exóticas terá direito a sua exploração econômica.
Art. 19. A recomposição das Áreas de Preservação Permanente poderá ser feita, isolada ou conjuntamente, pelos seguintes métodos:
I - condução de regeneração natural de espécies nativas;
II - plantio de espécies nativas;
III- plantio de espécies nativas conjugado com a condução da regeneração natural de espécies nativas; e
IV - plantio intercalado de espécies lenhosas, perenes ou de ciclo longo, exóticas com nativas de ocorrência **regional**, em até cinquenta por cento da área total a ser recomposta, no caso dos imóveis a que se refere o inciso V do caput do art. 3º da Lei nº 12.651, de 2012.
§ 1º Para os imóveis rurais com área de até um módulo fiscal que possuam áreas consolidadas em Áreas de Preservação Permanente ao longo de cursos d'água naturais, será obrigatória a recomposição das respectivas faixas marginais em cinco metros, contados da borda da calha do leito regular, independentemente da largura do curso d´água.
§ 2º Para os imóveis rurais com área superior a um módulo fiscal e de até dois módulos fiscais que possuam áreas consolidadas em Áreas de Preservação Permanente ao longo de cursos d'água naturais, será obrigatória a recomposição das respectivas faixas marginais em oito metros, contados da borda da calha do leito regular, independentemente da largura do curso d´água.
§ 3º Para os imóveis rurais com área superior a dois módulos fiscais e de até quatro módulos fiscais que possuam áreas consolidadas em Áreas de Preservação Permanente ao longo de cursos d'água naturais, será obrigatória a recomposição das respectivas faixas marginais em quinze metros, contados da borda da calha do leito regular, independentemente da largura do curso d'água.
§ 4º Para fins do que dispõe o inciso II do § 4º do art. 61-A da Lei nº 12.651, de 2012, a recomposição das faixas marginais ao longo dos cursos d'água naturais será de, no mínimo:
I - vinte metros, contados da borda da calha do leito regular, para imóveis com área superior a quatro e de até dez módulos fiscais, nos cursos d'água com até dez metros de largura; e
II - nos demais casos, extensão correspondente à metade da largura do curso d'água, observado o mínimo de trinta e o máximo de cem metros, contados da borda da calha do leito regular.
§ 5º Nos casos de áreas rurais consolidadas em Áreas de Preservação Permanente no entorno de nascentes e olhos d'água perenes, será admitida a manutenção de atividades agrossilvipastoris, de ecoturismo ou de turismo rural, sendo obrigatória a recomposição do raio mínimo de quinze metros.
§ 6º Para os imóveis rurais que possuam áreas consolidadas em Áreas de Preservação Permanente no entorno de lagos e lagoas naturais, será admitida

a manutenção de atividades agrossilvipastoris, de ecoturismo ou de turismo rural, sendo obrigatória a recomposição de faixa marginal com largura mínima de:
I - cinco metros, para imóveis rurais com área de até um módulo fiscal;
II - oito metros, para imóveis rurais com área superior a um módulo fiscal e de até dois módulos fiscais;
III - quinze metros, para imóveis rurais com área superior a dois módulos fiscais e de até quatro módulos fiscais; e
IV - trinta metros, para imóveis rurais com área superior a quatro módulos fiscais.
§ 7º Nos casos de áreas rurais consolidadas em veredas, será obrigatória a recomposição das faixas marginais, em projeção horizontal, delimitadas a partir do espaço brejoso e encharcado, de largura mínima de:
I - trinta metros, para imóveis rurais com área de até quatro módulos fiscais; e
II - cinquenta metros, para imóveis rurais com área superior a quatro módulos fiscais.
§ 8º Será considerada, para os fins do disposto neste artigo, a área detida pelo imóvel rural em 22 de julho de 2008.

CAPÍTULO IV
DISPOSIÇÕES FINAIS

Art. 20. Os proprietários ou possuidores de imóveis rurais que firmaram o Termo de Adesão e Compromisso que trata o inciso I do **caput** do art. 3º do Decreto nº 7.029, de 10 de dezembro de 2009, até a data de publicação deste Decreto, não serão autuados com base nos arts. 43, 48, 51 e 55 do Decreto nº 6.514, de 22 de julho de 2008.
Art. 21. Ato do Ministro de Estado do Meio Ambiente estabelecerá a data a partir da qual o CAR será considerado implantado para os fins do disposto neste Decreto e detalhará as informações e os documentos necessários à inscrição no CAR, ouvidos os Ministros de Estado da Agricultura, Pecuária e Abastecimento e do Desenvolvimento Agrário.
Art. 22. Este Decreto entra em vigor na data de sua publicação.
Art. 23. Fica revogado o Decreto nº 7.029, de 10 de dezembro de 2009.

Brasília, 17 de outubro de 2012; 191º da Independência e 124º da República.

DILMA ROUSSEFF

Lei do Sistema Nacional de Unidades de Conservação da Natureza (SNUC)

LEI Nº 9.985, DE 18 DE JULHO DE 2000.

> Regulamenta o art. 225, § 1º, incisos I, II, III e VII da Constituição Federal, institui o **Sistema Nacional de Unidades de Conservação da Natureza** e dá outras providências.

O **VICE-PRESIDENTE DA REPÚBLICA** no exercício do cargo de **PRESIDENTE DA REPÚBLICA** Faço saber que o Congresso Nacional decreta e eu sanciono a seguinte Lei:

CAPÍTULO I
DAS DISPOSIÇÕES PRELIMINARES

Art. 1º Esta Lei institui o Sistema Nacional de Unidades de Conservação da Natureza – SNUC, estabelece critérios e normas para a criação, implantação e gestão das unidades de conservação.

Art. 2º Para os fins previstos nesta Lei, entende-se por:

I - unidade de conservação: espaço territorial e seus recursos ambientais, incluindo as águas jurisdicionais, com características naturais relevantes, legalmente instituído pelo Poder Público, com objetivos de conservação e limites definidos, sob regime especial de administração, ao qual se aplicam garantias adequadas de proteção;

II - conservação da natureza: o manejo do uso humano da natureza, compreendendo a preservação, a manutenção, a utilização sustentável, a restauração e a recuperação do ambiente natural, para que possa produzir o maior benefício, em bases sustentáveis, às atuais gerações, mantendo seu potencial de satisfazer as necessidades e aspirações das gerações futuras, e garantindo a sobrevivência dos seres vivos em geral;

III - diversidade biológica: a variabilidade de organismos vivos de **todas** as origens, compreendendo, dentre outros, os ecossistemas terrestres, marinhos e outros ecossistemas aquáticos e os complexos ecológicos de que fazem parte; compreendendo ainda a diversidade dentro de espécies, entre espécies e de ecossistemas;

IV - recurso ambiental: a atmosfera, as águas interiores, superficiais e subterrâneas, os estuários, o mar territorial, o solo, o subsolo, os elementos da biosfera, a fauna e a flora;

V - preservação: conjunto de métodos, procedimentos e políticas que visem a proteção a longo prazo das espécies, habitats e ecossistemas, além da manutenção dos processos ecológicos, prevenindo a simplificação dos sistemas naturais;

VI - proteção integral: manutenção dos ecossistemas livres de alterações causadas por interferência humana, admitido **apenas** o uso indireto dos seus atributos naturais;

VII - conservação *in situ*: conservação de ecossistemas e habitats naturais e a manutenção e recuperação de populações viáveis de espécies em seus meios naturais e, no caso de espécies domesticadas ou cultivadas, nos meios onde tenham desenvolvido suas propriedades características;
VIII - manejo: todo e **qualquer** procedimento que vise assegurar a conservação da diversidade biológica e dos ecossistemas;
IX - uso indireto: aquele que não envolve consumo, coleta, dano ou destruição dos recursos naturais;
X - uso direto: aquele que envolve coleta e uso, comercial ou não, dos recursos naturais;
XI - uso sustentável: exploração do ambiente de maneira a garantir a perenidade dos recursos ambientais renováveis e dos processos ecológicos, mantendo a biodiversidade e os demais atributos ecológicos, de forma socialmente justa e economicamente viável;
XII - extrativismo: sistema de exploração baseado na coleta e extração, de modo sustentável, de recursos naturais renováveis;
XIII - recuperação: restituição de um ecossistema ou de uma população silvestre degradada a uma condição não degradada, que pode ser diferente de sua condição original;
XIV - restauração: restituição de um ecossistema ou de uma população silvestre degradada o mais próximo possível da sua condição original;
XV - (VETADO)
XVI - zoneamento: definição de setores ou zonas em uma unidade de conservação com objetivos de manejo e normas específicas, com o propósito de proporcionar os meios e as condições para que **todos** os objetivos da unidade possam ser alcançados de forma harmônica e eficaz;
XVII - plano de manejo: documento técnico mediante o qual, com fundamento nos objetivos gerais de uma unidade de conservação, se estabelece o seu zoneamento e as normas que devem presidir o uso da área e o manejo dos recursos naturais, inclusive a implantação das estruturas físicas necessárias à gestão da unidade;
XVIII - zona de amortecimento: o entorno de uma unidade de conservação, onde as atividades humanas estão sujeitas a normas e restrições específicas, com o propósito de minimizar os impactos negativos sobre a unidade; e
XIX - corredores ecológicos: porções de ecossistemas naturais ou seminaturais, ligando unidades de conservação, que possibilitam entre elas o fluxo de genes e o movimento da biota, facilitando a dispersão de espécies e a recolonização de áreas degradadas, bem como a manutenção de populações que demandam para sua sobrevivência áreas com extensão maior do que aquela das unidades individuais.

CAPÍTULO II
DO SISTEMA NACIONAL DE UNIDADES DE CONSERVAÇÃO DA NATUREZA – SNUC

Art. 3º O Sistema Nacional de Unidades de Conservação da Natureza - SNUC é constituído pelo conjunto das unidades de conservação federais, estaduais e municipais, de acordo com o disposto nesta Lei.
Art. 4º O SNUC tem os seguintes objetivos:
I - contribuir para a manutenção da diversidade biológica e dos recursos genéticos no território nacional e nas águas jurisdicionais;

II - proteger as espécies ameaçadas de extinção no âmbito **regional** e **nacional**;
III - contribuir para a preservação e a restauração da diversidade de ecossistemas naturais;
IV - promover o desenvolvimento sustentável a partir dos recursos naturais;
V - promover a utilização dos princípios e práticas de conservação da natureza no processo de desenvolvimento;
VI - proteger paisagens naturais e pouco alteradas de notável beleza cênica;
VII - proteger as características relevantes de natureza geológica, geomorfológica, espeleológica, arqueológica, paleontológica e cultural;
VIII - proteger e recuperar recursos hídricos e edáficos;
IX - recuperar ou restaurar ecossistemas degradados;
X - proporcionar meios e incentivos para atividades de pesquisa científica, estudos e monitoramento ambiental;
XI - valorizar econômica e socialmente a diversidade biológica;
XII - favorecer condições e promover a educação e interpretação ambiental, a recreação em contato com a natureza e o turismo ecológico;
XIII - proteger os recursos naturais necessários à subsistência de populações tradicionais, respeitando e valorizando seu conhecimento e sua cultura e promovendo-as social e economicamente.
Art. 5º O SNUC será regido por diretrizes que:
I - assegurem que no conjunto das unidades de conservação estejam representadas amostras significativas e ecologicamente viáveis das diferentes populações, habitats e ecossistemas do território nacional e das águas jurisdicionais, salvaguardando o patrimônio biológico existente;
II - assegurem os mecanismos e procedimentos necessários ao envolvimento da sociedade no estabelecimento e na revisão da política nacional de unidades de conservação;
III - assegurem a participação efetiva das populações locais na criação, implantação e gestão das unidades de conservação;
IV - busquem o apoio e a cooperação de organizações não-governamentais, de organizações privadas e pessoas físicas para o desenvolvimento de estudos, pesquisas científicas, práticas de educação ambiental, atividades de lazer e de turismo ecológico, monitoramento, manutenção e outras atividades de gestão das unidades de conservação;
V - incentivem as populações locais e as organizações privadas a estabelecerem e administrarem unidades de conservação dentro do sistema nacional;
VI - assegurem, nos casos possíveis, a sustentabilidade econômica das unidades de conservação;
VII - permitam o uso das unidades de conservação para a conservação *in situ* de populações das variantes genéticas selvagens dos animais e plantas domesticados e recursos genéticos silvestres;
VIII - assegurem que o processo de criação e a gestão das unidades de conservação sejam feitos de forma integrada com as políticas de administração das terras e águas circundantes, considerando as condições e necessidades sociais e econômicas locais;
IX - considerem as condições e necessidades das populações locais no desenvolvimento e adaptação de métodos e técnicas de uso sustentável dos recursos naturais;
X - garantam às populações tradicionais cuja subsistência dependa da utilização de recursos naturais existentes no interior das unidades de

conservação meios de subsistência alternativos ou a justa indenização pelos recursos perdidos;
XI - garantam uma alocação adequada dos recursos financeiros necessários para que, uma vez criadas, as unidades de conservação possam ser geridas de forma eficaz e atender aos seus objetivos;
XII - busquem conferir às unidades de conservação, nos casos possíveis e respeitadas as conveniências da administração, autonomia administrativa e financeira; e
XIII - busquem proteger grandes áreas por meio de um conjunto integrado de unidades de conservação de diferentes categorias, próximas ou contíguas, e suas respectivas zonas de amortecimento e corredores ecológicos, integrando as diferentes atividades de preservação da natureza, uso sustentável dos recursos naturais e restauração e recuperação dos ecossistemas.
Art. 6º O SNUC será gerido pelos seguintes órgãos, com as respectivas atribuições:
I – Órgão consultivo e deliberativo: o Conselho Nacional do Meio Ambiente - Conama, com as atribuições de acompanhar a implementação do Sistema;
II - Órgão central: o Ministério do Meio Ambiente, com a finalidade de coordenar o Sistema; e
III - órgãos executores: o Instituto Chico Mendes e o Ibama, em caráter supletivo, os órgãos estaduais e municipais, com a função de implementar o SNUC, subsidiar as propostas de criação e administrar as unidades de conservação federais, estaduais e municipais, nas respectivas esferas de atuação.
Parágrafo único. Podem integrar o SNUC, **excepcionalmente** e a critério do Conama, unidades de conservação estaduais e municipais que, concebidas para atender a peculiaridades regionais ou locais, possuam objetivos de manejo que não possam ser satisfatoriamente atendidos por nenhuma categoria prevista nesta Lei e cujas características permitam, em relação a estas, uma clara distinção.

CAPÍTULO III
DAS CATEGORIAS DE UNIDADES DE CONSERVAÇÃO

Art. 7º As unidades de conservação integrantes do SNUC dividem-se em dois grupos, com características específicas:
I - Unidades de Proteção Integral;
II - Unidades de Uso Sustentável.
§ 1º O objetivo básico das Unidades de Proteção Integral é preservar a natureza, sendo admitido **apenas** o uso indireto dos seus recursos naturais, com **exceção** dos casos previstos nesta Lei.
§ 2º O objetivo básico das Unidades de Uso Sustentável é compatibilizar a conservação da natureza com o uso sustentável de parcela dos seus recursos naturais.
Art. 8º O grupo das Unidades de Proteção Integral é composto pelas seguintes categorias de unidade de conservação:
I - Estação Ecológica;
II - Reserva Biológica;
III - Parque Nacional;
IV - Monumento Natural;
V - Refúgio de Vida Silvestre.

Art. 9º A Estação Ecológica tem como objetivo a preservação da natureza e a realização de pesquisas científicas.

§ 1º A Estação Ecológica é de posse e domínio públicos, sendo que as áreas particulares incluídas em seus limites serão desapropriadas, de acordo com o que dispõe a lei.

§ 2º É proibida a visitação pública, **exceto** quando com objetivo educacional, de acordo com o que dispuser o Plano de Manejo da unidade ou regulamento específico.

§ 3º A pesquisa científica depende de autorização prévia do órgão responsável pela administração da unidade e está sujeita às condições e restrições por este estabelecidas, bem como àquelas previstas em regulamento.

§ 4º Na Estação Ecológica só podem ser permitidas alterações dos ecossistemas no caso de:
I - medidas que visem a restauração de ecossistemas modificados;
II - manejo de espécies com o fim de preservar a diversidade biológica;
III - coleta de componentes dos ecossistemas com finalidades científicas;
IV - pesquisas científicas cujo impacto sobre o ambiente seja maior do que aquele causado pela simples observação ou pela coleta controlada de componentes dos ecossistemas, em uma área correspondente a no máximo três por cento da extensão total da unidade e até o limite de um mil e quinhentos hectares.

Art. 10. A Reserva Biológica tem como objetivo a preservação integral da biota e demais atributos naturais existentes em seus limites, sem interferência humana direta ou modificações ambientais, excetuando-se as medidas de recuperação de seus ecossistemas alterados e as ações de manejo necessárias para recuperar e preservar o equilíbrio natural, a diversidade biológica e os processos ecológicos naturais.

§ 1º A Reserva Biológica é de posse e domínio públicos, sendo que as áreas particulares incluídas em seus limites serão desapropriadas, de acordo com o que dispõe a lei.

§ 2º É proibida a visitação pública, **exceto** aquela com objetivo educacional, de acordo com regulamento específico.

§ 3º A pesquisa científica depende de autorização prévia do órgão responsável pela administração da unidade e está sujeita às condições e restrições por este estabelecidas, bem como àquelas previstas em regulamento.

Art. 11. O Parque Nacional tem como objetivo básico a preservação de ecossistemas naturais de grande relevância ecológica e beleza cênica, possibilitando a realização de pesquisas científicas e o desenvolvimento de atividades de educação e interpretação ambiental, de recreação em contato com a natureza e de turismo ecológico.

§ 1º O Parque Nacional é de posse e domínio públicos, sendo que as áreas particulares incluídas em seus limites serão desapropriadas, de acordo com o que dispõe a lei.

§ 2º A visitação pública está sujeita às normas e restrições estabelecidas no Plano de Manejo da unidade, às normas estabelecidas pelo órgão responsável por sua administração, e àquelas previstas em regulamento.

§ 3º A pesquisa científica depende de autorização prévia do órgão responsável pela administração da unidade e está sujeita às condições e restrições por este estabelecidas, bem como àquelas previstas em regulamento.

§ 4º As unidades dessa categoria, quando criadas pelo Estado ou Município, serão denominadas, respectivamente, Parque Estadual e Parque Natural Municipal.
Art. 12. O Monumento Natural tem como objetivo básico preservar sítios naturais raros, singulares ou de grande beleza cênica.
§ 1º O Monumento Natural pode ser constituído por áreas particulares, desde que seja possível compatibilizar os objetivos da unidade com a utilização da terra e dos recursos naturais do local pelos proprietários.
§ 2º Havendo incompatibilidade entre os objetivos da área e as atividades privadas ou não havendo aquiescência do proprietário às condições propostas pelo órgão responsável pela administração da unidade para a coexistência do Monumento Natural com o uso da propriedade, a área deve ser desapropriada, de acordo com o que dispõe a lei.
§ 3º A visitação pública está sujeita às condições e restrições estabelecidas no Plano de Manejo da unidade, às normas estabelecidas pelo órgão responsável por sua administração e àquelas previstas em regulamento.
Art. 13. O Refúgio de Vida Silvestre tem como objetivo proteger ambientes naturais onde se asseguram condições para a existência ou reprodução de espécies ou comunidades da flora local e da fauna residente ou migratória.
§ 1º O Refúgio de Vida Silvestre pode ser constituído por áreas particulares, desde que seja possível compatibilizar os objetivos da unidade com a utilização da terra e dos recursos naturais do local pelos proprietários.
§ 2º Havendo incompatibilidade entre os objetivos da área e as atividades privadas ou não havendo aquiescência do proprietário às condições propostas pelo órgão responsável pela administração da unidade para a coexistência do Refúgio de Vida Silvestre com o uso da propriedade, a área deve ser desapropriada, de acordo com o que dispõe a lei.
§ 3º A visitação pública está sujeita às normas e restrições estabelecidas no Plano de Manejo da unidade, às normas estabelecidas pelo órgão responsável por sua administração, e àquelas previstas em regulamento.
§ 4º A pesquisa científica depende de autorização prévia do órgão responsável pela administração da unidade e está sujeita às condições e restrições por este estabelecidas, bem como àquelas previstas em regulamento.
Art. 14. Constituem o Grupo das Unidades de Uso Sustentável as seguintes categorias de unidade de conservação:
I - Área de Proteção Ambiental;
II - Área de Relevante Interesse Ecológico;
III - Floresta Nacional;
IV - Reserva Extrativista;
V - Reserva de Fauna;
VI – Reserva de Desenvolvimento Sustentável; e
VII - Reserva Particular do Patrimônio Natural.
Art. 15. A Área de Proteção Ambiental é uma área em geral extensa, com um certo grau de ocupação humana, dotada de atributos abióticos, bióticos, estéticos ou culturais especialmente importantes para a qualidade de vida e o bem-estar das populações humanas, e tem como objetivos básicos proteger a diversidade biológica, disciplinar o processo de ocupação e assegurar a sustentabilidade do uso dos recursos naturais.
§ 1º A Área de Proteção Ambiental é constituída por terras públicas ou privadas.

§ 2º Respeitados os limites constitucionais, podem ser estabelecidas normas e restrições para a utilização de uma propriedade privada localizada em uma Área de Proteção Ambiental.

§ 3º As condições para a realização de pesquisa científica e visitação pública nas áreas sob domínio público serão estabelecidas pelo órgão gestor da unidade.

§ 4º Nas áreas sob propriedade privada, cabe ao proprietário estabelecer as condições para pesquisa e visitação pelo público, observadas as exigências e restrições legais.

§ 5º A Área de Proteção Ambiental disporá de um Conselho presidido pelo órgão responsável por sua administração e constituído por representantes dos órgãos públicos, de organizações da sociedade civil e da população residente, conforme se dispuser no regulamento desta Lei.

Art. 16. A Área de Relevante Interesse Ecológico é uma área em geral de pequena extensão, com pouca ou nenhuma ocupação humana, com características naturais extraordinárias ou que abriga exemplares raros da biota **regional**, e tem como objetivo manter os ecossistemas naturais de importância **regional** ou local e regular o uso admissível dessas áreas, de modo a compatibilizá-lo com os objetivos de conservação da natureza.

§ 1º A Área de Relevante Interesse Ecológico é constituída por terras públicas ou privadas.

§ 2º Respeitados os limites constitucionais, podem ser estabelecidas normas e restrições para a utilização de uma propriedade privada localizada em uma Área de Relevante Interesse Ecológico.

Art. 17. A Floresta Nacional é uma área com cobertura florestal de espécies predominantemente nativas e tem como objetivo básico o uso múltiplo sustentável dos recursos florestais e a pesquisa científica, com ênfase em métodos para exploração sustentável de florestas nativas.

§ 1º A Floresta Nacional é de posse e domínio públicos, sendo que as áreas particulares incluídas em seus limites devem ser desapropriadas de acordo com o que dispõe a lei.

§ 2º Nas Florestas Nacionais é admitida a permanência de populações tradicionais que a habitam quando de sua criação, em conformidade com o disposto em regulamento e no Plano de Manejo da unidade.

§ 3º A visitação pública é permitida, condicionada às normas estabelecidas para o manejo da unidade pelo órgão responsável por sua administração.

§ 4º A pesquisa é permitida e incentivada, sujeitando-se à prévia autorização do órgão responsável pela administração da unidade, às condições e restrições por este estabelecidas e àquelas previstas em regulamento.

§ 5º A Floresta Nacional disporá de um Conselho Consultivo, presidido pelo órgão responsável por sua administração e constituído por representantes de órgãos públicos, de organizações da sociedade civil e, quando for o caso, das populações tradicionais residentes.

§ 6º A unidade desta categoria, quando criada pelo Estado ou Município, será denominada, respectivamente, Floresta Estadual e Floresta Municipal.

Art. 18. A Reserva Extrativista é uma área utilizada por populações extrativistas tradicionais, cuja subsistência baseia-se no extrativismo e, complementarmente, na agricultura de subsistência e na criação de animais de pequeno porte, e tem como objetivos básicos proteger os meios de vida e a cultura dessas populações, e assegurar o uso sustentável dos recursos naturais da unidade.

§ 1º A Reserva Extrativista é de domínio público, com uso concedido às populações extrativistas tradicionais conforme o disposto no art. 23 desta Lei e em regulamentação específica, sendo que as áreas particulares incluídas em seus limites devem ser desapropriadas, de acordo com o que dispõe a lei.

§ 2º A Reserva Extrativista será gerida por um Conselho Deliberativo, presidido pelo órgão responsável por sua administração e constituído por representantes de órgãos públicos, de organizações da sociedade civil e das populações tradicionais residentes na área, conforme se dispuser em regulamento e no ato de criação da unidade.

§ 3º A visitação pública é permitida, desde que compatível com os interesses locais e de acordo com o disposto no Plano de Manejo da área.

§ 4º A pesquisa científica é permitida e incentivada, sujeitando-se à prévia autorização do órgão responsável pela administração da unidade, às condições e restrições por este estabelecidas e às normas previstas em regulamento.

§ 5º O Plano de Manejo da unidade será aprovado pelo seu Conselho Deliberativo.

§ 6º São proibidas a exploração de recursos minerais e a caça amadorística ou profissional.

§ 7º A exploração comercial de recursos madeireiros só será admitida em bases sustentáveis e em situações especiais e complementares às demais atividades desenvolvidas na Reserva Extrativista, conforme o disposto em regulamento e no Plano de Manejo da unidade.

Art. 19. A Reserva de Fauna é uma área natural com populações animais de espécies nativas, terrestres ou aquáticas, residentes ou migratórias, adequadas para estudos técnico-científicos sobre o manejo econômico sustentável de recursos faunísticos.

§ 1º A Reserva de Fauna é de posse e domínio públicos, sendo que as áreas particulares incluídas em seus limites devem ser desapropriadas de acordo com o que dispõe a lei.

§ 2º A visitação pública pode ser permitida, desde que compatível com o manejo da unidade e de acordo com as normas estabelecidas pelo órgão responsável por sua administração.

§ 3º É proibido o exercício da caça amadorística ou profissional.

§ 4º A comercialização dos produtos e subprodutos resultantes das pesquisas obedecerá ao disposto nas leis sobre fauna e regulamentos.

Art. 20. A Reserva de Desenvolvimento Sustentável é uma área natural que abriga populações tradicionais, cuja existência baseia-se em sistemas sustentáveis de exploração dos recursos naturais, desenvolvidos ao longo de gerações e adaptados às condições ecológicas locais e que desempenham um papel fundamental na proteção da natureza e na manutenção da diversidade biológica.

§ 1º A Reserva de Desenvolvimento Sustentável tem como objetivo básico preservar a natureza e, ao mesmo tempo, assegurar as condições e os meios necessários para a reprodução e a melhoria dos modos e da qualidade de vida e exploração dos recursos naturais das populações tradicionais, bem como valorizar, conservar e aperfeiçoar o conhecimento e as técnicas de manejo do ambiente, desenvolvido por estas populações.

§ 2º A Reserva de Desenvolvimento Sustentável é de domínio público, sendo que as áreas particulares incluídas em seus limites devem ser, quando necessário, desapropriadas, de acordo com o que dispõe a lei.

§ 3º O uso das áreas ocupadas pelas populações tradicionais será regulado de acordo com o disposto no art. 23 desta Lei e em regulamentação específica.
§ 4º A Reserva de Desenvolvimento Sustentável será gerida por um Conselho Deliberativo, presidido pelo órgão responsável por sua administração e constituído por representantes de órgãos públicos, de organizações da sociedade civil e das populações tradicionais residentes na área, conforme se dispuser em regulamento e no ato de criação da unidade.
§ 5º As atividades desenvolvidas na Reserva de Desenvolvimento Sustentável obedecerão às seguintes condições:
I - é permitida e incentivada a visitação pública, desde que compatível com os interesses locais e de acordo com o disposto no Plano de Manejo da área;
II - é permitida e incentivada a pesquisa científica voltada à conservação da natureza, à melhor relação das populações residentes com seu meio e à educação ambiental, sujeitando-se à prévia autorização do órgão responsável pela administração da unidade, às condições e restrições por este estabelecidas e às normas previstas em regulamento;
III - deve ser sempre considerado o equilíbrio dinâmico entre o tamanho da população e a conservação; e
IV - é admitida a exploração de componentes dos ecossistemas naturais em regime de manejo sustentável e a substituição da cobertura vegetal por espécies cultiváveis, desde que sujeitas ao zoneamento, às limitações legais e ao Plano de Manejo da área.
§ 6º O Plano de Manejo da Reserva de Desenvolvimento Sustentável definirá as zonas de proteção integral, de uso sustentável e de amortecimento e corredores ecológicos, e será aprovado pelo Conselho Deliberativo da unidade.
Art. 21. A Reserva Particular do Patrimônio Natural é uma área privada, gravada com perpetuidade, com o objetivo de conservar a diversidade biológica.
§ 1º O gravame de que trata este artigo constará de termo de compromisso assinado perante o órgão ambiental, que verificará a existência de interesse público, e será averbado à margem da inscrição no Registro Público de Imóveis.
§ 2º Só poderá ser permitida, na Reserva Particular do Patrimônio Natural, conforme se dispuser em regulamento:
I - a pesquisa científica;
II - a visitação com objetivos turísticos, recreativos e educacionais;
III - (VETADO)
§ 3º Os órgãos integrantes do SNUC, sempre que possível e oportuno, prestarão orientação técnica e científica ao proprietário de Reserva Particular do Patrimônio Natural para a elaboração de um Plano de Manejo ou de Proteção e de Gestão da unidade.

CAPÍTULO IV
DA CRIAÇÃO, IMPLANTAÇÃO E GESTÃO DAS UNIDADES DE CONSERVAÇÃO

Art. 22. As unidades de conservação são criadas por ato do Poder Público.

§ 2º A criação de uma unidade de conservação deve ser precedida de estudos técnicos e de consulta pública que permitam identificar a localização, a dimensão e os limites mais adequados para a unidade, conforme se dispuser em regulamento.

§ 3º No processo de consulta de que trata o § 2º, o Poder Público é obrigado a fornecer informações adequadas e inteligíveis à população local e a outras partes interessadas.

§ 4º Na criação de Estação Ecológica ou Reserva Biológica não é obrigatória a consulta de que trata o § 2º deste artigo.

§ 5º As unidades de conservação do grupo de Uso Sustentável podem ser transformadas total ou parcialmente em unidades do grupo de Proteção Integral, por instrumento normativo do mesmo nível hierárquico do que criou a unidade, desde que obedecidos os procedimentos de consulta estabelecidos no § 2º deste artigo.

§ 6º A ampliação dos limites de uma unidade de conservação, sem modificação dos seus limites originais, **exceto** pelo acréscimo proposto, pode ser feita por instrumento normativo do mesmo nível hierárquico do que criou a unidade, desde que obedecidos os procedimentos de consulta estabelecidos no § 2º deste artigo.

§ 7º A desafetação ou redução dos limites de uma unidade de conservação só pode ser feita mediante **lei específica**.

Art. 22-A. O Poder Público poderá, **ressalvada**s as atividades agropecuárias e outras atividades econômicas em andamento e obras públicas licenciadas, na forma da lei, decretar limitações administrativas provisórias ao exercício de atividades e empreendimentos efetiva ou potencialmente causadores de degradação ambiental, para a realização de estudos com vistas na criação de Unidade de Conservação, quando, a critério do órgão ambiental competente, houver risco de dano grave aos recursos naturais ali existentes.

§ 1º Sem prejuízo da restrição e observada a ressalva constante do caput, na área submetida a limitações administrativas, não serão permitidas atividades que importem em exploração a corte raso da floresta e demais formas de vegetação nativa.

§ 2º A destinação final da área submetida ao disposto neste artigo será definida no prazo de 7 (sete) meses, improrrogáveis, findo o qual fica extinta a limitação administrativa.

Art. 23. A posse e o uso das áreas ocupadas pelas populações tradicionais nas Reservas Extrativistas e Reservas de Desenvolvimento Sustentável serão regulados por contrato, conforme se dispuser no regulamento desta Lei.

§ 1º As populações de que trata este artigo obrigam-se a participar da preservação, recuperação, defesa e manutenção da unidade de conservação.

§ 2º O uso dos recursos naturais pelas populações de que trata este artigo obedecerá às seguintes normas:

I - proibição do uso de espécies **localmente** ameaçadas de extinção ou de práticas que danifiquem os seus habitats;

II - proibição de práticas ou atividades que impeçam a regeneração natural dos ecossistemas;

III - demais normas estabelecidas na legislação, no Plano de Manejo da unidade de conservação e no contrato de concessão de direito real de uso.
Art. 24. O subsolo e o espaço aéreo, sempre que influírem na estabilidade do ecossistema, integram os limites das unidades de conservação.
Art. 25. As unidades de conservação, **exceto** Área de Proteção Ambiental e Reserva Particular do Patrimônio Natural, devem possuir uma zona de amortecimento e, quando conveniente, corredores ecológicos.
§ 1º O órgão responsável pela administração da unidade estabelecerá normas específicas regulamentando a ocupação e o uso dos recursos da zona de amortecimento e dos corredores ecológicos de uma unidade de conservação.
§ 2º Os limites da zona de amortecimento e dos corredores ecológicos e as respectivas normas de que trata o § 1º poderão ser definidas no ato de criação da unidade ou posteriormente.
Art. 26. Quando existir um conjunto de unidades de conservação de categorias diferentes ou não, próximas, justapostas ou sobrepostas, e outras áreas protegidas públicas ou privadas, constituindo um mosaico, a gestão do conjunto deverá ser feita de forma integrada e participativa, considerando-se os seus distintos objetivos de conservação, de forma a compatibilizar a presença da biodiversidade, a valorização da sociodiversidade e o desenvolvimento sustentável no contexto **regional**.
Parágrafo único. O regulamento desta Lei disporá sobre a forma de gestão integrada do conjunto das unidades.
Art. 27. As unidades de conservação devem dispor de um Plano de Manejo.
§ 1º O Plano de Manejo deve abranger a área da unidade de conservação, sua zona de amortecimento e os corredores ecológicos, incluindo medidas com o fim de promover sua integração à vida econômica e social das comunidades vizinhas.
§ 2º Na elaboração, atualização e implementação do Plano de Manejo das Reservas Extrativistas, das Reservas de Desenvolvimento Sustentável, das Áreas de Proteção Ambiental e, quando couber, das Florestas Nacionais e das Áreas de Relevante Interesse Ecológico, será assegurada a ampla participação da população residente.
§ 3º O Plano de Manejo de uma unidade de conservação deve ser elaborado no prazo de cinco anos a partir da data de sua criação.
§ 4º O Plano de Manejo poderá dispor sobre as atividades de liberação planejada e cultivo de organismos geneticamente modificados nas Áreas de Proteção Ambiental e nas zonas de amortecimento das demais categorias de unidade de conservação, observadas as informações contidas na decisão técnica da Comissão Técnica Nacional de Biossegurança - CTNBio sobre:
I - o registro de ocorrência de ancestrais diretos e parentes silvestres;
II - as características de reprodução, dispersão e sobrevivência do organismo geneticamente modificado;
III - o isolamento reprodutivo do organismo geneticamente modificado em relação aos seus ancestrais diretos e parentes silvestres; e
IV - situações de risco do organismo geneticamente modificado à biodiversidade.
Art. 28. São proibidas, nas unidades de conservação, **quaisquer** alterações, atividades ou modalidades de utilização em desacordo com os seus objetivos, o seu Plano de Manejo e seus regulamentos.
Parágrafo único. Até que seja elaborado o Plano de Manejo, **todas** as atividades e obras desenvolvidas nas unidades de conservação de proteção integral devem se limitar àquelas destinadas a garantir a integridade dos

recursos que a unidade objetiva proteger, assegurando-se às populações tradicionais porventura residentes na área as condições e os meios necessários para a satisfação de suas necessidades materiais, sociais e culturais.

Art. 29. Cada unidade de conservação do grupo de Proteção Integral disporá de um Conselho Consultivo, presidido pelo órgão responsável por sua administração e constituído por representantes de órgãos públicos, de organizações da sociedade civil, por proprietários de terras localizadas em Refúgio de Vida Silvestre ou Monumento Natural, quando for o caso, e, na hipótese prevista no § 2º do art. 42, das populações tradicionais residentes, conforme se dispuser em regulamento e no ato de criação da unidade.

Art. 30. As unidades de conservação podem ser geridas por organizações da sociedade civil de interesse público com objetivos afins aos da unidade, mediante instrumento a ser firmado com o órgão responsável por sua gestão.

Art. 31. É proibida a introdução nas unidades de conservação de espécies não autóctones.

§ 1º Excetuam-se do disposto neste artigo as Áreas de Proteção Ambiental, as Florestas Nacionais, as Reservas Extrativistas e as Reservas de Desenvolvimento Sustentável, bem como os animais e plantas necessários à administração e às atividades das demais categorias de unidades de conservação, de acordo com o que se dispuser em regulamento e no Plano de Manejo da unidade.

§ 2º Nas áreas particulares localizadas em Refúgios de Vida Silvestre e Monumentos Naturais podem ser criados animais domésticos e cultivadas plantas considerados compatíveis com as finalidades da unidade, de acordo com o que dispuser o seu Plano de Manejo.

Art. 32. Os órgãos executores articular-se-ão com a comunidade científica com o propósito de incentivar o desenvolvimento de pesquisas sobre a fauna, a flora e a ecologia das unidades de conservação e sobre formas de uso sustentável dos recursos naturais, valorizando-se o conhecimento das populações tradicionais.

§ 1º As pesquisas científicas nas unidades de conservação **não podem** colocar em risco a sobrevivência das espécies integrantes dos ecossistemas protegidos.

§ 2º A realização de pesquisas científicas nas unidades de conservação, **exceto** Área de Proteção Ambiental e Reserva Particular do Patrimônio Natural, depende de aprovação prévia e está sujeita à fiscalização do órgão responsável por sua administração.

§ 3º Os órgãos competentes podem transferir para as instituições de pesquisa nacionais, mediante acordo, a atribuição de aprovar a realização de pesquisas científicas e de credenciar pesquisadores para trabalharem nas unidades de conservação.

Art. 33. A exploração comercial de produtos, subprodutos ou serviços obtidos ou desenvolvidos a partir dos recursos naturais, biológicos, cênicos ou culturais ou da exploração da imagem de unidade de conservação, **exceto** Área de Proteção Ambiental e Reserva Particular do Patrimônio Natural, dependerá de prévia autorização e sujeitará o explorador a pagamento, conforme disposto em regulamento.

Art. 34. Os órgãos responsáveis pela administração das unidades de conservação podem receber recursos ou doações de **qualquer** natureza, nacionais ou **internacionai**s, com ou sem encargos, provenientes de

organizações privadas ou públicas ou de pessoas físicas que desejarem colaborar com a sua conservação.
Parágrafo único. A administração dos recursos obtidos cabe ao órgão gestor da unidade, e estes serão utilizados exclusivamente na sua implantação, gestão e manutenção.
Art. 35. Os recursos obtidos pelas unidades de conservação do Grupo de Proteção Integral mediante a cobrança de taxa de visitação e outras rendas decorrentes de arrecadação, serviços e atividades da própria unidade serão aplicados de acordo com os seguintes critérios:
I - até cinquenta por cento, e não menos que vinte e cinco por cento, na implementação, manutenção e gestão da própria unidade;
II - até cinquenta por cento, e não menos que vinte e cinco por cento, na regularização fundiária das unidades de conservação do Grupo;
III - até cinquenta por cento, e não menos que quinze por cento, na implementação, manutenção e gestão de outras unidades de conservação do Grupo de Proteção Integral.
Art. 36. Nos casos de licenciamento ambiental de empreendimentos de significativo impacto ambiental, assim considerado pelo órgão ambiental competente, com fundamento em estudo de impacto ambiental e respectivo relatório - EIA/RIMA, o empreendedor é obrigado a apoiar a implantação e manutenção de unidade de conservação do Grupo de Proteção Integral, de acordo com o disposto neste artigo e no regulamento desta Lei.
§ 1º O montante de recursos a ser destinado pelo empreendedor para esta finalidade **não pode** ser inferior a meio por cento dos custos totais previstos para a implantação do empreendimento, sendo o percentual fixado pelo órgão ambiental licenciador, de acordo com o grau de impacto ambiental causado pelo empreendimento.
§ 2º Ao órgão ambiental licenciador compete definir as unidades de conservação a serem beneficiadas, considerando as propostas apresentadas no EIA/RIMA e ouvido o empreendedor, podendo inclusive ser contemplada a criação de novas unidades de conservação.
§ 3º Quando o empreendimento afetar unidade de conservação específica ou sua zona de amortecimento, o licenciamento a que se refere o *caput* deste artigo só poderá ser concedido mediante autorização do órgão responsável por sua administração, e a unidade afetada, mesmo que não pertencente ao Grupo de Proteção Integral, deverá ser uma das beneficiárias da compensação definida neste artigo.
§ 4º A obrigação de que trata o **caput** deste artigo poderá, em virtude do interesse público, ser cumprida em unidades de conservação de posse e domínio públicos do grupo de Uso Sustentável, especialmente as localizadas na Amazônia Legal.

CAPÍTULO V
DOS INCENTIVOS, ISENÇÕES E PENALIDADES

Art. 38. A ação ou omissão das pessoas físicas ou jurídicas que importem inobservância aos preceitos desta Lei e a seus regulamentos ou resultem em dano à flora, à fauna e aos demais atributos naturais das unidades de conservação, bem como às suas instalações e às zonas de amortecimento e corredores ecológicos, sujeitam os infratores às sanções previstas em lei.
Art. 39. Dê-se ao art. 40 da Lei nº 9.605, de 12 de fevereiro de 1998, a seguinte redação:

"Art. 40. (VETADO)
"§ 1º Entende-se por Unidades de Conservação de Proteção Integral as Estações Ecológicas, as Reservas Biológicas, os Parques Nacionais, os Monumentos Naturais e os Refúgios de Vida Silvestre." (NR)
"§ 2º A ocorrência de dano afetando espécies ameaçadas de extinção no interior das Unidades de Conservação de Proteção Integral será considerada circunstância agravante para a fixação da pena." (NR)
"§ 3º ...."
Art. 40. Acrescente-se à Lei nº 9.605, de 1998, o seguinte art. 40-A:
"Art. 40-A. (VETADO)
"§ 1º Entende-se por Unidades de Conservação de Uso Sustentável as Áreas de Proteção Ambiental, as Áreas de Relevante Interesse Ecológico, as Florestas Nacionais, as Reservas Extrativistas, as Reservas de Fauna, as Reservas de Desenvolvimento Sustentável e as Reservas Particulares do Patrimônio Natural." (AC)
"§ 2º A ocorrência de dano afetando espécies ameaçadas de extinção no interior das Unidades de Conservação de Uso Sustentável será considerada circunstância agravante para a fixação da pena." (AC)
"§ 3º Se o crime for culposo, a pena será reduzida à metade." (AC)

CAPÍTULO VI
DAS RESERVAS DA BIOSFERA

Art. 41. A Reserva da Biosfera é um modelo, adotado **internacional**mente, de gestão integrada, participativa e sustentável dos recursos naturais, com os objetivos básicos de preservação da diversidade biológica, o desenvolvimento de atividades de pesquisa, o monitoramento ambiental, a educação ambiental, o desenvolvimento sustentável e a melhoria da qualidade de vida das populações.
§ 1º A Reserva da Biosfera é constituída por:
I - uma ou várias áreas-núcleo, destinadas à proteção integral da natureza;
II - uma ou várias zonas de amortecimento, onde só são admitidas atividades que não resultem em dano para as áreas-núcleo; e
III - uma ou várias zonas de transição, sem limites rígidos, onde o processo de ocupação e o manejo dos recursos naturais são planejados e conduzidos de modo participativo e em bases sustentáveis.
§ 2º A Reserva da Biosfera é constituída por áreas de domínio público ou privado.
§ 3º A Reserva da Biosfera pode ser integrada por unidades de conservação já criadas pelo Poder Público, respeitadas as normas legais que disciplinam o manejo de cada categoria específica.
§ 4º A Reserva da Biosfera é gerida por um Conselho Deliberativo, formado por representantes de instituições públicas, de organizações da sociedade civil e da população residente, conforme se dispuser em regulamento e no ato de constituição da unidade.

§ 5º A Reserva da Biosfera é reconhecida pelo Programa Intergovernamental "O Homem e a Biosfera – MAB", estabelecido pela Unesco, organização da qual o Brasil é membro.

CAPÍTULO VII
DAS DISPOSIÇÕES GERAIS E TRANSITÓRIAS

Art. 42. As populações tradicionais residentes em unidades de conservação nas quais sua permanência não seja permitida serão indenizadas ou compensadas pelas benfeitorias existentes e devidamente realocadas pelo Poder Público, em local e condições acordados entre as partes.
§ 1º O Poder Público, por meio do órgão competente, priorizará o reassentamento das populações tradicionais a serem realocadas.
§ 2º Até que seja possível efetuar o reassentamento de que trata este artigo, serão estabelecidas normas e ações específicas destinadas a compatibilizar a presença das populações tradicionais residentes com os objetivos da unidade, sem prejuízo dos modos de vida, das fontes de subsistência e dos locais de moradia destas populações, assegurando-se a sua participação na elaboração das referidas normas e ações.
§ 3º Na hipótese prevista no § 2º, as normas regulando o prazo de permanência e suas condições serão estabelecidas em regulamento.
Art. 43. O Poder Público fará o levantamento nacional das terras devolutas, com o objetivo de definir áreas destinadas à conservação da natureza, no prazo de cinco anos após a publicação desta Lei.
Art. 44. As ilhas oceânicas e costeiras destinam-se prioritariamente à proteção da natureza e sua destinação para fins diversos deve ser precedida de autorização do órgão ambiental competente.
Parágrafo único. Estão dispensados da autorização citada no *caput* os órgãos que se utilizam das citadas ilhas por força de dispositivos legais ou quando decorrente de compromissos legais assumidos.
Art. 45. Excluem-se das indenizações referentes à regularização fundiária das unidades de conservação, derivadas ou não de desapropriação:
III - as espécies arbóreas declaradas imunes de corte pelo Poder Público;
IV - expectativas de ganhos e lucro cessante;
V - o resultado de cálculo efetuado mediante a operação de juros compostos;
VI - as áreas que não tenham prova de domínio inequívoco e anterior à criação da unidade.
Art. 46. A instalação de redes de abastecimento de água, esgoto, energia e infraestrutura urbana em geral, em unidades de conservação onde estes equipamentos são admitidos depende de prévia aprovação do órgão responsável por sua administração, sem prejuízo da necessidade de elaboração de estudos de impacto ambiental e outras exigências legais.
Parágrafo único. Esta mesma condição se aplica à zona de amortecimento das unidades do Grupo de Proteção Integral, bem como às áreas de propriedade privada inseridas nos limites dessas unidades e ainda não indenizadas.
Art. 47. O órgão ou empresa, público ou privado, responsável pelo abastecimento de água ou que faça uso de recursos hídricos, beneficiário da proteção proporcionada por uma unidade de conservação, deve contribuir financeiramente para a proteção e implementação da unidade, de acordo com o disposto em regulamentação específica.

Art. 48. O órgão ou empresa, público ou privado, responsável pela geração e distribuição de energia elétrica, beneficiário da proteção oferecida por uma unidade de conservação, deve contribuir financeiramente para a proteção e implementação da unidade, de acordo com o disposto em regulamentação específica.
Art. 49. A área de uma unidade de conservação do Grupo de Proteção Integral é considerada zona rural, para os efeitos legais.
Parágrafo único. A zona de amortecimento das unidades de conservação de que trata este artigo, uma vez definida formalmente, **não pode** ser transformada em zona urbana.
Art. 50. O Ministério do Meio Ambiente organizará e manterá um Cadastro Nacional de Unidades de Conservação, com a colaboração do Ibama e dos órgãos estaduais e municipais competentes.
§ 1º O Cadastro a que se refere este artigo conterá os dados principais de cada unidade de conservação, incluindo, dentre outras características relevantes, informações sobre espécies ameaçadas de extinção, situação fundiária, recursos hídricos, clima, solos e aspectos socioculturais e antropológicos.
§ 2º O Ministério do Meio Ambiente divulgará e colocará à disposição do público interessado os dados constantes do Cadastro.
Art. 51. O Poder Executivo Federal submeterá à apreciação do Congresso Nacional, a cada dois anos, um relatório de avaliação global da situação das unidades de conservação federais do País.
Art. 52. Os mapas e cartas oficiais devem indicar as áreas que compõem o SNUC.
Art. 53. O Ibama elaborará e divulgará periodicamente uma relação revista e atualizada das espécies da flora e da fauna ameaçadas de extinção no território brasileiro.
Parágrafo único. O Ibama incentivará os competentes órgãos estaduais e municipais a elaborarem relações equivalentes abrangendo suas respectivas áreas de jurisdição.
Art. 54. O Ibama, **excepcionalmente**, pode permitir a captura de exemplares de espécies ameaçadas de extinção destinadas a programas de criação em cativeiro ou formação de coleções científicas, de acordo com o disposto nesta Lei e em regulamentação específica.
Art. 55. As unidades de conservação e áreas protegidas criadas com base nas legislações anteriores e que não pertençam às categorias previstas nesta Lei serão reavaliadas, no todo ou em parte, no prazo de até dois anos, com o objetivo de definir sua destinação com base na categoria e função para as quais foram criadas, conforme o disposto no regulamento desta Lei.
Art. 57. Os órgãos federais responsáveis pela execução das políticas ambiental e indigenista deverão instituir grupos de trabalho para, no prazo de cento e oitenta dias a partir da vigência desta Lei, propor as diretrizes a serem adotadas com vistas à regularização das eventuais superposições entre áreas indígenas e unidades de conservação.
Parágrafo único. No ato de criação dos grupos de trabalho serão fixados os participantes, bem como a estratégia de ação e a abrangência dos trabalhos, garantida a participação das comunidades envolvidas.
Art. 57-A. O Poder Executivo estabelecerá os limites para o plantio de organismos geneticamente modificados nas áreas que circundam as unidades de conservação até que seja fixada sua zona de amortecimento e aprovado o seu respectivo Plano de Manejo.

Parágrafo único. O disposto no caput deste artigo não se aplica às Áreas de Proteção Ambiental e Reservas de Particulares do Patrimônio Nacional.

Art. 58. O Poder Executivo regulamentará esta Lei, no que for necessário à sua aplicação, no prazo de cento e oitenta dias a partir da data de sua publicação.

Art. 59. Esta Lei entra em vigor na data de sua publicação.

Art. 60. Revogam-se os arts. 5º e 6º da Lei nº 4.771, de 15 de setembro de 1965; o art. 5º da Lei nº 5.197, de 3 de janeiro de 1967; e o art. 18 da Lei nº 6.938, de 31 de agosto de 1981.

Brasília, 18 de julho de 2000; 179º da Independência e 112º da República.

MARCO ANTONIO DE OLIVEIRA MACIEL

❏ Regulamentação da Lei do SNUC

DECRETO Nº 4.340, DE 22 DE AGOSTO DE 2002

> Regulamenta artigos da Lei nº 9.985, de 18 de julho de 2000, que dispõe sobre o **Sistema Nacional de Unidades de Conservação da Natureza - SNUC**, e dá outras providências.

O PRESIDENTE DA REPÚBLICA, no uso das atribuições que lhe conferem o art. 84, inciso IV, e o art. 225, § 1º, incisos I, II, III e VII, da Constituição Federal, e tendo em vista o disposto na Lei nº 9.985, de 18 de julho de 2000,
DECRETA:

Art. 1º Este Decreto regulamenta os arts. 22, 24, 25, 26, 27, 29, 30, 33, 36, 41, 42, 47, 48 e 55 da Lei nº 9.985, de 18 de julho de 2000, bem como os arts. 15, 17, 18 e 20, no que concerne aos conselhos das unidades de conservação.

CAPÍTULO I
DA CRIAÇÃO DE UNIDADE DE CONSERVAÇÃO

Art. 2º O ato de criação de uma unidade de conservação deve indicar:
I - a denominação, a categoria de manejo, os objetivos, os limites, a área da unidade e o órgão responsável por sua administração;
II - a população tradicional beneficiária, no caso das Reservas Extrativistas e das Reservas de Desenvolvimento Sustentável;
III - a população tradicional residente, quando couber, no caso das Florestas Nacionais, Florestas Estaduais ou Florestas Municipais; e
IV - as atividades econômicas, de segurança e de defesa nacional envolvidas.

Art. 3º A denominação de cada unidade de conservação deverá basear-se, preferencialmente, na sua característica natural mais significativa, ou na sua denominação mais antiga, dando-se prioridade, neste último caso, às designações indígenas ancestrais.

Art. 4º Compete ao órgão executor proponente de nova unidade de conservação elaborar os estudos técnicos preliminares e realizar, quando for o caso, a consulta pública e os demais procedimentos administrativos necessários à criação da unidade.

Art. 5º A consulta pública para a criação de unidade de conservação tem a finalidade de subsidiar a definição da localização, da dimensão e dos limites mais adequados para a unidade.

§ 1º A consulta consiste em reuniões públicas ou, a critério do órgão ambiental competente, outras formas de oitiva da população local e de outras partes interessadas.

§ 2º No processo de consulta pública, o órgão executor competente deve indicar, de modo claro e em linguagem acessível, as implicações para a população residente no interior e no entorno da unidade proposta.

CAPÍTULO II
DO SUBSOLO E DO ESPAÇO AÉREO

Art. 6º Os limites da unidade de conservação, em relação ao subsolo, são estabelecidos:
I - no ato de sua criação, no caso de Unidade de Conservação de Proteção Integral; e
II - no ato de sua criação ou no Plano de Manejo, no caso de Unidade de Conservação de Uso Sustentável.

Art. 7º Os limites da unidade de conservação, em relação ao espaço aéreo, são estabelecidos no Plano de Manejo, embasados em estudos técnicos realizados pelo órgão gestor da unidade de conservação, consultada a autoridade aeronáutica competente e de acordo com a legislação vigente.

CAPÍTULO III
DO MOSAICO DE UNIDADES DE CONSERVAÇÃO

Art. 8º O mosaico de unidades de conservação será reconhecido em ato do Ministério do Meio Ambiente, a pedido dos órgãos gestores das unidades de conservação.

Art. 9º O mosaico deverá dispor de um conselho de mosaico, com caráter consultivo e a função de atuar como instância de gestão integrada das unidades de conservação que o compõem.

§ 1º A composição do conselho de mosaico é estabelecida na portaria que institui o mosaico e deverá obedecer aos mesmos critérios estabelecidos no Capítulo V deste Decreto.

§ 2º O conselho de mosaico terá como presidente um dos chefes das unidades de conservação que o compõem, o qual será escolhido pela maioria simples de seus membros.

Art. 10. Compete ao conselho de cada mosaico:
I - elaborar seu regimento interno, no prazo de noventa dias, contados da sua instituição;
II - propor diretrizes e ações para compatibilizar, integrar e otimizar:
a) as atividades desenvolvidas em cada unidade de conservação, tendo em vista, especialmente:
1. os usos na fronteira entre unidades;
2. o acesso às unidades;
3. a fiscalização;
4. o monitoramento e avaliação dos Planos de Manejo;
5. a pesquisa científica; e
6. a alocação de recursos advindos da compensação referente ao licenciamento ambiental de empreendimentos com significativo impacto ambiental;
b) a relação com a população residente na área do mosaico;
III - manifestar-se sobre propostas de solução para a sobreposição de unidades; e
IV - manifestar-se, quando provocado por órgão executor, por conselho de unidade de conservação ou por outro órgão do Sistema Nacional do Meio Ambiente - SISNAMA, sobre assunto de interesse para a gestão do mosaico.

Art. 11. Os corredores ecológicos, reconhecidos em ato do Ministério do Meio Ambiente, integram os mosaicos para fins de sua gestão.
Parágrafo único. Na ausência de mosaico, o corredor ecológico que interliga unidades de conservação terá o mesmo tratamento da sua zona de amortecimento.

CAPÍTULO IV
DO PLANO DE MANEJO

Art. 12. O Plano de Manejo da unidade de conservação, elaborado pelo órgão gestor ou pelo proprietário quando for o caso, será aprovado:
I - em portaria do órgão executor, no caso de Estação Ecológica, Reserva Biológica, Parque Nacional, Monumento Natural, Refúgio de Vida Silvestre, Área de Proteção Ambiental, Área de Relevante Interesse Ecológico, Floresta Nacional, Reserva de Fauna e Reserva Particular do Patrimônio Natural;
II - em resolução do conselho deliberativo, no caso de Reserva Extrativista e Reserva de Desenvolvimento Sustentável, após prévia aprovação do órgão executor.
Art. 13. O contrato de concessão de direito real de uso e o termo de compromisso firmados com populações tradicionais das Reservas Extrativistas e Reservas de Uso Sustentável devem estar de acordo com o Plano de Manejo, devendo ser revistos, se necessário.
Art. 14. Os órgãos executores do Sistema Nacional de Unidades de Conservação da Natureza - SNUC, em suas respectivas esferas de atuação, devem estabelecer, no prazo de cento e oitenta dias, a partir da publicação deste Decreto, roteiro metodológico básico para a elaboração dos Planos de Manejo das diferentes categorias de unidades de conservação, uniformizando conceitos e metodologias, fixando diretrizes para o diagnóstico da unidade, zoneamento, programas de manejo, prazos de avaliação e de revisão e fases de implementação.
Art. 15. A partir da criação de cada unidade de conservação e até que seja estabelecido o Plano de Manejo, devem ser formalizadas e implementadas ações de proteção e fiscalização.
Art. 16. O Plano de Manejo aprovado deve estar disponível para consulta do público na sede da unidade de conservação e no centro de documentação do órgão executor.

CAPÍTULO V
DO CONSELHO

Art. 17. As categorias de unidade de conservação poderão ter, conforme a Lei nº 9.985, de 2000, conselho consultivo ou deliberativo, que serão presididos pelo chefe da unidade de conservação, o qual designará os demais conselheiros indicados pelos setores a serem representados.
§ 1º A representação dos órgãos públicos deve contemplar, quando couber, os órgãos ambientais dos três níveis da Federação e órgãos de áreas afins, tais como pesquisa científica, educação, defesa nacional, cultura, turismo, paisagem, arquitetura, arqueologia e povos indígenas e assentamentos agrícolas.
§ 2º A representação da sociedade civil deve contemplar, quando couber, a comunidade científica e organizações não-governamentais

ambientalistas com atuação comprovada na região da unidade, população residente e do entorno, população tradicional, proprietários de imóveis no interior da unidade, trabalhadores e setor privado atuantes na região e representantes dos Comitês de Bacia Hidrográfica.

§ 3º A representação dos órgãos públicos e da sociedade civil nos conselhos deve ser, sempre que possível, paritária, considerando as peculiaridades regionais.

§ 4º A Organização da Sociedade Civil de Interesse Público - OSCIP com representação no conselho de unidade de conservação **não pode** se candidatar à gestão de que trata o Capítulo VI deste Decreto.

§ 5º O mandato do conselheiro é de dois anos, renovável por igual período, não remunerado e considerado atividade de relevante interesse público.

§ 6º No caso de unidade de conservação municipal, o Conselho Municipal de Defesa do Meio Ambiente, ou órgão equivalente, cuja composição obedeça ao disposto neste artigo, e com competências que incluam aquelas especificadas no art. 20 deste Decreto, pode ser designado como conselho da unidade de conservação.

Art. 18. A reunião do conselho da unidade de conservação deve ser pública, com pauta preestabelecida no ato da convocação e realizada em local de fácil acesso.

Art. 19. Compete ao órgão executor:

I - convocar o conselho com antecedência mínima de sete dias;

II - prestar apoio à participação dos conselheiros nas reuniões, sempre que solicitado e devidamente justificado.

Parágrafo único. O apoio do órgão executor indicado no inciso II não restringe aquele que possa ser prestado por outras organizações.

Art. 20. Compete ao conselho de unidade de conservação:

I - elaborar o seu regimento interno, no prazo de noventa dias, contados da sua instalação;

II - acompanhar a elaboração, implementação e revisão do Plano de Manejo da unidade de conservação, quando couber, garantindo o seu caráter participativo;

III - buscar a integração da unidade de conservação com as demais unidades e espaços territoriais especialmente protegidos e com o seu entorno;

IV - esforçar-se para compatibilizar os interesses dos diversos segmentos sociais relacionados com a unidade;

V - avaliar o orçamento da unidade e o relatório financeiro anual elaborado pelo órgão executor em relação aos objetivos da unidade de conservação;

VI - opinar, no caso de conselho consultivo, ou ratificar, no caso de conselho deliberativo, a contratação e os dispositivos do termo de parceria com OSCIP, na hipótese de gestão compartilhada da unidade;

VII - acompanhar a gestão por OSCIP e recomendar a rescisão do termo de parceria, quando constatada irregularidade;

VIII - manifestar-se sobre obra ou atividade potencialmente causadora de impacto na unidade de conservação, em sua zona de amortecimento, mosaicos ou corredores ecológicos; e

IX - propor diretrizes e ações para compatibilizar, integrar e otimizar a relação com a população do entorno ou do interior da unidade, conforme o caso.

CAPÍTULO VI
DA GESTÃO COMPARTILHADA COM OSCIP

Art. 21. A gestão compartilhada de unidade de conservação por OSCIP é regulada por termo de parceria firmado com o órgão executor, nos termos da Lei nº 9.790, de 23 de março de 1999.

Art. 22. Poderá gerir unidade de conservação a OSCIP que preencha os seguintes requisitos:

I - tenha dentre seus objetivos institucionais a proteção do meio ambiente ou a promoção do desenvolvimento sustentável; e

II - comprove a realização de atividades de proteção do meio ambiente ou desenvolvimento sustentável, preferencialmente na unidade de conservação ou no mesmo bioma.

Art. 23. O edital para seleção de OSCIP, visando a gestão compartilhada, deve ser publicado com no mínimo sessenta dias de antecedência, em jornal de grande circulação na região da unidade de conservação e no Diário Oficial, nos termos da Lei nº 8.666, de 21 de junho de 1993.

Parágrafo único. Os termos de referência para a apresentação de proposta pelas OSCIP serão definidos pelo órgão executor, ouvido o conselho da unidade.

Art. 24. A OSCIP deve encaminhar anualmente relatórios de suas atividades para apreciação do órgão executor e do conselho da unidade.

CAPÍTULO VII
DA AUTORIZAÇÃO PARA A EXPLORAÇÃO DE BENS E SERVIÇOS

Art. 25. É passível de autorização a exploração de produtos, subprodutos ou serviços inerentes às unidades de conservação, de acordo com os objetivos de cada categoria de unidade.

Parágrafo único. Para os fins deste Decreto, entende-se por produtos, subprodutos ou serviços inerentes à unidade de conservação:

I - aqueles destinados a dar suporte físico e logístico à sua administração e à implementação das atividades de uso comum do público, tais como visitação, recreação e turismo;

II - a exploração de recursos florestais e outros recursos naturais em Unidades de Conservação de Uso Sustentável, nos limites estabelecidos em lei.

Art. 26. A partir da publicação deste Decreto, novas autorizações para a exploração comercial de produtos, subprodutos ou serviços em unidade de conservação de domínio público só serão permitidas se previstas no Plano de Manejo, mediante decisão do órgão executor, ouvido o conselho da unidade de conservação.

Art. 27. O uso de imagens de unidade de conservação com finalidade comercial será cobrado conforme estabelecido em ato administrativo pelo órgão executor.

Parágrafo único. Quando a finalidade do uso de imagem da unidade de conservação for preponderantemente científica, educativa ou cultural, o uso será gratuito.

Art. 28. No processo de autorização da exploração comercial de produtos, subprodutos ou serviços de unidade de conservação, o órgão executor deve viabilizar a participação de pessoas físicas ou jurídicas, observando-se os limites estabelecidos pela legislação vigente sobre licitações públicas e demais normas em vigor.

Art. 29. A autorização para exploração comercial de produto, subproduto ou serviço de unidade de conservação deve estar fundamentada em estudos de viabilidade econômica e investimentos elaborados pelo órgão executor, ouvido o conselho da unidade.

Art. 30. Fica proibida a construção e ampliação de benfeitoria sem autorização do órgão gestor da unidade de conservação.

CAPÍTULO VIII
DA COMPENSAÇÃO POR SIGNIFICATIVO IMPACTO AMBIENTAL

Art. 31. Para os fins de fixação da compensação ambiental de que trata o art. 36 da Lei nº 9.985, de 2000, o Instituto Brasileiro do Meio Ambiente e dos Recursos Naturais Renováveis - IBAMA estabelecerá o grau de impacto a partir de estudo prévio de impacto ambiental e respectivo relatório - EIA/RIMA, ocasião em que considerará, exclusivamente, os impactos ambientais negativos sobre o meio ambiente.

§ 1º O impacto causado será levado em conta **apenas** uma vez no cálculo.

§ 2º O cálculo deverá conter os indicadores do impacto gerado pelo empreendimento e das características do ambiente a ser impactado.

§ 3º Não serão incluídos no cálculo da compensação ambiental os investimentos referentes aos planos, projetos e programas exigidos no procedimento de licenciamento ambiental para mitigação de impactos, bem como os encargos e custos incidentes sobre o financiamento do empreendimento, inclusive os relativos às garantias, e os custos com apólices e prêmios de seguros pessoais e reais.

§ 4º A compensação ambiental poderá incidir sobre cada trecho, naqueles empreendimentos em que for emitida a licença de instalação por trecho.

Art. 31-A. O Valor da Compensação Ambiental - CA será calculado pelo produto do Grau de Impacto - GI com o Valor de Referência - VR, de acordo com a fórmula a seguir:

CA = VR x GI, onde:

CA = Valor da Compensação Ambiental;

VR = somatório dos investimentos necessários para implantação do empreendimento, não incluídos os investimentos referentes aos planos, projetos e programas exigidos no procedimento de licenciamento ambiental para mitigação de impactos causados pelo empreendimento, bem como os encargos e custos incidentes sobre o financiamento do empreendimento, inclusive os relativos às garantias, e os custos com apólices e prêmios de seguros pessoais e reais; e

GI = Grau de Impacto nos ecossistemas, podendo atingir valores de 0 a 0,5%.

§ 1º O GI referido neste artigo será obtido conforme o disposto no Anexo deste Decreto.   § 2º O EIA/RIMA deverá conter as informações necessárias ao cálculo do GI.

§ 3º As informações necessárias ao calculo do VR deverão ser apresentadas pelo empreendedor ao órgão licenciador antes da emissão da licença de instalação.

§ 4º Nos casos em que a compensação ambiental incidir sobre cada trecho do empreendimento, o VR será calculado com base nos investimentos que causam impactos ambientais, relativos ao trecho.

Art. 31-B. Caberá ao IBAMA realizar o cálculo da compensação ambiental de acordo com as informações a que se refere o art. 31-A.

§ 1º Da decisão do cálculo da compensação ambiental caberá recurso no prazo de dez dias, conforme regulamentação a ser definida pelo órgão licenciador.

§ 2º O recurso será dirigido à autoridade que proferiu a decisão, a qual, se não a reconsiderar no prazo de cinco dias, o encaminhará à autoridade superior.

§ 3º O órgão licenciador deverá julgar o recurso no prazo de até trinta dias, **salvo** prorrogação por igual período expressamente motivada.

§ 4º Fixado em caráter final o valor da compensação, o IBAMA definirá sua destinação, ouvido o Instituto Chico Mendes de Conservação da Biodiversidade - Instituto Chico Mendes e observado o § 2º do art. 36 da Lei nº 9.985, de 2000.

Art. 32. Será instituída câmara de compensação ambiental no âmbito do Ministério do Meio Ambiente, com a finalidade de:

I - estabelecer prioridades e diretrizes para aplicação da compensação ambiental;

II - avaliar e auditar, periodicamente, a metodologia e os procedimentos de cálculo da compensação ambiental, de acordo com estudos ambientais realizados e percentuais definidos;

III - propor diretrizes necessárias para agilizar a regularização fundiária das unidades de conservação; e

IV - estabelecer diretrizes para elaboração e implantação dos planos de manejo das unidades de conservação.

Art. 33. A aplicação dos recursos da compensação ambiental de que trata o art. 36 da Lei nº 9.985, de 2000, nas unidades de conservação, existentes ou a serem criadas, deve obedecer à seguinte ordem de prioridade:

I - regularização fundiária e demarcação das terras;

II - elaboração, revisão ou implantação de plano de manejo;

III - aquisição de bens e serviços necessários à implantação, gestão, monitoramento e proteção da unidade, compreendendo sua área de amortecimento;

IV - desenvolvimento de estudos necessários à criação de nova unidade de conservação; e

V - desenvolvimento de pesquisas necessárias para o manejo da unidade de conservação e área de amortecimento.

Parágrafo único. Nos casos de Reserva Particular do Patrimônio Natural, Monumento Natural, Refúgio de Vida Silvestre, Área de Relevante Interesse Ecológico e Área de Proteção Ambiental, quando a posse e o domínio não sejam do Poder Público, os recursos da compensação **somente** poderão ser aplicados para custear as seguintes atividades:

I - elaboração do Plano de Manejo ou nas atividades de proteção da unidade;

II - realização das pesquisas necessárias para o manejo da unidade, sendo **vedada** a aquisição de bens e equipamentos permanentes;

III - implantação de programas de educação ambiental; e

IV - financiamento de estudos de viabilidade econômica para uso sustentável dos recursos naturais da unidade afetada.

Art. 34. Os empreendimentos implantados antes da edição deste Decreto e em operação sem as respectivas licenças ambientais deverão requerer, no prazo de doze meses a partir da publicação deste Decreto, a regularização junto ao órgão ambiental competente mediante licença de operação corretiva ou retificadora.

CAPÍTULO IX
DO REASSENTAMENTO DAS POPULAÇÕES TRADICIONAIS

Art. 35. O processo indenizatório de que trata o art. 42 da Lei nº 9.985, de 2000, respeitará o modo de vida e as fontes de subsistência das populações tradicionais.

Art. 36. **Apenas** as populações tradicionais residentes na unidade no momento da sua criação terão direito ao reassentamento.

Art. 37. O valor das benfeitorias realizadas pelo Poder Público, a título de compensação, na área de reassentamento será descontado do valor indenizatório.

Art. 38. O órgão fundiário competente, quando solicitado pelo órgão executor, deve apresentar, no prazo de seis meses, a contar da data do pedido, programa de trabalho para atender às demandas de reassentamento das populações tradicionais, com definição de prazos e condições para a sua realização.

Art. 39. Enquanto não forem reassentadas, as condições de permanência das populações tradicionais em Unidade de Conservação de Proteção Integral serão reguladas por termo de compromisso, negociado entre o órgão executor e as populações, ouvido o conselho da unidade de conservação.

§ 1º O termo de compromisso deve indicar as áreas ocupadas, as limitações necessárias para assegurar a conservação da natureza e os deveres do órgão executor referentes ao processo indenizatório, assegurados o acesso das populações às suas fontes de subsistência e a conservação dos seus modos de vida.

§ 2º O termo de compromisso será assinado pelo órgão executor e pelo representante de cada família, assistido, quando couber, pela comunidade rural ou associação legalmente constituída.

§ 3º O termo de compromisso será assinado no prazo máximo de um ano após a criação da unidade de conservação e, no caso de unidade já criada, no prazo máximo de dois anos contado da publicação deste Decreto.

§ 4º O prazo e as condições para o reassentamento das populações tradicionais estarão definidos no termo de compromisso.

CAPÍTULO X
DA REAVALIAÇÃO DE UNIDADE DE CONSERVAÇÃO DE CATEGORIA NÃO PREVISTA NO SISTEMA

Art. 40. A reavaliação de unidade de conservação prevista no art. 55 da Lei nº 9.985, de 2000, será feita mediante ato normativo do mesmo nível hierárquico que a criou.

Parágrafo único. O ato normativo de reavaliação será proposto pelo órgão executor.

CAPÍTULO XI
DAS RESERVAS DA BIOSFERA

Art. 41. A Reserva da Biosfera é um modelo de gestão integrada, participativa e sustentável dos recursos naturais, que tem por objetivos básicos a preservação da biodiversidade e o desenvolvimento das atividades de pesquisa científica, para aprofundar o conhecimento dessa diversidade biológica, o monitoramento ambiental, a educação ambiental, o desenvolvimento sustentável e a melhoria da qualidade de vida das populações.

Art. 42. O gerenciamento das Reservas da Biosfera será coordenado pela Comissão Brasileira para o Programa "O Homem e a Biosfera" - COBRAMAB, de que trata o Decreto de 21 de setembro de 1999, com a finalidade de planejar, coordenar e supervisionar as atividades relativas ao Programa.

Art. 43. Cabe à COBRAMAB, além do estabelecido no Decreto de 21 de setembro de 1999, apoiar a criação e instalar o sistema de gestão de cada uma das Reservas da Biosfera reconhecidas no Brasil.

§ 1º Quando a Reserva da Biosfera abranger o território de **apenas** um Estado, o sistema de gestão será composto por um conselho deliberativo e por comitês regionais.

§ 2º Quando a Reserva da Biosfera abranger o território de mais de um Estado, o sistema de gestão será composto por um conselho deliberativo e por comitês estaduais.

§ 3º À COBRAMAB compete criar e coordenar a Rede Nacional de Reservas da Biosfera.

Art. 44. Compete aos conselhos deliberativos das Reservas da Biosfera:

I - aprovar a estrutura do sistema de gestão de sua Reserva e coordená-lo;

II - propor à COBRAMAB macro-diretrizes para a implantação das Reservas da Biosfera;

III - elaborar planos de ação da Reserva da Biosfera, propondo prioridades, metodologias, cronogramas, parcerias e áreas temáticas de atuação, de acordo como os objetivos básicos enumerados no art. 41 da Lei nº 9.985, de 2000;

IV - reforçar a implantação da Reserva da Biosfera pela proposição de projetos pilotos em pontos estratégicos de sua área de domínio; e

V - implantar, nas áreas de domínio da Reserva da Biosfera, os princípios básicos constantes do art. 41 da Lei nº 9.985, de 2000.

Art. 45. Compete aos comitês regionais e estaduais:

I - apoiar os governos locais no estabelecimento de políticas públicas relativas às Reservas da Biosfera; e

II - apontar áreas prioritárias e propor estratégias para a implantação das Reservas da Biosfera, bem como para a difusão de seus conceitos e funções.

CAPÍTULO XII
DAS DISPOSIÇÕES FINAIS

Art. 46. Cada categoria de unidade de conservação integrante do SNUC será objeto de regulamento específico.

Parágrafo único. O Ministério do Meio Ambiente deverá propor regulamentação de cada categoria de unidade de conservação, ouvidos os órgãos executores.

Art. 47. Este Decreto entra em vigor na data da sua publicação.

Art. 48. Fica revogado o Decreto nº 3.834, de 5 de junho de 2001.

Brasília, 22 de agosto de 2002; 181º da Independência e 114º da República.

FERNANDO HENRIQUE CARDOSO

❑ **Lei da Comissão Interministerial Permanente de Prevenção e Controle do Desmatamento, restabelece o Plano de Ação para a Prevenção e Controle do Desmatamento na Amazônia Legal (PPCDAm)**

<u>DECRETO Nº 11.367, DE 1º DE JANEIRO DE 2023</u>

> Institui a **Comissão Interministerial Permanente de Prevenção e Controle do Desmatamento**, restabelece o Plano de Ação para a Prevenção e Controle do Desmatamento na Amazônia Legal - PPCDAm -, e dispõe sobre os Planos de Ação para a Prevenção e Controle do Desmatamento no Cerrado, na Mata Atlântica, na Caatinga, no Pampa e no Pantanal.
>
> (este decreto revogou o antigo decreto Bolsonarista Dec. 10.239/2020, CNAL)

O PRESIDENTE DA REPÚBLICA, no uso da atribuição que lhe confere o art. 84, caput, inciso VI, alínea "a", da Constituição, e tendo em vista o disposto no art. 225, caput e nos § 1º, § 3º e § 4º, da Constituição,
DECRETA:

Art. 1º Este Decreto:
I - institui a **Comissão Interministerial Permanente de Prevenção e Controle do Desmatamento**;
II - restabelece o Plano de Ação para a Prevenção e Controle do Desmatamento na Amazônia Legal - PPCDAm; e
III - dispõe sobre os Planos de Ação para a Prevenção e Controle do Desmatamento no Cerrado, na Mata Atlântica, na Caatinga, no Pampa e no Pantanal.

Art. 2º O PPCDAm tem por finalidade estabelecer medidas e ações interministeriais para a redução dos índices de desmatamento na Amazônia Legal.
Parágrafo único. O PPCDAm será submetido ao Presidente da República e atualizado no mínimo anualmente ou quando necessário.

Art. 3º A Comissão Interministerial Permanente de Prevenção e Controle do Desmatamento, órgão colegiado vinculado à Casa Civil da Presidência da República, definirá e coordenará as ações interministeriais para a redução dos índices de desmatamento no território nacional.

Art. 4º Compete à Comissão Interministerial Permanente de Prevenção e Controle do Desmatamento, quanto aos Planos de Ação para a Prevenção e Controle do Desmatamento:
I - avaliar e aprovar;
II - monitorar a implementação;
III - propor medidas para superar dificuldades na implementação;
IV - assegurar que atuem no desenvolvimento e na integração dos sistemas de proteção ambiental;
V - garantir que contribuam para a conservação da diversidade biológica e a redução das emissões de gases de efeito estufa resultantes do desmatamento, da degradação das florestas e das queimadas; e
VI - acompanhar a elaboração e a implementação de políticas públicas relacionadas aos Planos de Ação, que visem à proteção ambiental, à preservação da natureza e ao desenvolvimento sustentável do País, por meio de ações coordenadas com Estados, Distrito Federal e Municípios.

Art. 5º A Comissão Interministerial Permanente de Prevenção e Controle do Desmatamento será composta pelas seguintes autoridades:
I - Ministro-Chefe da Casa Civil da Presidência da República, que a presidirá;
II - Ministro de Estado do Meio Ambiente e Mudança do Clima;
III - Ministro de Estado da Agricultura e Pecuária;
IV - Ministro de Estado da Ciência, Tecnologia e Inovação;
V - Ministro de Estado da Justiça e Segurança Pública;
VI - Ministro de Estado da Integração e do Desenvolvimento Regional;
VII - Ministro de Estado das Relações Exteriores;
VIII - Ministro de Estado da Defesa;
IX - Ministro de Estado da Fazenda;
X - Ministro de Estado do Planejamento e Orçamento;
XI - Ministro de Estado de Minas e Energia;
XII - Ministro de Estado do Desenvolvimento Agrário e Agricultura Familiar;
XIII - Ministro de Estado da Pesca e Aquicultura;
XIV - Ministro-Chefe do Gabinete de Segurança Institucional da Presidência da República;
XV - Ministro de Estado do Trabalho e Emprego;
XVI - Ministro de Estado do Desenvolvimento, Indústria, Comércio e Serviços;
XVII - Ministro de Estado da Gestão e da Inovação em Serviços Públicos;
XVIII - Ministro de Estado dos Transportes; e
XIX - Ministro de Estado dos Povos Indígenas.
§ 1º O Ministério do Meio Ambiente e Mudança do Clima exercerá a função de secretaria-executiva da Comissão Interministerial Permanente de Prevenção e Controle do Desmatamento.
§ 2º Poderão participar das reuniões da Comissão Interministerial Permanente de Prevenção e Controle do Desmatamento, na condição de convidados:
I - os Governadores;
II - o titular da Secretaria Extraordinária de Controle do Desmatamento e Ordenamento Ambiental Territorial do Ministério do Meio Ambiente e Mudança do Clima;
III - o Diretor-Geral do Serviço Florestal Brasileiro; e
IV - os titulares:
a) do Instituto Brasileiro do Meio Ambiente e dos Recursos Naturais Renováveis - Ibama;

b) do Instituto Chico Mendes de Conservação da Biodiversidade - ICMbio;
c) do Instituto Nacional de Colonização e Reforma Agrária - INCRA;
d) do Instituto Nacional de Pesquisas Espaciais - INPE; e
e) da Fundação Nacional do Índio - Funai.
§ 3º Os membros titulares serão representados em suas ausências e seus impedimentos pelos respectivos Secretários-Executivos.
§ 4º O Presidente e o Secretário-Executivo da Comissão Interministerial Permanente de Prevenção e Controle do Desmatamento poderão convidar representantes de outros órgãos ou entidades públicas ou privadas, nacionais ou **internaciona**is, para participar das reuniões.

Art. 6º A Comissão Interministerial Permanente de Prevenção e Controle do Desmatamento se reunirá, em caráter ordinário, semestralmente e, em caráter extraordinário, mediante convocação do seu Presidente ou por solicitação de, no mínimo, um terço de seus membros.
§ 1º As atas das reuniões serão disponibilizadas no sítio eletrônico do Ministério do Meio Ambiente e Mudança do Clima, em até sete dias após a realização.
§ 2º Cada ata conterá, no mínimo, as seguintes informações:
I - a data por extenso, o local de reunião, o nome de quem a presidiu e os nomes dos participantes;
II - os assuntos que foram discutidos; e
III - as decisões e os encaminhamentos definidos.

Art. 7º A Comissão Interministerial Permanente de Prevenção e Controle do Desmatamento instituirá Subcomissões Executivas responsáveis pelos Planos de Ação para a Prevenção e Controle do Desmatamento nos biomas, com as seguintes finalidades:
I - elaborar o Plano de Ação com cronogramas, metas, objetivos, prazos, projeção de resultados com datas e indicadores para monitoramento e submetê-lo à Comissão Interministerial;
II - monitorar e acompanhar a implementação do Plano;
III - propor medidas para superar eventuais dificuldades na implementação do Plano; e
IV - elaborar relatórios mensais aos órgãos integrantes da Comissão Interministerial.

Art. 8º Fica instituída a Subcomissão Executiva do PPCDAm, composta por um representante, titular e suplente, dos seguintes órgãos:
I - Ministério do Meio Ambiente e Mudança do Clima, que a coordenará;
II - Casa Civil da Presidência da República;
III - Ministério da Agricultura e Pecuária;
IV - Ministério da Ciência, Tecnologia e Inovação;
V - Ministério da Defesa;
VI - Ministério da Justiça e Segurança Pública;
VII - Ministério do Desenvolvimento Agrário e Agricultura Familiar;
VIII - Ministério do Desenvolvimento, Indústria, Comércio e Serviços;
IX - Ministério da Integração e do Desenvolvimento Regional;
X - Gabinete de Segurança Institucional da Presidência da República;
XI - Ministério do Planejamento e Orçamento;
XII - Ministério da Fazenda; e
XIII - Ministério dos Povos Indígenas.

§ 1º Os membros da Subcomissão Executiva do PPCDAm terão um suplente, que os substituirão em suas ausências e seus impedimentos.
§ 2º Os membros da Subcomissão Executiva do PPCDAm serão indicados pelos titulares dos Ministérios representados e designados pelo Ministro de Estado Chefe da Casa Civil da Presidência da República.
§3º Para a indicação prevista no § 2º, exige-se que os indicados exerçam, no mínimo, o cargo de Coordenador-Geral no órgão de origem.
§ 4º O Coordenador da Subcomissão Executiva do PPCDAm poderá convidar representantes de outros órgãos ou entidades públicas ou privadas, para participar das reuniões.
§ 5º Os Ministérios incumbidos das atividades incluídas no Plano deverão encaminhar relatórios mensais de execução à Subcomissão Executiva do PPCDAm.

Art. 9º Os eixos dos Planos de Ação para a Prevenção e Controle do Desmatamento são:
I - atividades produtivas sustentáveis;
II - monitoramento e controle ambiental;
III - ordenamento fundiário e territorial; e
IV - instrumentos normativos e econômicos, dirigidos à redução do desmatamento e à concretização das ações abrangidas pelos demais eixos dos planos.

Art. 10. São diretrizes para os Planos de Ação para a Prevenção e Controle do Desmatamento, dispostos nos incisos II e III do art. 1º:
I - prevenção e combate:
a) do desmatamento e da degradação da vegetação;
b) da ocorrência de queimadas;
II - promoção da regularização fundiária e ambiental;
III - desenvolvimento do ordenamento territorial, com fortalecimento das áreas protegidas e do combate à grilagem de terras públicas;
IV - eficácia e eficiência na responsabilização pelos crimes e pelas infrações ambientais;
V - promoção, aprimoramento e fortalecimento do monitoramento da cobertura vegetal;
VI - promoção do manejo florestal sustentável;
VII - apoio ao uso sustentável dos recursos naturais, principalmente para os povos e as comunidades tradicionais e para agricultores familiares;
VIII - proposição e implementação de instrumentos normativos e econômicos para controle do desmatamento, conservação dos recursos naturais e restauração das áreas degradadas;
IX - intensificação da atuação conjunta entre os entes federativos contra os crimes e as infrações ambientais;
X - garantia de medidas que contribuam para o cumprimento das metas nacionais:
a) de mitigação e adaptação às mudanças climáticas estabelecidas no âmbito do Acordo de Paris; e
b) assumidas junto à Convenção das Nações Unidas sobre a Diversidade Biológica.

Art. 11. Os Planos de Ação para a Prevenção e Controle do Desmatamento nos biomas serão elaborados, monitorados e avaliados com transparência e

participação social, por meio de consulta pública e seminários técnico-científicos, com periodicidade anual.
§ 1º Será publicado relatório anual de monitoramento de cada Plano.
§ 2º Os relatórios de acompanhamento da implementação observarão, sempre que possível, as diretrizes metodológicas de quantificação e verificação de emissões de dióxido de carbono equivalente (CO2eq) da Convenção-Quadro das Nações Unidas sobre Mudança do Clima.

Art. 12. A Comissão Interministerial Permanente de Prevenção e Controle do Desmatamento definirá os procedimentos e as ações específicas para a prevenção e o controle do desmatamento na Mata Atlântica, na Caatinga, no Pampa e no Pantanal, no prazo de seis meses, contados da data de publicação deste Decreto.
Art. 13. O Decreto de 15 de setembro de 2010, que Institui o Plano de Ação para Prevenção e Controle do Desmatamento e das Queimadas no Bioma Cerrado - PPCerrado, passa a vigorar com as seguintes alterações:
"Art. 3º-A. Fica criada a Subcomissão Executiva do Plano de Ação para Prevenção e Controle do Desmatamento e das Queimadas no Bioma Cerrado - PPCerrado, vinculada à Comissão Interministerial Permanente de Prevenção e Controle do Desmatamento, com as seguintes finalidades:
I - elaborar o Plano com cronogramas, metas, objetivos, prazos, projeção de resultados com datas e indicadores para monitoramento e submetê-lo à Comissão Interministerial Permanente de Prevenção e Controle do Desmatamento;
II - monitorar e acompanhar a implementação do Plano;
III - propor medidas para superar dificuldades na implementação do Plano;
IV - elaborar relatórios mensais aos órgãos integrantes da Comissão Interministerial Permanente de Prevenção e Controle do Desmatamento.
§ 1º A Subcomissão Executiva do PPCerrado será composta por um representante dos seguintes órgãos:
I - Ministério do Meio Ambiente e Mudança do Clima, que a coordenará;
II - Casa Civil da Presidência da República;
III - Ministério da Agricultura e Pecuária;
IV - Ministério da Ciência, Tecnologia e Inovação;
V - Ministério da Defesa;
VI - Ministério da Justiça e Segurança Pública;
VII - Ministério do Desenvolvimento Agrário e Agricultura Familiar;
VIII - Ministério do Desenvolvimento, Indústria, Comércio e Serviços;
IX - Ministério da Integração e do Desenvolvimento Regional;
X - Gabinete de Segurança Institucional da Presidência da República;
XI - Ministério do Planejamento e Orçamento;
XII - Ministério da Fazenda; e
XIII - Ministério dos Povos Indígenas.
§ 2º Cada membro da Subcomissão Executiva do PPCerrado terá um suplente, que o substituirá em suas ausências e impedimentos.
§ 3º Os membros da Subcomissão Executiva serão designados pelo Ministro de Estado Chefe da Casa Civil da Presidência da República, mediante indicação dos titulares dos Ministérios representados, exigindo-se que exerçam no mínimo o cargo de Coordenador-Geral no órgão de origem.
§ 4º O Coordenador da Subcomissão Executiva poderá convidar representantes de outros órgãos ou entidades públicas ou privadas, para participar das reuniões por ela organizadas.

§ 5º Os Ministérios incumbidos das atividades incluídas no Plano deverão encaminhar relatórios mensais de execução à Subcomissão Executiva." (NR)

Art. 14. O Decreto nº 8.972, de 23 de janeiro de 2017, passa a vigorar com as seguintes alterações:

"Art. 7º-A Fica instituída a Comissão Nacional para Recuperação da Vegetação Nativa - Conaveg, composta por um representante titular e um suplente dos seguintes órgãos:
I - Ministério do Meio Ambiente e Mudança do Clima, que a presidirá;
II - Casa Civil da Presidência da República;
III - Ministério da Fazenda;
IV - Ministério da Agricultura e Pecuária;
V - Ministério do Planejamento e Orçamento;
VI - Ministério da Ciência, Tecnologia e Inovação; e
VII - Ministério da Gestão e da Inovação em Serviços Públicos.
§ 1º A Conaveg será composta, ainda, por:
I - dois representantes titulares e dois suplentes dos Estados e do Distrito Federal, indicados pela Associação Brasileira de Entidades Estaduais de Meio Ambiente - Abema;
II - um representante titular e um suplente dos Municípios, indicados pela Associação Nacional de Órgãos Municipais de Meio Ambiente - Anamma; e
III - dois representantes, titulares e suplentes, da sociedade civil, escolhidos por processo seletivo formalizado por portaria editada pelo Ministro de Estado do Meio Ambiente e Mudança do Clima.
§ 2º Os representantes a que se referem os incisos I a VI do caput serão indicados pelos titulares dos órgãos e entidades que representam e designados em ato do Ministro de Estado do Meio Ambiente e Mudança do Clima
§ 3º A Conaveg se reunirá, em caráter ordinário, anualmente e, em caráter extraordinário, a **qualquer** tempo, mediante convocação de seu Presidente.
§ 4º O Ministério do Meio Ambiente e Mudança do Clima exercerá a função de Secretaria-Executiva da Conaveg, à qual prestará apoio técnico e administrativo.
§ 5º Os Ministérios referidos nos incisos I a VI do caput poderão ser representados na Conaveg por membros de suas entidades vinculadas.
§ 6º Poderão participar das reuniões da Conaveg, mediante convite de sua Secretaria-Executiva, especialistas e representantes de entidades e órgãos públicos ou privados que exerçam atividades relacionadas à recuperação da vegetação nativa." (NR)
"Art. 8-A Compete à Conaveg:
I - coordenar a implementação, o monitoramento e a avaliação da Proveg e do Planaveg;
II - revisar o Planaveg a cada quatro anos;
III - articular-se com instâncias, entidades e órgãos estaduais, distritais e municipais quanto aos mecanismos de gestão e de implementação da Proveg e do Planaveg; e
IV - elaborar o seu regimento interno.
§ 1º A Conaveg poderá instituir câmaras consultivas temáticas para subsidiar as suas atividades.
§ 2º As câmaras consultivas temáticas a que se refere o § 1º serão compostas por especialistas da sociedade civil e entidades e órgãos públicos ou privados, convidados pela Conaveg.

> § 3º Cabe às entidades e aos órgãos que participem da Conaveg e das câmaras consultivas temáticas custear as despesas de deslocamento e as diárias de seus representantes e especialistas.
> § 4º A participação na Conaveg será considerada prestação de serviço público relevante, não remunerada." (NR)

Art. 15. Ficam revogados:
I - o Decreto nº 10.142, de 28 de novembro de 2019; e
II - o Decreto nº 10.239, de 11 de fevereiro de 2020;
III - o Decreto nº 10.341, de 6 de maio de 2020; e
IV - o Decreto nº 10.450, de 10 de agosto de 2020.

Art. 16. Este Decreto entra em vigor na data de sua publicação.

Brasília, 1º de janeiro de 2023; 202º da Independência e 135º da República.

LUIZ INÁCIO LULA DA SILVA

Maria *Osmarina Marina* **Silva** *Vaz de Lima*

☐ Lei de utilização e proteção do bioma Mata Atlântica

LEI Nº 11.428, DE 22 DE DEZEMBRO DE 2006.

> Dispõe sobre a utilização e proteção da vegetação nativa do **Bioma Mata Atlântica**, e dá outras providências.

O PRESIDENTE DA REPÚBLICA Faço saber que o Congresso Nacional decreta e eu sanciono a seguinte Lei:

TÍTULO I
DAS DEFINIÇÕES, OBJETIVOS E PRINCÍPIOS DO REGIME JURÍDICO DO BIOMA MATA ATLÂNTICA

Art. 1º A conservação, a proteção, a regeneração e a utilização do Bioma Mata Atlântica, patrimônio nacional, observarão o que estabelece esta Lei, bem como a legislação ambiental vigente, em especial a Lei nº 4.771, de 15 de setembro de 1965.

CAPÍTULO I
DAS DEFINIÇÕES

Art. 2º Para os efeitos desta Lei, consideram-se integrantes do Bioma Mata Atlântica as seguintes formações florestais nativas e ecossistemas associados, com as respectivas delimitações estabelecidas em mapa do Instituto Brasileiro de Geografia e Estatística - IBGE, conforme regulamento: Floresta Ombrófila Densa; Floresta Ombrófila Mista, também denominada de Mata de Araucárias; Floresta Ombrófila Aberta; Floresta Estacional Semidecidual; e Floresta Estacional Decidual, bem como os manguezais, as vegetações de restingas, campos de altitude, brejos interioranos e encraves florestais do Nordeste.

Parágrafo único. **Somente** os remanescentes de vegetação nativa no estágio primário e nos estágios secundário inicial, médio e avançado de regeneração na área de abrangência definida no caput deste artigo terão seu uso e conservação regulados por esta Lei.

Art. 3º Consideram-se para os efeitos desta Lei:

I - pequeno produtor rural: aquele que, residindo na zona rural, detenha a posse de gleba rural não superior a 50 (cinquenta) hectares, explorando-a mediante o trabalho pessoal e de sua família, admitida a ajuda eventual de terceiros, bem como as posses coletivas de terra considerando-se a fração individual não superior a 50 (cinquenta) hectares, cuja renda bruta seja proveniente de atividades ou usos agrícolas, pecuários ou silviculturais ou do extrativismo rural em 80% (oitenta por cento) no mínimo;

II - população tradicional: população vivendo em estreita relação com o ambiente natural, dependendo de seus recursos naturais para a sua reprodução sociocultural, por meio de atividades de baixo impacto ambiental;

III - pousio: prática que prevê a interrupção de atividades ou usos agrícolas, pecuários ou silviculturais do solo por até 10 (dez) anos para possibilitar a recuperação de sua fertilidade;
IV - prática preservacionista: atividade técnica e cientificamente fundamentada, imprescindível à proteção da integridade da vegetação nativa, tal como controle de fogo, erosão, espécies exóticas e invasoras;
V - exploração sustentável: exploração do ambiente de maneira a garantir a perenidade dos recursos ambientais renováveis e dos processos ecológicos, mantendo a biodiversidade e os demais atributos ecológicos, de forma socialmente justa e economicamente viável;
VI - enriquecimento ecológico: atividade técnica e cientificamente fundamentada que vise à recuperação da diversidade biológica em áreas de vegetação nativa, por meio da reintrodução de espécies nativas;
VII - utilidade pública:
a) atividades de segurança nacional e proteção sanitária;
b) as obras essenciais de infraestrutura de interesse nacional destinadas aos serviços públicos de transporte, saneamento e energia, declaradas pelo poder público federal ou dos Estados;
VIII - interesse social:
a) as atividades imprescindíveis à proteção da integridade da vegetação nativa, tais como: prevenção, combate e controle do fogo, controle da erosão, erradicação de invasoras e proteção de plantios com espécies nativas, conforme resolução do Conselho Nacional do Meio Ambiente - CONAMA;
b) as atividades de manejo agroflorestal sustentável praticadas na pequena propriedade ou posse rural familiar que não descaracterizem a cobertura vegetal e não prejudiquem a função ambiental da área;
c) demais obras, planos, atividades ou projetos definidos em resolução do Conselho Nacional do Meio Ambiente.
Art. 4º A definição de vegetação primária e de vegetação secundária nos estágios avançado, médio e inicial de regeneração do Bioma Mata Atlântica, nas hipóteses de vegetação nativa localizada, será de iniciativa do Conselho Nacional do Meio Ambiente.
§ 1º O Conselho Nacional do Meio Ambiente terá prazo de 180 (cento e oitenta) dias para estabelecer o que dispõe o caput deste artigo, sendo que **qualquer** intervenção na vegetação primária ou secundária nos estágios avançado e médio de regeneração **somente** poderá ocorrer após atendido o disposto neste artigo.
§ 2º Na definição referida no caput deste artigo, serão observados os seguintes parâmetros básicos:
I - fisionomia;
II - estratos predominantes;
III - distribuição diamétrica e altura;
IV - existência, diversidade e quantidade de epífitas;
V - existência, diversidade e quantidade de trepadeiras;
VI - presença, ausência e características da serapilheira;
VII - sub-bosque;
VIII - diversidade e dominância de espécies;
IX - espécies vegetais indicadoras.
Art. 5º A vegetação primária ou a vegetação secundária em **qualquer** estágio de regeneração do Bioma Mata Atlântica não perderão esta classificação nos casos de incêndio, desmatamento ou **qualquer** outro tipo de intervenção não autorizada ou não licenciada.

CAPÍTULO II
DOS OBJETIVOS E PRINCÍPIOS DO REGIME JURÍDICO DO BIOMA MATA ATLÂNTICA

Art. 6º A proteção e a utilização do Bioma Mata Atlântica têm por objetivo geral o desenvolvimento sustentável e, por objetivos específicos, a salvaguarda da biodiversidade, da saúde humana, dos valores paisagísticos, estéticos e turísticos, do regime hídrico e da estabilidade social.
Parágrafo único. Na proteção e na utilização do Bioma Mata Atlântica, serão observados os princípios da função socioambiental da propriedade, da equidade intergeracional, da prevenção, da precaução, do usuário-pagador, da transparência das informações e atos, da gestão democrática, da celeridade procedimental, da gratuidade dos serviços administrativos prestados ao pequeno produtor rural e às populações tradicionais e do respeito ao direito de propriedade.
Art. 7º A proteção e a utilização do Bioma Mata Atlântica far-se-ão dentro de condições que assegurem:
I - a manutenção e a recuperação da biodiversidade, vegetação, fauna e regime hídrico do Bioma Mata Atlântica para as presentes e futuras gerações;
II - o estímulo à pesquisa, à difusão de tecnologias de manejo sustentável da vegetação e à formação de uma consciência pública sobre a necessidade de recuperação e manutenção dos ecossistemas;
III - o fomento de atividades públicas e privadas compatíveis com a manutenção do equilíbrio ecológico;
IV - o disciplinamento da ocupação rural e urbana, de forma a harmonizar o crescimento econômico com a manutenção do equilíbrio ecológico.

TÍTULO II
DO REGIME JURÍDICO GERAL DO BIOMA MATA ATLÂNTICA

Art. 8º O corte, a supressão e a exploração da vegetação do Bioma Mata Atlântica far-se-ão de maneira diferenciada, conforme se trate de vegetação primária ou secundária, nesta última levando-se em conta o estágio de regeneração.
Art. 9º A exploração eventual, sem propósito comercial direto ou indireto, de espécies da flora nativa, para consumo nas propriedades ou posses das populações tradicionais ou de pequenos produtores rurais, independe de autorização dos órgãos competentes, conforme regulamento.
Parágrafo único. Os órgãos competentes, sem prejuízo do disposto no caput deste artigo, deverão assistir as populações tradicionais e os pequenos produtores no manejo e exploração sustentáveis das espécies da flora nativa.
Art. 10. O poder público fomentará o enriquecimento ecológico da vegetação do Bioma Mata Atlântica, bem como o plantio e o reflorestamento com espécies nativas, em especial as iniciativas voluntárias de proprietários rurais.
§ 1º Nos casos em que o enriquecimento ecológico exigir a supressão de espécies nativas que gerem produtos ou subprodutos comercializáveis, será exigida a autorização do órgão estadual ou federal competente, mediante procedimento simplificado.
§ 2º Visando a controlar o efeito de borda nas áreas de entorno de fragmentos de vegetação nativa, o poder público fomentará o plantio de espécies florestais, nativas ou exóticas.

Art. 11. O corte e a supressão de vegetação primária ou nos estágios avançado e médio de regeneração do Bioma Mata Atlântica ficam **vedados** quando:
I - a vegetação:
a) abrigar espécies da flora e da fauna silvestres ameaçadas de extinção, em território nacional ou em âmbito estadual, assim declaradas pela União ou pelos Estados, e a intervenção ou o parcelamento puserem em risco a sobrevivência dessas espécies;
b) exercer a função de proteção de mananciais ou de prevenção e controle de erosão;
c) formar corredores entre remanescentes de vegetação primária ou secundária em estágio avançado de regeneração;
d) proteger o entorno das unidades de conservação; ou
e) possuir excepcional valor paisagístico, reconhecido pelos órgãos executivos competentes do Sistema Nacional do Meio Ambiente - SISNAMA;
II - o proprietário ou posseiro não cumprir os dispositivos da legislação ambiental, em especial as exigências da Lei n° 4.771, de 15 de setembro de 1965, no que respeita às Áreas de Preservação Permanente e à Reserva Legal.
Parágrafo único. Verificada a ocorrência do previsto na alínea a do inciso I deste artigo, os órgãos competentes do Poder Executivo adotarão as medidas necessárias para proteger as espécies da flora e da fauna silvestres ameaçadas de extinção caso existam fatores que o exijam, ou fomentarão e apoiarão as ações e os proprietários de áreas que estejam mantendo ou sustentando a sobrevivência dessas espécies.
Art. 12. Os novos empreendimentos que impliquem o corte ou a supressão de vegetação do Bioma Mata Atlântica deverão ser implantados preferencialmente em áreas já substancialmente alteradas ou degradadas.
Art. 13. Os órgãos competentes do Poder Executivo adotarão normas e procedimentos especiais para assegurar ao pequeno produtor e às populações tradicionais, nos pedidos de autorização de que trata esta Lei:
I - acesso fácil à autoridade administrativa, em local próximo ao seu lugar de moradia;
II - procedimentos gratuitos, céleres e simplificados, compatíveis com o seu nível de instrução;
III - análise e julgamento prioritários dos pedidos.
Art. 14. A supressão de vegetação primária e secundária no estágio avançado de regeneração **somente** poderá ser autorizada em caso de utilidade pública, sendo que a vegetação secundária em estágio médio de regeneração poderá ser suprimida nos casos de utilidade pública e interesse social, em **todos** os casos devidamente caracterizados e motivados em procedimento administrativo próprio, quando inexistir alternativa técnica e locacional ao empreendimento proposto, **ressalvado** o disposto no inciso I do art. 30 e nos §§ 1° e 2° do art. 31 desta Lei.
§ 1° A supressão de que trata o caput deste artigo dependerá de autorização do órgão ambiental estadual competente, com anuência prévia, quando couber, do órgão federal ou municipal de meio ambiente, ressalvado o disposto no § 2° deste artigo.
§ 2° A supressão de vegetação no estágio médio de regeneração situada em área urbana dependerá de autorização do órgão ambiental municipal competente, desde que o município possua conselho de meio ambiente, com

caráter deliberativo e plano diretor, mediante anuência prévia do órgão ambiental estadual competente fundamentada em parecer técnico.

§ 3º Na proposta de declaração de utilidade pública disposta na alínea *b* do inciso VII do art. 3º desta Lei, caberá ao proponente indicar de forma detalhada a alta relevância e o interesse nacional.

Art. 15. Na hipótese de obra ou atividade potencialmente causadora de significativa degradação do meio ambiente, o órgão competente exigirá a elaboração de Estudo Prévio de Impacto Ambiental, ao qual se dará publicidade, assegurada a participação pública.

Art. 16. Na regulamentação desta Lei, deverão ser adotadas normas e procedimentos especiais, simplificados e céleres, para os casos de reutilização das áreas agrícolas submetidas ao pousio.

Art. 17. O corte ou a supressão de vegetação primária ou secundária nos estágios médio ou avançado de regeneração do Bioma Mata Atlântica, autorizados por esta Lei, ficam condicionados à compensação ambiental, na forma da destinação de área equivalente à extensão da área desmatada, com as mesmas características ecológicas, na mesma bacia hidrográfica, sempre que possível na mesma microbacia hidrográfica, e, nos casos previstos nos arts. 30 e 31, ambos desta Lei, em áreas localizadas no mesmo Município ou região metropolitana.

§ 1º Verificada pelo órgão ambiental a impossibilidade da compensação ambiental prevista no caput deste artigo, será exigida a reposição florestal, com espécies nativas, em área equivalente à desmatada, na mesma bacia hidrográfica, sempre que possível na mesma microbacia hidrográfica.

§ 2º A compensação ambiental a que se refere este artigo não se aplica aos casos previstos no inciso III do art. 23 desta Lei ou de corte ou supressão ilegais.

Art. 18. No Bioma Mata Atlântica, é livre a coleta de subprodutos florestais tais como frutos, folhas ou sementes, bem como as atividades de uso indireto, desde que não coloquem em risco as espécies da fauna e flora, observando-se as limitações legais específicas e em particular as relativas ao acesso ao patrimônio genético, à proteção e ao acesso ao conhecimento tradicional associado e de biossegurança.

Art. 19. O corte eventual de vegetação primária ou secundária nos estágios médio e avançado de regeneração do Bioma Mata Atlântica, para fins de práticas preservacionistas e de pesquisa científica, será devidamente regulamentado pelo Conselho Nacional do Meio Ambiente e autorizado pelo órgão competente do Sisnama.

TÍTULO III
DO REGIME JURÍDICO ESPECIAL DO BIOMA MATA ATLÂNTICA
CAPÍTULO I
DA PROTEÇÃO DA VEGETAÇÃO PRIMÁRIA

Art. 20. O corte e a supressão da vegetação primária do Bioma Mata Atlântica **somente** serão autorizados em caráter excepcional, quando necessários à realização de obras, projetos ou atividades de utilidade pública, pesquisas científicas e práticas preservacionistas.

Parágrafo único. O corte e a supressão de vegetação, no caso de utilidade pública, obedecerão ao disposto no art. 14 desta Lei, além da realização de Estudo Prévio de Impacto Ambiental/Relatório de Impacto Ambiental - EIA/RIMA.

CAPÍTULO II
DA PROTEÇÃO DA VEGETAÇÃO SECUNDÁRIA EM ESTÁGIO AVANÇADO DE REGENERAÇÃO

Art. 21. O corte, a supressão e a exploração da vegetação secundária em estágio avançado de regeneração do Bioma Mata Atlântica **somente** serão autorizados:
I - em caráter excepcional, quando necessários à execução de obras, atividades ou projetos de utilidade pública, pesquisa científica e práticas preservacionistas;
III - nos casos previstos no inciso I do art. 30 desta Lei.
Art. 22. O corte e a supressão previstos no inciso I do art. 21 desta Lei no caso de utilidade pública serão realizados na forma do art. 14 desta Lei, além da realização de Estudo Prévio de Impacto Ambiental, bem como na forma do art. 19 desta Lei para os casos de práticas preservacionistas e pesquisas científicas.

CAPÍTULO III
DA PROTEÇÃO DA VEGETAÇÃO SECUNDÁRIA EM ESTÁGIO MÉDIO DE REGENERAÇÃO

Art. 23. O corte, a supressão e a exploração da vegetação secundária em estágio médio de regeneração do Bioma Mata Atlântica **somente** serão autorizados:
I - em caráter excepcional, quando necessários à execução de obras, atividades ou projetos de utilidade pública ou de interesse social, pesquisa científica e práticas preservacionistas;
III - quando necessários ao pequeno produtor rural e populações tradicionais para o exercício de atividades ou usos agrícolas, pecuários ou silviculturais imprescindíveis à sua subsistência e de sua família, **ressalvada**s as áreas de preservação permanente e, quando for o caso, após averbação da reserva legal, nos termos da Lei nº 4.771, de 15 de setembro de 1965 ;
IV - nos casos previstos nos §§ 1º e 2º do art. 31 desta Lei.
Art. 24. O corte e a supressão da vegetação em estágio médio de regeneração, de que trata o inciso I do art. 23 desta Lei, nos casos de utilidade pública ou interesse social, obedecerão ao disposto no art. 14 desta Lei.
Parágrafo único. Na hipótese do inciso III do art. 23 desta Lei, a autorização é de competência do órgão estadual competente, informando-se ao Ibama, na forma da regulamentação desta Lei.

CAPÍTULO IV
DA PROTEÇÃO DA VEGETAÇÃO SECUNDÁRIA EM ESTÁGIO INICIAL DE REGENERAÇÃO

Art. 25. O corte, a supressão e a exploração da vegetação secundária em estágio inicial de regeneração do Bioma Mata Atlântica serão autorizados pelo órgão estadual competente.
Parágrafo único. O corte, a supressão e a exploração de que trata este artigo, nos Estados em que a vegetação primária e secundária remanescente do

Bioma Mata Atlântica for inferior a 5% (cinco por cento) da área original, submeter-se-ão ao regime jurídico aplicável à vegetação secundária em estágio médio de regeneração, **ressalvada**s as áreas urbanas e regiões metropolitanas.
Art. 26. Será admitida a prática agrícola do pousio nos Estados da Federação onde tal procedimento é utilizado tradicionalmente.

CAPÍTULO V
DA EXPLORAÇÃO SELETIVA DE VEGETAÇÃO SECUNDÁRIA EM ESTÁGIOS AVANÇADO, MÉDIO E INICIAL DE REGENERAÇÃO

Art. 28. O corte, a supressão e o manejo de espécies arbóreas pioneiras nativas em fragmentos florestais em estágio médio de regeneração, em que sua presença for superior a 60% (sessenta por cento) em relação às demais espécies, poderão ser autorizados pelo órgão estadual competente, observado o disposto na Lei nº 4.771, de 15 de setembro de 1965.

CAPÍTULO VI
DA PROTEÇÃO DO BIOMA MATA ATLÂNTICA NAS ÁREAS URBANAS E REGIÕES METROPOLITANAS

Art. 30. É **vedada** a supressão de vegetação primária do Bioma Mata Atlântica, para fins de loteamento ou edificação, nas regiões metropolitanas e áreas urbanas consideradas como tal em **lei específica**, aplicando-se à supressão da vegetação secundária em estágio avançado de regeneração as seguintes restrições:
I - nos perímetros urbanos aprovados até a data de início de vigência desta Lei, a supressão de vegetação secundária em estágio avançado de regeneração dependerá de prévia autorização do órgão estadual competente e **somente** será admitida, para fins de loteamento ou edificação, no caso de empreendimentos que garantam a preservação de vegetação nativa em estágio avançado de regeneração em no mínimo 50% (cinquenta por cento) da área total coberta por esta vegetação, **ressalvado** o disposto nos arts. 11, 12 e 17 desta Lei e atendido o disposto no Plano Diretor do Município e demais normas urbanísticas e ambientais aplicáveis;
II - nos perímetros urbanos aprovados após a data de início de vigência desta Lei, é **vedada** a supressão de vegetação secundária em estágio avançado de regeneração do Bioma Mata Atlântica para fins de loteamento ou edificação.
Art. 31. Nas regiões metropolitanas e áreas urbanas, assim consideradas em lei, o parcelamento do solo para fins de loteamento ou **qualquer** edificação em área de vegetação secundária, em estágio médio de regeneração, do Bioma Mata Atlântica, devem obedecer ao disposto no Plano Diretor do Município e demais normas aplicáveis, e dependerão de prévia autorização do órgão estadual competente, **ressalvado** o disposto nos arts. 11, 12 e 17 desta Lei.
§ 1º Nos perímetros urbanos aprovados até a data de início de vigência desta Lei, a supressão de vegetação secundária em estágio médio de regeneração **somente** será admitida, para fins de loteamento ou edificação, no caso de empreendimentos que garantam a preservação de vegetação nativa em estágio médio de regeneração em no mínimo 30% (trinta por cento) da área total coberta por esta vegetação.

§ 2º Nos perímetros urbanos delimitados após a data de início de vigência desta Lei, a supressão de vegetação secundária em estágio médio de regeneração fica condicionada à manutenção de vegetação em estágio médio de regeneração em no mínimo 50% (cinquenta por cento) da área total coberta por esta vegetação.

CAPÍTULO VII
DAS ATIVIDADES MINERÁRIAS EM ÁREAS DE VEGETAÇÃO SECUNDÁRIA EM ESTÁGIO AVANÇADO E MÉDIO DE REGENERAÇÃO

Art. 32. A supressão de vegetação secundária em estágio avançado e médio de regeneração para fins de atividades minerárias **somente** será admitida mediante:
I - licenciamento ambiental, condicionado à apresentação de Estudo Prévio de Impacto Ambiental/Relatório de Impacto Ambiental - EIA/RIMA, pelo empreendedor, e desde que demonstrada a inexistência de alternativa técnica e locacional ao empreendimento proposto;
II - adoção de medida compensatória que inclua a recuperação de área equivalente à área do empreendimento, com as mesmas características ecológicas, na mesma bacia hidrográfica e sempre que possível na mesma microbacia hidrográfica, independentemente do disposto no art. 36 da Lei nº 9.985, de 18 de julho de 2000.

TÍTULO IV
DOS INCENTIVOS ECONÔMICOS

Art. 33. O poder público, sem prejuízo das obrigações dos proprietários e possuiros estabelecidas na legislação ambiental, estimulará, com incentivos econômicos, a proteção e o uso sustentável do Bioma Mata Atlântica.
§ 1º Na regulamentação dos incentivos econômicos ambientais, serão observadas as seguintes características da área beneficiada:
I - a importância e representatividade ambientais do ecossistema e da gleba;
II - a existência de espécies da fauna e flora ameaçadas de extinção;
III - a relevância dos recursos hídricos;
IV - o valor paisagístico, estético e turístico;
V - o respeito às obrigações impostas pela legislação ambiental;
VI - a capacidade de uso real e sua produtividade atual.
§ 2º Os incentivos de que trata este Título não excluem ou restringem outros benefícios, abatimentos e deduções em vigor, em especial as doações a entidades de utilidade pública efetuadas por pessoas físicas ou jurídicas.
Art. 34. As infrações dos dispositivos que regem os benefícios econômicos ambientais, sem prejuízo das sanções penais e administrativas cabíveis, sujeitarão os responsáveis a multa civil de 3 (três) vezes o valor atualizado recebido, ou do imposto devido em relação a cada exercício financeiro, além das penalidades e demais acréscimos previstos na legislação fiscal.
§ 1º Para os efeitos deste artigo, considera-se solidariamente responsável por inadimplência ou irregularidade a pessoa física ou jurídica doadora ou propositora de projeto ou proposta de benefício.
§ 2º A existência de pendências ou irregularidades na execução de projetos de proponentes no órgão competente do Sisnama suspenderá a análise ou concessão de novos incentivos, até a efetiva regularização.

Art. 35. A conservação, em imóvel rural ou urbano, da vegetação primária ou da vegetação secundária em **qualquer** estágio de regeneração do Bioma Mata Atlântica cumpre função social e é de interesse público, podendo, a critério do proprietário, as áreas sujeitas à restrição de que trata esta Lei ser computadas para efeito da Reserva Legal e seu excedente utilizado para fins de compensação ambiental ou instituição de Cota de Reserva Ambiental - CRA.
Parágrafo único. **Ressalvada**s as hipóteses previstas em lei, as áreas de preservação permanente não integrarão a reserva legal.

CAPÍTULO I
DO FUNDO DE RESTAURAÇÃO DO BIOMA MATA ATLÂNTICA

Art. 36. Fica instituído o Fundo de Restauração do Bioma Mata Atlântica destinado ao financiamento de projetos de restauração ambiental e de pesquisa científica.
Art. 37. Constituirão recursos do Fundo de que trata o art. 36 desta Lei:
I - dotações orçamentárias da União;
II - recursos resultantes de doações, contribuições em dinheiro, valores, bens móveis e imóveis, que venha a receber de pessoas físicas e jurídicas, nacionais ou **internaciona**is;
III - rendimentos de **qualquer** natureza, que venha a auferir como remuneração decorrente de aplicações do seu patrimônio;
IV - outros, destinados em lei.
Art. 38. Serão beneficiados com recursos do Fundo de Restauração do Bioma Mata Atlântica os projetos que envolvam conservação de remanescentes de vegetação nativa, pesquisa científica ou áreas a serem restauradas, implementados em Municípios que possuam plano municipal de conservação e recuperação da Mata Atlântica, devidamente aprovado pelo Conselho Municipal de Meio Ambiente.
§ 1º Terão prioridade de apoio os projetos destinados à conservação e recuperação das áreas de preservação permanente, reservas legais, reservas particulares do patrimônio natural e áreas do entorno de unidades de conservação.
§ 2º Os projetos poderão beneficiar áreas públicas e privadas e serão executados por órgãos públicos, instituições acadêmicas públicas e organizações da sociedade civil de interesse público que atuem na conservação, restauração ou pesquisa científica no Bioma Mata Atlântica.

CAPÍTULO III
DOS INCENTIVOS CREDITÍCIOS

Art. 41. O proprietário ou posseiro que tenha vegetação primária ou secundária em estágios avançado e médio de regeneração do Bioma Mata Atlântica receberá das instituições financeiras benefícios creditícios, entre os quais:
I - prioridade na concessão de crédito agrícola, para os pequenos produtores rurais e populações tradicionais;
Parágrafo único. Os critérios, condições e mecanismos de controle dos benefícios referidos neste artigo serão definidos, anualmente, sob pena de

responsabilidade, pelo órgão competente do Poder Executivo, após anuência do órgão competente do Ministério da Fazenda.

TÍTULO V
DAS PENALIDADES

Art. 42. A ação ou omissão das pessoas físicas ou jurídicas que importem inobservância aos preceitos desta Lei e a seus regulamentos ou resultem em dano à flora, à fauna e aos demais atributos naturais sujeitam os infratores às sanções previstas em lei, em especial as dispostas na Lei nº 9.605, de 12 de fevereiro de 1998, e seus decretos regulamentadores.

Art. 43. A Lei nº 9.605, de 12 de fevereiro de 1998, passa a vigorar acrescida do seguinte art. 38-A:

> "*Art. 38-A. Destruir ou danificar vegetação primária ou secundária, em estágio avançado ou médio de regeneração, do Bioma Mata Atlântica, ou utilizá-la com infringência das normas de proteção:*
> *Pena - detenção, de 1 (um) a 3 (três) anos, ou multa, ou ambas as penas cumulativamente.*
> *Parágrafo único. Se o crime for culposo, a pena será reduzida à metade."*

TÍTULO VI
DISPOSIÇÕES FINAIS

Art. 46. Os órgãos competentes adotarão as providências necessárias para o rigoroso e fiel cumprimento desta Lei, e estimularão estudos técnicos e científicos visando à conservação e ao manejo racional do Bioma Mata Atlântica e de sua biodiversidade.

Art. 47. Para os efeitos do inciso I do caput do art. 3º desta Lei, **somente** serão consideradas as propriedades rurais com área de até 50 (cinquenta) hectares, registradas em cartório até a data de início de vigência desta Lei, **ressalvado**s os casos de fracionamento por transmissão causa mortis.

Art. 48. O art. 10 da Lei nº 9.393, de 19 de dezembro de 1996, passa a vigorar com a seguinte redação:

> *"Art. 10. ....*
> *§ 1º ....*
> *..*
> *II - ....*
> *d) sob regime de servidão florestal ou ambiental;*
> *e) cobertas por florestas nativas, primárias ou secundárias em estágio médio ou avançado de regeneração;*
> *..*
> *IV - ....*
> *..*
> *b) de que tratam as alíneas do inciso II deste parágrafo;*
> *.. " (NR)*

Art. 49. O § 6º do art. 44 da Lei nº 4.771, de 15 de setembro de 1965, alterada pela Medida Provisória nº 2.166-7, de 24 de agosto de 2001, passa a vigorar com a seguinte redação:
"Art. 44. ....
....

§ 6º O proprietário rural poderá ser desonerado das obrigações previstas neste artigo, mediante a doação ao órgão ambiental competente de área localizada no interior de unidade de conservação de domínio público, pendente de regularização fundiária, respeitados os critérios previstos no inciso III do caput deste artigo." (NR)

Art. 51. Esta Lei entra em vigor na data de sua publicação.

Brasília, 22 de dezembro de 2006; 185º da Independência e 118º da República.

LUIZ INÁCIO LULA DA SILVA

Lei de Proteção à Fauna.

LEI N° 5.197, DE 3 DE JANEIRO DE 1967

>Dispõe sobre a **proteção à fauna** e dá outras providências.

O PRESIDENTE DA REPÚBLICA Faço saber que o Congresso Nacional decreta e eu sanciono a seguinte Lei:

Art. 1°. Os animais de **quaisquer** espécies, em **qualquer** fase do seu desenvolvimento e que vivem naturalmente fora do cativeiro, constituindo a fauna silvestre, bem como seus ninhos, abrigos e criadouros naturais são propriedades do Estado, sendo proibida a sua utilização, perseguição, destruição, caça ou apanha.

§ 1° Se peculiaridades regionais comportarem o exercício da caça, a permissão será estabelecida em ato regulamentador do Poder Público Federal.

§ 2° A utilização, perseguição, caça ou apanha de espécies da fauna silvestre em terras de domínio privado, mesmo quando permitidas na forma do parágrafo anterior, poderão ser igualmente proibidas pelos respectivos proprietários, assumindo estes a responsabilidade de fiscalização de seus domínios. Nestas áreas, para a prática do ato de caça é necessário o consentimento expresso ou tácito dos proprietários, nos termos dos arts. 594, 595, 596, 597 e 598 do Código Civil.

Art. 2° É proibido o exercício da caça profissional.

Art. 3°. É proibido o comércio de espécimes da fauna silvestre e de produtos e objetos que impliquem na sua caça, perseguição, destruição ou apanha.

§ 1° Excetuam-se os espécimes provenientes legalizados.

§ 2° Será permitida mediante licença da autoridade competente, a apanha de ovos, lavras e filhotes que se destinem aos estabelecimentos acima referidos, bem como a destruição de animais silvestres considerados nocivos à agricultura ou à saúde pública.

§ 3° O simples desacompanhamento de comprovação de procedência de peles ou outros produtos de animais silvestres, nos carregamentos de via terrestre, fluvial, marítima ou aérea, que se iniciem ou transitem pelo País, caracterizará, de imediato, o descumprimento do disposto no caput deste artigo.

Art. 4° Nenhuma espécie poderá ser introduzida no País, sem parecer técnico oficial favorável e licença expedida na forma da Lei.

Art. 6° O Poder Público estimulará:

a) a formação e o funcionamento de clubes e sociedades amadoristas de caça e de tiro ao voo objetivando alcançar o espírito associativista para a prática desse esporte.

b) a construção de criadouros destinadas à criação de animais silvestres para fins econômicos e industriais.

Art. 7° A utilização, perseguição, destruição, caça ou apanha de espécimes da fauna silvestre, quando consentidas na forma desta Lei, serão considerados atos de caça.

Art. 8º O Órgão público federal competente, no prazo de 120 dias, publicará e atualizará anualmente:

a) a relação das espécies cuja utilização, perseguição, caça ou apanha será permitida indicando e delimitando as respectivas áreas;

b) a época e o número de dias em que o ato acima será permitido;

c) a quota diária de exemplares cuja utilização, perseguição, caça ou apanha será permitida.

Parágrafo único. Poderão ser igualmente, objeto de utilização, caça, perseguição ou apanha os animais domésticos que, por abandono, se tornem selvagens ou ferais.

Art. 9º Observado o disposto no artigo 8º e satisfeitas as exigências legais, poderão ser capturados e mantidos em cativeiro, espécimes da fauna silvestre.

Art. 10. A utilização, perseguição, destruição, caça ou apanha de espécimes da fauna silvestre são proibidas.

a) com visgos, atiradeiras, fundas, bodoques, veneno, incêndio ou armadilhas que maltratem a caça;

b) com armas a bala, a menos de três quilômetros de **qualquer** via térrea ou rodovia pública;

c) com armas de calibre 22 para animais de porte superior ao tapiti (sylvilagus brasiliensis);

d) com armadilhas, constituídas de armas de fogo;

e) nas zonas urbanas, suburbanas, povoados e nas estâncias hidrominerais e climáticas;

f) nos estabelecimentos oficiais e açudes do domínio público, bem como nos terrenos adjacentes, até a distância de cinco quilômetros;

g) na faixa de quinhentos metros de cada lado do eixo das vias férreas e rodovias públicas;

h) nas áreas destinadas à proteção da fauna, da flora e das belezas naturais;

i) nos jardins zoológicos, nos parques e jardins públicos;

j) fora do período de permissão de caça, mesmo em propriedades privadas;

l) à noite, **exceto** em casos especiais e no caso de animais nocivos;

m) do interior de veículos de **qualquer** espécie.

Art. 11. Os clubes ou Sociedades Amadoristas de Caça e de tiro ao vôo, poderão ser organizados distintamente ou em conjunto com os de pesca, e só funcionarão validamente após a obtenção da personalidade jurídica, na forma da Lei civil e o registro no órgão público federal competente.

Art. 12. As entidades a que se refere o artigo anterior deverão requerer licença especial para seus associados transitarem com arma de caça e de esporte, para uso em suas sedes durante o período defeso e dentro do perímetro determinado.

Art. 13. Para exercício da caça, é obrigatória a licença anual, de caráter específico e de âmbito **regional**, expedida pela autoridade competente.

Parágrafo único. A licença para caçar com armas de fogo deverá ser acompanhada do porte de arma emitido pela Polícia Civil.

Art. 14. Poderá ser concedida a cientistas, pertencentes a instituições científicas, oficiais ou oficializadas, ou por estas indicadas, licença especial para a coleta de material destinado a fins científicos, em **qualquer** época.

§ 1º Quando se tratar de cientistas **estrangeiro**s, devidamente credenciados pelo país de origem, deverá o pedido de licença ser aprovado e encaminhado ao órgão público federal competente, por intermédio de instituição científica oficial do pais.

§ 2º As instituições a que se refere este artigo, para efeito da renovação anual da licença, darão ciência ao órgão público federal competente das atividades dos cientistas licenciados no ano anterior.

§ 3º As licenças referidas neste artigo **não pode**rão ser utilizadas para fins comerciais ou esportivos.

§ 4º Aos cientistas das instituições nacionais que tenham por Lei, a atribuição de coletar material zoológico, para fins científicos, serão concedidas licenças permanentes.

Art. 15. O Conselho de Fiscalização das Expedições Artísticas e Científicas do Brasil ouvirá o órgão público federal competente toda vez que, nos processos em julgamento, houver matéria referente á fauna.

Art. 16. Fica instituído o registro das pessoas físicas ou jurídicas que negociem com animais silvestres e seus produtos.

Art. 17. As pessoas físicas ou jurídicas, de que trata o artigo anterior, são obrigadas à apresentação de declaração de estoques e valores, sempre que exigida pela autoridade competente.

Parágrafo único. O não cumprimento do disposto neste artigo, além das penalidades previstas nesta lei obriga o cancelamento do registro.

Art. 18. É proibida a exportação para o Exterior, de peles e couros de anfíbios e répteis, em bruto.

Art. 19. O transporte interestadual e para o Exterior, de animas silvestres, lepidópteros, e outros insetos e seus produtos depende de guia de trânsito, fornecida pela autoridade competente.

Parágrafo único. Fica isento dessa exigência o material consignado a Instituições Científicas Oficiais.

Art. 20. As licenças de caçadores serão concedidas mediante pagamento de uma taxa anual equivalente a um décimo do salário-mínimo mensal.

Parágrafo único. Os turistas pagarão uma taxa equivalente a um salário-mínimo mensal, e a licença será válida por 30 dias.

Art. 21. O registro de pessoas físicas ou jurídicas, a que se refere o art. 16, será feito mediante o pagamento de uma taxa equivalente a meio salário-mínimo mensal.

Parágrafo único. As pessoas físicas ou jurídicas de que trata este artigo pagarão a título de licença, uma taxa anual para as diferentes formas de comércio até o limite de um salário-mínimo mensal.

Art. 22. O registro de clubes ou sociedades amadoristas, de que trata o art. 11, será concedido mediante pagamento de uma taxa equivalente a meio salário-mínimo mensal.

Parágrafo único. As licenças de trânsito com arma de caça e de esporte, referidas no art. 12, estarão sujeitas ao pagamento de uma taxa anual equivalente a um vigésimo do salário-mínimo mensal.

Art. 23. Far-se-á, com a cobrança da taxa equivalente a dois décimos do salário-mínimo mensal, o registro dos criadouros.

Art. 24. O pagamento das licenças, registros e taxas previstos nesta Lei, será recolhido ao Banco do Brasil S. A em conta especial, a crédito do Fundo Federal Agropecuário, sob o título "Recursos da Fauna".

Art. 25. A União fiscalizará diretamente pelo órgão executivo específico, do Ministério da Agricultura, ou em convênio com os Estados e Municípios, a aplicação das normas desta Lei, podendo, para tanto, criar os serviços indispensáveis.

Parágrafo único. A fiscalização da caça pelos órgãos especializados não exclui a ação da autoridade policial ou das Forças Armadas por iniciativa própria.

Art. 26. **Todos** os funcionários, no exercício da fiscalização da caça, são equiparados aos agentes de segurança pública, sendo-lhes assegurado o porte de armas.

Art. 27. Constitui crime punível com pena de reclusão de 2 (dois) a 5 (cinco) anos a violação do disposto nos arts. 2º, 3º, 17 e 18 desta lei.

§ 1º É considerado crime punível com a pena de reclusão de 1 (um) a 3 (três) anos a violação do disposto no artigo 1º e seus parágrafos 4º, 8º e suas alíneas a, b, e c, 10 e suas alíneas a, b, c, d, e, f, g, h, i, j, l, e m, e 14 e seu § 3º desta lei.

§ 2º Incorre na pena prevista no caput deste artigo quem provocar, pelo uso direto ou indireto de agrotóxicos ou de **qualquer** outra substância química, o perecimento de espécimes da fauna ictiológica existente em rios, lagos, açudes, lagoas, baías ou mar territorial brasileiro.

§ 3º Incide na pena prevista no § 1º deste artigo quem praticar pesca predatória, usando instrumento proibido, explosivo, erva ou sustância química de **qualquer** natureza.

§ 5º Quem, de **qualquer** maneira, concorrer para os crimes previstos no caput e no § 1º deste artigo incidirá nas penas a eles cominadas.

§ 6º Se o autor da infração considerada crime nesta lei for **estrangeiro**, será expulso do País, após o cumprimento da pena que lhe for imposta, (Vetado), devendo a autoridade judiciária ou administrativa remeter, ao Ministério da Justiça, cópia da decisão cominativa da pena aplicada, no prazo de 30 (trinta) dias do trânsito em julgado de sua decisão.

Art. 28. Além das contravenções estabelecidas no artigo precedente, subsistem os dispositivos sobre contravenções e crimes previstos no Código Penal e nas demais leis, com as penalidades neles contidas.

Art. 29. São circunstâncias que agravam a pena afor, aquelas constantes do Código Penal e da Lei das Contravenções Penais, as seguintes:

a) cometer a infração em período defeso à caça ou durante à noite;
b) empregar fraude ou abuso de confiança;
c) aproveitar indevidamente licença de autoridade;
d) incidir a infração sobre animais silvestres e seus produtos oriundos de áreas onde a caça é proibida.

Art. 30. As penalidades incidirão sobre os autores, sejam eles:

a) direto;
b) arrendatários, parceiros, posseiros, gerentes, administradores, diretores, promitentes, compradores ou proprietários das áreas, desde que praticado por prepostos ou subordinados e no interesse dos proponentes ou dos superiores hierárquicos;
c) autoridades que por ação ou omissão consentirem na prática do ato ilegal, ou que cometerem abusos do poder.

Parágrafo único. Em caso de ações penais simultâneas pelo mesmo fato, iniciadas por várias autoridades. O juiz reunirá os processos na jurisdição em que se firmar a competência.

Art. 31. A ação penal independe de queixa mesmo em se tratando de lesão em propriedade privada, quando os bens atingidos, são animais silvestres e seus produtos, instrumentos de trabalho, documentos e atos relacionados com a proteção da fauna disciplinada nesta Lei.

Art. 32. São autoridades competentes para instaurar, presidir e proceder a inquéritos policiais, lavrar autos de prisão em flagrante e intentar a ação penal, nos casos de crimes ou de contravenções previstas nesta Lei ou em outras leis que tenham por objeto os animais silvestres seus produtos instrumentos e documentos relacionados com os mesmos as indicadas no Código de Processo Penal.

Art. 33. A autoridade apreenderá os produtos da caça e/ou da pesca bem como os instrumentos utilizados na infração, e se estes, por sua natureza ou volume, não puderem acompanhar o inquérito, serão entregues ao depositário público local, se houver e, na sua falta, ao que for nomeado pelo juiz.

Parágrafo único. Em se tratando de produtos perecíveis, poderão ser os mesmos doados a instituições científicas, penais, hospitais e /ou casas de caridade mais próximas.

Art. 34. Os crimes previstos nesta lei são inafiançáveis e serão apurados mediante processo sumário, aplicando-se no que couber, as normas do Título II, Capítulo V, do Código de Processo Penal.

Art. 35. Dentro de dois anos a partir da promulgação desta Lei, nenhuma autoridade poderá permitir a adoção de livros escolares de leitura que não contenham textos sobre a proteção da fauna, aprovados pelo Conselho Federal de Educação.

§ 1º Os Programas de ensino de nível primário e médio deverão contar pelo menos com duas aulas anuais sobre a matéria a que se refere o presente artigo.

§ 2º Igualmente os programas de rádio e televisão deverão incluir textos e dispositivos aprovados pelo órgão público federal competente, no limite mínimo de cinco minutos semanais, distribuídos ou não, em diferentes dias.

Art. 36. Fica instituído o Conselho Nacional de Proteção à fauna, com sede em Brasília, como órgão consultivo e normativo da política de proteção à fauna do Pais.

Parágrafo único. O Conselho, diretamente subordinado ao Ministério da Agricultura, terá sua composição e atribuições estabelecidas por decreto do Poder Executivo.

Art. 37. O Poder Executivo regulamentará a presente Lei no que for Julgado necessário à sua execução.

Art. 38. Esta Lei entra em vigor na data de sua publicação, revogados o Decreto-Lei nº 5.894, de 20 de outubro de 1943, e demais disposições em contrário.

Brasília, 3 de janeiro de 1967, 146º da Independência e 70º da República.

H. CASTELLO BRANCO

❑ Lei da Política Nacional de Recursos Hídricos (PNRH).

LEI Nº 9.433, DE 8 DE JANEIRO DE 1997.

> Institui a **Política Nacional de Recursos Hídricos (PNRH)**, cria o **Sistema Nacional de Gerenciamento de Recursos Hídricos (SINGRI)**, regulamenta o inciso XIX do art. 21 da Constituição Federal, e altera o art. 1º da Lei nº 8.001, de 13 de março de 1990, que modificou a Lei nº 7.990, de 28 de dezembro de 1989.

O PRESIDENTE DA REPÚBLICA Faço saber que o Congresso Nacional decreta e eu sanciono a seguinte Lei:

TÍTULO I
DA POLÍTICA NACIONAL DE RECURSOS HÍDRICOS
CAPÍTULO I
DOS FUNDAMENTOS

Art. 1º A Política Nacional de Recursos Hídricos baseia-se nos seguintes fundamentos:
I - a água é um bem de domínio público;
II - a água é um recurso natural limitado, dotado de valor econômico;
III - em situações de escassez, o uso prioritário dos recursos hídricos é o consumo humano e a dessedentação de animais;
IV - a gestão dos recursos hídricos deve sempre proporcionar o uso múltiplo das águas;
V - a bacia hidrográfica é a unidade territorial para implementação da Política Nacional de Recursos Hídricos e atuação do Sistema Nacional de Gerenciamento de Recursos Hídricos;
VI - a gestão dos recursos hídricos deve ser descentralizada e contar com a participação do Poder Público, dos usuários e das comunidades.

CAPÍTULO II
DOS OBJETIVOS

Art. 2º São objetivos da Política Nacional de Recursos Hídricos:
I - assegurar à atual e às futuras gerações a necessária disponibilidade de água, em padrões de qualidade adequados aos respectivos usos;
II - a utilização racional e integrada dos recursos hídricos, incluindo o transporte aquaviário, com vistas ao desenvolvimento sustentável;
III - a prevenção e a defesa contra eventos hidrológicos críticos de origem natural ou decorrentes do uso inadequado dos recursos naturais.
IV - incentivar e promover a captação, a preservação e o aproveitamento de águas pluviais.

CAPÍTULO III
DAS DIRETRIZES GERAIS DE AÇÃO

Art. 3º Constituem diretrizes gerais de ação para implementação da Política Nacional de Recursos Hídricos:
I - a gestão sistemática dos recursos hídricos, sem dissociação dos aspectos de quantidade e qualidade;
II - a adequação da gestão de recursos hídricos às diversidades físicas, bióticas, demográficas, econômicas, sociais e culturais das diversas regiões do País;
III - a integração da gestão de recursos hídricos com a gestão ambiental;
IV - a articulação do planejamento de recursos hídricos com o dos setores usuários e com os planejamentos **regional, estadual e nacional**;
V - a articulação da gestão de recursos hídricos com a do uso do solo;
VI - a integração da gestão das bacias hidrográficas com a dos sistemas estuarinos e zonas costeiras.
Art. 4º A União articular-se-á com os Estados tendo em vista o gerenciamento dos recursos hídricos de interesse comum.

CAPÍTULO IV
DOS INSTRUMENTOS

Art. 5º São instrumentos da Política Nacional de Recursos Hídricos:
I - os Planos de Recursos Hídricos;
II - o enquadramento dos corpos de água em classes, segundo os usos preponderantes da água;
III - a outorga dos direitos de uso de recursos hídricos;
IV - a cobrança pelo uso de recursos hídricos;
V - a compensação a municípios;
VI - o Sistema de Informações sobre Recursos Hídricos.

SEÇÃO I
DOS PLANOS DE RECURSOS HÍDRICOS

Art. 6º Os Planos de Recursos Hídricos são planos diretores que visam a fundamentar e orientar a implementação da Política Nacional de Recursos Hídricos e o gerenciamento dos recursos hídricos.
Art. 7º Os Planos de Recursos Hídricos são planos de longo prazo, com horizonte de planejamento compatível com o período de implantação de seus programas e projetos e terão o seguinte conteúdo mínimo:
I - diagnóstico da situação atual dos recursos hídricos;
II - análise de alternativas de crescimento demográfico, de evolução de atividades produtivas e de modificações dos padrões de ocupação do solo;
III - balanço entre disponibilidades e demandas futuras dos recursos hídricos, em quantidade e qualidade, com identificação de conflitos potenciais;
IV - metas de racionalização de uso, aumento da quantidade e melhoria da qualidade dos recursos hídricos disponíveis;
V - medidas a serem tomadas, programas a serem desenvolvidos e projetos a serem implantados, para o atendimento das metas previstas;

VIII - prioridades para outorga de direitos de uso de recursos hídricos;
IX - diretrizes e critérios para a cobrança pelo uso dos recursos hídricos;
X - propostas para a criação de áreas sujeitas a restrição de uso, com vistas à proteção dos recursos hídricos.
Art. 8º Os Planos de Recursos Hídricos serão elaborados por bacia hidrográfica, por Estado e para o País.

SEÇÃO II
DO ENQUADRAMENTO DOS CORPOS DE ÁGUA EM CLASSES, SEGUNDO OS USOS PREPONDERANTES DA ÁGUA

Art. 9º O enquadramento dos corpos de água em classes, segundo os usos preponderantes da água, visa a:
I - assegurar às águas qualidade compatível com os usos mais exigentes a que forem destinadas;
II - diminuir os custos de combate à poluição das águas, mediante ações preventivas permanentes.
Art. 10. As classes de corpos de água serão estabelecidas pela legislação ambiental.

SEÇÃO III
DA OUTORGA DE DIREITOS DE USO DE RECURSOS HÍDRICOS

Art. 11. O regime de outorga de direitos de uso de recursos hídricos tem como objetivos assegurar o controle quantitativo e qualitativo dos usos da água e o efetivo exercício dos direitos de acesso à água.
Art. 12. Estão sujeitos a outorga pelo Poder Público os direitos dos seguintes usos de recursos hídricos:
I - derivação ou captação de parcela da água existente em um corpo de água para consumo final, inclusive abastecimento público, ou insumo de processo produtivo;
II - extração de água de aquífero subterrâneo para consumo final ou insumo de processo produtivo;
III - lançamento em corpo de água de esgotos e demais resíduos líquidos ou gasosos, tratados ou não, com o fim de sua diluição, transporte ou disposição final;
IV - aproveitamento dos potenciais hidrelétricos;
V - outros usos que alterem o regime, a quantidade ou a qualidade da água existente em um corpo de água.
§ 1º Independem de outorga pelo Poder Público, conforme definido em regulamento:
I - o uso de recursos hídricos para a satisfação das necessidades de pequenos núcleos populacionais, distribuídos no meio rural;
II - as derivações, captações e lançamentos considerados insignificantes;
III - as acumulações de volumes de água consideradas insignificantes.
§ 2º A outorga e a utilização de recursos hídricos para fins de geração de energia elétrica estará subordinada ao Plano Nacional de Recursos Hídricos, aprovado na forma do disposto no inciso VIII do art. 35 desta Lei, obedecida a disciplina da legislação setorial específica.
Art. 13. Toda outorga estará condicionada às prioridades de uso estabelecidas nos Planos de Recursos Hídricos e deverá respeitar a classe em que o corpo

de água estiver enquadrado e a manutenção de condições adequadas ao transporte aquaviário, quando for o caso.
Parágrafo único. A outorga de uso dos recursos hídricos deverá preservar o uso múltiplo destes.
Art. 14. A outorga efetivar-se-á por ato da autoridade competente do Poder Executivo Federal, dos Estados ou do Distrito Federal.
§ 1º O Poder Executivo Federal poderá delegar aos Estados e ao Distrito Federal competência para conceder outorga de direito de uso de recurso hídrico de domínio da União.

Art. 15. A outorga de direito de uso de recursos hídricos poderá ser suspensa parcial ou totalmente, em definitivo ou por prazo determinado, nas seguintes circunstâncias:
I - não cumprimento pelo outorgado dos termos da outorga;
II - ausência de uso por três anos consecutivos;
III - necessidade premente de água para atender a situações de calamidade, inclusive as decorrentes de condições climáticas adversas;
IV - necessidade de se prevenir ou reverter grave degradação ambiental;
V - necessidade de se atender a usos prioritários, de interesse coletivo, para os quais não se disponha de fontes alternativas;
VI - necessidade de serem mantidas as características de navegabilidade do corpo de água.
Art. 16. Toda outorga de direitos de uso de recursos hídricos far-se-á por prazo não excedente a trinta e cinco anos, renovável.
Art. 17. (VETADO)
Art. 18. A outorga não implica a alienação parcial das águas, que são inalienáveis, mas o simples direito de seu uso.

SEÇÃO IV
DA COBRANÇA DO USO DE RECURSOS HÍDRICOS

Art. 19. A cobrança pelo uso de recursos hídricos objetiva:
I - reconhecer a água como bem econômico e dar ao usuário uma indicação de seu real valor;
II - incentivar a racionalização do uso da água;
III - obter recursos financeiros para o financiamento dos programas e intervenções contemplados nos planos de recursos hídricos.
Art. 20. Serão cobrados os usos de recursos hídricos sujeitos a outorga, nos termos do art. 12 desta Lei.
Art. 21. Na fixação dos valores a serem cobrados pelo uso dos recursos hídricos devem ser observados, dentre outros:
I - nas derivações, captações e extrações de água, o volume retirado e seu regime de variação;
II - nos lançamentos de esgotos e demais resíduos líquidos ou gasosos, o volume lançado e seu regime de variação e as características físico-químicas, biológicas e de toxidade do afluente.
Art. 22. Os valores arrecadados com a cobrança pelo uso de recursos hídricos serão aplicados prioritariamente na bacia hidrográfica em que foram gerados e serão utilizados:
I - no financiamento de estudos, programas, projetos e obras incluídos nos Planos de Recursos Hídricos;

II - no pagamento de despesas de implantação e custeio administrativo dos órgãos e entidades integrantes do Sistema Nacional de Gerenciamento de Recursos Hídricos.
§ 1º A aplicação nas despesas previstas no inciso II deste artigo é limitada a sete e meio por cento do total arrecadado.
§ 2º Os valores previstos no *caput* deste artigo poderão ser aplicados a fundo perdido em projetos e obras que alterem, de modo considerado benéfico à coletividade, a qualidade, a quantidade e o regime de vazão de um corpo de água.

SEÇÃO VI
DO SISTEMA DE INFORMAÇÕES SOBRE RECURSOS HÍDRICOS

Art. 25. O Sistema de Informações sobre Recursos Hídricos é um sistema de coleta, tratamento, armazenamento e recuperação de informações sobre recursos hídricos e fatores intervenientes em sua gestão.
Parágrafo único. Os dados gerados pelos órgãos integrantes do Sistema Nacional de Gerenciamento de Recursos Hídricos serão incorporados ao Sistema Nacional de Informações sobre Recursos Hídricos.
Art. 26. São princípios básicos para o funcionamento do Sistema de Informações sobre Recursos Hídricos:
I - descentralização da obtenção e produção de dados e informações;
II - coordenação unificada do sistema;
III - acesso aos dados e informações garantido à toda a sociedade.
Art. 27. São objetivos do Sistema Nacional de Informações sobre Recursos Hídricos:
I - reunir, dar consistência e divulgar os dados e informações sobre a situação qualitativa e quantitativa dos recursos hídricos no Brasil;
II - atualizar permanentemente as informações sobre disponibilidade e demanda de recursos hídricos em todo o território nacional;
III - fornecer subsídios para a elaboração dos Planos de Recursos Hídricos.

CAPÍTULO VI
DA AÇÃO DO PODER PÚBLICO

Art. 29. Na implementação da Política Nacional de Recursos Hídricos, compete ao Poder Executivo Federal:
I - tomar as providências necessárias à implementação e ao funcionamento do Sistema Nacional de Gerenciamento de Recursos Hídricos;
II - outorgar os direitos de uso de recursos hídricos, e regulamentar e fiscalizar os usos, na sua esfera de competência;
III - implantar e gerir o Sistema de Informações sobre Recursos Hídricos, em âmbito nacional;
IV - promover a integração da gestão de recursos hídricos com a gestão ambiental.
Parágrafo único. O Poder Executivo Federal indicará, por decreto, a autoridade responsável pela efetivação de outorgas de direito de uso dos recursos hídricos sob domínio da União.
Art. 30. Na implementação da Política Nacional de Recursos Hídricos, cabe aos Poderes Executivos Estaduais e do Distrito Federal, na sua esfera de competência:

I - outorgar os direitos de uso de recursos hídricos e regulamentar e fiscalizar os seus usos;
II - realizar o controle técnico das obras de oferta hídrica;
III - implantar e gerir o Sistema de Informações sobre Recursos Hídricos, em âmbito estadual e do Distrito Federal;
IV - promover a integração da gestão de recursos hídricos com a gestão ambiental.

Art. 31. Na implementação da Política Nacional de Recursos Hídricos, os Poderes Executivos do Distrito Federal e dos municípios promoverão a integração das políticas locais de saneamento básico, de uso, ocupação e conservação do solo e de meio ambiente com as políticas federal e estaduais de recursos hídricos.

TÍTULO II
DO SISTEMA NACIONAL DE GERENCIAMENTO DE RECURSOS HÍDRICOS
CAPÍTULO I
DOS OBJETIVOS E DA COMPOSIÇÃO

Art. 32. Fica criado o Sistema Nacional de Gerenciamento de Recursos Hídricos, com os seguintes objetivos:
I - coordenar a gestão integrada das águas;
II - arbitrar administrativamente os conflitos relacionados com os recursos hídricos;
III - implementar a Política Nacional de Recursos Hídricos;
IV - planejar, regular e controlar o uso, a preservação e a recuperação dos recursos hídricos;
V - promover a cobrança pelo uso de recursos hídricos.

Art. 33. Integram o Sistema Nacional de Gerenciamento de Recursos Hídricos:
I – o Conselho Nacional de Recursos Hídricos;
I-A. – a Agência Nacional de Águas;
II – os Conselhos de Recursos Hídricos dos Estados e do Distrito Federal;
III – os Comitês de Bacia Hidrográfica;
IV – os órgãos dos poderes públicos federal, estaduais, do Distrito Federal e municipais cujas competências se relacionem com a gestão de recursos hídricos;
V – as Agências de Água.

CAPÍTULO II
DO CONSELHO NACIONAL DE RECURSOS HÍDRICOS

Art. 34. O Conselho Nacional de Recursos Hídricos é composto por:
I - representantes dos Ministérios e Secretarias da Presidência da República com atuação no gerenciamento ou no uso de recursos hídricos;
II - representantes indicados pelos Conselhos Estaduais de Recursos Hídricos;
III - representantes dos usuários dos recursos hídricos;
IV - representantes das organizações civis de recursos hídricos.

Parágrafo único. O número de representantes do Poder Executivo Federal **não pode**rá exceder à metade mais um do total dos membros do Conselho Nacional de Recursos Hídricos.

Art. 35. Compete ao Conselho Nacional de Recursos Hídricos:

I - promover a articulação do planejamento de recursos hídricos com os planejamentos **nacional, regional, estaduais e dos setores usuários**;

II - arbitrar, em última instância administrativa, os conflitos existentes entre Conselhos Estaduais de Recursos Hídricos;

III - deliberar sobre os projetos de aproveitamento de recursos hídricos cujas repercussões extrapolem o âmbito dos Estados em que serão implantados;

IV - deliberar sobre as questões que lhe tenham sido encaminhadas pelos Conselhos Estaduais de Recursos Hídricos ou pelos Comitês de Bacia Hidrográfica;

V - analisar propostas de alteração da legislação pertinente a recursos hídricos e à Política Nacional de Recursos Hídricos;

VI - estabelecer diretrizes complementares para implementação da Política Nacional de Recursos Hídricos, aplicação de seus instrumentos e atuação do Sistema Nacional de Gerenciamento de Recursos Hídricos;

VII - aprovar propostas de instituição dos Comitês de Bacia Hidrográfica e estabelecer critérios gerais para a elaboração de seus regimentos;

IX – acompanhar a execução e aprovar o Plano Nacional de Recursos Hídricos e determinar as providências necessárias ao cumprimento de suas metas;

X - estabelecer critérios gerais para a outorga de direitos de uso de recursos hídricos e para a cobrança por seu uso.

XI - zelar pela implementação da Política Nacional de Segurança de Barragens (PNSB);

XII - estabelecer diretrizes para implementação da PNSB, aplicação de seus instrumentos e atuação do Sistema Nacional de Informações sobre Segurança de Barragens (SNISB);

XIII - apreciar o Relatório de Segurança de Barragens, fazendo, se necessário, recomendações para melhoria da segurança das obras, bem como encaminhá-lo ao Congresso Nacional.

Art. 36. O Conselho Nacional de Recursos Hídricos será gerido por:

I - um Presidente, que será o **Ministro de Estado do Meio Ambiente e Mudança do Clima**; (Redação dada pela Medida Provisória nº 1.154, de 2023)

II - um Secretário-Executivo, que será o titular do órgão integrante da estrutura do Ministério do Meio Ambiente e Mudança do Clima responsável pela gestão dos recursos hídricos.

CAPÍTULO III
DOS COMITÊS DE BACIA HIDROGRÁFICA

Art. 37. Os Comitês de Bacia Hidrográfica terão como área de atuação:

I - a totalidade de uma bacia hidrográfica;

II - sub-bacia hidrográfica de tributário do curso de água principal da bacia, ou de tributário desse tributário; ou

III - grupo de bacias ou sub-bacias hidrográficas contíguas.

Parágrafo único. A instituição de Comitês de Bacia Hidrográfica em rios de domínio da União será efetivada por ato do Presidente da República.

Art. 38. Compete aos Comitês de Bacia Hidrográfica, no âmbito de sua área de atuação:
I - promover o debate das questões relacionadas a recursos hídricos e articular a atuação das entidades intervenientes;
II - arbitrar, em primeira instância administrativa, os conflitos relacionados aos recursos hídricos;
III - aprovar o Plano de Recursos Hídricos da bacia;
IV - acompanhar a execução do Plano de Recursos Hídricos da bacia e sugerir as providências necessárias ao cumprimento de suas metas;
V - propor ao Conselho Nacional e aos Conselhos Estaduais de Recursos Hídricos as acumulações, derivações, captações e lançamentos de pouca expressão, para efeito de isenção da obrigatoriedade de outorga de direitos de uso de recursos hídricos, de acordo com os domínios destes;
VI - estabelecer os mecanismos de cobrança pelo uso de recursos hídricos e sugerir os valores a serem cobrados;
IX - estabelecer critérios e promover o rateio de custo das obras de uso múltiplo, de interesse comum ou coletivo.
Parágrafo único. Das decisões dos Comitês de Bacia Hidrográfica caberá recurso ao Conselho Nacional ou aos Conselhos Estaduais de Recursos Hídricos, de acordo com sua esfera de competência.
Art. 39. Os Comitês de Bacia Hidrográfica são compostos por representantes:
I - da União;
II - dos Estados e do Distrito Federal cujos territórios se situem, ainda que parcialmente, em suas respectivas áreas de atuação;
III - dos Municípios situados, no todo ou em parte, em sua área de atuação;
IV - dos usuários das águas de sua área de atuação;
V - das entidades civis de recursos hídricos com atuação comprovada na bacia.
§ 1º O número de representantes de cada setor mencionado neste artigo, bem como os critérios para sua indicação, serão estabelecidos nos regimentos dos comitês, limitada a representação dos poderes executivos da União, Estados, Distrito Federal e Municípios à metade do total de membros.
§ 2º Nos Comitês de Bacia Hidrográfica de bacias de rios fronteiriços e transfronteiriços de gestão compartilhada, a representação da União deverá incluir um representante do Ministério das Relações Exteriores.
§ 3º Nos Comitês de Bacia Hidrográfica de bacias cujos territórios abranjam terras indígenas devem ser incluídos representantes:
I - da Fundação Nacional do Índio - FUNAI, como parte da representação da União;
II - das comunidades indígenas ali residentes ou com interesses na bacia.
§ 4º A participação da União nos Comitês de Bacia Hidrográfica com área de atuação restrita a bacias de rios sob domínio estadual, dar-se-á na forma estabelecida nos respectivos regimentos.
Art. 40. Os Comitês de Bacia Hidrográfica serão dirigidos por um Presidente e um Secretário, eleitos dentre seus membros.

CAPÍTULO IV
DAS AGÊNCIAS DE ÁGUA

Art. 41. As Agências de Água exercerão a função de secretaria executiva do respectivo ou respectivos Comitês de Bacia Hidrográfica.

Art. 42. As Agências de Água terão a mesma área de atuação de um ou mais Comitês de Bacia Hidrográfica.

Parágrafo único. A criação das Agências de Água será autorizada pelo Conselho Nacional de Recursos Hídricos ou pelos Conselhos Estaduais de Recursos Hídricos mediante solicitação de um ou mais Comitês de Bacia Hidrográfica.

Art. 43. A criação de uma Agência de Água é condicionada ao atendimento dos seguintes requisitos:

I - prévia existência do respectivo ou respectivos Comitês de Bacia Hidrográfica;

II - viabilidade financeira assegurada pela cobrança do uso dos recursos hídricos em sua área de atuação.

Art. 44. Compete às Agências de Água, no âmbito de sua área de atuação:

I - manter balanço atualizado da disponibilidade de recursos hídricos em sua área de atuação;

II - manter o cadastro de usuários de recursos hídricos;

III - efetuar, mediante delegação do outorgante, a cobrança pelo uso de recursos hídricos;

IV - analisar e emitir pareceres sobre os projetos e obras a serem financiados com recursos gerados pela cobrança pelo uso de Recursos Hídricos e encaminhá-los à instituição financeira responsável pela administração desses recursos;

V - acompanhar a administração financeira dos recursos arrecadados com a cobrança pelo uso de recursos hídricos em sua área de atuação;

VI - gerir o Sistema de Informações sobre Recursos Hídricos em sua área de atuação;

VII - celebrar convênios e contratar financiamentos e serviços para a execução de suas competências;

VIII - elaborar a sua proposta orçamentária e submetê-la à apreciação do respectivo ou respectivos Comitês de Bacia Hidrográfica;

IX - promover os estudos necessários para a gestão dos recursos hídricos em sua área de atuação;

X - elaborar o Plano de Recursos Hídricos para apreciação do respectivo Comitê de Bacia Hidrográfica;

XI - propor ao respectivo ou respectivos Comitês de Bacia Hidrográfica:

a) o enquadramento dos corpos de água nas classes de uso, para encaminhamento ao respectivo Conselho Nacional ou Conselhos Estaduais de Recursos Hídricos, de acordo com o domínio destes;

b) os valores a serem cobrados pelo uso de recursos hídricos;

c) o plano de aplicação dos recursos arrecadados com a cobrança pelo uso de recursos hídricos;

d) o rateio de custo das obras de uso múltiplo, de interesse comum ou coletivo.

CAPÍTULO V
DA SECRETARIA EXECUTIVA DO CONSELHO NACIONAL DE RECURSOS HÍDRICOS

Art. 45. A Secretaria-Executiva do Conselho Nacional de Recursos Hídricos será exercida pelo órgão integrante da estrutura do Ministério do Meio Ambiente e Mudança do Clima responsável pela gestão dos recursos hídricos.   (Redação dada pela Medida Provisória nº 1.154, de 2023)

Art. 46. Compete à Secretaria Executiva do Conselho Nacional de Recursos Hídricos:
I – prestar apoio administrativo, técnico e financeiro ao Conselho Nacional de Recursos Hídricos;
II – revogado;
III – instruir os expedientes provenientes dos Conselhos Estaduais de Recursos Hídricos e dos Comitês de Bacia Hidrográfica;
V – elaborar seu programa de trabalho e respectiva proposta orçamentária anual e submetê-los à aprovação do Conselho Nacional de Recursos Hídricos.

CAPÍTULO VI
DAS ORGANIZAÇÕES CIVIS DE RECURSOS HÍDRICOS

Art. 47. São consideradas, para os efeitos desta Lei, organizações civis de recursos hídricos:
I - consórcios e associações intermunicipais de bacias hidrográficas;
II - associações regionais, locais ou setoriais de usuários de recursos hídricos;
III - organizações técnicas e de ensino e pesquisa com interesse na área de recursos hídricos;
IV - organizações não-governamentais com objetivos de defesa de interesses difusos e coletivos da sociedade;
V - outras organizações reconhecidas pelo Conselho Nacional ou pelos Conselhos Estaduais de Recursos Hídricos.
Art. 48. Para integrar o Sistema Nacional de Recursos Hídricos, as organizações civis de recursos hídricos devem ser legalmente constituídas.

TÍTULO III
DAS INFRAÇÕES E PENALIDADES

Art. 49. Constitui infração das normas de utilização de recursos hídricos superficiais ou subterrâneos:
I - derivar ou utilizar recursos hídricos para **qualquer** finalidade, sem a respectiva outorga de direito de uso;
II - iniciar a implantação ou implantar empreendimento relacionado com a derivação ou a utilização de recursos hídricos, superficiais ou subterrâneos, que implique alterações no regime, quantidade ou qualidade dos mesmos, sem autorização dos órgãos ou entidades competentes;
IV - utilizar-se dos recursos hídricos ou executar obras ou serviços relacionados com os mesmos em desacordo com as condições estabelecidas na outorga;
V - perfurar poços para extração de água subterrânea ou operá-los sem a devida autorização;
VI - fraudar as medições dos volumes de água utilizados ou declarar valores diferentes dos medidos;
VII - infringir normas estabelecidas no regulamento desta Lei e nos regulamentos administrativos, compreendendo instruções e procedimentos fixados pelos órgãos ou entidades competentes;
VIII - obstar ou dificultar a ação fiscalizadora das autoridades competentes no exercício de suas funções.

Art. 50. Por infração de **qualquer** disposição legal ou regulamentar referente à execução de obras e serviços hidráulicos, derivação ou utilização de recursos hídricos, ou pelo não atendimento das solicitações feitas, o infrator, a critério da autoridade competente, ficará sujeito às seguintes penalidades, independentemente de sua ordem de enumeração:
I - advertência por escrito, na qual serão estabelecidos prazos para correção das irregularidades;
II - multa, simples ou diária, proporcional à gravidade da infração, de R$ 100,00 (cem reais) a R$ 50.000.000,00 (cinquenta milhões de reais);
III - embargo provisório, por prazo determinado, para execução de serviços e obras necessárias ao efetivo cumprimento das condições de outorga ou para o cumprimento de normas referentes ao uso, controle, conservação e proteção dos recursos hídricos;
IV - embargo definitivo, com revogação da outorga, se for o caso, para repor incontinenti, no seu antigo estado, os recursos hídricos, leitos e margens, nos termos dos arts. 58 e 59 do Código de Águas ou tamponar os poços de extração de água subterrânea.
§ 1º Sempre que da infração cometida resultar prejuízo a serviço público de abastecimento de água, riscos à saúde ou à vida, perecimento de bens ou animais, ou prejuízos de **qualquer** natureza a terceiros, a multa a ser aplicada **nunca** será inferior à metade do valor máximo cominado em abstrato.
§ 2º No caso dos incisos III e IV, independentemente da pena de multa, serão cobradas do infrator as despesas em que incorrer a Administração para tornar efetivas as medidas previstas nos citados incisos, na forma dos arts. 36, 53, 56 e 58 do Código de Águas, sem prejuízo de responder pela indenização dos danos a que der causa.
§ 3º Da aplicação das sanções previstas neste título caberá recurso à autoridade administrativa competente, nos termos do regulamento.
§ 4º Em caso de reincidência, a multa será aplicada em dobro.

TÍTULO IV
DAS DISPOSIÇÕES GERAIS E TRANSITÓRIAS

Art. 51. O Conselho Nacional de Recursos Hídricos e os Conselhos Estaduais de Recursos Hídricos poderão delegar a organizações sem fins lucrativos relacionadas no art. 47 desta Lei, por prazo determinado, o exercício de funções de competência das Agências de Água, enquanto esses organismos não estiverem constituídos.
Art. 52. Enquanto não estiver aprovado e regulamentado o Plano Nacional de Recursos Hídricos, a utilização dos potenciais hidráulicos para fins de geração de energia elétrica continuará subordinada à disciplina da legislação setorial específica.
Art. 53. O Poder Executivo, no prazo de cento e vinte dias a partir da publicação desta Lei, encaminhará ao Congresso Nacional projeto de lei dispondo sobre a criação das Agências de Água.
Art. 54. O art. 1º da Lei nº 8.001, de 13 de março de 1990, passa a vigorar com a seguinte redação:

"Art. 1º ....
..
III - quatro inteiros e quatro décimos por cento à Secretaria de Recursos Hídricos do Ministério do Meio Ambiente, dos Recursos Hídricos e da Amazônia Legal;
IV - três inteiros e seis décimos por cento ao Departamento Nacional de Águas e Energia Elétrica - DNAEE, do Ministério de Minas e Energia;
V - dois por cento ao Ministério da Ciência e Tecnologia.
..
§ 4º A cota destinada à Secretaria de Recursos Hídricos do Ministério do Meio Ambiente, dos Recursos Hídricos e da Amazônia Legal será empregada na implementação da Política Nacional de Recursos Hídricos e do Sistema Nacional de Gerenciamento de Recursos Hídricos e na gestão da rede hidrometeorológica nacional.
§ 5º A cota destinada ao DNAEE será empregada na operação e expansão de sua rede hidrometeorológica, no estudo dos recursos hídricos e em serviços relacionados ao aproveitamento da energia hidráulica."

Parágrafo único. Os novos percentuais definidos no *caput* deste artigo entrarão em vigor no prazo de cento e oitenta dias contados a partir da data de publicação desta Lei.

Art. 55. O Poder Executivo Federal regulamentará esta Lei no prazo de cento e oitenta dias, contados da data de sua publicação.

Art. 56. Esta Lei entra em vigor na data de sua publicação.

Art. 57. Revogam-se as disposições em contrário.

Brasília, 8 de janeiro de 1997; 176º da Independência e 109º da República.

FERNANDO HENRIQUE CARDOSO

❑ Lei do Óleo

LEI Nº 9.966, DE 28 DE ABRIL DE 2000.

> Dispõe sobre **a prevenção, o controle e a fiscalização da poluição causada por lançamento de óleo** e outras substâncias nocivas ou perigosas em águas sob jurisdição nacional e dá outras providências.

O PRESIDENTE DA REPÚBLICA Faço saber que o Congresso Nacional decreta e eu sanciono a seguinte Lei:

Art. 1º Esta Lei estabelece os princípios básicos a serem obedecidos na movimentação de óleo e outras substâncias nocivas ou perigosas em portos organizados, instalações portuárias, plataformas e navios em águas sob jurisdição nacional.
Parágrafo único. Esta Lei aplicar-se-á:
I – quando ausentes os pressupostos para aplicação da Convenção **Internacional** para a Prevenção da Poluição Causada por Navios (Marpol 73/78);
II – às embarcações nacionais, portos organizados, instalações portuárias, dutos, plataformas e suas instalações de apoio, em caráter complementar à Marpol 73/78;
III – às embarcações, plataformas e instalações de apoio **estrangeira**s, cuja bandeira arvorada seja ou não de país contratante da Marpol 73/78, quando em águas sob jurisdição nacional;
IV – às instalações portuárias especializadas em outras cargas que não óleo e substâncias nocivas ou perigosas, e aos estaleiros, marinas, clubes náuticos e outros locais e instalações similares.

Capítulo I
das definições e classificações

Art. 2º Para os efeitos desta Lei são estabelecidas as seguintes definições:
I – Marpol 73/78: Convenção Internacional para a Prevenção da Poluição Causada por Navios, concluída em Londres, em 2 de novembro de 1973, alterada pelo Protocolo de 1978, concluído em Londres, em 17 de fevereiro de 1978, e emendas posteriores, ratificadas pelo Brasil;
II – CLC/69: Convenção Internacional sobre Responsabilidade Civil em Danos Causados por Poluição por Óleo, de 1969, ratificada pelo Brasil;
III – OPRC/90: Convenção Internacional sobre Preparo, Resposta e Cooperação em Caso de Poluição por Óleo, de 1990, ratificada pelo Brasil;
IV – áreas ecologicamente sensíveis: regiões das águas marítimas ou interiores, definidas por ato do Poder Público, onde a prevenção, o controle da poluição e a manutenção do equilíbrio ecológico exigem medidas especiais para a proteção e a preservação do meio ambiente, com relação à passagem de navios;

V – navio: embarcação de **qualquer** tipo que opere no ambiente aquático, inclusive hidrofólios, veículos a colchão de ar, submersíveis e outros engenhos flutuantes;
VI – plataformas: instalação ou estrutura, fixa ou móvel, localizada em águas sob jurisdição nacional, destinada a atividade direta ou indiretamente relacionada com a pesquisa e a lavra de recursos minerais oriundos do leito das águas interiores ou de seu subsolo, ou do mar, da plataforma continental ou de seu subsolo;
VII – instalações de apoio: **quaisquer** instalações ou equipamentos de apoio à execução das atividades das plataformas ou instalações portuárias de movimentação de cargas a granel, tais como dutos, monoboias, quadro de boias para amarração de navios e outras;
VIII – óleo: **qualquer** forma de hidrocarboneto (petróleo e seus derivados), incluindo óleo cru, óleo combustível, borra, resíduos de petróleo e produtos refinados;
IX – mistura oleosa: mistura de água e óleo, em **qualquer** proporção;
X – substância nociva ou perigosa: **qualquer** substância que, se descarregada nas águas, é capaz de gerar riscos ou causar danos à saúde humana, ao ecossistema aquático ou prejudicar o uso da água e de seu entorno;
XI – descarga: **qualquer** despejo, escape, derrame, vazamento, esvaziamento, lançamento para fora ou bombeamento de substâncias nocivas ou perigosas, em **qualquer** quantidade, a partir de um navio, porto organizado, instalação portuária, duto, plataforma ou suas instalações de apoio;
XII – porto organizado: porto construído e aparelhado para atender às necessidades da navegação e da movimentação e armazenagem de mercadorias, concedido ou explorado pela União, cujo tráfego e operações portuárias estejam sob a jurisdição de uma autoridade portuária;
XIII – instalação portuária ou terminal: instalação explorada por pessoa jurídica de direito público ou privado, dentro ou fora da área do porto organizado, utilizada na movimentação e armazenagem de mercadorias destinadas ou provenientes de transporte aquaviário;
XIV – incidente: **qualquer** descarga de substância nociva ou perigosa, decorrente de fato ou ação intencional ou acidental que ocasione risco potencial, dano ao meio ambiente ou à saúde humana;
XV – lixo: todo tipo de sobra de víveres e resíduos resultantes de faxinas e trabalhos rotineiros nos navios, portos organizados, instalações portuárias, plataformas e suas instalações de apoio;
XVI – alijamento: todo despejo deliberado de resíduos e outras substâncias efetuado por embarcações, plataformas, aeronaves e outras instalações, inclusive seu afundamento intencional em águas sob jurisdição nacional;
XVII – lastro limpo: água de lastro contida em um tanque que, desde que transportou óleo pela última vez, foi submetido a limpeza em nível tal que, se esse lastro fosse descarregado pelo navio parado em águas limpas e tranqüilas, em dia claro, não produziria traços visíveis de óleo na superfície da água ou no litoral adjacente, nem produziria borra ou emulsão sob a superfície da água ou sobre o litoral adjacente;
XVIII – tanque de resíduos: **qualquer** tanque destinado especificamente a depósito provisório dos líquidos de drenagem e lavagem de tanques e outras misturas e resíduos;

XIX – plano de emergência: conjunto de medidas que determinam e estabelecem as responsabilidades setoriais e as ações a serem desencadeadas imediatamente após um incidente, bem como definem os recursos humanos, materiais e equipamentos adequados à prevenção, controle e combate à poluição das águas;
XX – plano de contingência: conjunto de procedimentos e ações que visam à integração dos diversos planos de emergência setoriais, bem como a definição dos recursos humanos, materiais e equipamentos complementares para a prevenção, controle e combate da poluição das águas;
XXI – órgão ambiental ou órgão de meio ambiente: órgão do poder executivo federal, estadual ou municipal, integrante do Sistema Nacional do Meio Ambiente (Sisnama), responsável pela fiscalização, controle e proteção ao meio ambiente no âmbito de suas competências;
XXII – autoridade marítima: autoridade exercida diretamente pelo Comandante da Marinha, responsável pela salvaguarda da vida humana e segurança da navegação no mar aberto e hidrovias interiores, bem como pela prevenção da poluição ambiental causada por navios, plataformas e suas instalações de apoio, além de outros cometimentos a ela conferidos por esta Lei;
XXIII – autoridade portuária: autoridade responsável pela administração do porto organizado, competindo-lhe fiscalizar as operações portuárias e zelar para que os serviços se realizem com regularidade, eficiência, segurança e respeito ao meio ambiente;
XXIV – órgão regulador da indústria do petróleo: órgão do poder executivo federal, responsável pela regulação, contratação e fiscalização das atividades econômicas da indústria do petróleo, sendo tais atribuições exercidas pela Agência Nacional do Petróleo (ANP).

Art. 3º Para os efeitos desta Lei, são consideradas águas sob jurisdição nacional:
I – águas interiores;
a) as compreendidas entre a costa e a linha-de-base reta, a partir de onde se mede o mar territorial;
b) as dos portos;
c) as das baías;
d) as dos rios e de suas desembocaduras;
e) as dos lagos, das lagoas e dos canais;
f) as dos arquipélagos;
g) as águas entre os baixios a descoberta e a costa;
II – águas marítimas, **todas** aquelas sob jurisdição nacional que não sejam interiores.

Art. 4º Para os efeitos desta Lei, as substâncias nocivas ou perigosas classificam-se nas seguintes categorias, de acordo com o risco produzido quando descarregadas na água:
I – categoria A: alto risco tanto para a saúde humana como para o ecossistema aquático;
II – categoria B: médio risco tanto para a saúde humana como para o ecossistema aquático;
III – categoria C: risco moderado tanto para a saúde humana como para o ecossistema aquático;
IV – categoria D: baixo risco tanto para a saúde humana como para o ecossistema aquático.

Parágrafo único. O órgão federal de meio ambiente divulgará e manterá atualizada a lista das substâncias classificadas neste artigo, devendo a classificação ser, no mínimo, tão completa e rigorosa quanto a estabelecida pela Marpol 73/78.

Capítulo II
dos sistemas de prevenção, controle e combate da poluição

Art. 5º Todo porto organizado, instalação portuária e plataforma, bem como suas instalações de apoio, disporá obrigatoriamente de instalações ou meios adequados para o recebimento e tratamento dos diversos tipos de resíduos e para o combate da poluição, observadas as normas e critérios estabelecidos pelo órgão ambiental competente.
§ 1º A definição das características das instalações e meios destinados ao recebimento e tratamento de resíduos e ao combate da poluição será feita mediante estudo técnico, que deverá estabelecer, no mínimo:
I – as dimensões das instalações;
II – a localização apropriada das instalações;
III – a capacidade das instalações de recebimento e tratamento dos diversos tipos de resíduos, padrões de qualidade e locais de descarga de seus efluentes;
IV – os parâmetros e a metodologia de controle operacional;
V – a quantidade e o tipo de equipamentos, materiais e meios de transporte destinados a atender situações emergenciais de poluição;
VI – a quantidade e a qualificação do pessoal a ser empregado;
VII – o cronograma de implantação e o início de operação das instalações.
§ 2º O estudo técnico a que se refere o parágrafo anterior deverá levar em conta o porte, o tipo de carga manuseada ou movimentada e outras características do porto organizado, instalação portuária ou plataforma e suas instalações de apoio.
§ 3º As instalações ou meios destinados ao recebimento e tratamento de resíduos e ao combate da poluição poderão ser exigidos das instalações portuárias especializadas em outras cargas que não óleo e substâncias nocivas ou perigosas, bem como dos estaleiros, marinas, clubes náuticos e similares, a critério do órgão ambiental competente.

Art. 6º As entidades exploradoras de portos organizados e instalações portuárias e os proprietários ou operadores de plataformas deverão elaborar manual de procedimento interno para o gerenciamento dos riscos de poluição, bem como para a gestão dos diversos resíduos gerados ou provenientes das atividades de movimentação e armazenamento de óleo e substâncias nocivas ou perigosas, o qual deverá ser aprovado pelo órgão ambiental competente, em conformidade com a legislação, normas e diretrizes técnicas vigentes.

Art. 7º Os portos organizados, instalações portuárias e plataformas, bem como suas instalações de apoio, deverão dispor de planos de emergência individuais para o combate à poluição por óleo e substâncias nocivas ou perigosas, os quais serão submetidos à aprovação do órgão ambiental competente.
§ 1º No caso de áreas onde se concentrem portos organizados, instalações portuárias ou plataformas, os planos de emergência individuais serão

consolidados na forma de um único plano de emergência para toda a área sujeita ao risco de poluição, o qual deverá estabelecer os mecanismos de ação conjunta a serem implementados, observado o disposto nesta Lei e nas demais normas e diretrizes vigentes.

§ 2º A responsabilidade pela consolidação dos planos de emergência individuais em um único plano de emergência para a área envolvida cabe às entidades exploradoras de portos organizados e instalações portuárias, e aos proprietários ou operadores de plataformas, sob a coordenação do órgão ambiental competente.

Art. 8º Os planos de emergência mencionados no artigo anterior serão consolidados pelo órgão ambiental competente, na forma de planos de contingência locais ou regionais, em articulação com os órgãos de defesa civil.
Parágrafo único. O órgão federal de meio ambiente, em consonância com o disposto na OPRC/90, consolidará os planos de contingência locais e regionais na forma do Plano Nacional de Contingência, em articulação com os órgãos de defesa civil.

Art. 9º As entidades exploradoras de portos organizados e instalações portuárias e os proprietários ou operadores de plataformas e suas instalações de apoio deverão realizar auditorias ambientais bienais, independentes, com o objetivo de avaliar os sistemas de gestão e controle ambiental em suas unidades.

Capítulo III
do transporte de óleo e substâncias nocivas ou perigosas

Art. 10. As plataformas e os navios com arqueação bruta superior a cinquenta que transportem óleo, ou o utilizem para sua movimentação ou operação, portarão a bordo, obrigatoriamente, um livro de registro de óleo, aprovado nos termos da Marpol 73/78, que poderá ser requisitado pela autoridade marítima, pelo órgão ambiental competente e pelo órgão regulador da indústria do petróleo, e no qual serão feitas anotações relativas a **todas** as movimentações de óleo, lastro e misturas oleosas, inclusive as entregas efetuadas às instalações de recebimento e tratamento de resíduos.

Art. 11. Todo navio que transportar substância nociva ou perigosa a granel deverá ter a bordo um livro de registro de carga, nos termos da Marpol 73/78, que poderá ser requisitado pela autoridade marítima, pelo órgão ambiental competente e pelo órgão regulador da indústria do petróleo, e no qual serão feitas anotações relativas às seguintes operações:
I – carregamento;
II – descarregamento;
III – transferências de carga, resíduos ou misturas para tanques de resíduos;
IV – limpeza dos tanques de carga;
V – transferências provenientes de tanques de resíduos;
VI – lastreamento de tanques de carga;
VII – transferências de águas de lastro sujo para o meio aquático;
VIII – descargas nas águas, em geral.
Art. 12. Todo navio que transportar substância nociva ou perigosa de forma fracionada, conforme estabelecido no Anexo III da Marpol 73/78, deverá possuir e manter a bordo documento que a especifique e forneça sua

localização no navio, devendo o agente ou responsável conservar cópia do documento até que a substância seja desembarcada.

§ 1º As embalagens das substâncias nocivas ou perigosas devem conter a respectiva identificação e advertência quanto aos riscos, utilizando a simbologia prevista na legislação e normas nacionais e **internacionais** em vigor.

§ 2º As embalagens contendo substâncias nocivas ou perigosas devem ser devidamente estivadas e amarradas, além de posicionadas de acordo com critérios de compatibilidade com outras cargas existentes a bordo, atendidos os requisitos de segurança do navio e de seus tripulantes, de forma a evitar acidentes.

Art. 13. Os navios enquadrados na CLC/69 deverão possuir o certificado ou garantia financeira equivalente, conforme especificado por essa convenção, para que possam trafegar ou permanecer em águas sob jurisdição nacional.

Art. 14. O órgão federal de meio ambiente deverá elaborar e atualizar, anualmente, lista de substâncias cujo transporte seja proibido em navios ou que exijam medidas e cuidados especiais durante a sua movimentação.

capítulo IV
da descarga de óleo, substâncias nocivas ou perigosas e lixo

Art. 15. É proibida a descarga, em águas sob jurisdição nacional, de substâncias nocivas ou perigosas classificadas na categoria "A", definida no art. 4º desta Lei, inclusive aquelas provisoriamente classificadas como tal, além de água de lastro, resíduos de lavagem de tanques ou outras misturas que contenham tais substâncias.

§ 1º A água subsequentemente adicionada ao tanque lavado em quantidade superior a cinco por cento do seu volume total só poderá ser descarregada se atendidas cumulativamente as seguintes condições:

I – a situação em que ocorrer o lançamento enquadre-se nos casos permitidos pela Marpol 73/78;
II – o navio não se encontre dentro dos limites de área ecologicamente sensível;
III – os procedimentos para descarga sejam devidamente aprovados pelo órgão ambiental competente.

§ 2º É **vedada** a descarga de água subsequentemente adicionada ao tanque lavado em quantidade inferior a cinco por cento do seu volume total.

Art. 16. É proibida a descarga, em águas sob jurisdição nacional, de substâncias classificadas nas categorias "B", "C", e "D", definidas no art. 4º desta Lei, inclusive aquelas provisoriamente classificadas como tais, além de água de lastro, resíduos de lavagem de tanques e outras misturas que as contenham, **exceto** se atendidas cumulativamente as seguintes condições:

I – a situação em que ocorrer o lançamento enquadre-se nos casos permitidos pela Marpol 73/78;
II – o navio não se encontre dentro dos limites de área ecologicamente sensível;
III – os procedimentos para descarga sejam devidamente aprovados pelo órgão ambiental competente.

§ 1º Os esgotos sanitários e as águas servidas de navios, plataformas e suas instalações de apoio equiparam-se, em termos de critérios e condições para

lançamento, às substâncias classificadas na categoria "C", definida no art. 4º desta Lei.
§ 2º Os lançamentos de que trata o parágrafo anterior deverão atender também às condições e aos regulamentos impostos pela legislação de vigilância sanitária.

Art. 17. É proibida a descarga de óleo, misturas oleosas e lixo em águas sob jurisdição nacional, **exceto** nas situações permitidas pela Marpol 73/78, e não estando o navio, plataforma ou similar dentro dos limites de área ecologicamente sensível, e os procedimentos para descarga sejam devidamente aprovados pelo órgão ambiental competente.
§ 1º No descarte contínuo de água de processo ou de produção em plataformas aplica-se a regulamentação ambiental específica.
§ 3º Não será permitida a descarga de **qualquer** tipo de plástico, inclusive cabos sintéticos, redes sintéticas de pesca e sacos plásticos.

Art. 18. **Exceto** nos casos permitidos por esta Lei, a descarga de lixo, água de lastro, resíduos de lavagem de tanques e porões ou outras misturas que contenham óleo ou substâncias nocivas ou perigosas de **qualquer** categoria só poderá ser efetuada em instalações de recebimento e tratamento de resíduos, conforme previsto no art. 5º desta Lei.

Art. 19. A descarga de óleo, misturas oleosas, substâncias nocivas ou perigosas de **qualquer** categoria, e lixo, em águas sob jurisdição nacional, poderá ser **excepcionalmente** tolerada para salvaguarda de vidas humanas, pesquisa ou segurança de navio, nos termos do regulamento.
Parágrafo único. Para fins de pesquisa, deverão ser atendidas as seguintes exigências, no mínimo:
I – a descarga seja autorizada pelo órgão ambiental competente, após análise e aprovação do programa de pesquisa;
II – esteja presente, no local e hora da descarga, pelo menos um representante do órgão ambiental que a houver autorizado;
III – o responsável pela descarga coloque à disposição, no local e hora em que ela ocorrer, pessoal especializado, equipamentos e materiais de eficiência comprovada na contenção e eliminação dos efeitos esperados.

Art. 20. A descarga de resíduos sólidos das operações de perfuração de poços de petróleo será objeto de regulamentação específica pelo órgão federal de meio ambiente.

Art. 21. As circunstâncias em que a descarga, em águas sob jurisdição nacional, de óleo e substâncias nocivas ou perigosas, ou misturas que os contenham, de água de lastro e de outros resíduos poluentes for autorizada não desobrigam o responsável de reparar os danos causados ao meio ambiente e de indenizar as atividades econômicas e o patrimônio público e privado pelos prejuízos decorrentes dessa descarga.

Art. 22. **Qualquer** incidente ocorrido em portos organizados, instalações portuárias, dutos, navios, plataformas e suas instalações de apoio, que possa provocar poluição das águas sob jurisdição nacional, deverá ser imediatamente comunicado ao órgão ambiental competente, à Capitania dos Portos e ao órgão regulador da indústria do petróleo, independentemente das medidas tomadas para seu controle.

Art. 23. A entidade exploradora de porto organizado ou de instalação portuária, o proprietário ou operador de plataforma ou de navio, e o concessionário ou empresa autorizada a exercer atividade pertinente à indústria do petróleo, responsáveis pela descarga de material poluente em águas sob jurisdição nacional, são obrigados a ressarcir os órgãos competentes pelas despesas por eles efetuadas para o controle ou minimização da poluição causada, independentemente de prévia autorização e de pagamento de multa.
Parágrafo único. No caso de descarga por navio não possuidor do certificado exigido pela CLC/69, a embarcação será retida e só será liberada após o depósito de caução como garantia para pagamento das despesas decorrentes da poluição.

Art. 24. A contratação, por órgão ou empresa pública ou privada, de navio para realização de transporte de óleo ou de substância enquadrada nas categorias definidas no art. 4º desta Lei só poderá efetuar-se após a verificação de que a empresa transportadora esteja devidamente habilitada para operar de acordo com as normas da autoridade marítima.

**capítulo v
das infrações e das sanções**

Art. 25. São infrações, punidas na forma desta Lei:
I – descumprir o disposto nos arts. 5º, 6º e 7º:
Pena – multa diária;
II – descumprir o disposto nos arts. 9º e 22:
Pena – multa;
III – descumprir o disposto nos arts. 10, 11 e 12:
Pena – multa e retenção do navio até que a situação seja regularizada;
IV – descumprir o disposto no art. 24:
Pena – multa e suspensão imediata das atividades da empresa transportadora em situação irregular.
§ 1º Respondem pelas infrações previstas neste artigo, na medida de sua ação ou omissão:
I – o proprietário do navio, pessoa física ou jurídica, ou quem legalmente o represente;
II – o armador ou operador do navio, caso este não esteja sendo armado ou operado pelo proprietário;
III – o concessionário ou a empresa autorizada a exercer atividades pertinentes à indústria do petróleo;
IV – o comandante ou tripulante do navio;
V – a pessoa física ou jurídica, de direito público ou privado, que legalmente represente o porto organizado, a instalação portuária, a plataforma e suas instalações de apoio, o estaleiro, a marina, o clube náutico ou instalação similar;
VI – o proprietário da carga.
§ 2º O valor da multa de que trata este artigo será fixado no regulamento desta Lei, sendo o mínimo de R$ 7.000,00 (sete mil reais) e o máximo de R$ 50.000.000,00 (cinquenta milhões de reais).
§ 3º A aplicação das penas previstas neste artigo não isenta o agente de outras sanções administrativas e penais previstas na Lei nº 9.605, de 12 de

fevereiro de 1998, e em outras normas específicas que tratem da matéria, nem da responsabilidade civil pelas perdas e danos causados ao meio ambiente e ao patrimônio público e privado.

Art. 26. A inobservância ao disposto nos arts. 15, 16, 17 e 19 será punida na forma da Lei nº 9.605, de 12 de fevereiro de 1998, e seu regulamento.

capítulo VI
disposições finais e complementares

Art. 27. São responsáveis pelo cumprimento desta Lei:
I – a autoridade marítima, por intermédio de suas organizações competentes, com as seguintes atribuições:
a) fiscalizar navios, plataformas e suas instalações de apoio, e as cargas embarcadas, de natureza nociva ou perigosa, autuando os infratores na esfera de sua competência;
b) levantar dados e informações e apurar responsabilidades sobre os incidentes com navios, plataformas e suas instalações de apoio que tenham provocado danos ambientais;
c) encaminhar os dados, informações e resultados de apuração de responsabilidades ao órgão federal de meio ambiente, para avaliação dos danos ambientais e início das medidas judiciais cabíveis;
d) comunicar ao órgão regulador da indústria do petróleo irregularidades encontradas durante a fiscalização de navios, plataformas e suas instalações de apoio, quando atinentes à indústria do petróleo;
II – o órgão federal de meio ambiente, com as seguintes atribuições:
a) realizar o controle ambiental e a fiscalização dos portos organizados, das instalações portuárias, das cargas movimentadas, de natureza nociva ou perigosa, e das plataformas e suas instalações de apoio, quanto às exigências previstas no licenciamento ambiental, autuando os infratores na esfera de sua competência;
b) avaliar os danos ambientais causados por incidentes nos portos organizados, dutos, instalações portuárias, navios, plataformas e suas instalações de apoio;
c) encaminhar à Procuradoria-Geral da República relatório circunstanciado sobre os incidentes causadores de dano ambiental para a propositura das medidas judiciais necessárias;
d) comunicar ao órgão regulador da indústria do petróleo irregularidades encontradas durante a fiscalização de navios, plataformas e suas instalações de apoio, quando atinentes à indústria do petróleo;
III – o órgão estadual de meio ambiente com as seguintes competências:
a) realizar o controle ambiental e a fiscalização dos portos organizados, instalações portuárias, estaleiros, navios, plataformas e suas instalações de apoio, avaliar os danos ambientais causados por incidentes ocorridos nessas unidades e elaborar relatório circunstanciado, encaminhando-o ao órgão federal de meio ambiente;
b) dar início, na alçada estadual, aos procedimentos judiciais cabíveis a cada caso;
c) comunicar ao órgão regulador da indústria do petróleo irregularidades encontradas durante a fiscalização de navios, plataformas e suas instalações de apoio, quando atinentes à indústria do petróleo;
d) autuar os infratores na esfera de sua competência;

IV – o órgão municipal de meio ambiente, com as seguintes competências:
a) avaliar os danos ambientais causados por incidentes nas marinas, clubes náuticos e outros locais e instalações similares, e elaborar relatório circunstanciado, encaminhando-o ao órgão estadual de meio ambiente;
b) dar início, na alçada municipal, aos procedimentos judiciais cabíveis a cada caso;
c) autuar os infratores na esfera de sua competência;
V – o órgão regulador da indústria do petróleo, com as seguintes competências:
a) fiscalizar diretamente, ou mediante convênio, as plataformas e suas instalações de apoio, os dutos e as instalações portuárias, no que diz respeito às atividades de pesquisa, perfuração, produção, tratamento, armazenamento e movimentação de petróleo e seus derivados e gás natural;
b) levantar os dados e informações e apurar responsabilidades sobre incidentes operacionais que, ocorridos em plataformas e suas instalações de apoio, instalações portuárias ou dutos, tenham causado danos ambientais;
c) encaminhar os dados, informações e resultados da apuração de responsabilidades ao órgão federal de meio ambiente;
d) comunicar à autoridade marítima e ao órgão federal de meio ambiente as irregularidades encontradas durante a fiscalização de instalações portuárias, dutos, plataformas e suas instalações de apoio;
e) autuar os infratores na esfera de sua competência.
§ 1º A Procuradoria-Geral da República comunicará previamente aos ministérios públicos estaduais a propositura de ações judiciais para que estes exerçam as faculdades previstas no § 5º do art. 5º da Lei nº 7.347, de 24 de julho de 1985, na redação dada pelo art. 113 da Lei nº 8.078, de 11 de setembro de 1990 - Código de Defesa do Consumidor.
§ 2º A negligência ou omissão dos órgãos públicos na apuração de responsabilidades pelos incidentes e na aplicação das respectivas sanções legais implicará crime de responsabilidade de seus agentes.

Art. 28. O órgão federal de meio ambiente, ouvida a autoridade marítima, definirá a localização e os limites das áreas ecologicamente sensíveis, que deverão constar das cartas náuticas nacionais.

Art. 29. Os planos de contingência estabelecerão o nível de coordenação e as atribuições dos diversos órgãos e instituições públicas e privadas neles envolvidas.
Parágrafo único. As autoridades a que se referem os incisos XXI, XXII, XXIII e XXIV do art. 2º desta Lei atuarão de forma integrada, nos termos do regulamento.

Art. 30. O alijamento em águas sob jurisdição nacional deverá obedecer às condições previstas na Convenção sobre Prevenção da Poluição Marinha por Alijamento de Resíduos e Outras Matérias, de 1972, promulgada pelo Decreto nº 87.566, de 16 de setembro de 1982, e suas alterações.

Art. 31. Os portos organizados, as instalações portuárias e as plataformas já em operação terão os seguintes prazos para se adaptarem ao que dispõem os arts. 5º, 6º e 7º:
I – trezentos e sessenta dias a partir da data de publicação desta Lei, para elaborar e submeter à aprovação do órgão federal de meio ambiente o estudo

técnico e o manual de procedimento interno a que se referem, respectivamente, o § 1º do art. 5º e o art. 6º;

II – trinta e seis meses, após a aprovação a que se refere o inciso anterior, para colocar em funcionamento as instalações e os meios destinados ao recebimento e tratamento dos diversos tipos de resíduos e ao controle da poluição, previstos no art. 5º, incluindo o pessoal adequado para operá-los;

III – cento e oitenta dias a partir da data de publicação desta Lei, para apresentar ao órgão ambiental competente os planos de emergência individuais a que se refere o *caput* do art. 7º.

Art. 32. Os valores arrecadados com a aplicação das multas previstas nesta Lei serão destinados aos órgãos que as aplicarem, no âmbito de suas competências.

Art. 33. O Poder Executivo regulamentará esta Lei, no que couber, no prazo de trezentos e sessenta dias da data de sua publicação.

Art. 34. Esta Lei entra em vigor noventa dias da data de sua publicação.

Art. 35. Revogam-se a Lei nº 5.357, de 17 de novembro de 1967, e o § 4º do art. 14 da Lei nº 6.938, de 31 de agosto de 1981.

Brasília, 28 de abril de 2000; 179º da Independência e 112º da República.

FERNANDO HENRIQUE CARDOSO

❑ Lei da Política Nacional de Resíduos Sólidos Urbanos (PNRS)

LEI Nº 12.305, DE 2 DE AGOSTO DE 2010.

> Institui a **Política Nacional de Resíduos Sólidos (PNRS)**; altera a Lei nº 9.605, de 12 de fevereiro de 1998; e dá outras providências.

O PRESIDENTE DA REPÚBLICA Faço saber que o Congresso Nacional decreta e eu sanciono a seguinte Lei:

TÍTULO I
DISPOSIÇÕES GERAIS
CAPÍTULO I
DO OBJETO E DO CAMPO DE APLICAÇÃO

Art. 1º Esta Lei institui a Política Nacional de Resíduos Sólidos, dispondo sobre seus princípios, objetivos e instrumentos, bem como sobre as diretrizes relativas à gestão integrada e ao gerenciamento de resíduos sólidos, incluídos os perigosos, às responsabilidades dos geradores e do poder público e aos instrumentos econômicos aplicáveis.

§ 1º Estão sujeitas à observância desta Lei as pessoas físicas ou jurídicas, de direito público ou privado, responsáveis, direta ou indiretamente, pela geração de resíduos sólidos e as que desenvolvam ações relacionadas à gestão integrada ou ao gerenciamento de resíduos sólidos.

§ 2º Esta Lei não se aplica aos rejeitos radioativos, que são regulados por legislação específica.

Art. 2º Aplicam-se aos resíduos sólidos, além do disposto nesta Lei, nas Leis nºs 11.445, de 5 de janeiro de 2007, 9.974, de 6 de junho de 2000, e 9.966, de 28 de abril de 2000, as normas estabelecidas pelos órgãos do Sistema Nacional do Meio Ambiente (Sisnama), do Sistema Nacional de Vigilância Sanitária (SNVS), do Sistema Unificado de Atenção à Sanidade Agropecuária (Suasa) e do Sistema Nacional de Metrologia, Normalização e Qualidade Industrial (Sinmetro).

CAPÍTULO II
DEFINIÇÕES

Art. 3º Para os efeitos desta Lei, entende-se por:

I - acordo setorial: ato de natureza contratual firmado entre o poder público e fabricantes, importadores, distribuidores ou comerciantes, tendo em vista a implantação da responsabilidade compartilhada pelo ciclo de vida do produto;

II - área contaminada: local onde há contaminação causada pela disposição, regular ou irregular, de **quaisquer** substâncias ou resíduos;

III - área órfã contaminada: área contaminada cujos responsáveis pela disposição não sejam identificáveis ou individualizáveis;

IV - ciclo de vida do produto: série de etapas que envolvem o desenvolvimento do produto, a obtenção de matérias-primas e insumos, o processo produtivo, o consumo e a disposição final;
V - coleta seletiva: coleta de resíduos sólidos previamente segregados conforme sua constituição ou composição;
VI - controle social: conjunto de mecanismos e procedimentos que garantam à sociedade informações e participação nos processos de formulação, implementação e avaliação das políticas públicas relacionadas aos resíduos sólidos;
VII - destinação final ambientalmente adequada: destinação de resíduos que inclui a reutilização, a reciclagem, a compostagem, a recuperação e o aproveitamento energético ou outras destinações admitidas pelos órgãos competentes do Sisnama, do SNVS e do Suasa, entre elas a disposição final, observando normas operacionais específicas de modo a evitar danos ou riscos à saúde pública e à segurança e a minimizar os impactos ambientais adversos;
VIII - disposição final ambientalmente adequada: distribuição ordenada de rejeitos em aterros, observando normas operacionais específicas de modo a evitar danos ou riscos à saúde pública e à segurança e a minimizar os impactos ambientais adversos;
IX - geradores de resíduos sólidos: pessoas físicas ou jurídicas, de direito público ou privado, que geram resíduos sólidos por meio de suas atividades, nelas incluído o consumo;
X - gerenciamento de resíduos sólidos: conjunto de ações exercidas, direta ou indiretamente, nas etapas de coleta, transporte, transbordo, tratamento e destinação final ambientalmente adequada dos resíduos sólidos e disposição final ambientalmente adequada dos rejeitos, de acordo com plano municipal de gestão integrada de resíduos sólidos ou com plano de gerenciamento de resíduos sólidos, exigidos na forma desta Lei;
XI - gestão integrada de resíduos sólidos: conjunto de ações voltadas para a busca de soluções para os resíduos sólidos, de forma a considerar as dimensões política, econômica, ambiental, cultural e social, com controle social e sob a premissa do desenvolvimento sustentável;
XII - logística reversa: instrumento de desenvolvimento econômico e social caracterizado por um conjunto de ações, procedimentos e meios destinados a viabilizar a coleta e a restituição dos resíduos sólidos ao setor empresarial, para reaproveitamento, em seu ciclo ou em outros ciclos produtivos, ou outra destinação final ambientalmente adequada;
XIII - padrões sustentáveis de produção e consumo: produção e consumo de bens e serviços de forma a atender as necessidades das atuais gerações e permitir melhores condições de vida, sem comprometer a qualidade ambiental e o atendimento das necessidades das gerações futuras;
XIV - reciclagem: processo de transformação dos resíduos sólidos que envolve a alteração de suas propriedades físicas, físico-químicas ou biológicas, com vistas à transformação em insumos ou novos produtos, observadas as condições e os padrões estabelecidos pelos órgãos competentes do Sisnama e, se couber, do SNVS e do Suasa;
XV - rejeitos: resíduos sólidos que, depois de esgotadas **todas** as possibilidades de tratamento e recuperação por processos tecnológicos disponíveis e economicamente viáveis, não apresentem outra possibilidade que não a disposição final ambientalmente adequada;

XVI - resíduos sólidos: material, substância, objeto ou bem descartado resultante de atividades humanas em sociedade, a cuja destinação final se procede, se propõe proceder ou se está obrigado a proceder, nos estados sólido ou semissólido, bem como gases contidos em recipientes e líquidos cujas particularidades tornem inviável o seu lançamento na rede pública de esgotos ou em corpos d'água, ou exijam para isso soluções técnica ou economicamente inviáveis em face da melhor tecnologia disponível;
XVII - responsabilidade compartilhada pelo ciclo de vida dos produtos: conjunto de atribuições individualizadas e encadeadas dos fabricantes, importadores, distribuidores e comerciantes, dos consumidores e dos titulares dos serviços públicos de limpeza urbana e de manejo dos resíduos sólidos, para minimizar o volume de resíduos sólidos e rejeitos gerados, bem como para reduzir os impactos causados à saúde humana e à qualidade ambiental decorrentes do ciclo de vida dos produtos, nos termos desta Lei;
XVIII - reutilização: processo de aproveitamento dos resíduos sólidos sem sua transformação biológica, física ou físico-química, observadas as condições e os padrões estabelecidos pelos órgãos competentes do Sisnama e, se couber, do SNVS e do Suasa;
XIX - serviço público de limpeza urbana e de manejo de resíduos sólidos: conjunto de atividades previstas no art. 7º da Lei nº 11.445, de 2007.

TÍTULO II
DA POLÍTICA NACIONAL DE RESÍDUOS SÓLIDOS
CAPÍTULO I
DISPOSIÇÕES GERAIS

Art. 4º A Política Nacional de Resíduos Sólidos reúne o conjunto de princípios, objetivos, instrumentos, diretrizes, metas e ações adotados pelo Governo Federal, isoladamente ou em regime de cooperação com Estados, Distrito Federal, Municípios ou particulares, com vistas à gestão integrada e ao gerenciamento ambientalmente adequado dos resíduos sólidos.
Art. 5º A Política Nacional de Resíduos Sólidos integra a Política Nacional do Meio Ambiente e articula-se com a Política Nacional de Educação Ambiental, regulaca pela Lei nº 9.795, de 27 de abril de 1999, com a Política Federal de Saneamento Básico, regulada pela Lei nº 11.445, de 2007, e com a Lei nº 11.107, de 6 de abril de 2005.

CAPÍTULO II
DOS PRINCÍPIOS E OBJETIVOS

Art. 6º São princípios da Política Nacional de Resíduos Sólidos:
I - a prevenção e a precaução;
II - o poluidor-pagador e o protetor-recebedor;
III - a visão sistêmica, na gestão dos resíduos sólidos, que considere as variáveis ambiental, social, cultural, econômica, tecnológica e de saúde pública;
IV - o desenvolvimento sustentável;
V - a ecoeficiência, mediante a compatibilização entre o fornecimento, a preços competitivos, de bens e serviços qualificados que satisfaçam as necessidades humanas e tragam qualidade de vida e a redução do impacto ambiental e do consumo de recursos naturais a um nível, no mínimo, equivalente à capacidade de sustentação estimada do planeta;

VI - a cooperação entre as diferentes esferas do poder público, o setor empresarial e demais segmentos da sociedade;
VII - a responsabilidade compartilhada pelo ciclo de vida dos produtos;
VIII - o reconhecimento do resíduo sólido reutilizável e reciclável como um bem econômico e de valor social, gerador de trabalho e renda e promotor de cidadania;
IX - o respeito às diversidades locais e regionais;
X - o direito da sociedade à informação e ao controle social;
XI - a razoabilidade e a proporcionalidade.
Art. 7º São objetivos da Política Nacional de Resíduos Sólidos:
I - proteção da saúde pública e da qualidade ambiental;
II - não geração, redução, reutilização, reciclagem e tratamento dos resíduos sólidos, bem como disposição final ambientalmente adequada dos rejeitos;
III - estímulo à adoção de padrões sustentáveis de produção e consumo de bens e serviços;
IV - adoção, desenvolvimento e aprimoramento de tecnologias limpas como forma de minimizar impactos ambientais;
V - redução do volume e da periculosidade dos resíduos perigosos;
VI - incentivo à indústria da reciclagem, tendo em vista fomentar o uso de matérias-primas e insumos derivados de materiais recicláveis e reciclados;
VII - gestão integrada de resíduos sólidos;
VIII - articulação entre as diferentes esferas do poder público, e destas com o setor empresarial, com vistas à cooperação técnica e financeira para a gestão integrada de resíduos sólidos;
IX - capacitação técnica continuada na área de resíduos sólidos;
X - regularidade, continuidade, funcionalidade e universalização da prestação dos serviços públicos de limpeza urbana e de manejo de resíduos sólidos, com adoção de mecanismos gerenciais e econômicos que assegurem a recuperação dos custos dos serviços prestados, como forma de garantir sua sustentabilidade operacional e financeira, observada a Lei nº 11.445, de 2007;
XI - prioridade, nas aquisições e contratações governamentais, para:
a) produtos reciclados e recicláveis;
b) bens, serviços e obras que considerem critérios compatíveis com padrões de consumo social e ambientalmente sustentáveis;
XII - integração dos catadores de materiais reutilizáveis e recicláveis nas ações que envolvam a responsabilidade compartilhada pelo ciclo de vida dos produtos;
XIII - estímulo à implementação da avaliação do ciclo de vida do produto;
XIV - incentivo ao desenvolvimento de sistemas de gestão ambiental e empresarial voltados para a melhoria dos processos produtivos e ao reaproveitamento dos resíduos sólidos, incluídos a recuperação e o aproveitamento energético;
XV - estímulo à rotulagem ambiental e ao consumo sustentável.

CAPÍTULO III
DOS INSTRUMENTOS

Art. 8º São instrumentos da Política Nacional de Resíduos Sólidos, entre outros:
I - os planos de resíduos sólidos;
II - os inventários e o sistema declaratório anual de resíduos sólidos;

III - a coleta seletiva, os sistemas de logística reversa e outras ferramentas relacionadas à implementação da responsabilidade compartilhada pelo ciclo de vida dos produtos;
IV - o incentivo à criação e ao desenvolvimento de cooperativas ou de outras formas de associação de catadores de materiais reutilizáveis e recicláveis;
V - o monitoramento e a fiscalização ambiental, sanitária e agropecuária;
VI - a cooperação técnica e financeira entre os setores público e privado para o desenvolvimento de pesquisas de novos produtos, métodos, processos e tecnologias de gestão, reciclagem, reutilização, tratamento de resíduos e disposição final ambientalmente adequada de rejeitos;
VII - a pesquisa científica e tecnológica;
VIII - a educação ambiental;
IX - os incentivos fiscais, financeiros e creditícios;
X - o Fundo Nacional do Meio Ambiente e o Fundo Nacional de Desenvolvimento Científico e Tecnológico;
XI - o Sistema Nacional de Informações sobre a Gestão dos Resíduos Sólidos (Sinir);
XII - o Sistema Nacional de Informações em Saneamento Básico (Sinisa);
XIII - os conselhos de meio ambiente e, no que couber, os de saúde;
XIV - os órgãos colegiados municipais destinados ao controle social dos serviços de resíduos sólidos urbanos;
XV - o Cadastro Nacional de Operadores de Resíduos Perigosos;
XVI - os acordos setoriais;
XVII - no que couber, os instrumentos da Política Nacional de Meio Ambiente, entre eles:
a) os padrões de qualidade ambiental;
b) o Cadastro Técnico Federal de Atividades Potencialmente Poluidoras ou Utilizadoras de Recursos Ambientais;
c) o Cadastro Técnico Federal de Atividades e Instrumentos de Defesa Ambiental;
d) a avaliação de impactos ambientais;
e) o Sistema Nacional de Informação sobre Meio Ambiente (Sinima);
f) o licenciamento e a revisão de atividades efetiva ou potencialmente poluidoras;
XVIII - os termos de compromisso e os termos de ajustamento de conduta;
XIX - o incentivo à adoção de consórcios ou de outras formas de cooperação entre os entes federados, com vistas à elevação das escalas de aproveitamento e à redução dos custos envolvidos.

TÍTULO III
DAS DIRETRIZES APLICÁVEIS AOS RESÍDUOS SÓLIDOS
CAPÍTULO I
DISPOSIÇÕES PRELIMINARES

Art. 9º Na gestão e gerenciamento de resíduos sólidos, deve ser observada a seguinte ordem de prioridade: não geração, redução, reutilização, reciclagem, tratamento dos resíduos sólidos e disposição final ambientalmente adequada dos rejeitos.
§ 1º Poderão ser utilizadas tecnologias visando à recuperação energética dos resíduos sólidos urbanos, desde que tenha sido comprovada sua viabilidade técnica e ambiental e com a implantação de programa de monitoramento de emissão de gases tóxicos aprovado pelo órgão ambiental.

§ 2º A Política Nacional de Resíduos Sólidos e as Políticas de Resíduos Sólidos dos Estados, do Distrito Federal e dos Municípios serão compatíveis com o disposto no caput e no § 1º deste artigo e com as demais diretrizes estabelecidas nesta Lei.

Art. 10. Incumbe ao Distrito Federal e aos Municípios a gestão integrada dos resíduos sólidos gerados nos respectivos territórios, sem prejuízo das competências de controle e fiscalização dos órgãos federais e estaduais do Sisnama, do SNVS e do Suasa, bem como da responsabilidade do gerador pelo gerenciamento de resíduos, consoante o estabelecido nesta Lei.

Art. 11. Observadas as diretrizes e demais determinações estabelecidas nesta Lei e em seu regulamento, incumbe aos Estados:
I - promover a integração da organização, do planejamento e da execução das funções públicas de interesse comum relacionadas à gestão dos resíduos sólidos nas regiões metropolitanas, aglomerações urbanas e microrregiões, nos termos da lei complementar estadual prevista no § 3º do art. 25 da Constituição Federal;
II - controlar e fiscalizar as atividades dos geradores sujeitas a licenciamento ambiental pelo órgão estadual do Sisnama.
Parágrafo único. A atuação do Estado na forma do caput deve apoiar e priorizar as iniciativas do Município de soluções consorciadas ou compartilhadas entre 2 (dois) ou mais Municípios.

Art. 12. A União, os Estados, o Distrito Federal e os Municípios organizarão e manterão, de forma conjunta, o Sistema Nacional de Informações sobre a Gestão dos Resíduos Sólidos (Sinir), articulado com o Sinisa e o Sinima.
Parágrafo único. Incumbe aos Estados, ao Distrito Federal e aos Municípios fornecer ao órgão federal responsável pela coordenação do Sinir **todas** as informações necessárias sobre os resíduos sob sua esfera de competência, na forma e na periodicidade estabelecidas em regulamento.

Art. 13. Para os efeitos desta Lei, os resíduos sólidos têm a seguinte classificação:
I - quanto à origem:
a) resíduos domiciliares: os originários de atividades domésticas em residências urbanas;
b) resíduos de limpeza urbana: os originários da varrição, limpeza de logradouros e vias públicas e outros serviços de limpeza urbana;
c) resíduos sólidos urbanos: os englobados nas alíneas "a" e "b";
d) resíduos de estabelecimentos comerciais e prestadores de serviços: os gerados nessas atividades, excetuados os referidos nas alíneas "b", "e", "g", "h" e "j";
e) resíduos dos serviços públicos de saneamento básico: os gerados nessas atividades, excetuados os referidos na alínea "c";
f) resíduos industriais: os gerados nos processos produtivos e instalações industriais;
g) resíduos de serviços de saúde: os gerados nos serviços de saúde, conforme definido em regulamento ou em normas estabelecidas pelos órgãos do Sisnama e do SNVS;
h) resíduos da construção civil: os gerados nas construções, reformas, reparos e demolições de obras de construção civil, incluídos os resultantes da preparação e escavação de terrenos para obras civis;
i) resíduos agrossilvopastoris: os gerados nas atividades agropecuárias e silviculturais, incluídos os relacionados a insumos utilizados nessas atividades;

j) resíduos de serviços de transportes: os originários de portos, aeroportos, terminais alfandegários, rodoviários e ferroviários e passagens de fronteira;
k) resíduos de mineração: os gerados na atividade de pesquisa, extração ou beneficiamento de minérios;
II - quanto à periculosidade:
a) resíduos perigosos: aqueles que, em razão de suas características de inflamabilidade, corrosividade, reatividade, toxicidade, patogenicidade, carcinogenicidade, teratogenicidade e mutagenicidade, apresentam significativo risco à saúde pública ou à qualidade ambiental, de acordo com lei, regulamento ou norma técnica;
b) resíduos não perigosos: aqueles não enquadrados na alínea "a".
Parágrafo único. Respeitado o disposto no art. 20, os resíduos referidos na alínea "d" do inciso I do caput, se caracterizados como não perigosos, podem, em razão de sua natureza, composição ou volume, ser equiparados aos resíduos domiciliares pelo poder público municipal.

CAPÍTULO II
DOS PLANOS DE RESÍDUOS SÓLIDOS
Seção I
Disposições Gerais

Art. 14. São planos de resíduos sólidos:
I - o Plano Nacional de Resíduos Sólidos;
II - os planos estaduais de resíduos sólidos;
III - os planos microrregionais de resíduos sólidos e os planos de resíduos sólidos de regiões metropolitanas ou aglomerações urbanas;
IV - os planos intermunicipais de resíduos sólidos;
V - os planos municipais de gestão integrada de resíduos sólidos;
VI - os planos de gerenciamento de resíduos sólidos.
Parágrafo único. É assegurada ampla publicidade ao conteúdo dos planos de resíduos sólidos, bem como controle social em sua formulação, implementação e operacionalização, observado o disposto na Lei n° 10.650, de 16 de abril de 2003, e no art. 47 da Lei n° 11.445, de 2007.

Seção II
Do Plano Nacional de Resíduos Sólidos

Art. 15. A União elaborará, sob a coordenação do Ministério do Meio Ambiente, o Plano Nacional de Resíduos Sólidos, com vigência por prazo indeterminado e horizonte de 20 (vinte) anos, a ser atualizado a cada 4 (quatro) anos, tendo como conteúdo mínimo:
I - diagnóstico da situação atual dos resíduos sólidos;
II - proposição de cenários, incluindo tendências **internacionai**s e macroeconômicas;
III - metas de redução, reutilização, reciclagem, entre outras, com vistas a reduzir a quantidade de resíduos e rejeitos encaminhados para disposição final ambientalmente adequada;
IV - metas para o aproveitamento energético dos gases gerados nas unidades de disposição final de resíduos sólidos;
V - metas para a eliminação e recuperação de lixões, associadas à inclusão social e à emancipação econômica de catadores de materiais reutilizáveis e recicláveis;

VI - programas, projetos e ações para o atendimento das metas previstas;
VII - normas e condicionantes técnicas para o acesso a recursos da União, para a obtenção de seu aval ou para o acesso a recursos administrados, direta ou indiretamente, por entidade federal, quando destinados a ações e programas de interesse dos resíduos sólidos;
VIII - medidas para incentivar e viabilizar a gestão **regionalizada** dos resíduos sólidos;
IX - diretrizes para o planejamento e demais atividades de gestão de resíduos sólidos das regiões integradas de desenvolvimento instituídas por lei complementar, bem como para as áreas de especial interesse turístico;
X - normas e diretrizes para a disposição final de rejeitos e, quando couber, de resíduos;
XI - meios a serem utilizados para o controle e a fiscalização, no âmbito nacional, de sua implementação e operacionalização, assegurado o controle social.
Parágrafo único. O Plano Nacional de Resíduos Sólidos será elaborado mediante processo de mobilização e participação social, incluindo a realização de audiências e consultas públicas.

Seção III
Dos Planos Estaduais de Resíduos Sólidos

Art. 16. A elaboração de plano estadual de resíduos sólidos, nos termos previstos por esta Lei, é condição para os Estados terem acesso a recursos da União, ou por ela controlados, destinados a empreendimentos e serviços relacionados à gestão de resíduos sólidos, ou para serem beneficiados por incentivos ou financiamentos de entidades federais de crédito ou fomento para tal finalidade. (Vigência)
§ 1º Serão priorizados no acesso aos recursos da União referidos no caput os Estados que instituírem microrregiões, consoante o § 3º do art. 25 da Constituição Federal, para integrar a organização, o planejamento e a execução das ações a cargo de Municípios limítrofes na gestão dos resíduos sólidos.
§ 2º Serão estabelecidas em regulamento normas complementares sobre o acesso aos recursos da União na forma deste artigo.
§ 3º Respeitada a responsabilidade dos geradores nos termos desta Lei, as microrregiões instituídas conforme previsto no § 1º abrangem atividades de coleta seletiva, recuperação e reciclagem, tratamento e destinação final dos resíduos sólidos urbanos, a gestão de resíduos de construção civil, de serviços de transporte, de serviços de saúde, agrossilvopastoris ou outros resíduos, de acordo com as peculiaridades microrregionais.
Art. 17. O plano estadual de resíduos sólidos será elaborado para vigência por prazo indeterminado, abrangendo todo o território do Estado, com horizonte de atuação de 20 (vinte) anos e revisões a cada 4 (quatro) anos, e tendo como conteúdo mínimo:
I - diagnóstico, incluída a identificação dos principais fluxos de resíduos no Estado e seus impactos socioeconômicos e ambientais;
II - proposição de cenários;
III - metas de redução, reutilização, reciclagem, entre outras, com vistas a reduzir a quantidade de resíduos e rejeitos encaminhados para disposição final ambientalmente adequada;

IV - metas para o aproveitamento energético dos gases gerados nas unidades de disposição final de resíduos sólidos;
V - metas para a eliminação e recuperação de lixões, associadas à inclusão social e à emancipação econômica de catadores de materiais reutilizáveis e recicláveis;
VI - programas, projetos e ações para o atendimento das metas previstas;
VII - normas e condicionantes técnicas para o acesso a recursos do Estado, para a obtenção de seu aval ou para o acesso de recursos administrados, direta ou indiretamente, por entidade estadual, quando destinados às ações e programas de interesse dos resíduos sólidos;
VIII - medidas para incentivar e viabilizar a gestão consorciada ou compartilhada dos resíduos sólidos;
IX - diretrizes para o planejamento e demais atividades de gestão de resíduos sólidos de regiões metropolitanas, aglomerações urbanas e microrregiões;
X - normas e diretrizes para a disposição final de rejeitos e, quando couber, de resíduos, respeitadas as disposições estabelecidas em âmbito nacional;
XI - previsão, em conformidade com os demais instrumentos de planejamento territorial, especialmente o zoneamento ecológico-econômico e o zoneamento costeiro, de:
a) zonas favoráveis para a localização de unidades de tratamento de resíduos sólidos ou de disposição final de rejeitos;
b) áreas degradadas em razão de disposição inadequada de resíduos sólidos ou rejeitos a serem objeto de recuperação ambiental;
XII - meios a serem utilizados para o controle e a fiscalização, no âmbito estadual, de sua implementação e operacionalização, assegurado o controle social.
§ 1º Além do plano estadual de resíduos sólidos, os Estados poderão elaborar planos microrregionais de resíduos sólidos, bem como planos específicos direcionados às regiões metropolitanas ou às aglomerações urbanas.
§ 2º A elaboração e a implementação pelos Estados de planos microrregionais de resíduos sólidos, ou de planos de regiões metropolitanas ou aglomerações urbanas, em consonância com o previsto no § 1º, dar-se-ão obrigatoriamente com a participação dos Municípios envolvidos e não excluem nem substituem **qualquer** das prerrogativas a cargo dos Municípios previstas por esta Lei.
§ 3º Respeitada a responsabilidade dos geradores nos termos desta Lei, o **plano microrregional de resíduos sólidos** deve atender ao previsto para o plano estadual e estabelecer soluções integradas para a coleta seletiva, a recuperação e a reciclagem, o tratamento e a destinação final dos resíduos sólidos urbanos e, consideradas as peculiaridades microrregionais, outros tipos de resíduos.

Seção IV
Dos Planos Municipais de Gestão Integrada de Resíduos Sólidos

Art. 18. A elaboração de plano municipal de gestão integrada de resíduos sólidos, nos termos previstos por esta Lei, é condição para o Distrito Federal e os Municípios terem acesso a recursos da União, ou por ela controlados, destinados a empreendimentos e serviços relacionados à limpeza urbana e ao manejo de resíduos sólidos, ou para serem beneficiados por incentivos ou

financiamentos de entidades federais de crédito ou fomento para tal finalidade. (Vigência)
§ 1º Serão priorizados no acesso aos recursos da União referidos no caput os Municípios que:
I - optarem por soluções consorciadas intermunicipais para a gestão dos resíduos sólidos, incluída a elaboração e implementação de plano intermunicipal, ou que se inserirem de forma voluntária nos planos microrregionais de resíduos sólidos referidos no § 1º do art. 16;
II - implantarem a coleta seletiva com a participação de cooperativas ou outras formas de associação de catadores de materiais reutilizáveis e recicláveis formadas por pessoas físicas de baixa renda.
§ 2º Serão estabelecidas em regulamento normas complementares sobre o acesso aos recursos da União na forma deste artigo.
Art. 19. O plano municipal de gestão integrada de resíduos sólidos tem o seguinte conteúdo mínimo:
I - diagnóstico da situação dos resíduos sólidos gerados no respectivo território, contendo a origem, o volume, a caracterização dos resíduos e as formas de destinação e disposição final adotadas;
II - identificação de áreas favoráveis para disposição final ambientalmente adequada de rejeitos, observado o plano diretor de que trata o § 1º do art. 182 da Constituição Federal e o zoneamento ambiental, se houver;
III - identificação das possibilidades de implantação de soluções consorciadas ou compartilhadas com outros Municípios, considerando, nos critérios de economia de escala, a proximidade dos locais estabelecidos e as formas de prevenção dos riscos ambientais;
IV - identificação dos resíduos sólidos e dos geradores sujeitos a plano de gerenciamento específico nos termos do art. 20 ou a sistema de logística reversa na forma do art. 33, observadas as disposições desta Lei e de seu regulamento, bem como as normas estabelecidas pelos órgãos do Sisnama e do SNVS;
V - procedimentos operacionais e especificações mínimas a serem adotados nos serviços públicos de limpeza urbana e de manejo de resíduos sólidos, incluída a disposição final ambientalmente adequada dos rejeitos e observada a Lei nº 11.445, de 2007;
VI - indicadores de desempenho operacional e ambiental dos serviços públicos de limpeza urbana e de manejo de resíduos sólidos;
VII - regras para o transporte e outras etapas do gerenciamento de resíduos sólidos de que trata o art. 20, observadas as normas estabelecidas pelos órgãos do Sisnama e do SNVS e demais disposições pertinentes da legislação federal e estadual;
VIII - definição das responsabilidades quanto à sua implementação e operacionalização, incluídas as etapas do plano de gerenciamento de resíduos sólidos a que se refere o art. 20 a cargo do poder público;
IX - programas e ações de capacitação técnica voltados para sua implementação e operacionalização;
X - programas e ações de educação ambiental que promovam a não geração, a redução, a reutilização e a reciclagem de resíduos sólidos;
XI - programas e ações para a participação dos grupos interessados, em especial das cooperativas ou outras formas de associação de catadores de materiais reutilizáveis e recicláveis formadas por pessoas físicas de baixa renda, se houver;

XII - mecanismos para a criação de fontes de negócios, emprego e renda, mediante a valorização dos resíduos sólidos;
XIII - sistema de cálculo dos custos da prestação dos serviços públicos de limpeza urbana e de manejo de resíduos sólidos, bem como a forma de cobrança desses serviços, observada a Lei nº 11.445, de 2007;
XIV - metas de redução, reutilização, coleta seletiva e reciclagem, entre outras, com vistas a reduzir a quantidade de rejeitos encaminhados para disposição final ambientalmente adequada;
XV - descrição das formas e dos limites da participação do poder público local na coleta seletiva e na logística reversa, respeitado o disposto no art. 33, e de outras ações relativas à responsabilidade compartilhada pelo ciclo de vida dos produtos;
XVI - meios a serem utilizados para o controle e a fiscalização, no âmbito local, da implementação e operacionalização dos planos de gerenciamento de resíduos sólidos de que trata o art. 20 e dos sistemas de logística reversa previstos no art. 33;
XVII - ações preventivas e corretivas a serem praticadas, incluindo programa de monitoramento;
XVIII - identificação dos passivos ambientais relacionados aos resíduos sólidos, incluindo áreas contaminadas, e respectivas medidas saneadoras;
XIX - periodicidade de sua revisão, observado prioritariamente o período de vigência do plano plurianual municipal.
XIX - periodicidade de sua revisão, observado o período máximo de 10 (dez) anos.   (Incluído pela Lei nº 14.026, de 2020)
§ 1º O plano municipal de gestão integrada de resíduos sólidos pode estar inserido no plano de saneamento básico previsto no art. 19 da Lei nº 11.445, de 2007, respeitado o conteúdo mínimo previsto nos incisos do caput e observado o disposto no § 2º, **todos** deste artigo.
§ 2º Para Municípios com menos de 20.000 (vinte mil) habitantes, o plano municipal de gestão integrada de resíduos sólidos terá conteúdo simplificado, na forma do regulamento.
§ 3º O disposto no § 2º não se aplica a Municípios:
I - integrantes de áreas de especial interesse turístico;
II - inseridos na área de influência de empreendimentos ou atividades com significativo impacto ambiental de âmbito **regional ou nacional**;
III - cujo território abranja, total ou parcialmente, Unidades de Conservação.
§ 4º A existência de plano municipal de gestão integrada de resíduos sólidos não exime o Município ou o Distrito Federal do licenciamento ambiental de aterros sanitários e de outras infraestruturas e instalações operacionais integrantes do serviço público de limpeza urbana e de manejo de resíduos sólidos pelo órgão competente do Sisnama.
§ 5º Na definição de responsabilidades na forma do inciso VIII do caput deste artigo, é **vedado** atribuir ao serviço público de limpeza urbana e de manejo de resíduos sólidos a realização de etapas do gerenciamento dos resíduos a que se refere o art. 20 em desacordo com a respectiva licença ambiental ou com normas estabelecidas pelos órgãos do Sisnama e, se couber, do SNVS.
§ 6º Além do disposto nos incisos I a XIX do caput deste artigo, o plano municipal de gestão integrada de resíduos sólidos contemplará ações específicas a serem desenvolvidas no âmbito dos órgãos da administração pública, com vistas à utilização racional dos recursos ambientais, ao combate a **todas** as formas de desperdício e à minimização da geração de resíduos sólidos.

§ 7º O conteúdo do plano municipal de gestão integrada de resíduos sólidos será disponibilizado para o Sinir, na forma do regulamento.

§ 8º A inexistência do plano municipal de gestão integrada de resíduos sólidos **não pode** ser utilizada para impedir a instalação ou a operação de empreendimentos ou atividades devidamente licenciados pelos órgãos competentes.

§ 9º Nos termos do regulamento, o Município que optar por soluções consorciadas intermunicipais para a gestão dos resíduos sólidos, assegurado que o plano intermunicipal preencha os requisitos estabelecidos nos incisos I a XIX do caput deste artigo, pode ser dispensado da elaboração de plano municipal de gestão integrada de resíduos sólidos.

Seção V
Do Plano de Gerenciamento de Resíduos Sólidos

Art. 20. Estão sujeitos à elaboração de plano de gerenciamento de resíduos sólidos:
I - os geradores de resíduos sólidos previstos nas alíneas "e", "f", "g" e "k" do inciso I do art. 13;
II - os estabelecimentos comerciais e de prestação de serviços que:
a) gerem resíduos perigosos;
b) gerem resíduos que, mesmo caracterizados como não perigosos, por sua natureza, composição ou volume, não sejam equiparados aos resíduos domiciliares pelo poder público municipal;
III - as empresas de construção civil, nos termos do regulamento ou de normas estabelecidas pelos órgãos do Sisnama;
IV - os responsáveis pelos terminais e outras instalações referidas na alínea "j" do inciso I do art. 13 e, nos termos do regulamento ou de normas estabelecidas pelos órgãos do Sisnama e, se couber, do SNVS, as empresas de transporte;
V - os responsáveis por atividades agrossilvopastoris, se exigido pelo órgão competente do Sisnama, do SNVS ou do Suasa.
Parágrafo único. Observado o disposto no Capítulo IV deste Título, serão estabelecidas por regulamento exigências específicas relativas ao plano de gerenciamento de resíduos perigosos.
Art. 21. O plano de gerenciamento de resíduos sólidos tem o seguinte conteúdo mínimo:
I - descrição do empreendimento ou atividade;
II - diagnóstico dos resíduos sólidos gerados ou administrados, contendo a origem, o volume e a caracterização dos resíduos, incluindo os passivos ambientais a eles relacionados;
III - observadas as normas estabelecidas pelos órgãos do Sisnama, do SNVS e do Suasa e, se houver, o plano municipal de gestão integrada de resíduos sólidos:
a) explicitação dos responsáveis por cada etapa do gerenciamento de resíduos sólidos;
b) definição dos procedimentos operacionais relativos às etapas do gerenciamento de resíduos sólidos sob responsabilidade do gerador;
IV - identificação das soluções consorciadas ou compartilhadas com outros geradores;
V - ações preventivas e corretivas a serem executadas em situações de gerenciamento incorreto ou acidentes;

VI - metas e procedimentos relacionados à minimização da geração de resíduos sólidos e, observadas as normas estabelecidas pelos órgãos do Sisnama, do SNVS e do Suasa, à reutilização e reciclagem;
VII - se couber, ações relativas à responsabilidade compartilhada pelo ciclo de vida dos produtos, na forma do art. 31;
VIII - medidas saneadoras dos passivos ambientais relacionados aos resíduos sólidos;
IX - periodicidade de sua revisão, observado, se couber, o prazo de vigência da respectiva licença de operação a cargo dos órgãos do Sisnama.
§ 1º O plano de gerenciamento de resíduos sólidos atenderá ao disposto no plano municipal de gestão integrada de resíduos sólidos do respectivo Município, sem prejuízo das normas estabelecidas pelos órgãos do Sisnama, do SNVS e do Suasa.
§ 2º A inexistência do plano municipal de gestão integrada de resíduos sólidos não obsta a elaboração, a implementação ou a operacionalização do plano de gerenciamento de resíduos sólidos.
§ 3º Serão estabelecidos em regulamento:
I - normas sobre a exigibilidade e o conteúdo do plano de gerenciamento de resíduos sólidos relativo à atuação de cooperativas ou de outras formas de associação de catadores de materiais reutilizáveis e recicláveis;
II - critérios e procedimentos simplificados para apresentação dos planos de gerenciamento de resíduos sólidos para microempresas e empresas de pequeno porte, assim consideradas as definidas nos incisos I e II do art. 3º da Lei Complementar nº 123, de 14 de dezembro de 2006, desde que as atividades por elas desenvolvidas não gerem resíduos perigosos.
Art. 22. Para a elaboração, implementação, operacionalização e monitoramento de **todas** as etapas do plano de gerenciamento de resíduos sólidos, nelas incluído o controle da disposição final ambientalmente adequada dos rejeitos, será designado responsável técnico devidamente habilitado.
Art. 23. Os responsáveis por plano de gerenciamento de resíduos sólidos manterão atualizadas e disponíveis ao órgão municipal competente, ao órgão licenciador do Sisnama e a outras autoridades, informações completas sobre a implementação e a operacionalização do plano sob sua responsabilidade.
§ 1º Para a consecução do disposto no caput, sem prejuízo de outras exigências cabíveis por parte das autoridades, será implementado sistema declaratório com periodicidade, no mínimo, anual, na forma do regulamento.
§ 2º As informações referidas no caput serão repassadas pelos órgãos públicos ao Sinir, na forma do regulamento.
Art. 24. O plano de gerenciamento de resíduos sólidos é parte integrante do processo de licenciamento ambiental do empreendimento ou atividade pelo órgão competente do Sisnama.
§ 1º Nos empreendimentos e atividades não sujeitos a licenciamento ambiental, a aprovação do plano de gerenciamento de resíduos sólidos cabe à autoridade municipal competente.
§ 2º No processo de licenciamento ambiental referido no § 1º a cargo de órgão federal ou estadual do Sisnama, será assegurada oitiva do órgão municipal competente, em especial quanto à disposição final ambientalmente adequada de rejeitos.

CAPÍTULO III
DAS RESPONSABILIDADES DOS GERADORES E DO PODER PÚBLICO
Seção I
Disposições Gerais

Art. 25. O poder público, o setor empresarial e a coletividade são responsáveis pela efetividade das ações voltadas para assegurar a observância da Política Nacional de Resíduos Sólidos e das diretrizes e demais determinações estabelecidas nesta Lei e em seu regulamento.

Art. 26. O titular dos serviços públicos de limpeza urbana e de manejo de resíduos sólidos é responsável pela organização e prestação direta ou indireta desses serviços, observados o respectivo plano municipal de gestão integrada de resíduos sólidos, a Lei nº 11.445, de 2007, e as disposições desta Lei e seu regulamento.

Art. 27. As pessoas físicas ou jurídicas referidas no art. 20 são responsáveis pela implementação e operacionalização integral do plano de gerenciamento de resíduos sólidos aprovado pelo órgão competente na forma do art. 24.

§ 1º A contratação de serviços de coleta, armazenamento, transporte, transbordo, tratamento ou destinação final de resíduos sólidos, ou de disposição final de rejeitos, não isenta as pessoas físicas ou jurídicas referidas no art. 20 da responsabilidade por danos que vierem a ser provocados pelo gerenciamento inadequado dos respectivos resíduos ou rejeitos.

§ 2º Nos casos abrangidos pelo art. 20, as etapas sob responsabilidade do gerador que forem realizadas pelo poder público serão devidamente remuneradas pelas pessoas físicas ou jurídicas responsáveis, observado o disposto no § 5º do art. 19.

Art. 28. O gerador de resíduos sólidos domiciliares tem cessada sua responsabilidade pelos resíduos com a disponibilização adequada para a coleta ou, nos casos abrangidos pelo art. 33, com a devolução.

Art. 29. Cabe ao poder público atuar, subsidiariamente, com vistas a minimizar ou cessar o dano, logo que tome conhecimento de evento lesivo ao meio ambiente ou à saúde pública relacionado ao gerenciamento de resíduos sólidos.

Parágrafo único. Os responsáveis pelo dano ressarcirão integralmente o poder público pelos gastos decorrentes das ações empreendidas na forma do caput.

Seção II
Da Responsabilidade Compartilhada

Art. 30. É instituída a responsabilidade compartilhada pelo ciclo de vida dos produtos, a ser implementada de forma individualizada e encadeada, abrangendo os fabricantes, importadores, distribuidores e comerciantes, os consumidores e os titulares dos serviços públicos de limpeza urbana e de manejo de resíduos sólidos, consoante as atribuições e procedimentos previstos nesta Seção.

Parágrafo único. A responsabilidade compartilhada pelo ciclo de vida dos produtos tem por objetivo:

I - compatibilizar interesses entre os agentes econômicos e sociais e os processos de gestão empresarial e mercadológica com os de gestão ambiental, desenvolvendo estratégias sustentáveis;

II - promover o aproveitamento de resíduos sólidos, direcionando-os para a sua cadeia produtiva ou para outras cadeias produtivas;
III - reduzir a geração de resíduos sólidos, o desperdício de materiais, a poluição e os danos ambientais;
IV - incentivar a utilização de insumos de menor agressividade ao meio ambiente e de maior sustentabilidade;
V - estimular o desenvolvimento de mercado, a produção e o consumo de produtos derivados de materiais reciclados e recicláveis;
VI - propiciar que as atividades produtivas alcancem eficiência e sustentabilidade;
VII - incentivar as boas práticas de responsabilidade socioambiental.
Art. 31. Sem prejuízo das obrigações estabelecidas no plano de gerenciamento de resíduos sólidos e com vistas a fortalecer a responsabilidade compartilhada e seus objetivos, os fabricantes, importadores, distribuidores e comerciantes têm responsabilidade que abrange:
I - investimento no desenvolvimento, na fabricação e na colocação no mercado de produtos:
a) que sejam aptos, após o uso pelo consumidor, à reutilização, à reciclagem ou a outra forma de destinação ambientalmente adequada;
b) cuja fabricação e uso gerem a menor quantidade de resíduos sólidos possível;
II - divulgação de informações relativas às formas de evitar, reciclar e eliminar os resíduos sólidos associados a seus respectivos produtos;
III - recolhimento dos produtos e dos resíduos remanescentes após o uso, assim como sua subsequente destinação final ambientalmente adequada, no caso de produtos objeto de sistema de logística reversa na forma do art. 33;
IV - compromisso de, quando firmados acordos ou termos de compromisso com o Município, participar das ações previstas no plano municipal de gestão integrada de resíduos sólidos, no caso de produtos ainda não inclusos no sistema de logística reversa.
Art. 32. As embalagens devem ser fabricadas com materiais que propiciem a reutilização ou a reciclagem.
§ 1º Cabe aos respectivos responsáveis assegurar que as embalagens sejam:
I - restritas em volume e peso às dimensões requeridas à proteção do conteúdo e à comercialização do produto;
II - projetadas de forma a serem reutilizadas de maneira tecnicamente viável e compatível com as exigências aplicáveis ao produto que contêm;
III - recicladas, se a reutilização não for possível.
§ 2º O regulamento disporá sobre os casos em que, por razões de ordem técnica ou econômica, não seja viável a aplicação do disposto no caput.
§ 3º É responsável pelo atendimento do disposto neste artigo todo aquele que:
I - manufatura embalagens ou fornece materiais para a fabricação de embalagens;
II - coloca em circulação embalagens, materiais para a fabricação de embalagens ou produtos embalados, em **qualquer** fase da cadeia de comércio.
Art. 33. São obrigados a estruturar e implementar sistemas de logística reversa, mediante retorno dos produtos após o uso pelo consumidor, de forma independente do serviço público de limpeza urbana e de manejo dos resíduos

sólidos, os fabricantes, importadores, distribuidores e comerciantes de: (Regulamento)
I - agrotóxicos, seus resíduos e embalagens, assim como outros produtos cuja embalagem, após o uso, constitua resíduo perigoso, observadas as regras de gerenciamento de resíduos perigosos previstas em lei ou regulamento, em normas estabelecidas pelos órgãos do Sisnama, do SNVS e do Suasa, ou em normas técnicas;
II - pilhas e baterias;
III - pneus;
IV - óleos lubrificantes, seus resíduos e embalagens;
V - lâmpadas fluorescentes, de vapor de sódio e mercúrio e de luz mista;
VI - produtos eletroeletrônicos e seus componentes. (Regulamento)
§ 1º Na forma do disposto em regulamento ou em acordos setoriais e termos de compromisso firmados entre o poder público e o setor empresarial, os sistemas previstos no caput serão estendidos a produtos comercializados em embalagens plásticas, metálicas ou de vidro, e aos demais produtos e embalagens, considerando, prioritariamente, o grau e a extensão do impacto à saúde pública e ao meio ambiente dos resíduos gerados. (Regulamento)
§ 2º A definição dos produtos e embalagens a que se refere o § 1º considerará a viabilidade técnica e econômica da logística reversa, bem como o grau e a extensão do impacto à saúde pública e ao meio ambiente dos resíduos gerados.
§ 3º Sem prejuízo de exigências específicas fixadas em lei ou regulamento, em normas estabelecidas pelos órgãos do Sisnama e do SNVS, ou em acordos setoriais e termos de compromisso firmados entre o poder público e o setor empresarial, cabe aos fabricantes, importadores, distribuidores e comerciantes dos produtos a que se referem os incisos II, III, V e VI ou dos produtos e embalagens a que se referem os incisos I e IV do caput e o § 1º tomar **todas** as medidas necessárias para assegurar a implementação e operacionalização do sistema de logística reversa sob seu encargo, consoante o estabelecido neste artigo, podendo, entre outras medidas:
I - implantar procedimentos de compra de produtos ou embalagens usados;
II - disponibilizar postos de entrega de resíduos reutilizáveis e recicláveis;
III - atuar em parceria com cooperativas ou outras formas de associação de catadores de materiais reutilizáveis e recicláveis, nos casos de que trata o § 1º.
§ 4º Os consumidores deverão efetuar a devolução após o uso, aos comerciantes ou distribuidores, dos produtos e das embalagens a que se referem os incisos I a VI do caput, e de outros produtos ou embalagens objeto de logística reversa, na forma do § 1º.
§ 5º Os comerciantes e distribuidores deverão efetuar a devolução aos fabricantes ou aos importadores dos produtos e embalagens reunidos ou devolvidos na forma dos §§ 3º e 4º.
§ 6º Os fabricantes e os importadores darão destinação ambientalmente adequada aos produtos e às embalagens reunidos ou devolvidos, sendo o rejeito encaminhado para a disposição final ambientalmente adequada, na forma estabelecida pelo órgão competente do Sisnama e, se houver, pelo plano municipal de gestão integrada de resíduos sólidos.
§ 7º Se o titular do serviço público de limpeza urbana e de manejo de resíduos sólidos, por acordo setorial ou termo de compromisso firmado com o setor empresarial, encarregar-se de atividades de responsabilidade dos fabricantes, importadores, distribuidores e comerciantes nos sistemas de

logística reversa dos produtos e embalagens a que se refere este artigo, as ações do poder público serão devidamente remuneradas, na forma previamente acordada entre as partes.

§ 8º Com **exceção** dos consumidores, **todos** os participantes dos sistemas de logística reversa manterão atualizadas e disponíveis ao órgão municipal competente e a outras autoridades informações completas sobre a realização das ações sob sua responsabilidade.

Art. 34. Os acordos setoriais ou termos de compromisso referidos no inciso IV do caput do art. 31 e no § 1º do art. 33 podem ter abrangência nacional, **regional, estadual ou municipal.**

§ 1º Os acordos setoriais e termos de compromisso firmados em âmbito nacional têm prevalência sobre os firmados em âmbito **regional ou estadual**, e estes sobre os firmados em âmbito municipal.   (Vide Decreto nº 9.177, de 2017)

§ 2º Na aplicação de regras concorrentes consoante o § 1º, os acordos firmados com menor abrangência geográfica podem ampliar, mas não abrandar, as medidas de proteção ambiental constantes nos acordos setoriais e termos de compromisso firmados com maior abrangência geográfica.   (Vide Decreto nº 9.177, de 2017)

Art. 35. Sempre que estabelecido sistema de coleta seletiva pelo plano municipal de gestão integrada de resíduos sólidos e na aplicação do art. 33, os consumidores são obrigados a:

I - acondicionar adequadamente e de forma diferenciada os resíduos sólidos gerados;

II - disponibilizar adequadamente os resíduos sólidos reutilizáveis e recicláveis para coleta ou devolução.

Parágrafo único. O poder público municipal pode instituir incentivos econômicos aos consumidores que participam do sistema de coleta seletiva referido no caput, na forma de lei municipal.

Art. 36. No âmbito da responsabilidade compartilhada pelo ciclo de vida dos produtos, cabe ao titular dos serviços públicos de limpeza urbana e de manejo de resíduos sólidos, observado, se houver, o plano municipal de gestão integrada de resíduos sólidos:

I - adotar procedimentos para reaproveitar os resíduos sólidos reutilizáveis e recicláveis oriundos dos serviços públicos de limpeza urbana e de manejo de resíduos sólidos;

II - estabelecer sistema de coleta seletiva;

III - articular com os agentes econômicos e sociais medidas para viabilizar o retorno ao ciclo produtivo dos resíduos sólidos reutilizáveis e recicláveis oriundos dos serviços de limpeza urbana e de manejo de resíduos sólidos;

IV - realizar as atividades definidas por acordo setorial ou termo de compromisso na forma do § 7º do art. 33, mediante a devida remuneração pelo setor empresarial;

V - implantar sistema de compostagem para resíduos sólidos orgânicos e articular com os agentes econômicos e sociais formas de utilização do composto produzido;

VI - dar disposição final ambientalmente adequada aos resíduos e rejeitos oriundos dos serviços públicos de limpeza urbana e de manejo de resíduos sólidos.

§ 1º Para o cumprimento do disposto nos incisos I a IV do caput, o titular dos serviços públicos de limpeza urbana e de manejo de resíduos sólidos priorizará a organização e o funcionamento de cooperativas ou de outras formas de associação de catadores de materiais reutilizáveis e recicláveis formadas por pessoas físicas de baixa renda, bem como sua contratação.

§ 2º A contratação prevista no § 1º é dispensável de licitação, nos termos do inciso XXVII do art. 24 da Lei nº 8.666, de 21 de junho de 1993.

CAPÍTULO IV
DOS RESÍDUOS PERIGOSOS

Art. 37. A instalação e o funcionamento de empreendimento ou atividade que gere ou opere com resíduos perigosos **somente** podem ser autorizados ou licenciados pelas autoridades competentes se o responsável comprovar, no mínimo, capacidade técnica e econômica, além de condições para prover os cuidados necessários ao gerenciamento desses resíduos.

Art. 38. As pessoas jurídicas que operam com resíduos perigosos, em **qualquer** fase do seu gerenciamento, são obrigadas a se cadastrar no Cadastro Nacional de Operadores de Resíduos Perigosos.

§ 1º O cadastro previsto no caput será coordenado pelo órgão federal competente do Sisnama e implantado de forma conjunta pelas autoridades federais, estaduais e municipais.

§ 2º Para o cadastramento, as pessoas jurídicas referidas no caput necessitam contar com responsável técnico pelo gerenciamento dos resíduos perigosos, de seu próprio quadro de funcionários ou contratado, devidamente habilitado, cujos dados serão mantidos atualizados no cadastro.

§ 3º O cadastro a que se refere o caput é parte integrante do Cadastro Técnico Federal de Atividades Potencialmente Poluidoras ou Utilizadoras de Recursos Ambientais e do Sistema de Informações previsto no art. 12.

Art. 39. As pessoas jurídicas referidas no art. 38 são obrigadas a elaborar plano de gerenciamento de resíduos perigosos e submetê-lo ao órgão competente do Sisnama e, se couber, do SNVS, observado o conteúdo mínimo estabelecido no art. 21 e demais exigências previstas em regulamento ou em normas técnicas.

§ 1º O plano de gerenciamento de resíduos perigosos a que se refere o caput poderá estar inserido no plano de gerenciamento de resíduos a que se refere o art. 20.

§ 2º Cabe às pessoas jurídicas referidas no art. 38:

I - manter registro atualizado e facilmente acessível de **todos** os procedimentos relacionados à implementação e à operacionalização do plano previsto no caput;

II - informar anualmente ao órgão competente do Sisnama e, se couber, do SNVS, sobre a quantidade, a natureza e a destinação temporária ou final dos resíduos sob sua responsabilidade;

III - adotar medidas destinadas a reduzir o volume e a periculosidade dos resíduos sob sua responsabilidade, bem como a aperfeiçoar seu gerenciamento;

IV - informar imediatamente aos órgãos competentes sobre a ocorrência de acidentes ou outros sinistros relacionados aos resíduos perigosos.

§ 3º Sempre que solicitado pelos órgãos competentes do Sisnama e do SNVS, será assegurado acesso para inspeção das instalações e dos procedimentos relacionados à implementação e à operacionalização do plano de gerenciamento de resíduos perigosos.

§ 4º No caso de controle a cargo de órgão federal ou estadual do Sisnama e do SNVS, as informações sobre o conteúdo, a implementação e a operacionalização do plano previsto no caput serão repassadas ao poder público municipal, na forma do regulamento.

Art. 40. No licenciamento ambiental de empreendimentos ou atividades que operem com resíduos perigosos, o órgão licenciador do Sisnama pode exigir a contratação de seguro de responsabilidade civil por danos causados ao meio ambiente ou à saúde pública, observadas as regras sobre cobertura e os limites máximos de contratação fixados em regulamento.

Parágrafo único. O disposto no caput considerará o porte da empresa, conforme regulamento.

Art. 41. Sem prejuízo das iniciativas de outras esferas governamentais, o Governo Federal deve estruturar e manter instrumentos e atividades voltados para promover a descontaminação de áreas órfãs.

Parágrafo único. Se, após descontaminação de sítio órfão realizada com recursos do Governo Federal ou de outro ente da Federação, forem identificados os responsáveis pela contaminação, estes ressarcirão integralmente o valor empregado ao poder público.

CAPÍTULO V
DOS INSTRUMENTOS ECONÔMICOS

Art. 42. O poder público poderá instituir medidas indutoras e linhas de financiamento para atender, prioritariamente, às iniciativas de:

I - prevenção e redução da geração de resíduos sólidos no processo produtivo;
II - desenvolvimento de produtos com menores impactos à saúde humana e à qualidade ambiental em seu ciclo de vida;
III - implantação de infraestrutura física e aquisição de equipamentos para cooperativas ou outras formas de associação de catadores de materiais reutilizáveis e recicláveis formadas por pessoas físicas de baixa renda;
IV - desenvolvimento de projetos de gestão dos resíduos sólidos de caráter intermunicipal ou, nos termos do inciso I do caput do art. 11, regional;
V - estruturação de sistemas de coleta seletiva e de logística reversa;
VI - descontaminação de áreas contaminadas, incluindo as áreas órfãs;
VII - desenvolvimento de pesquisas voltadas para tecnologias limpas aplicáveis aos resíduos sólidos;
VIII - desenvolvimento de sistemas de gestão ambiental e empresarial voltados para a melhoria dos processos produtivos e ao reaproveitamento dos resíduos.

Art. 43. No fomento ou na concessão de incentivos creditícios destinados a atender diretrizes desta Lei, as instituições oficiais de crédito podem estabelecer critérios diferenciados de acesso dos beneficiários aos créditos do Sistema Financeiro Nacional para investimentos produtivos.

Art. 44. A União, os Estados, o Distrito Federal e os Municípios, no âmbito de suas competências, poderão instituir normas com o objetivo de conceder incentivos fiscais, financeiros ou creditícios, respeitadas as limitações da Lei Complementar nº 101, de 4 de maio de 2000 (Lei de Responsabilidade Fiscal), a:

I - indústrias e entidades dedicadas à reutilização, ao tratamento e à reciclagem de resíduos sólidos produzidos no território nacional;
II - projetos relacionados à responsabilidade pelo ciclo de vida dos produtos, prioritariamente em parceria com cooperativas ou outras formas de associação de catadores de materiais reutilizáveis e recicláveis formadas por pessoas físicas de baixa renda;
III - empresas dedicadas à limpeza urbana e a atividades a ela relacionadas.

Art. 45. Os consórcios públicos constituídos, nos termos da Lei nº 11.107, de 2005, com o objetivo de viabilizar a descentralização e a prestação de serviços públicos que envolvam resíduos sólidos, têm prioridade na obtenção dos incentivos instituídos pelo Governo Federal.

Art. 46. O atendimento ao disposto neste Capítulo será efetivado em consonância com a Lei Complementar nº 101, de 2000 (Lei de Responsabilidade Fiscal), bem como com as diretrizes e objetivos do respectivo plano plurianual, as metas e as prioridades fixadas pelas leis de diretrizes orçamentárias e no limite das disponibilidades propiciadas pelas leis orçamentárias anuais.

CAPÍTULO VI
DAS PROIBIÇÕES

Art. 47. São proibidas as seguintes formas de destinação ou disposição final de resíduos sólidos ou rejeitos:
I - lançamento em praias, no mar ou em **quaisquer** corpos hídricos;
II - lançamento in natura a céu aberto, excetuados os resíduos de mineração;
III - queima a céu aberto ou em recipientes, instalações e equipamentos não licenciados para essa finalidade;
IV - outras formas **vedada**s pelo poder público.
§ 1º Quando decretada emergência sanitária, a queima de resíduos a céu aberto pode ser realizada, desde que autorizada e acompanhada pelos órgãos competentes do Sisnama, do SNVS e, quando couber, do Suasa.
§ 2º Assegurada a devida impermeabilização, as bacias de decantação de resíduos ou rejeitos industriais ou de mineração, devidamente licenciadas pelo órgão competente do Sisnama, não são consideradas corpos hídricos para efeitos do disposto no inciso I do caput.
Art. 48. São proibidas, nas áreas de disposição final de resíduos ou rejeitos, as seguintes atividades:
I - utilização dos rejeitos dispostos como alimentação;
II - catação, observado o disposto no inciso V do art. 17;
III - criação de animais domésticos;
IV - fixação de habitações temporárias ou permanentes;
V - outras atividades **vedada**s pelo poder público.
Art. 49. É proibida a importação de resíduos sólidos perigosos e rejeitos, bem como de resíduos sólidos cujas características causem dano ao meio ambiente, à saúde pública e animal e à sanidade vegetal, ainda que para tratamento, reforma, reúso, reutilização ou recuperação.

TÍTULO IV
DISPOSIÇÕES TRANSITÓRIAS E FINAIS

Art. 50. A inexistência do regulamento previsto no § 3º do art. 21 não obsta a atuação, nos termos desta Lei, das cooperativas ou outras formas de associação de catadores de materiais reutilizáveis e recicláveis.
Art. 51. Sem prejuízo da obrigação de, independentemente da existência de culpa, reparar os danos causados, a ação ou omissão das pessoas físicas ou jurídicas que importe inobservância aos preceitos desta Lei ou de seu regulamento sujeita os infratores às sanções previstas em lei, em especial às fixadas na Lei nº 9.605, de 12 de fevereiro de 1998, que "dispõe sobre as sanções penais e administrativas derivadas de condutas e atividades lesivas ao meio ambiente, e dá outras providências", e em seu regulamento.
Art. 52. A observância do disposto no caput do art. 23 e no § 2º do art. 39 desta Lei é considerada obrigação de relevante interesse ambiental para efeitos do art. 68 da Lei nº 9.605, de 1998, sem prejuízo da aplicação de outras sanções cabíveis nas esferas penal e administrativa.

Art. 53. O § 1º do art. 56 da Lei nº 9.605, de 12 de fevereiro de 1998, passa a vigorar com a seguinte redação:

> "Art. 56. ....
> § 1º Nas mesmas penas incorre quem:
> I - abandona os produtos ou substâncias referidos no caput ou os utiliza em desacordo com as normas ambientais ou de segurança;
> II - manipula, acondiciona, armazena, coleta, transporta, reutiliza, recicla ou dá destinação final a resíduos perigosos de forma diversa da estabelecida em lei ou regulamento.
> ...." (NR)

Art. 54. A disposição final ambientalmente adequada dos rejeitos deverá ser implantada até 31 de dezembro de 2020, **exceto** para os Municípios que até essa data tenham elaborado plano intermunicipal de resíduos sólidos ou plano municipal de gestão integrada de resíduos sólidos e que disponham de mecanismos de cobrança que garantam sua sustentabilidade econômico-financeira, nos termos do art. 29 da Lei nº 11.445, de 5 de janeiro de 2007, para os quais ficam definidos os seguintes prazos: (Redação dada pela Lei nº 14.026, de 2020)
I - até 2 de agosto de 2021, para capitais de Estados e Municípios integrantes de Região Metropolitana (RM) ou de Região Integrada de Desenvolvimento (Ride) de capitais;
II - até 2 de agosto de 2022, para Municípios com população superior a 100.000 (cem mil) habitantes no Censo 2010, bem como para Municípios cuja mancha urbana da sede municipal esteja situada a menos de 20 (vinte) quilômetros da fronteira com países limítrofes;
III - até 2 de agosto de 2023, para Municípios com população entre 50.000 (cinquenta mil) e 100.000 (cem mil) habitantes no Censo 2010; e
IV - até 2 de agosto de 2024, para Municípios com população inferior a 50.000 (cinquenta mil) habitantes no Censo 2010.
§ 2º Nos casos em que a disposição de rejeitos em aterros sanitários for economicamente inviável, poderão ser adotadas outras soluções, observadas normas técnicas e operacionais estabelecidas pelo órgão competente, de modo a evitar danos ou riscos à saúde pública e à segurança e a minimizar os impactos ambientais.
Art. 55. O disposto nos arts. 16 e 18 entra em vigor 2 (dois) anos após a data de publicação desta Lei.
Art. 56. A logística reversa relativa aos produtos de que tratam os incisos V e VI do caput do art. 33 será implementada progressivamente segundo cronograma estabelecido em regulamento.   (Regulamento)

Art. 57. Esta Lei entra em vigor na data de sua publicação.

Brasília, 2 de agosto de 2010; 189º da Independência e 122º da República.

LUIZ INÁCIO LULA DA SILVA

❏ Decreto que regulamente a PNRS

DECRETO Nº 10.936, DE 12 DE JANEIRO DE 2022

> Regulamenta a Lei nº 12.305, de 2 de agosto de 2010, que institui a Política Nacional de Resíduos Sólidos (PNRS).

O PRESIDENTE DA REPÚBLICA, no uso das atribuições que lhe confere o art. 84, caput, incisos IV e VI, alínea "a", da Constituição, e tendo em vista o disposto na Lei nº 12.305, de 2 de agosto de 2010
DECRETA

TÍTULO I
DISPOSIÇÕES PRELIMINARES

Art. 1º Este Decreto regulamenta a Política Nacional de Resíduos Sólidos, instituída pela Lei nº 12.305, de 2 de agosto de 2010.
Parágrafo único. A Política Nacional de Resíduos Sólidos integra a Política Nacional do Meio Ambiente e articula-se com as diretrizes nacionais para o saneamento básico e com a política federal de saneamento básico, nos termos do disposto na Lei nº 11.445, de 5 de janeiro de 2007.
Art. 2º O disposto neste Decreto aplica-se às pessoas físicas ou jurídicas, de direito público ou privado:
I - responsáveis, direta ou indiretamente, pela geração de resíduos sólidos; e
II - que desenvolvam ações relacionadas à gestão integrada ou ao gerenciamento de resíduos sólidos.

TÍTULO II
DAS RESPONSABILIDADES DOS GERADORES DE RESÍDUOS SÓLIDOS E DO PODER PÚBLICO
CAPÍTULO I
DISPOSIÇÕES GERAIS

Art. 3º Os fabricantes, os importadores, os distribuidores, os comerciantes, os consumidores e os titulares dos serviços públicos de limpeza urbana e de manejo de resíduos sólidos são responsáveis pelo ciclo de vida dos produtos.
Parágrafo único. A responsabilidade compartilhada será implementada de forma individualizada e encadeada.
Art. 4º Na hipótese de haver sistema de coleta seletiva estabelecida pelo plano municipal de gestão integrada de resíduos sólidos ou sistema de logística reversa a que se refere o art. 18, o consumidor deverá:
I - acondicionar adequadamente e de forma diferenciada os resíduos sólidos gerados; e
II - disponibilizar adequadamente os resíduos sólidos reutilizáveis e recicláveis para coleta ou para devolução.
Art. 5º O disposto no art. 4º não isenta o consumidor de observar as regras previstas na legislação do titular do serviço público de limpeza urbana e manejo de resíduos sólidos referentes:

I - ao acondicionamento;
II - à segregação; e
III - à destinação final dos resíduos.
Art. 6º O Poder Público, o setor empresarial e a sociedade são responsáveis pela efetividade das ações destinadas a assegurar a observância à Política Nacional de Resíduos Sólidos e ao disposto na Lei nº 12.305, de 2010, e neste Decreto.
Art. 7º O disposto no art. 32 da Lei nº 12.305, de 2010, não se aplica às embalagens de produtos destinados à exportação.
Parágrafo único. Na hipótese prevista no caput, o fabricante atenderá às exigências do país importador.

CAPÍTULO II
DA COLETA SELETIVA

Art. 8º A coleta seletiva será realizada em conformidade com as determinações dos titulares do serviço público de limpeza urbana e de manejo de resíduos sólidos, por meio da segregação prévia dos referidos resíduos, de acordo com sua constituição ou sua composição.
§ 1º O sistema de coleta seletiva, de acordo com as metas estabelecidas nos planos de resíduos sólidos:
I - será implantado pelo titular do serviço público de limpeza urbana e de manejo de resíduos sólidos;
II - estabelecerá, no mínimo, a separação de resíduos secos e orgânicos, de forma segregada dos rejeitos; e
III - será progressivamente estendido à separação dos resíduos secos em suas parcelas específicas.
§ 2º Para fins do disposto neste artigo, os geradores de resíduos sólidos deverão segregá-los e disponibilizá-los adequadamente, na forma estabelecida pelo titular do serviço público de limpeza urbana e de manejo de resíduos sólidos.
Art. 9º Os titulares do serviço público de limpeza urbana e de manejo de resíduos sólidos, em sua área de abrangência, estabelecerão os procedimentos para o acondicionamento adequado e para a disponibilização dos resíduos sólidos objeto da coleta seletiva.
Art. 10. O sistema de coleta seletiva de resíduos sólidos priorizará a participação de cooperativas ou de outras formas de associação de catadores de materiais reutilizáveis e recicláveis constituídas por pessoas físicas de baixa renda.
Art. 11. A coleta seletiva será implementada sem prejuízo da implementação e operacionalização de sistemas de logística reversa.

CAPÍTULO III
DA LOGÍSTICA REVERSA
Seção I
Do Programa Nacional de Logística Reversa

Art. 12. Fica instituído o Programa Nacional de Logística Reversa, integrado ao Sistema Nacional de Informações Sobre a Gestão dos Resíduos Sólidos - Sinir e ao Plano Nacional de Resíduos Sólidos - Planares.

§ 1º O Programa Nacional de Logística Reversa é instrumento de coordenação e de integração dos sistemas de logística reversa e tem como objetivos:
I - otimizar a implementação e a operacionalização da infraestrutura física e logística;
II - proporcionar ganhos de escala; e
III - possibilitar a sinergia entre os sistemas.
§ 2º O Programa Nacional de Logística Reversa será coordenado pelo Ministério do Meio Ambiente.
§ 3º Ato do Ministério do Meio Ambiente estabelecerá os critérios e as diretrizes do Programa Nacional de Logística Reversa.
Art. 13. A logística reversa é instrumento de desenvolvimento econômico e social caracterizado pelo conjunto de ações, de procedimentos e de meios destinados a viabilizar a coleta e a restituição dos resíduos sólidos ao setor empresarial, para reaproveitamento, em seu ciclo ou em outros ciclos produtivos, ou para outra destinação final ambientalmente adequada.
Art. 14. Os fabricantes, os importadores, os distribuidores e os comerciantes dos produtos a que se referem os incisos II, III, V e VI do **caput** do art. 33 da Lei nº 12.305, de 2010, e dos produtos e das embalagens de que tratam os incisos I e IV do caput e o § 1º do art. 33 da referida Lei deverão:
I - estruturar, implementar e operar os sistemas de logística reversa, por meio do retorno dos produtos e das embalagens após o uso pelo consumidor; e
II - assegurar a sustentabilidade econômico-financeira da logística reversa.
§ 1º Para fins do disposto no caput, os fabricantes, os importadores, os distribuidores e os comerciantes ficam responsáveis pela realização da logística reversa no limite da proporção dos produtos que colocarem no mercado interno, conforme metas progressivas, intermediárias e finais estabelecidas no instrumento que determinar a implementação da logística reversa.
§ 2º Na implementação e na operacionalização do sistema de logística reversa, poderão ser:
I - adotados procedimentos de compra de produtos ou de embalagens usadas; e
II - instituídos postos de entrega de resíduos reutilizáveis e recicláveis.
§ 3º As cooperativas e as associações de catadores de materiais recicláveis poderão integrar o sistema de logística reversa de que trata o caput:
I - desde que sejam legalmente constituídas, cadastradas e habilitadas, nos termos do disposto nos art. 40 e art. 42; e
II - por meio de instrumento legal firmado entre a cooperativa ou a associação e as empresas ou entidades gestoras para prestação dos serviços, na forma prevista na legislação.
§ 4º Na hipótese de a importação dos produtos de que trata este artigo ser realizada por terceiro, nas modalidades por conta e ordem e por encomenda, na qual a mercadoria importada seja repassada ao adquirente ou ao encomendante, conforme o caso, e este se configure como o real destinatário do produto, a estruturação, a implementação e a operacionalização do sistema de logística reversa de que trata o caput serão de responsabilidade do adquirente ou do encomendante do produto, de acordo com a modalidade contratada, conforme estabelecido em regulamentos específicos.
§ 5º A empresa terceirizada contratada para efetuar a importação deve apresentar, por meio eletrônico, ao órgão de controle a cópia do contrato firmado entre as partes e do termo aditivo, quando houver, que caracterize a

vinculação da entrega das unidades importadas à empresa contratante, com menção à responsabilidade do adquirente ou do encomendante pelo cumprimento da legislação que trata do sistema de logística reversa.
§ 6º Na hipótese de inobservância ao disposto no § 5º, a empresa terceirizada contratada para efetuar a importação observará o disposto no caput quanto à estruturação, à implementação e à operacionalização do sistema de logística reversa.
§ 7º A empresa importadora terceirizada incluirá na declaração de importação, para as autoridades competentes, a informação do responsável por estruturar, implementar e operacionalizar o sistema de logística reversa do importador, conforme definido em contrato, na forma prevista no § 4º.
Art. 15. Os sistemas de logística reversa deverão ser integrados ao Sinir, no prazo de cento e oitenta dias, contado da data de publicação deste Decreto.
§ 1º Fica instituído o manifesto de transporte de resíduos, documento autodeclaratório e válido no território nacional, emitido pelo Sinir, para fins de fiscalização ambiental dos sistemas de logística reversa de que trata o art. 14.
§ 2º Além das informações sobre o transporte de resíduos, os responsáveis pelos sistemas de logística reversa integrarão e manterão atualizadas as informações, entre outras solicitadas pelo Ministério do Meio Ambiente, sobre:
I - a localização de pontos de entrega voluntária;
II - os pontos de consolidação; e
III - os resultados obtidos, consideradas as metas estabelecidas.
§ 3º Ato do Ministro de Estado do Meio Ambiente poderá definir as normas e os critérios para atendimento ao disposto neste artigo.
Art. 16. A fiscalização do cumprimento das obrigações previstas em instrumentos de logística reversa caberá aos órgãos executores, seccionais e locais do Sistema Nacional do Meio Ambiente - Sisnama, estabelecidos pela Lei nº 6.938, de 31 de agosto de 1981, e pelos seus regulamentos, sem prejuízo do exercício das competências de outros órgãos e entidades públicos.
Art. 17. O sistema de logística reversa de agrotóxicos, seus resíduos e suas embalagens, observará o disposto em legislação específica sobre a matéria.

Seção II
Dos instrumentos e da forma de implantação da logística reversa

Art. 18. Os sistemas de logística reversa serão implementados e operacionalizados por meio dos seguintes instrumentos:
I - acordos setoriais;
II - regulamentos editados pelo Poder Público; ou
III - termos de compromisso.
§ 1º Os instrumentos de que trata o caput disporão, no mínimo, sobre:
I - definições;
II - objeto;
III - estruturação da implementação do sistema de logística reversa;
IV - operacionalização do sistema de logística reversa e do seu plano operativo;
V - financiamento do sistema de logística reversa;
VI - governança para acompanhamento de performance;
VII - entidades gestoras;
VIII - forma de participação dos consumidores no sistema de logística reversa;

IX - obrigações dos fabricantes, dos importadores, dos distribuidores e dos comerciantes;
X - planos de comunicação e de educação ambiental;
XI - objetivos, metas e cronograma;
XII - monitoramento e avaliação do sistema;
XIII - viabilidade técnica e econômica do sistema de logística reversa; e
XIV - gestão de riscos e de resíduos perigosos.
§ 2º As propostas de acordo setorial e de termo de compromisso serão acompanhadas:
I - dos atos constitutivos das entidades participantes e da relação dos associados de cada entidade, se for o caso;
II - dos documentos comprobatórios de identificação e qualificação dos representantes e dos signatários da proposta e cópia dos respectivos mandatos; e
III - da cópia de estudos, de dados e de informações que embasarem a proposta.
§ 3º Os instrumentos de que trata o caput serão avaliados com, no mínimo, cento e oitenta dias de antecedência quanto ao prazo estabelecido no instrumento ou em termo aditivo correspondente.
Art. 19. Os instrumentos de que trata o art. 18 estabelecidos:
I - em âmbito nacional prevalecem sobre os firmados em âmbito regional, distrital ou estadual; e
II - em âmbito **regional, distrital ou estadual** prevalecem sobre os firmados em âmbito municipal.
Parágrafo único. Os instrumentos de que trata o art. 18 com menor abrangência geográfica:
I - não alteram as obrigações dos fabricantes, dos importadores, dos distribuidores e dos comerciantes na forma prevista no art. 14; e
II - devem ser compatíveis com as normas previstas em acordos setoriais, regulamentos e termos de compromisso estabelecidos com maior abrangência geográfica.
Art. 20. Os sistemas de logística reversa serão estendidos, por meio da utilização dos instrumentos previstos no art. 18, aos:
I - produtos comercializados em embalagens plásticas, metálicas ou de vidro; e
II - demais produtos e embalagens, considerados prioritariamente o grau e a extensão do impacto à saúde pública e ao meio ambiente dos resíduos gerados.
§ 1º Ato do Ministério do Meio Ambiente definirá os produtos e as embalagens a que se refere o caput.
§ 2º Para fins do disposto no § 1º, serão ouvidos previamente:
I - o Ministério da Saúde;
II - o Ministério da Agricultura, Pecuária e Abastecimento;
III - o Ministério da Fazenda; e
IV - o Ministério do Desenvolvimento Regional [Das Cidades].
§ 3º Os órgãos a que se refere o § 2º terão o prazo de trinta dias para se manifestar, contado da data de envio de ofício pelo Ministério do Meio Ambiente por meio eletrônico.

Subseção I
Dos acordos setoriais

Art. 21. Os acordos setoriais a que se refere o inciso I do caput do art. 18 são atos de natureza contratual, firmados entre o Poder Público e os fabricantes, os importadores, os distribuidores ou os comerciantes, com vistas à implantação da responsabilidade compartilhada pelo ciclo de vida do produto.

Art. 22. A implementação ou o aprimoramento de sistema de logística reversa por meio de acordo setorial de âmbito nacional observará o seguinte procedimento:

I - apresentação de proposta formal pelos fabricantes, pelos importadores, pelos distribuidores ou pelos comerciantes dos produtos e das embalagens a que se refere o art. 14, ao Ministério do Meio Ambiente, com as informações estabelecidas no § 1º do art. 18 e os documentos de que trata o § 2º do referido artigo;

II - submissão da proposta à consulta pública, pelo Ministério do Meio Ambiente, pelo prazo de trinta dias, contado da data da sua divulgação;

III - oitiva dos órgãos federais com competências relacionadas à matéria, após o encerramento da consulta pública de que trata o inciso II, que deverão se manifestar no prazo de trinta dias; e

IV - consolidação e análise das manifestações a que se refere o inciso III e das contribuições recebidas por meio da consulta pública, pelo Ministério do Meio Ambiente, que poderá:

a) aceitar a proposta, hipótese em que convidará os representantes do setor empresarial para assinatura do acordo setorial, com a publicação de seu extrato no Diário Oficial da União;

b) solicitar aos representantes do setor empresarial a complementação ou o ajuste da proposta de acordo setorial, com subsequente encaminhamento para a hipótese prevista na alínea "a" ou "c"; ou

c) determinar o arquivamento do processo, quando não houver consenso na negociação do acordo.

Subseção II
Do regulamento

Art. 23. A logística reversa poderá ser implementada ou aprimorada diretamente por meio de regulamento editado pelo Poder Executivo.

Art. 24. A implementação ou o aprimoramento de sistema de logística reversa por meio de regulamento editado pelo Poder Executivo federal observará o seguinte procedimento:

I - elaboração de proposta de regulamento pelo Ministério do Meio Ambiente, com as informações estabelecidas no § 1º do art. 18;

II - submissão da proposta à consulta pública, pelo Ministério do Meio Ambiente, pelo prazo de trinta dias, contado da data da sua divulgação;

III - oitiva dos órgãos federais com competências relacionadas à matéria, após o encerramento da consulta pública, que deverão se manifestar no prazo de trinta dias; e

IV - consolidação e análise das manifestações dos órgãos federais com competências relacionadas à matéria a que se refere o inciso III e das contribuições recebidas por meio da consulta pública, pelo Ministério do Meio Ambiente, que poderá:

a) ajustar e encaminhar a proposta de regulamento ao Presidente da República; ou
b) determinar o arquivamento do processo, na hipótese de concluir pela inviabilidade da proposta.

§ 1º Os fabricantes, os importadores, os distribuidores e os comerciantes deverão apresentar, no prazo estabelecido para a realização da consulta pública, estudo de viabilidade técnica e econômica do sistema de logística reversa objeto do regulamento, de forma a contribuir para o aprimoramento da proposta.

§ 2º O estudo de que trata o § 1º não vincula a decisão final do Ministério do Meio Ambiente e a ausência de seu envio, no prazo estabelecido, não obsta a continuidade do procedimento previsto no caput ou a edição do regulamento.

Subseção III
Dos termos de compromisso

Art. 25. O Poder Público poderá firmar os termos de compromisso de que trata o inciso III do caput art. 18 com os fabricantes, os importadores, os distribuidores ou os comerciantes a que se refere o art. 14, com vistas ao estabelecimento de sistema de logística reversa:

I - nas hipóteses em que não houver, na mesma área de abrangência, o acordo setorial ou o regulamento específico de que trata o art. 18, nos termos do disposto neste Decreto; ou

II - para o estabelecimento de compromissos e metas mais exigentes do que aqueles previstos no acordo setorial ou no regulamento de que trata o art. 18.

Art. 26. A implementação ou o aprimoramento de sistema de logística reversa por meio de termo de compromisso de âmbito nacional observará o seguinte procedimento:

I - apresentação de proposta formal pelos fabricantes, pelos importadores, pelos distribuidores ou pelos comerciantes dos produtos e das embalagens a que se refere o art. 14, ao Ministério do Meio Ambiente, com as informações estabelecidas no § 1º do art. 18 e os documentos de que trata o § 2º do referido artigo;

II - oitiva dos órgãos federais com competências relacionadas à matéria, que deverão se manifestar no prazo de quinze dias; e

III - análise das manifestações a que se refere o inciso II, pelo Ministério do Meio Ambiente, que poderá:

a) aceitar a proposta, hipótese em que convidará os representantes do setor empresarial para assinatura do termo de compromisso, com a publicação de seu extrato no Diário Oficial da União;
b) solicitar aos representantes do setor empresarial a complementação ou o ajuste da proposta de termo de compromisso, com subsequente encaminhamento para a hipótese prevista na alínea "a" ou "c"; ou
c) determinar o arquivamento do processo, quando não houver consenso na negociação do termo de compromisso.

Parágrafo único. Os sistemas de logística reversa estabelecidos por termo de compromisso não serão precedidos de consulta pública.

Subseção IV
Da isonomia

Art. 27. Fica assegurada a isonomia na fiscalização e no cumprimento das obrigações imputadas aos fabricantes, aos importadores, aos distribuidores e aos comerciantes de produtos, de seus resíduos e de suas embalagens sujeitos à logística reversa obrigatória.
Art. 28. Os fabricantes, os importadores, os distribuidores e os comerciantes de produtos, de seus resíduos e de suas embalagens aos quais se refere o caput do art. 33 da Lei nº 12.305, de 2 de agosto de 2010, e de outros produtos, de seus resíduos ou de suas embalagens que sejam objeto de logística reversa na forma prevista no § 1º do referido artigo, não signatários de acordo setorial ou termo de compromisso firmado com a União deverão estruturar e implementar sistemas de logística reversa, consideradas as obrigações imputáveis aos signatários e aos aderentes de acordo setorial ou ao termo de compromisso firmado com a União.
§ 1º As obrigações a que se refere o caput incluem os dispositivos referentes:
I - à operacionalização, aos prazos, às metas, aos controles e aos registros da operacionalização dos sistemas de logística reversa;
II - aos planos de comunicação, às avaliações e ao monitoramento dos sistemas de logística reversa; e
III - às penalidades e às obrigações específicas imputáveis aos fabricantes, aos importadores, aos distribuidores e aos comerciantes.
§ 2º Eventual revisão dos termos e das condições previstos em acordo setorial ou em termo de compromisso firmado com a União, consubstanciada em termos aditivos e que altere as obrigações de que trata este artigo, será atendida pelos fabricantes, pelos importadores, pelos distribuidores e pelos comerciantes a que se refere o caput.
Art. 29. Na hipótese de descumprimento das obrigações previstas em acordo setorial ou em termo de compromisso de que trata o art. 18, inclusive daquelas decorrentes do disposto no art. 28, serão aplicadas aos signatários, aos aderentes e aos não signatários as penalidades previstas na legislação ambiental.

TÍTULO III
DAS DIRETRIZES APLICÁVEIS À GESTÃO E AO GERENCIAMENTO DOS RESÍDUOS SÓLIDOS

Art. 30. Na gestão e no gerenciamento de resíduos sólidos, será observada a seguinte ordem de prioridade:
I - não geração de resíduos sólidos;
II - redução de resíduos sólidos;
III - reutilização de resíduos sólidos;
IV - reciclagem de resíduos sólidos;
V - tratamento de resíduos sólidos; e
VI - disposição final ambientalmente adequada dos rejeitos.
§ 1º A sustentabilidade econômico-financeira dos serviços de limpeza urbana e de manejo de resíduos sólidos será assegurada por meio de instrumento de remuneração, com cobrança dos usuários, garantida a recuperação dos custos decorrentes da prestação dos serviços essenciais e especializados.

§ 2º Na gestão e no gerenciamento de resíduos sólidos, serão incentivados o desenvolvimento científico e tecnológico, a inovação e o empreendedorismo, de forma a desenvolver a cadeia de valor dos resíduos sólidos.
Art. 31. A recuperação energética dos resíduos sólidos urbanos a que se refere o § 1º do art. 9º da Lei nº 12.305, de 2010, qualificados nos termos do disposto na alínea "c" do inciso I do caput do art. 13 da referida Lei, será disciplinada, de forma específica, em ato conjunto dos Ministros de Estado do Meio Ambiente, de Minas e Energia e do Desenvolvimento Regional.
Parágrafo único. O disposto neste artigo não se aplica ao aproveitamento energético dos gases gerados na biodigestão e na decomposição da matéria orgânica dos resíduos sólidos urbanos em aterros sanitários.
Art. 32. Compete ao Distrito Federal e aos Municípios a gestão integrada de resíduos sólidos gerados em seus territórios, sem prejuízo do exercício das competências de controle e de fiscalização dos órgãos federais e estaduais do Sisnama, do Sistema Nacional de Vigilância Sanitária - SNVS e do Sistema Unificado de Atenção à Sanidade Agropecuária - Suasa e da responsabilidade do gerador pelo gerenciamento de resíduos, nos termos do disposto na Lei nº 12.305, de 2010.
Art. 33. Observado o disposto na Lei nº 12.305, de 2010, e neste Decreto, compete aos Estados e ao Distrito Federal:
I - promover a integração da organização, do planejamento e da execução das funções públicas de interesse comum relacionadas à gestão dos resíduos sólidos nas regiões metropolitanas, aglomerações urbanas e microrregiões, nos termos do disposto na lei complementar a que se refere o § 3º do art. 25 da Constituição;
II - controlar e fiscalizar as atividades dos geradores de resíduos sólidos sujeitas a licenciamento ambiental pelo órgão estadual ou distrital do Sisnama; e
III - incentivar a regionalização dos serviços de limpeza urbana e de manejo de resíduos sólidos, por meio de consórcios públicos e arranjos de prestação regionalizada, nos termos do disposto no inciso VI do **caput** do art. 3º da Lei nº 11.445, de 2007, principalmente quanto à implantação de unidades regionalizadas, que atendam a mais de um Município, para a destinação final ambientalmente adequada de resíduos em seu território.
Art. 34. Os geradores de resíduos sólidos deverão adotar medidas que promovam a redução da geração dos resíduos, principalmente dos resíduos perigosos, na forma prevista nos planos de resíduos sólidos de que trata o art. 44 e a legislação aplicável.
Art. 35. Observará o estabelecido nas normas do Sisnama, do SNVS e do Suasa o gerenciamento:
I - de resíduos sólidos presumidamente veiculadores de agentes etiológicos de doenças transmissíveis ou de pragas;
II - de resíduos de serviços de transporte gerados em portos, em aeroportos e em passagens de fronteira; e
III - de material apreendido proveniente do exterior.

TÍTULO IV
DA PARTICIPAÇÃO DOS CATADORES DE MATERIAIS RECICLÁVEIS E REUTILIZÁVEIS

Art. 36. O sistema de coleta seletiva de resíduos sólidos priorizará a participação de cooperativas ou de outras formas de associação de catadores

de materiais reutilizáveis e recicláveis, constituídas por pessoas físicas de baixa renda, com vistas:
I - à formalização da contratação;
II - ao empreendedorismo;
III - à inclusão social; e
IV - à emancipação econômica.
Parágrafo único. A participação de cooperativas ou de outras formas de associação de catadores de materiais reutilizáveis e de recicláveis em sistemas de logística reversa observará o disposto no § 3º do art. 14.
Art. 37. Os planos municipais de gestão integrada de resíduos sólidos definirão programas e ações para a participação dos grupos interessados, em especial das cooperativas ou de outras formas de associação de catadores de materiais reutilizáveis e recicláveis constituídas por pessoas físicas de baixa renda.
Art. 38. As ações desenvolvidas pelas cooperativas ou por outras formas de associação de catadores de materiais reutilizáveis e recicláveis, no âmbito do gerenciamento de resíduos sólidos das atividades a que se refere o art. 20 da Lei nº 12.305, de 2010, deverão estar descritas, quando couber, nos planos de gerenciamento de resíduos sólidos.
Art. 39. As políticas públicas destinadas aos catadores de materiais reutilizáveis e recicláveis deverão observar:
I - a possibilidade de dispensa de licitação, nos termos do disposto no inciso XXVII do **caput** do art. 24 da Lei nº 8.666, de 21 de junho de 1993, enquanto estiver em vigor, e na alínea "j" do inciso IV do **caput** do art. 75 da Lei nº 14.133, de 1º de abril de 2021, para a contratação de cooperativas ou de associações de catadores de materiais reutilizáveis e recicláveis;
II - quanto às cooperativas, o estímulo:
a) à capacitação;
b) ao fortalecimento institucional;
c) à formalização; e
d) ao empreendedorismo; e
III - a melhoria das condições de trabalho dos catadores de materiais reutilizáveis e recicláveis.
Parágrafo único. Para fins do disposto nos incisos II e III do caput, poderão ser firmados contratos, convênios ou outros instrumentos congêneres com pessoas jurídicas de direito público ou privado que atuem na criação e no desenvolvimento de cooperativas ou de outras formas de associação de catadores de materiais reutilizáveis e recicláveis, observada a legislação aplicável.
Art. 40. Fica instituído o Programa Coleta Seletiva Cidadã, por meio do qual os órgãos e as entidades da administração pública federal, direta e indireta, deverão:
I - separar os resíduos reutilizáveis e recicláveis; e
II - destinar resíduos reutilizáveis e recicláveis, prioritariamente, às associações e às cooperativas de catadores de materiais recicláveis.
Parágrafo único. Estarão aptas a coletar os resíduos recicláveis descartados pelos órgãos e pelas entidades da administração pública federal, direta e indireta, as associações e as cooperativas de catadores de materiais recicláveis que:
I - sejam formalmente constituídas por catadores de materiais reutilizáveis e recicláveis;

II - possuam infraestrutura para realizar a triagem e a classificação dos resíduos recicláveis descartados;
III - apresentem o sistema de rateio entre os associados e os cooperados; e
IV - estejam regularmente cadastradas e habilitadas no Sinir.
Art. 41. Caberá aos órgãos e às entidades da administração pública federal, direta e indireta, realizar os procedimentos necessários para a seleção de associações e de cooperativas cadastradas no Sinir, observado o disposto na legislação, com vistas a firmar termo de compromisso.
Art. 42. As associações e as cooperativas de catadores de materiais recicláveis deverão realizar a destinação final ambientalmente adequada dos resíduos não reaproveitados para reutilização ou reciclagem.
Parágrafo único. A inobservância ao disposto no caput poderá acarretar:
I - a revogação da habilitação da associação e da cooperativa no Sinir; e
II - a impossibilidade de participação no Programa Coleta Seletiva Cidadã, sem prejuízo da aplicação das sanções previstas na legislação.
Art. 43. O Ministério do Meio Ambiente adotará as medidas complementares necessárias à execução do Programa Coleta Seletiva Cidadã, com vistas a fomentar a melhoria das condições de trabalho, incluídas:
I - a formalização da contratação;
II - as oportunidades de empreendedorismo; e
III - a inclusão social e a emancipação econômica dos catadores de materiais reutilizáveis e recicláveis.

TÍTULO V
DOS PLANOS DE RESÍDUOS SÓLIDOS
CAPÍTULO I
DISPOSIÇÕES GERAIS

Art. 44. São planos de resíduos sólidos:
I - o Plano Nacional de Resíduos Sólidos;
II - os planos estaduais e distrital de resíduos sólidos;
III - os planos microrregionais de resíduos sólidos e os planos de resíduos sólidos de regiões metropolitanas ou aglomerações urbanas;
IV - os planos intermunicipais de resíduos sólidos;
V - os planos municipais de gestão integrada de resíduos sólidos; e
VI - os planos de gerenciamento de resíduos sólidos.
Parágrafo único. Os planos de resíduos sólidos com menor abrangência geográfica serão compatíveis com os planos com maior abrangência geográfica, hipótese em que apresentarão, no que couber, a contribuição do recorte geográfico considerado para o plano com maior abrangência geográfica, observada a precedência estabelecida nos incisos I a V do caput.

CAPÍTULO II
DOS PLANOS DE RESÍDUOS SÓLIDOS ELABORADOS PELO PODER PÚBLICO
Seção I
Do Plano Nacional de Resíduos Sólidos

Art. 45. O Plano Nacional de Resíduos Sólidos será elaborado pela União, sob a coordenação do Ministério do Meio Ambiente, vigerá por prazo indeterminado e terá horizonte de vinte anos.

Parágrafo único. O plano de que trata o caput será atualizado a cada quatro anos.
Art. 46. A elaboração do Plano Nacional de Resíduos Sólidos considerará o conteúdo mínimo estabelecido no art. 15 da Lei nº 12.305, de 2010, e observará o seguinte procedimento:
I - formulação e divulgação da proposta preliminar;
II - submissão da proposta à consulta pública, pelo prazo de sessenta dias, contado da data da sua divulgação;
III - realização de uma audiência pública em cada Região do País e uma audiência pública de âmbito nacional, no Distrito Federal, simultaneamente ao período de consulta pública referido no inciso II;
IV - oitiva:
a) do Ministério da Saúde;
b) do Ministério da Agricultura, Pecuária e Abastecimento;
c) do Ministério da Fazenda;
d) do Ministério de Minas e Energia;
e) do Ministério do Desenvolvimento Regional [das Cidades]; e
f) do Ministério da Ciência, Tecnologia e Inovações;
V - análise das contribuições recebidas por meio da consulta e das audiências públicas e das manifestações dos órgãos a que se refere o inciso IV pelo Ministério do Meio Ambiente; e
VI - encaminhamento, pelo Ministro de Estado do Meio Ambiente, ao Presidente da República, da proposta de decreto que aprova o Plano Nacional de Resíduos Sólidos.
Art. 47. Após a publicação do plano nacional de resíduos sólidos, o Ministério do Meio Ambiente encaminhará ao Conselho Nacional do Meio Ambiente - Conama o relatório anual sobre a implementação do Plano Nacional de Resíduos Sólidos.
Parágrafo único. Caberá ao Conama monitorar a execução do Plano Nacional de Resíduos Sólidos e sugerir os aperfeiçoamentos necessários, consideradas as informações do relatório a que se refere o caput.
Art. 48. Nos termos do disposto no art. 45, as atualizações do Plano Nacional de Resíduos Sólidos observarão o seguinte procedimento:
I - formulação e divulgação da proposta preliminar;
II - submissão da proposta à consulta pública, pelo prazo de trinta dias, contado da data da sua divulgação;
III - realização de audiência pública de âmbito nacional, no Distrito Federal, simultaneamente ao período de consulta pública a que se refere o inciso II;
IV - análise das contribuições recebidas por meio da consulta e da audiência pública pelo Ministério do Meio Ambiente; e
V - aprovação em ato do Ministro de Estado do Meio Ambiente.

Seção II
Dos planos estaduais e distrital e dos planos regionais de resíduos sólidos

Art. 49. Os planos estaduais de resíduos sólidos vigerão por prazo indeterminado e terão horizonte de vinte anos.
§ 1º Os planos de que trata o caput serão atualizados ou revistos a cada quatro anos.
§ 2º Os planos estaduais e distrital de resíduos sólidos abrangerão o território do Estado ou do Distrito Federal e considerarão o conteúdo mínimo estabelecido no art. 17 da Lei nº 12.305, de 2010.

Art. 50. Além dos planos estaduais e distrital, os Estados e o Distrito Federal poderão elaborar planos microrregionais de resíduos sólidos e planos de regiões metropolitanas ou aglomerações urbanas.

§ 1º Na elaboração e na implementação dos planos a que se refere o caput, os Estados incentivarão a participação dos Municípios que integram a microrregião, a região metropolitana ou a aglomeração urbana.

§ 2º O conteúdo dos planos a que se refere o caput será estabelecido em conjunto com os Municípios que integram a microrregião, a região metropolitana ou a aglomeração urbana, **vedada** a exclusão ou a substituição de **quaisquer** das prerrogativas relativas aos Municípios.

Seção III
Dos planos municipais de gestão integrada de resíduos sólidos

Art. 51. Os planos municipais de gestão integrada de resíduos sólidos serão elaborados nos termos do disposto no art. 19 da Lei nº 12.305, de 2010.

§ 1º Os planos municipais de gestão integrada de resíduos sólidos serão atualizados ou revistos, prioritariamente, de forma concomitante à elaboração dos planos plurianuais municipais.

§ 2º Os planos municipais de gestão integrada de resíduos sólidos identificarão e indicarão medidas saneadoras para os passivos ambientais originados, dentre outros, de:

I - áreas contaminadas, inclusive lixões e aterros controlados; e

II - empreendimentos sujeitos à elaboração de planos de gerenciamento de resíduos sólidos, nos termos do disposto na Lei nº 12.305, de 2010.

§ 3º Os planos municipais de gestão integrada e os planos intermunicipais de resíduos sólidos deverão demonstrar o atendimento ao disposto nos art. 29 e art. 35 da Lei nº 11.445, de 2007, quanto à sustentabilidade econômico-financeira decorrente da prestação de serviços de limpeza urbana e de manejo de resíduos sólidos e aos mecanismos de cobrança dos referidos serviços.

Art. 52. Os Municípios com população total inferior a vinte mil habitantes, apurada com base nos dados demográficos do censo mais recente da Fundação Instituto Brasileiro de Geografia e Estatística - IBGE, poderão adotar planos municipais simplificados de gestão integrada de resíduos sólidos.

§ 1º Ato do Ministro de Estado do Meio Ambiente definirá normas e critérios para atendimento ao disposto no caput.

§ 2º O disposto neste artigo não se aplica aos Municípios:

I - integrantes de áreas de especial interesse turístico;

II - inseridos na área de influência de empreendimentos ou de atividades com impacto ambiental significativo de **âmbito regional ou nacional**; ou

III - cujo território abranja, total ou parcialmente, unidades de conservação.

Art. 53. Os Municípios que optarem por soluções consorciadas intermunicipais para gestão de resíduos sólidos ficarão dispensados da elaboração do plano municipal de gestão integrada de resíduos sólidos, desde que o plano intermunicipal observe o conteúdo mínimo previsto no art. 19 da Lei nº 12.305, de 2010.

Art. 54. Os planos municipais de gestão integrada de resíduos sólidos e os planos intermunicipais de resíduos sólidos poderão ser elaborados por meio do Sinir, a partir de informações declaradas pelos responsáveis pela sua elaboração.

Seção IV
Da relação entre os planos de resíduos sólidos e dos planos de saneamento básico quanto ao componente de limpeza urbana e de manejo de resíduos sólidos urbanos

Art. 55. Os serviços públicos de limpeza urbana e de manejo de resíduos sólidos urbanos, compostos pelas atividades a que se refere a alínea "c" do inciso I do **caput** do art. 3º e o art. 7º da Lei nº 11.445, de 2007, serão prestados em conformidade com os planos de saneamento básico previstos na referida Lei e no seu regulamento.

Art. 56. Na hipótese dos serviços de que trata o art. 55, os planos de resíduos sólidos serão compatíveis com os planos de saneamento básico previstos na Lei nº 11.445, de 2007, e no seu regulamento

Parágrafo único. O componente de limpeza urbana e de manejo de resíduos sólidos urbanos dos planos municipais de gestão integrada de resíduos sólidos poderá constar dos planos de saneamento básico previstos no art. 19 da Lei nº 11.445, de 2007, observado o conteúdo mínimo a que se refere o art. 19 da Lei nº 12.305, de 2010, ou o disposto no art. 51 deste Decreto, conforme o caso.

CAPÍTULO III
DOS PLANOS DE GERENCIAMENTO DE RESÍDUOS SÓLIDOS
Seção I
Das regras aplicáveis aos planos de gerenciamento de resíduos sólidos

Art. 57. Os empreendimentos sujeitos à elaboração de plano de gerenciamento de resíduos sólidos poderão optar pela apresentação do plano de forma coletiva e integrada, desde que:
I - estejam localizados no mesmo condomínio, Município, microrregião, região metropolitana ou aglomeração urbana;
II - exerçam atividades características do mesmo setor produtivo; e
III - possuam mecanismos formalizados de governança coletiva ou de cooperação em atividades de interesse comum.
Parágrafo único. O plano de gerenciamento de resíduos sólidos apresentado na forma prevista no caput conterá a indicação individualizada das atividades e dos resíduos sólidos gerados e as ações e as responsabilidades atribuídas a cada um dos geradores.

Art. 58. Os responsáveis pelo plano de gerenciamento de resíduos sólidos disponibilizarão ao órgão municipal competente, ao órgão licenciador do Sisnama e às demais autoridades competentes, com periodicidade anual, informações completas e atualizadas sobre a implementação e a operacionalização do plano sob sua responsabilidade, por meio eletrônico, conforme as regras estabelecidas pelo Ministério do Meio Ambiente.
§ 1º O plano de gerenciamento de resíduos sólidos poderá ser gerado no Sinir a partir das informações declaradas pelos responsáveis pela sua elaboração.
§ 2º Ato do Ministro de Estado do Meio Ambiente poderá definir normas e critérios para atendimento ao disposto no caput.

Art. 59. No processo de elaboração e execução do plano de gerenciamento de resíduos sólidos, será assegurada a utilização dos subprodutos e resíduos de valor econômico não descartados, de origem animal ou vegetal, a que se referem a Lei nº 8.171, de 17 de janeiro de 1991, e a Lei nº 9.972, de 25 de maio de 2000, como insumos de cadeias produtivas.
Parágrafo único. Serão assegurados o aproveitamento de biomassa na produção de energia e o rerrefino de óleos lubrificantes usados, na forma prevista na legislação aplicável.

Seção II
Do conteúdo dos planos de gerenciamento de resíduos sólidos quanto à participação das cooperativas e às outras formas de associação de catadores de materiais recicláveis

Art. 60. O plano de gerenciamento de resíduos sólidos dos empreendimentos a que se refere o art. 20 da Lei nº 12.305, de 2010, poderá prever a participação de cooperativas ou de associações de catadores de materiais recicláveis no gerenciamento dos resíduos sólidos recicláveis ou reutilizáveis, quando:
I - houver cooperativas ou associações de catadores com capacidade técnica e operacional para gerenciar os resíduos sólidos;
II - a contratação de cooperativas e de associações de catadores para o gerenciamento dos resíduos sólidos for economicamente viável; e
III - não houver conflito com a segurança operacional do empreendimento.
Art. 61. Para fins do disposto no art. 60, o plano de gerenciamento de resíduos sólidos deverá especificar as atividades atribuídas às cooperativas e às associações, considerado o conteúdo mínimo de que trata o art. 21 da Lei nº 12.305, de 2010.
Art. 62. Ato do Ministro de Estado do Meio Ambiente poderá dispor sobre a exigibilidade e o conteúdo do plano de gerenciamento de resíduos sólidos relativo à atuação de cooperativas ou de outras formas de associação de catadores de materiais reutilizáveis e recicláveis.

Seção III
Dos planos de gerenciamento de resíduos sólidos relativos às microempresas e às empresas de pequeno porte

Art. 63. Ficam dispensadas de apresentar o plano de gerenciamento de resíduos sólidos as microempresas e as empresas de pequeno porte a que se referem os incisos I e II do **caput** do art. 3º da Lei Complementar nº 123, de 14 de dezembro de 2006, que gerem **somente** resíduos sólidos domiciliares ou, nos termos do disposto no parágrafo único do art. 13 da Lei nº 12.305, de 2010, que gerem resíduos sólidos equiparados aos resíduos sólidos domiciliares pelo Poder Público municipal até o volume de duzentos litros por empreendimento por dia.
§ 1º O volume previsto no caput também será aplicado aos Municípios que não dispuserem de norma específica à equiparação de que trata o parágrafo único do art. 13 da Lei nº 12.305, 2010.
§ 2º Os geradores de resíduos sólidos de que trata a alínea "d" do inciso I do **caput** do art. 13 da Lei nº 12.305, de 2010, caracterizados como não

perigosos podem ser equiparados aos resíduos domiciliares pelo Poder Público municipal, em decorrência de sua natureza, sua composição ou seu volume.

Art. 64. O plano de gerenciamento de resíduos sólidos das microempresas e das empresas de pequeno porte, quando exigível, poderá constar do plano de gerenciamento de empresas com as quais operem de forma integrada, desde que estejam localizadas na área de abrangência da mesma autoridade de licenciamento ambiental.

Parágrafo único. Os planos de gerenciamento de resíduos sólidos apresentados na forma prevista no caput conterão a indicação individualizada das atividades e dos resíduos sólidos gerados e as ações e as responsabilidades atribuídas a cada um dos empreendimentos.

Art. 65. Os planos de gerenciamento de resíduos sólidos das microempresas e das empresas de pequeno porte poderão ser apresentados por meio de formulário eletrônico simplificado disponível no Sinir, conforme estabelecido em ato do Ministério do Meio Ambiente.

Parágrafo único. O disposto no caput aplica-se às microempresas e às empresas de pequeno porte não enquadradas no disposto no art. 63.

Art. 66. O disposto nesta Seção não se aplica às microempresas e às empresas de pequeno porte geradoras de resíduos perigosos.

Parágrafo único. Para fins do disposto nesta Seção, não são considerados geradores de resíduos perigosos aqueles que gerarem, em peso, mais de noventa e cinco por cento de resíduos não perigosos em relação ao total dos resíduos sólidos gerados.

Art. 67. A dispensa ou a simplificação referente ao plano de gerenciamento de resíduos sólidos não exime as microempresas e as empresas de pequeno porte de realizar a destinação final ambientalmente adequada dos resíduos sólidos gerados.

TÍTULO VI
DOS RESÍDUOS PERIGOSOS
CAPÍTULO I
DISPOSIÇÕES GERAIS

Art. 68. Para fins do disposto neste Decreto, consideram-se geradores ou operadores de resíduos perigosos os empreendimentos ou as atividades:
I - cujo processo produtivo gere resíduos perigosos;
II - cuja atividade envolva o comércio de produtos que possam gerar resíduos perigosos e cujo risco seja significativo, a critério do órgão ambiental;
III - que prestem serviços que envolvam a operação com produtos que possam gerar resíduos perigosos e cujo risco seja significativo, a critério do órgão ambiental;
IV - que prestem serviços de coleta, transporte, transbordo, armazenamento, tratamento, destinação e disposição final de resíduos ou rejeitos perigosos; ou
V - que exerçam atividades classificadas como geradoras ou como operadoras de resíduos perigosos em normas editadas pelos órgãos do Sisnama, do SNVS ou do Suasa.

Art. 69. As pessoas jurídicas que operam com resíduos perigosos, em **qualquer** fase do seu gerenciamento, são obrigadas a elaborar plano de gerenciamento de resíduos perigosos e submetê-lo ao órgão competente do

Sisnama e, quando couber, do SNVS e do Suasa, observadas as exigências estabelecidas neste Decreto ou em normas técnicas específicas.
Parágrafo único. O plano de gerenciamento de resíduos perigosos poderá constar do plano de gerenciamento de resíduos sólidos.
Art. 70. A instalação e o funcionamento de empreendimento ou de atividade que gere ou opere com resíduos perigosos **somente** podem ser autorizados ou licenciados pelas autoridades competentes se o responsável comprovar, no mínimo:
I - capacidade técnica;
II - capacidade econômica; e
III - ter condições para prover os cuidados necessários ao gerenciamento dos referidos resíduos.
Parágrafo único. Para fins de comprovação das condições estabelecidas nos incisos I e II do caput, empreendimentos ou atividades deverão:
I - dispor de meios técnicos e operacionais adequados para o atendimento da respectiva etapa do processo de gerenciamento dos resíduos sob sua responsabilidade, observados as normas e os outros critérios estabelecidos pelo órgão ambiental competente; e
II - na hipótese de concessão ou de renovação do licenciamento ambiental, apresentar, resguardado o sigilo das informações:
a) as demonstrações financeiras do último exercício social;
b) a certidão negativa de falência; e
c) a estimativa de custos anuais para o gerenciamento dos resíduos perigosos.
Art. 71. No licenciamento ambiental de empreendimentos ou de atividades que operem com resíduos perigosos, o órgão licenciador do Sisnama poderá exigir a contratação de seguro de responsabilidade civil por danos causados ao meio ambiente ou à saúde pública, observadas as regras sobre a cobertura e os limites máximos de contratação estabelecidos pelo Conselho Nacional de Seguros Privados.
Parágrafo único. A aplicação do disposto no caput considerará o porte e as características da empresa.
Art. 72. Observada a ordem de prioridade estabelecida no art. 9º da Lei nº 12.305, de 2010, e no art. 30 deste Decreto, os resíduos perigosos que apresentem características de inflamabilidade serão destinados à recuperação energética:
I - obrigatoriamente, quando houver instalações devidamente licenciadas para recuperação energética a até cento e cinquenta quilômetros de distância da fonte de geração dos resíduos; e
II - preferencialmente, em condição distinta da estabelecida no inciso I.
§ 1º Para fins do disposto no caput, consideram-se resíduos perigosos com características de inflamabilidade, entre outros:
I - borras oleosas;
II - borras de processos petroquímicos;
III - borras de fundo de tanques de combustíveis e de produtos inflamáveis;
IV - elementos filtrantes de filtros de combustíveis e de lubrificantes;
V - solventes e borras de solventes;
VI - borras de tintas à base de solventes;
VII - ceras que contenham solventes;
VIII - panos, estopas, serragem, equipamentos de proteção individual, elementos filtrantes e absorventes contaminados com óleos lubrificantes, solventes ou combustíveis, tais como álcool, gasolina e óleo diesel;

IX - lodo de caixa separadora de óleo com mais de cinco por cento de hidrocarbonetos derivados de petróleo; e
X - solo contaminado com combustíveis ou com um dos componentes a que se referem os incisos I a IX.
§ 2º O disposto no caput não se aplica às hipóteses em que o transporte para as instalações de recuperação energética seja considerado inviável pelo órgão ambiental competente.
Art. 73. O disposto no art. 72 não se aplica ao óleo lubrificante usado ou contaminado que será destinado à reciclagem por meio do processo de rerrefino, de acordo com as metas estabelecidas em ato do Poder Executivo.
§ 1º A reciclagem a que se refere o caput poderá ser realizada, a critério do órgão ambiental competente, por meio de outro processo tecnológico com eficácia ambiental comprovada equivalente ou superior ao rerrefino.
§ 2º O processamento do óleo lubrificante usado ou contaminado será admitido para a fabricação de produtos a serem consumidos exclusivamente pelos geradores industriais.
§ 3º Na hipótese de comprovação da inviabilidade das destinações previstas no caput e no § 1º, junto ao órgão ambiental competente, **qualquer** outra utilização do óleo lubrificante usado ou contaminado dependerá de licenciamento ambiental.
§ 4º Os processos utilizados para a reciclagem do óleo lubrificante deverão estar licenciados pelo órgão ambiental competente.

CAPÍTULO II
DO CADASTRO NACIONAL DE OPERADORES DE RESÍDUOS PERIGOSOS

Art. 74. As pessoas jurídicas que operam com resíduos perigosos, em **qualquer** fase de seu gerenciamento, deverão se cadastrar no Cadastro Nacional de Operadores de Resíduos Perigosos.
Parágrafo único. As pessoas jurídicas de que trata o caput indicarão o responsável técnico pelo gerenciamento dos resíduos perigosos, que deverá estar habilitado e cujos dados serão mantidos atualizados no Cadastro Nacional de Operadores de Resíduos Perigosos.
Art. 75. O Instituto Brasileiro do Meio Ambiente e dos Recursos Naturais Renováveis - Ibama será responsável por coordenar o Cadastro Nacional de Operadores de Resíduos Perigosos, que será implantado de forma conjunta pelos órgãos federais, estaduais, distritais e municipais competentes.
§ 1º O Ibama adotará medidas com vistas a assegurar a disponibilidade e a publicidade do cadastro a que se refere o caput aos órgãos e às entidades interessados.
§ 2º O Ibama promoverá a integração do Cadastro Nacional de Operadores de Resíduos Perigosos com o Cadastro Técnico Federal de Atividades Potencialmente Poluidoras ou Utilizadoras de Recursos Ambientais e com o Sinir.
Art. 76. Entre outras fontes, o Cadastro Nacional de Operadores de Resíduos Perigosos será constituído com as informações:
I - dos planos de gerenciamento de resíduos perigosos;
II - do relatório específico anual do Cadastro Técnico Federal de Atividades Potencialmente Poluidoras ou Utilizadoras de Recursos Ambientais; e
III - sobre a quantidade, a natureza e a destinação temporária ou final dos resíduos sob responsabilidade da pessoa jurídica.

TÍTULO VII
DO SISTEMA NACIONAL DE INFORMAÇÕES SOBRE A GESTÃO DOS RESÍDUOS SÓLIDOS

Art. 77. O Sistema Nacional de Informações sobre a Gestão dos Resíduos Sólidos - Sinir, instituído sob a coordenação e a articulação do Ministério do Meio Ambiente, tem como objetivos:
I - coletar e sistematizar os dados relativos à prestação dos serviços públicos e privados de gestão e de gerenciamento de resíduos sólidos, inclusive dos sistemas de logística reversa implementados;
II - promover o ordenamento adequado para a geração, o armazenamento, a sistematização, o compartilhamento, o acesso e a disseminação dos dados e das informações de que trata o inciso I;
III - classificar os dados e as informações, de acordo com sua importância e sua confidencialidade, em conformidade com o disposto na legislação;
IV - disponibilizar estatísticas, indicadores e outras informações relevantes, com vistas à caracterização da demanda e da oferta de serviços de gestão e de gerenciamento de resíduos sólidos;
V - permitir e facilitar o monitoramento, a fiscalização e a avaliação da eficiência da gestão e do gerenciamento de resíduos sólidos nos diversos níveis, inclusive nos sistemas de logística reversa implementados;
VI - possibilitar a avaliação dos resultados e o acompanhamento das metas dos planos e das ações de gestão e de gerenciamento de resíduos sólidos nos diversos níveis, inclusive dos sistemas de logística reversa implantados;
VII - informar a sociedade sobre as atividades realizadas no âmbito da implementação da Política Nacional de Resíduos Sólidos;
VIII - disponibilizar periodicamente à sociedade o diagnóstico da situação dos resíduos sólidos no País, por meio do inventário nacional de resíduos sólidos; e
IX - agregar as informações sob a esfera de competência da União, dos Estados, do Distrito Federal e dos Municípios sobre a gestão e o gerenciamento dos resíduos sólidos.
Art. 78. O Sinir conterá informações publicamente disponibilizadas em outras bases de dados oficiais que possam contribuir para a melhoria da gestão e do gerenciamento ambientalmente adequado de resíduos sólidos.
Art. 79. Os Estados, o Distrito Federal e os Municípios disponibilizarão anualmente ao Sinir as informações necessárias sobre os resíduos sólidos em seu âmbito de competência.
Art. 80. Os planos de gestão de resíduos sólidos de que trata o art. 44 serão disponibilizados pelos seus responsáveis no Sinir e ficarão disponíveis para acesso público.
Art. 81. Os dados, as informações, os relatórios, os estudos, os inventários e os instrumentos equivalentes referentes à regulação ou à fiscalização dos serviços relacionados à gestão dos resíduos sólidos e aos direitos e aos deveres dos usuários e dos operadores serão disponibilizados pelo Sinir em sítio eletrônico oficial.
§ 1º A publicidade das informações divulgadas por meio do Sinir observará o sigilo comercial, industrial, financeiro ou de **qualquer** outro tipo previsto na legislação.
§ 2º As pessoas físicas e jurídicas que fornecerem informações de caráter sigiloso aos órgãos e às entidades da administração pública deverão indicar

essa circunstância, de forma expressa e fundamentada, a fim de que seja resguardado o sigilo a que se refere o § 1º.

TÍTULO VIII
DA EDUCAÇÃO AMBIENTAL NA GESTÃO DOS RESÍDUOS SÓLIDOS

Art. 82. A educação ambiental na gestão dos resíduos sólidos é parte integrante da Política Nacional de Resíduos Sólidos e tem como objetivo o aprimoramento do conhecimento, dos valores, dos comportamentos e do estilo de vida relacionados com a gestão e com o gerenciamento ambientalmente adequado de resíduos sólidos.
§ 1º A educação ambiental na gestão dos resíduos sólidos observará:
I - as diretrizes gerais estabelecidas na Lei nº 9.795, de 27 de abril de 1999, e no Decreto nº 4.281, de 25 de junho de 2002; e
II - as regras específicas estabelecidas na Lei nº 12.305, de 2010, e neste Decreto.
§ 2º O Poder Público adotará as seguintes medidas, entre outras, com vistas ao cumprimento do objetivo de que trata o caput:
I - incentivar atividades de caráter educativo e pedagógico, em colaboração com entidades do setor empresarial e da sociedade civil;
II - promover a articulação da educação ambiental na gestão de resíduos sólidos com a Política Nacional de Educação Ambiental, instituída pela Lei nº 9.795, de 1999;
III - realizar ações educativas destinadas aos fabricantes, aos importadores, aos comerciantes e aos distribuidores, com enfoque diferenciado para os agentes envolvidos direta e indiretamente com os sistemas de coleta seletiva e de logística reversa;
IV - desenvolver ações educativas destinadas à conscientização dos consumidores quanto ao consumo sustentável e às suas responsabilidades, no âmbito da responsabilidade compartilhada de que trata a Lei nº 12.305, de 2010;
V - promover a capacitação dos gestores públicos para que atuem como multiplicadores nos diversos aspectos da gestão integrada de resíduos sólidos; e
VI - divulgar os conceitos relacionados com:
a) a coleta seletiva;
b) a logística reversa;
c) o consumo consciente; e
d) a minimização da geração de resíduos sólidos.
§ 3º As ações de educação ambiental estabelecidas neste artigo não excluem as responsabilidades dos fornecedores quanto ao dever de informar o consumidor sobre o cumprimento dos sistemas de logística reversa e coleta seletiva instituídos.

TÍTULO IX
DAS CONDIÇÕES DE ACESSO A RECURSOS

Art. 83. A elaboração dos planos de resíduos sólidos de que tratam o art. 44 deste Decreto e os art. 16 e art. 18 da Lei nº 12.305, de 2010, é condição para que os Estados, o Distrito Federal e os Municípios tenham acesso a recursos da União ou por ela controlados destinados:

I - aos empreendimentos e aos serviços relacionados à gestão de resíduos sólidos; ou
II - à limpeza urbana e ao manejo de resíduos sólidos.
§ 1º O disposto neste artigo aplica-se ao recebimento de benefícios por incentivos ou por financiamentos de entidades federais de crédito ou de fomento.
§ 2º O acesso aos recursos de que trata o caput fica condicionado à comprovação da regularidade fiscal perante a União.
§ 3º Quando destinados à gestão de resíduos sólidos urbanos, a alocação de recursos públicos federais e os financiamentos com recursos da União ou com recursos geridos ou operados por órgãos ou entidades da União serão feitos nos termos do disposto na Lei nº 11.445, de 2007, na Lei nº 14.026, de 2020, e nos seus regulamentos.
Art. 84. A disponibilização de informações atualizadas no Sinir é condição para que os Estados, o Distrito Federal e os Municípios tenham acesso a recursos da União, ou por ela controlados, destinados a empreendimentos, equipamentos e serviços relacionados à gestão de resíduos sólidos.
Parágrafo único. A situação de regularidade em relação ao disposto no caput poderá ser verificada a partir de relatório gerado automaticamente pelo Sinir e considerará a conformidade dos Estados, do Distrito Federal e dos Municípios quanto ao ciclo de declaração mais recente, observados os prazos estabelecidos em ato do Ministério do Meio Ambiente.

TÍTULO X
DOS INSTRUMENTOS ECONÔMICOS

Art. 85. As iniciativas a que se refere o art. 42 da Lei nº 12.305, de 2010, serão fomentadas por meio das seguintes medidas:
I - incentivos fiscais, financeiros e creditícios;
II - cessão de terrenos públicos;
III - destinação dos resíduos recicláveis descartados pelos órgãos e pelas entidades da administração pública federal às associações e às cooperativas dos catadores de materiais reutilizáveis e recicláveis, nos termos do disposto nos art. 40 a art. 42;
IV - subvenções econômicas;
V - estabelecimento de critérios, metas e outros dispositivos complementares de sustentabilidade ambiental para as aquisições e contratações públicas;
VI - pagamento por serviços ambientais, na forma prevista na legislação; e
VII - apoio à elaboração de projetos no âmbito de mecanismos decorrentes da Convenção-Quadro das Nações Unidas sobre Mudança do Clima, promulgada pelo Decreto nº 2.652, de 1º de julho de 1998.
Parágrafo único. O Poder Público poderá estabelecer outras medidas indutoras além daquelas previstas no caput.
Art. 86. As instituições financeiras federais poderão criar linhas especiais de financiamento para:
I - aquisição de máquinas e equipamentos utilizados na gestão de resíduos sólidos, realizada por cooperativas ou por outras formas de associação de catadores de materiais reutilizáveis e recicláveis;
II - atividades relacionadas à gestão e ao gerenciamento de resíduos sólidos, incluídas:
a) triagem mecanizada;
b) reutilização;

c) reciclagem;
d) compostagem;
e) recuperação e aproveitamento energético;
f) tratamento de resíduos e disposição final ambientalmente adequada de rejeitos; e
g) atividades de inovação e desenvolvimento;
III - projetos de investimentos em gestão e gerenciamento de resíduos sólidos; e
IV - recuperação de áreas contaminadas por atividades relacionadas à disposição inadequada de resíduos sólidos.

TÍTULO XI
DISPOSIÇÕES TRANSITÓRIAS

Art. 87. Na hipótese de haver, na data de publicação deste Decreto, sistema de logística reversa com o procedimento a que se refere o art. 24 em andamento, o prazo de que trata o § 1º do referido artigo será de trinta dias, contado da data de publicação deste Decreto.
Parágrafo único. Para fins do disposto no caput, aplica-se o disposto no § 2º do art. 24.

TÍTULO XII
DISPOSIÇÕES FINAIS

Art. 88. Para fins do disposto no inciso I do **caput** do art. 47 da Lei nº 12.305, de 2010, o deslocamento de material do leito de corpos d'água por meio de dragagem:
I - não será considerado lançamento; e
II - será objeto de licenciamento ou de autorização do órgão ambiental competente.
Art. 89. Na hipótese de decretação de emergência sanitária, a queima de resíduos poderá ser realizada a céu aberto.
Parágrafo único. A queima de resíduos de que trata o caput deverá ser e autorizada e acompanhada pelos órgãos competentes do Sisnama, do SNVS e, quando couber, do Suasa.
Art. 90. O Decreto nº 6.514, de 22 de julho de 2008, passa a vigorar com as seguintes alterações:

> "Art. 62. ....
> ....
> *IX - lançar resíduos sólidos ou rejeitos em praias, no mar ou em **quaisquer** recursos hídricos;*
> *X - lançar resíduos sólidos ou rejeitos in natura a céu aberto, excetuados os resíduos de mineração, ou depositá-los em unidades inadequadas, não licenciadas para a atividade;*
> *XI - queimar resíduos sólidos ou rejeitos a céu aberto ou em recipientes, instalações e equipamentos não licenciados para a atividade;*
> *XII - descumprir obrigação prevista no sistema de logística reversa implementado nos termos do disposto na Lei nº 12.305, de 2010, em conformidade com as responsabilidades específicas estabelecidas para o referido sistema;*
> *XIII - deixar de segregar resíduos sólidos na forma estabelecida para a coleta seletiva, quando a referida coleta for instituída pelo titular do serviço público de limpeza urbana e manejo de resíduos sólidos;*

XIV - destinar resíduos sólidos urbanos à recuperação energética em desconformidade com o disposto no § 1º do art. 9º da Lei nº 12.305, de 2010, e no seu regulamento;
XV - deixar de atualizar e disponibilizar ao órgão municipal competente e a outras autoridades informações completas sobre a execução das ações do sistema de logística reversa sobre sua responsabilidade
XVI - deixar de atualizar e disponibilizar ao órgão municipal competente, ao órgão licenciador do Sisnama e a outras autoridades informações completas sobre a implementação e a operacionalização do plano de gerenciamento de resíduos sólidos sob a sua responsabilidade; e
XVII - deixar de cumprir as regras sobre registro, gerenciamento e informação de que trata o § 2º do art. 39 da Lei nº 12.305, de 2010.
§ 1º As multas de que tratam os incisos I a XI do caput serão aplicadas após laudo de constatação.
§ 2º Os consumidores que descumprirem as obrigações previstas nos sistemas de logística reversa e de coleta seletiva ficarão sujeitos à penalidade de advertência.
§ 3º Na hipótese de reincidência no cometimento da infração prevista no § 2º, poderá ser aplicada a penalidade de multa no valor de R$ 50,00 (cinquenta reais) a R$ 500,00 (quinhentos reais).
§ 4º A multa a que se refere o § 3º poderá ser convertida em serviços de preservação, melhoria e recuperação da qualidade do meio ambiente.
§ 5º Não estão compreendidas na infração de que trata o inciso IX do caput as atividades de deslocamento de material do leito de corpos d'água por meio de dragagem, devidamente licenciado ou aprovado.
§ 6º As bacias de decantação de resíduos ou rejeitos industriais ou de mineração, devidamente licenciadas pelo órgão competente do Sisnama, não serão consideradas corpos hídricos para fins do disposto no inciso IX do caput." (NR)
"Art. 71-A. Importar resíduos sólidos perigosos e rejeitos, bem como resíduos sólidos cujas características causem dano ao meio ambiente, à saúde pública e animal e à sanidade vegetal, ainda que para tratamento, reforma, reúso, reutilização ou recuperação:
Multa de R$ 500,00 (quinhentos reais) a R$ 10.000.000,00 (dez milhões de reais)."(NR)

Art. 91. Ficam revogados:
I - o Decreto nº 5.940, de 25 de outubro de 2006;
II - o Decreto nº 7.404, de 23 de dezembro de 2010;
III - o Decreto nº 9.177, de 23 de outubro de 2017; e
IV - o inciso IV do **caput** do art. 5º do Decreto nº 10.240, de 12 de fevereiro de 2020.

Art. 92. Este Decreto entra em vigor na data de sua publicação.

Brasília, 12 de janeiro de 2022; 201º da Independência e 134º da República.

BOLSONARO

❏ Resolução sobre EIA/RIMA

Resolução CONAMA nº 1, de 23 de janeiro de 1986.

O **CONSELHO NACIONAL DO MEIO AMBIENTE - IBAMA**, no uso das atribuições que lhe confere o artigo 48 do Decreto nº 88.351, de 1º de junho de 1983, para efetivo exercício das responsabilidades que lhe são atribuídas pelo artigo 18 do mesmo decreto, e [1]

Considerando a necessidade de se estabelecerem as definições, as responsabilidades, os critérios básicos e as diretrizes gerais para uso e implementação da Avaliação de Impacto Ambiental como um dos instrumentos da Política Nacional do Meio Ambiente,

RESOLVE:

Art. 1º - Para efeito desta Resolução, considera-se impacto ambiental **qualquer** alteração das propriedades físicas, químicas e biológicas do meio ambiente, causada por **qualquer** forma de matéria ou energia resultante das atividades humanas que, direta ou indiretamente, afetam:

I - a saúde, a segurança e o bem-estar da população;
II - as atividades sociais e econômicas;
III - a biota;
IV - as condições estéticas e sanitárias do meio ambiente;
V - a qualidade dos recursos ambientais.

Art. 2º - Dependerá de elaboração de estudo de impacto ambiental e respectivo relatório de impacto ambiental - RIMA, a serem submetidos à aprovação do órgão estadual competente, e do IBAMA em caráter supletivo, o licenciamento de atividades modificadoras do meio ambiente, tais como: [2]

I - Estradas de rodagem com duas ou mais faixas de rolamento;
II - Ferrovias;[3]
III - Portos e terminais de minério, petróleo e produtos químicos;[4]
IV - Aeroportos, conforme definidos pelo inciso 1, artigo 48, do Decreto-Lei nº 32, de 18.11.66;
V - Oleodutos, gasodutos, minerodutos, troncos coletores e emissários de esgotos sanitários;[5]
VI - Linhas de transmissão de energia elétrica, acima de 230KV;[6]
VII - Obras hidráulicas para exploração de recursos hídricos, tais como: barragem para fins hidrelétricos, acima de 10MW, de saneamento ou de irrigação, abertura de canais para navegação, drenagem e irrigação, retificação de cursos d'água, abertura de barras e embocaduras, transposição de bacias, diques;[7]
VIII - Extração de combustível fóssil (petróleo, xisto, carvão);
IX - Extração de minério, inclusive os da classe II, definidas no Código de Mineração;[8]

X - Aterros sanitários, processamento e destino final de resíduos tóxicos ou perigosos;[9]

XI - Usinas de geração de eletricidade, **qualquer** que seja a fonte de energia primária, acima de 10MW;

XII - Complexo e unidades industriais e agroindustriais (petroquímicos, siderúrgicos, cloroquímicos, destilarias de álcool, hulha, extração e cultivo de recursos hídricos);

XIII - Distritos industriais e zonas estritamente industriais - ZEI;

XIV - Exploração econômica de madeira ou de lenha, em áreas acima de 100 hectares ou menores, quando atingir áreas significativas em termos percentuais ou de importância do ponto de vista ambiental;

XV - Projetos urbanísticos, acima de 100ha. ou em áreas consideradas de relevante interesse ambiental a critério da SEMA e dos órgãos municipais e estaduais competentes;

XVI - **Qualquer** atividade que utilizar carvão vegetal, derivados ou produtos similares, em quantidade superior a dez toneladas por dia. [10]

XVII - Projetos Agropecuários que contemplem áreas acima de 1.000 ha. ou menores, neste caso, quando se tratar de áreas significativas em termos percentuais ou de importância do ponto de vista ambiental, inclusive nas áreas de proteção ambiental. [11]

XVIII - nos casos de empreendimento potencialmente lesivos ao Patrimônio Espeleológico Nacional. [12]

Art. 4º - Os órgãos ambientais competentes e os órgãos setoriais do SISNAMA deverão compatibilizar os processos de licenciamento com as etapas de planejamento e implantação das atividades modificadoras do meio Ambiente, respeitados os critérios e diretrizes estabelecidos por esta Resolução e tendo por base a natureza o porte e as peculiaridades de cada atividade.

Art. 5º - O estudo de impacto ambiental, além de atender à legislação, em especial os princípios e objetivos expressos na Lei de Política Nacional do Meio Ambiente, obedecerá às seguintes diretrizes gerais:[14]

I - Contemplar **todas** as alternativas tecnológicas e de localização de projeto, confrontando-as com a hipótese de não execução do projeto;

II - Identificar e avaliar sistematicamente os impactos ambientais gerados nas fases de implantação e operação da atividade ;[15]

III - Definir os limites da área geográfica a ser direta ou indiretamente afetada pelos impactos, denominada área de influência do projeto, considerando, em **todos** os casos, a bacia hidrográfica na qual se localiza;

IV - Considerar os planos e programas governamentais, propostos e em implantação na área de influência do projeto, e sua compatibilidade.

Parágrafo Único - Ao determinar a execução do estudo de impacto ambiental o órgão estadual competente, ou o IBAMA ou, quando couber, o Município, fixará as diretrizes adicionais que, pelas peculiaridades do projeto e características ambientais da área, forem julgadas necessárias, inclusive os prazos para conclusão e análise dos estudos.

Art. 6º - O estudo de impacto ambiental desenvolverá, no mínimo, as seguintes atividades técnicas:

I - Diagnóstico ambiental da área de influência do projeto completa descrição e análise dos recursos ambientais e suas interações, tal como existem, de modo a caracterizar a situação ambiental da área, antes da implantação do projeto, considerando:

a) o meio físico - o subsolo, as águas, o ar e o clima, destacando os recursos minerais, a topografia, os tipos e aptidões do solo, os corpos d'água, o regime hidrológico, as correntes marinhas, as correntes atmosféricas;
b) o meio biológico e os ecossistemas naturais - a fauna e a flora, destacando as espécies indicadoras da qualidade ambiental, de valor científico e econômico, raras e ameaçadas de extinção e as áreas de preservação permanente;[16]
c) o meio sócio-econômico - o uso e ocupação do solo, os usos da água e a sócio-economia, destacando os sítios e monumentos arqueológicos, históricos e culturais da comunidade, as relações de dependência entre a sociedade local, os recursos ambientais e a potencial utilização futura desses recursos.[17]
II - Análise dos impactos ambientais do projeto e de suas alternativas, através de identificação, previsão da magnitude e interpretação da importância dos prováveis impactos relevantes, discriminando: os impactos positivos e negativos (benéficos e adversos), diretos e indiretos, imediatos e a médio e longo prazos, temporários e permanentes; seu grau de reversibilidade; suas propriedades cumulativas e sinérgicas; a distribuição dos ônus e benefícios sociais.
III - Definição das medidas mitigadoras dos impactos negativos, entre elas os equipamentos de controle e sistemas de tratamento de despejos, avaliando a eficiência de cada uma delas.
IV - Elaboração do programa de acompanhamento e monitoramento (os impactos positivos e negativos, indicando os fatores e parâmetros a serem considerados.
Parágrafo Único - Ao determinar a execução do estudo de impacto Ambiental o órgão estadual competente; ou o IBAMA ou quando couber, o Município fornecerá as instruções adicionais que se fizerem necessárias, pelas peculiaridades do projeto e características ambientais da área.

Art. 8º - Correrão por conta do proponente do projeto **todas** as despesas e custos referentes à realização do estudo de impacto ambiental, tais como: coleta e aquisição dos dados e informações, trabalhos e inspeções de campo, análises de laboratório, estudos técnicos e científicos e acompanhamento e monitoramento dos impactos, elaboração do RIMA e fornecimento de pelo menos 5 (cinco) cópias,
Art. 9º - O relatório de impacto ambiental - RIMA refletirá as conclusões do estudo de impacto ambiental e conterá, no mínimo:

I - Os objetivos e justificativas do projeto, sua relação e compatibilidade com as políticas setoriais, planos e programas governamentais;
II - A descrição do projeto e suas alternativas tecnológicas e locacionais, especificando para cada um deles, nas fases de construção e operação a área de influência, as matérias primas, e mão-de-obra, as fontes de energia, os processos e técnica operacionais, os prováveis efluentes,

emissões, resíduos de energia, os empregos diretos e indiretos a serem gerados;

III - A síntese dos resultados dos estudos de diagnósticos ambiental da área de influência do projeto;

IV - A descrição dos prováveis impactos ambientais da implantação e operação da atividade, considerando o projeto, suas alternativas, os horizontes de tempo de incidência dos impactos e indicando os métodos, técnicas e critérios adotados para sua identificação, quantificação e interpretação;

V - A caracterização da qualidade ambiental futura da área de influência, comparando as diferentes situações da adoção do projeto e suas alternativas, bem como com a hipótese de sua não realização;

VI - A descrição do efeito esperado das medidas mitigadoras previstas em relação aos impactos negativos, mencionando aqueles que não puderam ser evitados, e o grau de alteração esperado;

VII - O programa de acompanhamento e monitoramento dos impactos;

VIII - Recomendação quanto à alternativa mais favorável (conclusões e comentários de ordem geral).

Parágrafo único - O RIMA deve ser apresentado de forma objetiva e adequada a sua compreensão. As informações devem ser traduzidas em linguagem acessível, ilustradas por mapas, cartas, quadros, gráficos e demais técnicas de comunicação visual, de modo que se possam entender as vantagens e desvantagens do projeto, bem como **todas** as consequências ambientais de sua implementação.

Art. 10 - O órgão estadual competente, ou o IBAMA ou, quando couber, o Município terá um prazo para se manifestar de forma conclusiva sobre o RIMA apresentado.

Parágrafo único - O prazo a que se refere o caput deste artigo terá o seu termo inicial na data do recebimento pelo estadual competente ou pela SEMA do estudo do impacto ambiental e seu respectivo RIMA.

Art. 11 - Respeitado o sigilo industrial, assim solicitando e demonstrando pelo interessado o RIMA será acessível ao público. Suas cópias permanecerão à disposição dos interessados, nos centros de documentação ou bibliotecas da SEMA e do estadual de controle ambiental correspondente, inclusive o período de análise técnica.

§ 1º - Os órgãos públicos que manifestarem interesse, ou tiverem relação direta com o projeto, receberão cópia do RIMA, para conhecimento e manifestação.

§ 2º - Ao determinar a execução do estudo de impacto ambiental e apresentação do RIMA, o estadual competente ou o IBAMA ou, quando couber o Município, determinará o prazo para recebimento dos comentários a serem feitos pelos órgãos públicos e demais interessados e, sempre que julgar necessário, promoverá a realização de audiência pública para informação sobre o projeto e seus impactos ambientais e discussão do RIMA,

Art. 12 - Esta Resolução entra em vigor na data de sua publicação.

Flávio Peixoto da Silveira

❑ Resolução sobre critérios e procedimentos do licenciamento ambiental

Resolução CONAMA Nº 237 DE 19/12/1997

O Conselho Nacional do Meio Ambiente - CONAMA, no uso das atribuições e competências que lhe são conferidas pela Lei nº 6.938, de 31 de agosto de 1981, regulamentadas pelo Decreto nº 99.274, de 06 de junho de 1990, e tendo em vista o disposto em seu Regimento Interno, e

Considerando a necessidade de revisão dos procedimentos e critérios utilizados no licenciamento ambiental, de forma a efetivar a utilização do sistema de licenciamento como instrumento de gestão ambiental, instituído pela Política Nacional do Meio Ambiente;

Considerando a necessidade de se incorporar ao sistema de licenciamento ambiental os instrumentos de gestão ambiental, visado o desenvolvimento sustentável e a melhoria contínua;

Considerando as diretrizes estabelecidas na Resolução CONAMA nº 011/94, que determina a necessidade de revisão no sistema de licenciamento ambiental;

Considerando a necessidade de regulamentação de aspectos do licenciamento ambiental estabelecidos na Política Nacional de Meio Ambiente que ainda não foram definidos;

Considerando a necessidade de ser estabelecido critério para exercício da competência para o licenciamento a que se refere o artigo 10 da Lei nº 6.938, de 31 de agosto de 1981;

Considerando a necessidade de se integrar a atuação dos órgãos competentes do Sistema Nacional de Meio Ambiente - SISNAMA na execução da Política Nacional do Meio Ambiente, em conformidade com as respectivas competências, resolve:

Art. 1º. Para efeito desta Resolução são adotadas as seguintes definições:

I - Licenciamento Ambiental: procedimento administrativo pelo qual o órgão ambiental competente licencia a localização, instalação, ampliação e a operação de empreendimentos e atividades utilizadoras de recursos ambientais consideradas efetiva ou potencialmente poluidoras ou daquelas que, sob **qualquer** forma, possam causar degradação ambiental, considerando as disposições legais e regulamentares e as normas técnicas aplicáveis ao caso;

II - Licença Ambiental: ato administrativo pelo qual o órgão ambiental competente estabelece as condições, restrições e medidas de controle ambiental que deverão ser obedecidas pelo empreendedor, pessoa física ou jurídica, para localizar, instalar, ampliar e operar empreendimentos ou atividades utilizadoras dos recursos ambientais consideradas efetiva ou potencialmente poluidoras ou aquelas que, sob **qualquer** forma, possam causar degradação ambiental;

III - Estudos Ambientais: são **todos** e **quaisquer** estudos relativos aos aspectos ambientais relacionados à localização, instalação, operação e ampliação de uma atividade ou empreendimento, apresentado como subsídio para a análise da licença requerida, tais como: relatório ambiental, plano e

projeto de controle ambiental, relatório ambiental preliminar, diagnóstico ambiental, plano de manejo, plano de recuperação de área degradada e análise preliminar de risco;
IV - Impacto Ambiental Regional: é todo e **qualquer** impacto ambiental que afete diretamente (área de influência direta do projeto), no todo ou em parte, o território de dois ou mais Estados.
Art. 2º. A localização, construção, instalação, ampliação, modificação e operação de empreendimentos e atividades utilizadoras de recursos ambientais consideradas efetiva ou potencialmente poluidoras, bem como os empreendimentos capazes, sob **qualquer** forma, de causar degradação ambiental, dependerão de prévio licenciamento do órgão ambiental competente, sem prejuízo de outras licenças legalmente exigíveis.
§ 1º. Estão sujeitos ao licenciamento ambiental os empreendimentos e as atividades relacionadas no Anexo I, parte integrante desta Resolução.
§ 2º. Caberá ao órgão ambiental competente definir os critérios de exigibilidade, o detalhamento e a complementação do Anexo I, levando em consideração as especificidades, os riscos ambientais, o porte e outras características do empreendimento ou atividade.
Art. 3º. A licença ambiental para empreendimentos e atividades consideradas efetiva ou potencialmente causadoras de significativa degradação do meio dependerá de prévio estudo de impacto ambiental e respectivo relatório de impacto sobre o meio ambiente (EIA/RIMA), ao qual dar-se-á publicidade, garantida a realização de audiências públicas, quando couber, de acordo com a regulamentação.
Parágrafo único. O órgão ambiental competente, verificando que a atividade ou empreendimento não é potencialmente causador de significativa degradação do meio ambiente, definirá os estudos ambientais pertinentes ao respectivo processo de licenciamento.
Art. 4º. Compete ao Instituto Brasileiro do Meio Ambiente e dos Recursos Naturais Renováveis - IBAMA, órgão executor do SISNAMA, o licenciamento ambiental, a que se refere o artigo 10 da Lei nº 6.938, de 31 de agosto de 1981, de empreendimentos e atividades com significativo impacto ambiental de **âmbito nacional ou regional**, a saber:
I - localizadas ou desenvolvidas conjuntamente no Brasil e em país limítrofe; no mar territorial; na plataforma continental; na zona econômica exclusiva; em terras indígenas ou em unidades de conservação do domínio da União;
II - localizadas ou desenvolvidas em dois ou mais Estados;
III - cujos impactos ambientais diretos ultrapassem os limites territoriais do País ou de um ou mais Estados;
IV - destinados a pesquisar, lavrar, produzir, beneficiar, transportar, armazenar e dispor material radioativo, em **qualquer** estágio, ou que utilizem energia nuclear em **qualquer** de suas formas e aplicações, mediante parecer da Comissão Nacional de Energia Nuclear - CNEN;
V - bases ou empreendimentos militares, quando couber, observada a legislação específica.
§ 1º. O IBAMA fará o licenciamento de que trata este artigo após considerar o exame técnico procedido pelos órgãos ambientais dos Estados e Municípios em que se localizar a atividade ou empreendimento, bem como, quando couber, o parecer dos demais órgãos competentes da União, dos Estados, do Distrito Federal e dos Municípios, envolvidos no procedimento de licenciamento.

§ 2º. O IBAMA, **ressalvada** sua competência supletiva, poderá delegar aos Estados o licenciamento de atividade com significativo impacto ambiental de âmbito **regional**, uniformizando, quando possível, as exigências.
Art. 5º. Compete ao órgão ambiental estadual ou do Distrito Federal o licenciamento ambiental dos empreendimentos e atividades:
I - localizados ou desenvolvidos em mais de um Município ou em unidades de conservação de domínio estadual ou do Distrito Federal;
II - localizados ou desenvolvidos nas florestas e demais formas de vegetação natural de preservação permanente relacionadas no artigo 2º da Lei nº 4.771, de 15 de setembro de 1965, e em **todas** as que assim forem consideradas por normas federais, estaduais ou municipais;
III - cujos impactos ambientais diretos ultrapassem os limites territoriais de um ou mais Municípios;
IV - delegados pela União aos Estados ou ao Distrito Federal, por instrumento legal ou convênio.
Parágrafo único. O órgão ambiental estadual ou do Distrito Federal fará o licenciamento de que trata este artigo após considerar o exame técnico procedido pelos órgãos ambientais dos Municípios em que se localizar a atividade ou empreendimento, bem como, quando couber, o parecer dos demais órgãos competentes da União, dos Estados, do Distrito Federal e dos Municípios, envolvidos no procedimento de licenciamento.
Art. 6º. Compete ao órgão ambiental municipal, ouvidos os órgãos competentes da União, dos Estados e do Distrito Federal, quando couber, o licenciamento ambiental de empreendimentos e atividades de impacto ambiental local e daquelas que lhe forem delegadas pelo Estado por instrumento legal ou convênio.
Art. 7º. Os empreendimentos e atividades serão licenciados em um único nível de competência, conforme estabelecido nos artigos anteriores.
Art. 8º. O Poder Público, no exercício de sua competência de controle, expedirá as seguintes licenças:
I - Licença Prévia (LP) - concedida na fase preliminar do planejamento do empreendimento ou atividade aprovando sua localização e concepção, atestando a viabilidade ambiental e estabelecendo os requisitos básicos e condicionantes, a serem atendidos nas próximas fases de sua implementação;
II - Licença de Instalação (LI) - autoriza a instalação do empreendimento ou atividade de acordo com as especificações constantes dos planos, programas e projetos aprovados, incluindo as medidas de controle ambiental e demais condicionantes da qual constituem motivo determinante;
III - Licença de Operação (LO) - autoriza a operação da atividade ou empreendimento, após a verificação do efetivo cumprimento do que consta das licenças anteriores, com as medidas de controle ambiental e condicionantes determinados para a operação.
Parágrafo único. As licenças ambientais poderão ser expedidas isolada ou sucessivamente, de acordo com a natureza, características e fase do empreendimento ou atividade.
Art. 9º. O CONAMA definirá, quando necessário, licenças ambientais específicas, observadas a natureza, características e peculiaridades da atividade ou empreendimento e, ainda, a compatibilização do processo de licenciamento com as etapas de planejamento, implantação e operação.

Art. 10. O procedimento de licenciamento ambiental obedecerá às seguintes etapas:
I - definição pelo órgão ambiental competente, com a participação do empreendedor, dos documentos, projetos e estudos ambientais, necessários ao início do processo de licenciamento correspondente à licença a ser requerida;
II - requerimento da licença ambiental pelo empreendedor, acompanhado dos documentos, projetos e estudos ambientais pertinentes, dando-se a devida publicidade;
III - análise pelo órgão ambiental competente, integrante do SISNAMA, dos documentos, projetos e estudos ambientais apresentados e a realização de vistorias técnicas, quando necessárias;
IV - solicitação de esclarecimentos e complementações pelo órgão ambiental competente, integrante do SISNAMA, uma única vez, em decorrência da análise dos documentos, projetos e estudos ambientais apresentados, quando couber, podendo haver a reiteração da mesma solicitação caso os esclarecimentos e complementações não tenham sido satisfatórios;
V - audiência pública, quando couber, de acordo com a regulamentação pertinente;
VI - solicitação de esclarecimentos e complementações pelo órgão ambiental competente, decorrente de audiências públicas, quando couber, podendo haver reiteração da solicitação quando os esclarecimentos e complementações não tenham sido satisfatórios;
VII - emissão de parecer técnico conclusivo e, quando couber, parecer jurídico;
VIII - deferimento ou indeferimento do pedido de licença, dando-se a devida publicidade.
§ 1º. No procedimento de licenciamento ambiental deverá constar, obrigatoriamente, a certidão da Prefeitura Municipal, declarando que o local e o tipo de empreendimento ou atividade estão em conformidade com a legislação aplicável ao uso e ocupação do solo e, quando for o caso, a autorização para supressão de vegetação e a outorga para o uso da água, emitidas pelos órgãos competentes.
§ 2º. No caso de empreendimentos e atividades sujeitos ao estudo do impacto ambiental - EIA, se verificada a necessidade de nova complementação em decorrência de esclarecimentos já prestados, conforme incisos IV e VI, o órgão ambiental competente, mediante decisão motivada e com a participação do empreendedor, poderá formular novo pedido de complementação.
Art. 11. Os estudos necessários ao processo de licenciamento deverão ser realizados por profissionais legalmente habilitados, às expensas do empreendedor.
Parágrafo único. O empreendedor e os profissionais que subscrevem os estudos previstos no caput deste artigo serão responsáveis pelas informações apresentadas, sujeitando-se às sanções administrativas, civis e penais.
Art. 12. O órgão ambiental competente definirá, se necessário, procedimentos específicos para as licenças ambientais, observadas a natureza, características e peculiaridades da atividade ou empreendimento e, ainda, a compatibilização do processo de licenciamento com as etapas de planejamento, implantação e operação.
§ 1º. Poderão ser estabelecidos procedimentos simplificados para as atividades e empreendimentos de pequeno potencial de impacto ambiental, que deverão ser aprovados pelos respectivos Conselhos de Meio Ambiente.

§ 2º. Poderá ser admitido um único processo de licenciamento ambiental para pequenos empreendimentos e atividades similares e vizinhos ou para aqueles integrantes de planos de desenvolvimento aprovados, previamente, pelo órgão governamental competente, desde que definida a responsabilidade legal pelo conjunto de empreendimentos ou atividades.

§ 3º. Deverão ser estabelecidos critérios para agilizar e simplificar os procedimentos de licenciamento ambiental das atividades e empreendimentos que implementem planos e programas voluntários de gestão ambiental, visando a melhoria contínua e o aprimoramento do desempenho ambiental.

Art. 13. O custo de análise para a obtenção da licença ambiental deverá ser estabelecido por dispositivo legal, visando o ressarcimento, pelo empreendedor, das despesas realizadas pelo órgão ambiental competente.

Parágrafo único. Facultar-se-á ao empreendedor acesso à planilha de custos realizados pelo órgão ambiental para a análise da licença.

Art. 14. O órgão ambiental competente poderá estabelecer prazos de análise diferenciados para cada modalidade de licença (LP, LI e LO), em função das peculiaridades da atividade ou empreendimento, bem como para a formulação de exigências complementares, desde que observado o prazo máximo de 6 (seis) meses a contar do ato de protocolar o requerimento até seu deferimento ou indeferimento, **ressalvado**s os casos em que houver EIA/RIMA e/ou audiência pública, quando o prazo será de até 12 (doze) meses.

§ 1º. A contagem do prazo previsto no caput deste artigo será suspensa durante a elaboração dos estudos ambientais complementares ou preparação de esclarecimentos pelo empreendedor.

§ 2º. Os prazos estipulados no caput poderão ser alterados, desde que justificados e com a concordância do empreendedor e do órgão ambiental competente.

Art. 15. O empreendedor deverá atender à solicitação de esclarecimentos e complementações formuladas pelo órgão ambiental competente, dentro do prazo máximo de 4 (quatro) meses, a contar do recebimento da respectiva notificação.

Parágrafo único. O prazo estipulado no caput poderá ser prorrogado, desde que justificado e com a concordância do empreendedor e do órgão ambiental competente.

Art. 16. O não cumprimento dos prazos estipulados nos artigos 14 e 15, respectivamente, sujeitará o licenciamento à ação do órgão que detenha competência para atuar supletivamente e o empreendedor ao arquivamento de seu pedido de licença.

Art. 17. O arquivamento do processo de licenciamento não impedirá a apresentação de novo requerimento de licença, que deverá obedecer aos procedimentos estabelecidos no artigo 10, mediante novo pagamento de custo de análise.

Art. 18. O órgão ambiental competente estabelecerá os prazos de validade de cada tipo de licença, especificando-os no respectivo documento, levando em consideração os seguintes aspectos:

I - o prazo de validade da Licença de Prévia (LP) deverá ser, no mínimo, o estabelecido pelo cronograma de elaboração dos planos, programas e projetos relativos ao empreendimento ou atividade, **não pode**ndo ser superior a 5 (cinco) anos;

II - o prazo de validade da Licença de Instalação (LI) deverá ser, no mínimo, o estabelecido pelo cronograma de instalação do empreendimento ou atividade, **não pode**ndo ser superior a 6 (seis) anos;

III - o prazo de validade da Licença de Operação (LO) deverá considerar os planos de controle ambiental e será de, no mínimo, 4 (quatro) anos e, no máximo, 10 (dez) anos.

§ 1º. A Licença Prévia (LP) e a Licença de Instalação (LI) poderão ter os prazos de validade prorrogados, desde que não ultrapassem os prazos máximos estabelecidos nos incisos I e II.

§ 2º. O órgão ambiental competente poderá estabelecer prazos de validade específicos para a Licença de Operação (LO) de empreendimentos ou atividades que, por sua natureza e peculiaridades, estejam sujeitos a encerramento ou modificação em prazos inferiores.

§ 3º. Na renovação da Licença de Operação (LO) de uma atividade ou empreendimento, o órgão ambiental competente poderá, mediante decisão motivada, aumentar ou diminuir o seu prazo de validade, após avaliação do desempenho ambiental da atividade ou empreendimento no período de vigência anterior, respeitados os limites estabelecidos no inciso III.

§ 4º. A renovação da Licença de Operação (LO) de uma atividade ou empreendimento deverá ser requerida com antecedência mínima de 120 (cento e vinte) dias da expiração de seu prazo de validade, fixado na respectiva licença, ficando este automaticamente prorrogado até a manifestação definitiva do órgão ambiental competente.

Art. 19. O órgão ambiental competente, mediante decisão motivada, poderá modificar os condicionantes e as medidas de controle e adequação, suspender ou cancelar uma licença expedida, quando ocorrer:

I - violação ou inadequação de **quaisquer** condicionantes ou normas legais;

II - omissão ou falsa descrição de informações relevantes que subsidiaram a expedição da licença;

III - superveniência de graves riscos ambientais e de saúde.

Art. 20. Os entes federados, para exercerem suas competências licenciatórias, deverão ter implementados os Conselhos de Meio Ambiente, com caráter deliberativo e participação social e, ainda, possuir em seus quadros ou a sua disposição profissionais legalmente habilitados.

Art. 21. Esta Resolução entra em vigor na data de sua publicação, aplicando seus efeitos aos processos de licenciamento em tramitação nos órgãos ambientais competentes, revogadas as disposições em contrário, em especial os artigo 3º e 7º da Resolução CONAMA nº 001, de 23 de janeiro de 1986.

Gustavo Krause Gonçalves Sobrinho - Presidente do Conselho

Raimundo Deusdará Filho - Secretário Executivo

ANEXO I
ATIVIDADES OU EMPREENDIMENTOS
SUJEITOS AO LICENCIAMENTO AMBIENTAL

Extração e tratamento de minerais
- pesquisa mineral com guia de utilização
- lavra a céu aberto, inclusive de aluvião, com ou sem beneficiamento
- lavra subterrânea com ou sem beneficiamento
- lavra garimpeira
- perfuração de poços e produção de petróleo e gás natural

Indústria de produtos minerais não metálicos
- beneficiamento de minerais não metálicos, não associados à extração
- fabricação e elaboração de produtos minerais não metálicos tais como: produção de material cerâmico,
cimento, gesso, amianto e vidro, entre outros

Indústria metalúrgica
- fabricação de aço e de produtos siderúrgicos
- produção de fundidos de ferro e aço/forjados/arames/relaminados com ou sem tratamento de superfície,
inclusive galvanoplastia
- metalurgia dos metais não-ferrosos, em formas primárias e secundárias, inclusive ouro
- produção de laminados/ligas/artefatos de metais não-ferrosos com ou sem tratamento de superfície,
inclusive galvanoplastia
- relaminação de metais não-ferrosos, inclusive ligas
- produção de soldas e anodos
- metalurgia de metais preciosos
- metalurgia do pó, inclusive peças moldadas
- fabricação de estruturas metálicas com ou sem tratamento de superfície, inclusive galvanoplastia
- fabricação de artefatos de ferro/aço e de metais não-ferrosos com ou sem tratamento de superfície,
inclusive galvanoplastia
- têmpera e cementação de aço, recozimento de arames, tratamento de superfície

Indústria mecânica
- fabricação de máquinas, aparelhos, peças, utensílios e acessórios com e sem tratamento térmico e/ou
de superfície

Indústria de material elétrico, eletrônico e comunicações
- fabricação de pilhas, baterias e outros acumuladores
- fabricação de material elétrico, eletrônico e equipamentos para telecomunicação e informática
- fabricação de aparelhos elétricos e eletrodomésticos

Indústria de material de transporte
- fabricação e montagem de veículos rodoviários e ferroviários, peças e

acessórios
- fabricação e montagem de aeronaves
- fabricação e reparo de embarcações e estruturas flutuantes

Indústria de madeira
- serraria e desdobramento de madeira
- preservação de madeira
- fabricação de chapas, placas de madeira aglomerada, prensada e compensada
- fabricação de estruturas de madeira e de móveis

Indústria de papel e celulose
- fabricação de celulose e pasta mecânica
- fabricação de papel e papelão
- fabricação de artefatos de papel, papelão, cartolina, cartão e fibra prensada

Indústria de borracha
- beneficiamento de borracha natural
- fabricação de câmara de ar e fabricação e recondicionamento de pneumáticos
- fabricação de laminados e fios de borracha
- fabricação de espuma de borracha e de artefatos de espuma de borracha, inclusive látex

Indústria de couros e peles
- secagem e salga de couros e peles
- curtimento e outras preparações de couros e peles
- fabricação de artefatos diversos de couros e peles
- fabricação de cola animal

Indústria química
- produção de substâncias e fabricação de produtos químicos
- fabricação de produtos derivados do processamento de petróleo, de rochas betuminosas e da madeira
- fabricação de combustíveis não derivados de petróleo
- produção de óleos/gorduras/ceras vegetais-animais/óleos essenciais vegetais e outros produtos da
destilação da madeira
- fabricação de resinas e de fibras e fios artificiais e sintéticos e de borracha e látex sintéticos
- fabricação de pólvora/explosivos/detonantes/munição para caça-desporto, fósforo de segurança e
artigos pirotécnicos
- recuperação e refino de solventes, óleos minerais, vegetais e animais
- fabricação de concentrados aromáticos naturais, artificiais e sintéticos
- fabricação de preparados para limpeza e polimento, desinfetantes, inseticidas, germicidas e fungicidas
- fabricação de tintas, esmaltes, lacas, vernizes, impermeabilizantes, solventes e secantes
- fabricação de fertilizantes e agroquímicos
- fabricação de produtos farmacêuticos e veterinários
- fabricação de sabões, detergentes e velas

- fabricação de perfumarias e cosméticos
- produção de álcool etílico, metanol e similares

Indústria de produtos de matéria plástica
- fabricação de laminados plásticos
- fabricação de artefatos de material plástico

Indústria têxtil, de vestuário, calçados e artefatos de tecidos
- beneficiamento de fibras têxteis, vegetais, de origem animal e sintéticos
- fabricação e acabamento de fios e tecidos
- tingimento, estamparia e outros acabamentos em peças do vestuário e artigos diversos de tecidos
- fabricação de calçados e componentes para calçados

Indústria de produtos alimentares e bebidas
- beneficiamento, moagem, torrefação e fabricação de produtos alimentares
- matadouros, abatedouros, frigoríficos, charqueadas e derivados de origem animal
- fabricação de conservas
- preparação de pescados e fabricação de conservas de pescados
- preparação, beneficiamento e industrialização de leite e derivados
- fabricação e refinação de açúcar.
- refino/preparação de óleo e gorduras vegetais
- produção de manteiga, cacau, gorduras de origem animal para alimentação
- fabricação de fermentos e leveduras
- fabricação de rações balanceadas e de alimentos preparados para animais
- fabricação de vinhos e vinagre
- fabricação de cervejas, chopes e maltes
- fabricação de bebidas não alcoólicas, bem como engarrafamento e gaseificação de águas minerais
- fabricação de bebidas alcoólicas

Indústria de fumo
- fabricação de cigarros/charutos/cigarrilhas e outras atividades de beneficiamento do fumo

Indústrias diversas
- usinas de produção de concreto
- usinas de asfalto
- serviços de galvanoplastia

Obras civis
- rodovias, ferrovias, hidrovias, metropolitanos
- barragens e diques
- canais para drenagem
- retificação de curso de água
- abertura de barras, embocaduras e canais
- transposição de bacias hidrográficas
- outras obras de arte.

Serviços de utilidade
- produção de energia termelétrica

- transmissão de energia elétrica
- estações de tratamento de água
- interceptores, emissários, estação elevatória e tratamento de esgoto sanitário
- tratamento e destinação de resíduos industriais (líquidos e sólidos)
- tratamento/disposição de resíduos especiais, tais como: de agroquímicos e suas embalagens usadas e
de serviço de saúde, entre outros
- tratamento e destinação de resíduos sólidos urbanos, inclusive aqueles provenientes de fossas
- dragagem e derrocamentos em corpos d'água
- recuperação de áreas contaminadas ou degradadas

Transporte, terminais e depósitos
- transporte de cargas perigosas
- transporte por dutos
- marinas, portos e aeroportos
- terminais de minério, petróleo e derivados e produtos químicos
- depósitos de produtos químicos e produtos perigosos

Turismo
- complexos turísticos e de lazer, inclusive parques temáticos e autódromos

Atividades diversas
- parcelamento do solo
- distrito e polo industrial

Atividades agropecuárias
- projeto agrícola
- criação de animais
- projetos de assentamentos e de colonização

Uso de recursos naturais
- silvicultura
- exploração econômica da madeira ou lenha e subprodutos florestais
- atividade de manejo de fauna exótica e criadouro de fauna silvestre
- utilização do patrimônio genético natural
- manejo de recursos aquáticos vivos
- introdução de espécies exóticas e/ou geneticamente modificadas
- uso da diversidade biológica pela biotecnologia

❏ Resolução sobre qualidade da água

Resolução CONAMA n° 357, de 17 de março de 2005.

Dispõe sobre a classificação dos corpos de água e diretrizes ambientais para o seu enquadramento, bem como estabelece as condições e padrões de lançamento de efluentes, e dá outras providências.

O **CONSELHO NACIONAL DO MEIO AMBIENTE-CONAMA**, no uso das competências que lhe são conferidas pelos arts. 6°, inciso II e 8°, inciso VII, da Lei n° 6.938, de 31 de agosto de 1981, regulamentada pelo Decreto n° 99.274, de 6 de junho de 1990 e suas alterações, tendo em vista o disposto em seu Regimento Interno, e Considerando a vigência da Resolução CONAMA n° 274, de 29 de novembro de 2000, que dispõe sobre a balneabilidade;

Considerando o art. 9°, inciso I, da Lei n° 9.433, de 8 de janeiro de 1997, que instituiu a Política Nacional dos Recursos Hídricos, e demais normas aplicáveis à matéria;

Considerando que a água integra as preocupações do desenvolvimento sustentável, baseado nos princípios da função ecológica da propriedade, da prevenção, da precaução, do poluidor-pagador, do usuário-pagador e da integração, bem como no reconhecimento de valor intrínseco à natureza;

Considerando que a Constituição Federal e a Lei n° 6.938, de 31 de agosto de 1981, visam controlar o lançamento no meio ambiente de poluentes, proibindo o lançamento em níveis nocivos ou perigosos para os seres humanos e outras formas de vida;

Considerando que o enquadramento expressa metas finais a serem alcançadas, podendo ser fixadas metas progressivas intermediárias, obrigatórias, visando a sua efetivação;

Considerando os termos da Convenção de Estocolmo, que trata dos Poluentes Orgânicos Persistentes-POPs, ratificada pelo Decreto Legislativo n° 204, de 7 de maio de 2004;

Considerando ser a classificação das águas doces, salobras e salinas essencial à defesa de seus níveis de qualidade, avaliados por condições e padrões específicos, de modo a assegurar seus usos preponderantes;

Considerando que o enquadramento dos corpos de água deve estar baseado não necessariamente no seu estado atual, mas nos níveis de qualidade que deveriam possuir para atender às necessidades da comunidade;

Considerando que a saúde e o bem-estar humano, bem como o equilíbrio ecológico aquático, não devem ser afetados pela deterioração da qualidade das águas;

Considerando a necessidade de se criar instrumentos para avaliar a evolução da qualidade das águas, em relação às classes estabelecidas no enquadramento, de forma a facilitar a fixação e controle de metas visando atingir gradativamente os objetivos propostos;

Considerando a necessidade de se reformular a classificação existente, para melhor distribuir os usos das águas, melhor especificar as condições e padrões de qualidade requeridos, sem prejuízo de posterior aperfeiçoamento; e

Considerando que o controle da poluição está diretamente relacionado com a proteção da saúde, garantia do meio ambiente ecologicamente equilibrado e a melhoria da qualidade de vida, levando em conta os usos prioritários e classes de qualidade ambiental exigidos para um determinado corpo de água;

RESOLVE:

Art. 1° Esta Resolução dispõe sobre a classificação e diretrizes ambientais para o enquadramento dos corpos de água superficiais, bem como estabelece as condições e padrões de lançamento de efluentes.

Capítulo I
Das Definições

Art. 2° Para efeito desta Resolução são adotadas as seguintes definições:

I - águas doces: águas com salinidade igual ou inferior a 0,5 ‰;
II - águas salobras: águas com salinidade superior a 0,5 ‰ e inferior a 30 ‰;
III - águas salinas: águas com salinidade igual ou superior a 30 ‰;
IV - ambiente lêntico: ambiente que se refere à água parada, com movimento lento ou estagnado;
V - ambiente lótico: ambiente relativo a águas continentais moventes;
VI - aquicultura: o cultivo ou a criação de organismos cujo ciclo de vida, em condições naturais, ocorre total ou parcialmente em meio aquático;
VII - carga poluidora: quantidade de determinado poluente transportado ou lançado em um corpo de água receptor, expressa em unidade de massa por tempo;
VIII - cianobactérias: microrganismos procarióticos autotróficos, também denominados como cianofíceas (algas azuis) capazes de ocorrer em **qualquer** manancial superficial especialmente naqueles com elevados níveis de nutrientes (nitrogênio e fósforo), podendo produzir toxinas com efeitos adversos a saúde;
IX - classe de qualidade: conjunto de condições e padrões de qualidade de água necessários ao atendimento dos usos preponderantes, atuais ou futuros;
X - classificação: qualificação das águas doces, salobras e salinas em função dos usos preponderantes (sistema de classes de qualidade) atuais e futuros;
XI - coliformes termotolerantes: bactérias gram-negativas, em forma de bacilos, oxidase-negativas, caracterizadas pela atividade da enzima □-galactosidase. Podem crescer em meios contendo agentes tenso-ativos e fermentar a lactose nas temperaturas de 44□ - 45□C, com produção de ácido, gás e aldeído. Além de estarem presentes em fezes humanas e de animais homeotérmicos, ocorrem em solos, plantas ou outras matrizes ambientais que não tenham sido contaminados por material fecal;
XII - condição de qualidade: qualidade apresentada por um segmento de corpo d'água, num determinado momento, em termos dos usos possíveis com segurança adequada, frente às Classes de Qualidade;
XIII - condições de lançamento: condições e padrões de emissão adotados para o controle de lançamentos de efluentes no corpo receptor;

XIV - controle de qualidade da água: conjunto de medidas operacionais que visa avaliar a melhoria e a conservação da qualidade da água estabelecida para o corpo de água;

XV - corpo receptor: corpo hídrico superficial que recebe o lançamento de um efluente;

XVI - desinfecção: remoção ou inativação de organismos potencialmente patogênicos;

XVII - efeito tóxico agudo: efeito deletério aos organismos vivos causado por agentes físicos ou químicos, usualmente letalidade ou alguma outra manifestação que a antecede, em um curto período de exposição;

XVIII - efeito tóxico crônico: efeito deletério aos organismos vivos causado por agentes físicos ou químicos que afetam uma ou várias funções biológicas dos organismos, tais como a reprodução, o crescimento e o comportamento, em um período de exposição que pode abranger a totalidade de seu ciclo de vida ou parte dele;

XIX - efetivação do enquadramento: alcance da meta final do enquadramento;

XX - enquadramento: estabelecimento da meta ou objetivo de qualidade da água (classe) a ser, obrigatoriamente, alcançado ou mantido em um segmento de corpo de água, de acordo com os usos preponderantes pretendidos, ao longo do tempo;

XXI - ensaios ecotoxicológicos: ensaios realizados para determinar o efeito deletério de agentes físicos ou químicos a diversos organismos aquáticos;

XXII - ensaios toxicológicos: ensaios realizados para determinar o efeito deletério de agentes físicos ou químicos a diversos organismos visando avaliar o potencial de risco à saúde humana;

XXIII - escherichia coli (*E.Coli*): bactéria pertencente à família Enterobacteriaceae caracterizada pela atividade da enzima □-glicuronidase. Produz indol a partir do aminoácido triptofano. É a única espécie do grupo dos coliformes termotolerantes cujo habitat exclusivo é o intestino humano e de animais homeotérmicos, onde ocorre em densidades elevadas;

XXIV - metas: é o desdobramento do objeto em realizações físicas e atividades de gestão, de acordo com unidades de medida e cronograma preestabelecidos, de caráter obrigatório;

XXV - monitoramento: medição ou verificação de parâmetros de qualidade e quantidade de água, que pode ser contínua ou periódica, utilizada para acompanhamento da condição e controle da qualidade do corpo de água;

XXVI - padrão: valor limite adotado como requisito normativo de um parâmetro de qualidade de água ou efluente;

XXVII - parâmetro de qualidade da água: substancias ou outros indicadores representativos da qualidade da água;

XXVIII - pesca amadora: exploração de recursos pesqueiros com fins de lazer ou desporto;

XXIX - programa para efetivação do enquadramento: conjunto de medidas ou ações progressivas e obrigatórias, necessárias ao atendimento das metas intermediárias e final de qualidade de água estabelecidas para o enquadramento do corpo hídrico;

XXX - recreação de contato primário: contato direto e prolongado com a água (tais como natação, mergulho, esqui-aquático) na qual a possibilidade do banhista ingerir água é elevada;

XXXI - recreação de contato secundário: refere-se àquela associada a atividades em que o contato com a água é esporádico ou acidental e a possibilidade de ingerir água é pequena, como na pesca e na navegação (tais como iatismo);

XXXII - tratamento avançado: técnicas de remoção e/ou inativação de constituintes refratários aos processos convencionais de tratamento, os quais podem conferir à água características, tais como: cor, odor, sabor, atividade tóxica ou patogênica;

XXXIII - tratamento convencional: clarificação com utilização de coagulação e floculação, seguida de desinfecção e correção de pH;

XXXIV - tratamento simplificado: clarificação por meio de filtração e desinfecção e correção de pH quando necessário;

XXXV - tributário (ou curso de água afluente): corpo de água que flui para um rio maior ou para um lago ou reservatório;

XXXVI - vazão de referência: vazão do corpo hídrico utilizada como base para o processo de gestão, tendo em vista o uso múltiplo das águas e a necessária articulação das instâncias do Sistema Nacional de Meio Ambiente-SISNAMA e do Sistema Nacional de Gerenciamento de Recursos Hídricos-SINGRH;

XXXVII - virtualmente ausentes: que não é perceptível pela visão, olfato ou paladar; e

Capítulo II
Da Classificação Dos Corpos De Água

Art. 3° As águas doces, salobras e salinas do Território Nacional são classificadas, segundo a qualidade requerida para os seus usos preponderantes, em treze classes de qualidade.

Parágrafo único. As águas de melhor qualidade podem ser aproveitadas em uso menos exigente, desde que este não prejudique a qualidade da água, atendidos outros requisitos pertinentes.

Seção I
Das Águas Doces

Art. 4° As águas doces são classificadas em:

I - classe especial: águas destinadas:
a) ao abastecimento para consumo humano, com desinfecção;
b) à preservação do equilíbrio natural das comunidades aquáticas; e
c) à preservação dos ambientes aquáticos em unidades de conservação de proteção integral.

II - classe 1: águas que podem ser destinadas:
a) ao abastecimento para consumo humano, após tratamento simplificado;

b) à proteção das comunidades aquáticas;

c) à recreação de contato primário, tais como natação, esqui aquático e mergulho, conforme Resolução CONAMA no 274, de 2000;[4]

d) à irrigação de hortaliças que são consumidas cruas e de frutas que se desenvolvam rentes ao solo e que sejam ingeridas cruas sem remoção de película; e

e) à proteção das comunidades aquáticas em Terras Indígenas.

III - classe 2: águas que podem ser destinadas:
a) ao abastecimento para consumo humano, após tratamento convencional;
b) à proteção das comunidades aquáticas;
c) à recreação de contato primário, tais como natação, esqui aquático e mergulho, conforme Resolução CONAMA no 274, de 2000;
d) à irrigação de hortaliças, plantas frutíferas e de parques, jardins, campos de esporte e lazer, com os quais o público possa vir a ter contato direto; e
e) à aquicultura e à atividade de pesca.

IV - classe 3: águas que podem ser destinadas:
a) ao abastecimento para consumo humano, após tratamento convencional ou avançado;
b) à irrigação de culturas arbóreas, cerealíferas e forrageiras;
c) à pesca amadora;
d) à recreação de contato secundário; e
e) à dessedentação de animais.

V - classe 4: águas que podem ser destinadas:
a) à navegação; e
b) à harmonia paisagística.

Seção II
Das Águas Salinas

Art. 5º As águas salinas são assim classificadas:

I - classe especial:
águas destinadas:

a) à preservação dos ambientes aquáticos em unidades de conservação de proteção integral; e
b) à preservação do equilíbrio natural das comunidades aquáticas.

II - classe 1:

águas que podem ser destinadas:
a) à recreação de contato primário, conforme Resolução CONAMA no 274, de 2000;
b) à proteção das comunidades aquáticas; e
c) à aquicultura e à atividade de pesca.

III - classe 2:

águas que podem ser destinadas:
a) à pesca amadora; e
b) à recreação de contato secundário.

IV - classe 3:

águas que podem ser destinadas:
a) à navegação; e
b) à harmonia paisagística.

Seção III
Das Águas Salobras

Art. 6° As águas salobras são assim classificadas:

I - classe especial:
águas destinadas:
a) à preservação dos ambientes aquáticos em unidades de conservação de proteção integral; e
b) à preservação do equilíbrio natural das comunidades aquáticas.

II - classe 1:

águas que podem ser destinadas:
a) à recreação de contato primário, conforme Resolução CONAMA no 274, de 2000;
b) à proteção das comunidades aquáticas;
c) à aquicultura e à atividade de pesca;
d) ao abastecimento para consumo humano após tratamento convencional ou avançado; e
e) à irrigação de hortaliças que são consumidas cruas e de frutas que se desenvolvam rentes ao solo e que sejam ingeridas cruas sem remoção de película, e à irrigação de parques, jardins, campos de esporte e lazer, com os quais o público possa vir a ter contato direto.

III - classe 2:

águas que podem ser destinadas:
a) à pesca amadora; e
b) à recreação de contato secundário.

IV - classe 3:

águas que podem ser destinadas:
a) à navegação; e
b) à harmonia paisagística.

Capítulo III
Das Condições e Padrões de Qualidade das Águas

Seção I
Das Disposições Gerais

Art. 7° Os padrões de qualidade das águas determinados nesta Resolução estabelecem limites individuais para cada substância em cada classe.

Parágrafo único. Eventuais interações entre substâncias, especificadas ou não nesta Resolução, **não pode**rão conferir às águas características capazes de causar efeitos letais ou alteração de comportamento, reprodução ou fisiologia da vida, bem como de restringir os usos preponderantes previstos, **ressalvado** o disposto no § 3º do art. 34, desta Resolução.

Art. 8° O conjunto de parâmetros de qualidade de água selecionado para subsidiar a proposta de enquadramento deverá ser monitorado periodicamente pelo Poder Público.

§ 1° Também deverão ser monitorados os parâmetros para os quais haja suspeita da sua presença ou não conformidade.

§ 2° Os resultados do monitoramento deverão ser analisados estatisticamente e as incertezas de medição consideradas.

§ 3° A qualidade dos ambientes aquáticos poderá ser avaliada por indicadores biológicos, quando apropriado, utilizando-se organismos e/ou comunidades aquáticas.

§ 4° As possíveis interações entre as substâncias e a presença de contaminantes não listados nesta Resolução, passíveis de causar danos aos seres vivos, deverão ser investigadas utilizando-se ensaios ecotoxicológicos, toxicológicos, ou outros métodos cientificamente reconhecidos.

§ 5° Na hipótese dos estudos referidos no parágrafo anterior tornarem-se necessários em decorrência da atuação de empreendedores identificados, as despesas da investigação correrão as suas expensas.

§ 6° Para corpos de água salobras continentais, onde a salinidade não se dê por influência direta marinha, os valores dos grupos químicos de nitrogênio e fósforo serão os estabelecidos nas classes correspondentes de água doce.

Art. 9° A análise e avaliação dos valores dos parâmetros de qualidade de água de que trata esta Resolução serão realizadas pelo Poder Público, podendo ser utilizado laboratório próprio, conveniado ou contratado, que deverá adotar os procedimentos de controle de qualidade analítica necessários ao atendimento das condições exigíveis.

§ 1° Os laboratórios dos órgãos competentes deverão estruturar-se para atenderem ao disposto nesta Resolução.

§ 2° Nos casos onde a metodologia analítica disponível for insuficiente para quantificar as concentrações dessas substâncias nas águas, os sedimentos e/ou biota aquática poderão ser investigados quanto à presença eventual dessas substâncias.

Art. 10. Os valores máximos estabelecidos para os parâmetros relacionados em cada uma das classes de enquadramento deverão ser obedecidos nas condições de vazão de referência.

§ 1° Os limites de Demanda Bioquímica de Oxigênio (DBO), estabelecidos para as águas doces de classes 2 e 3, poderão ser elevados, caso o estudo da capacidade de autodepuração do corpo receptor demonstre que as concentrações mínimas de oxigênio dissolvido (OD) previstas não serão desobedecidas, nas condições de vazão de referência, com **exceção** da zona de mistura.

§ 2° Os valores máximos admissíveis dos parâmetros relativos às formas químicas de nitrogênio e fósforo, nas condições de vazão de referência, poderão ser alterados em decorrência de condições naturais, ou quando estudos ambientais específicos, que considerem também a poluição difusa, comprovem que esses novos limites não acarretarão prejuízos para os usos previstos no enquadramento do corpo de água.

§ 3° Para águas doces de classes 1 e 2, quando o nitrogênio for fator limitante para eutrofização, nas condições estabelecidas pelo órgão ambiental competente, o valor de nitrogênio total (após oxidação) não deverá ultrapassar 1,27 mg/L para ambientes lênticos e 2,18 mg/L para ambientes lóticos, na vazão de referência.

§ 4° O disposto nos §§ 2° e 3° não se aplica às baías de águas salinas ou salobras, ou outros corpos de água em que não seja aplicável a vazão de referência, para os quais deverão ser elaborados estudos específicos sobre a dispersão e assimilação de poluentes no meio hídrico.

Art. 11. O Poder Público poderá, a **qualquer** momento, acrescentar outras condições e padrões de qualidade, para um determinado corpo de água, ou torná-los mais restritivos, tendo em vista as condições locais, mediante fundamentação técnica.

Art. 12. O Poder Público poderá estabelecer restrições e medidas adicionais, de caráter excepcional e temporário, quando a vazão do corpo de água estiver abaixo da vazão de referência.

Art. 13. Nas águas de classe especial deverão ser mantidas as condições naturais do corpo de água.

Seção II
Das Águas Doces

Art. 14. As águas doces de classe 1 observarão as seguintes condições e padrões:

I - condições de qualidade de água:

a) não verificação de efeito tóxico crônico a organismos, de acordo com os critérios estabelecidos pelo órgão ambiental competente, ou, na sua ausência, por instituições nacionais ou **internacional**is renomadas, comprovado pela realização de ensaio ecotoxicológico padronizado ou outro método cientificamente reconhecido.

b) materiais flutuantes, inclusive espumas não naturais: virtualmente ausentes;

c) óleos e graxas: virtualmente ausentes;

d) substâncias que comuniquem gosto ou odor: virtualmente ausentes;
e) corantes provenientes de fontes antrópicas: virtualmente ausentes;
f) resíduos sólidos objetáveis: virtualmente ausentes;
g) coliformes termotolerantes: para o uso de recreação de contato primário deverão ser obedecidos os padrões de qualidade de balneabilidade, previstos na Resolução CONAMA nº 274, de 2000. Para os demais usos, não deverá ser excedido um limite de 200 coliformes termotolerantes por 100 mililitros em 80% ou mais, de pelo menos 6 amostras, coletadas durante o período de um ano, com freqüência bimestral. A *E. Coli* poderá ser determinada em substituição ao parâmetro coliformes termotolerantes de acordo com limites estabelecidos pelo órgão ambiental competente;
h) DBO 5 dias a 20°C até 3 mg/L O_2;
i) OD, em **qualquer** amostra, não inferior a 6 mg/L O_2;
j) turbidez até 40 unidades nefelométrica de turbidez (UNT);
l) cor verdadeira: nível de cor natural do corpo de água em mg Pt/L; e
m) pH: 6,0 a 9,0.

II - Padrões de qualidade de água (tabela disponível na web);
III - Nas águas doces onde ocorrer pesca ou cultivo de organismos, para fins de consumo intensivo, além dos padrões estabelecidos no inciso II deste artigo, aplicam-se os seguintes padrões em substituição ou adicionalmente (tabela disponível na web);

Art 15. Aplicam-se às águas doces de classe 2 as condições e padrões da classe 1 previstos no artigo anterior, à **exceção** do seguinte:

I - não será permitida a presença de corantes provenientes de fontes antrópicas que não sejam removíveis por processo de coagulação, sedimentação e filtração convencionais;
II - coliformes termotolerantes: para uso de recreação de contato primário deverá ser obedecida a Resolução CONAMA nº 274, de 2000. Para os demais usos, não deverá ser excedido um limite de 1.000 coliformes termotolerantes por 100 mililitros em 80% ou mais de pelo menos 6 (seis) amostras coletadas durante o período de um ano, com freqüência bimestral. A *E. coli* poderá ser determinada em substituição ao parâmetro coliformes termotolerantes de acordo com limites estabelecidos pelo órgão ambiental competente;
III - cor verdadeira: até 75 mg Pt/L;
IV - turbidez: até 100 UNT;
V - DBO 5 dias a 20°C até 5 mg/L O_2;
VI - OD, em **qualquer** amostra, não inferior a 5 mg/L O_2;
VII - clorofila *a*: até 30 µg/L;
VIII - densidade de cianobactérias: até 50000 cel/mL ou 5 mm^3/L; e
IX - fósforo total:
a) até 0,030 mg/L, em ambientes lênticos; e
b) até 0,050 mg/L, em ambientes intermediários, com tempo de residência entre 2 e 40 dias, e tributários diretos de ambiente lêntico.

Art. 16. As águas doces de classe 3 observarão as seguintes condições e padrões:

I - condições de qualidade de água:

a) não verificação de efeito tóxico agudo a organismos, de acordo com os critérios estabelecidos pelo órgão ambiental competente, ou, na sua ausência, por instituições nacionais ou **internacionais** renomadas, comprovado pela realização de ensaio ecotoxicológico padronizado ou outro método cientificamente reconhecido;

b) materiais flutuantes, inclusive espumas não naturais: virtualmente ausentes;

c) óleos e graxas: virtualmente ausentes;

d) substâncias que comuniquem gosto ou odor: virtualmente ausentes;

e) não será permitida a presença de corantes provenientes de fontes antrópicas que não sejam removíveis por processo de coagulação, sedimentação e filtração convencionais;

f) resíduos sólidos objetáveis: virtualmente ausentes;

g) coliformes termotolerantes: para o uso de recreação de contato secundário não deverá ser excedido um limite de 2500 coliformes termotolerantes por 100 mililitros em 80% ou mais de pelo menos 6 amostras, coletadas durante o período de um ano, com freqüência bimestral. Para dessedentação de animais criados confinados não deverá ser excedido o limite de 1000 coliformes termotolerantes por 100 mililitros em 80% ou mais de pelo menos 6 amostras, coletadas durante o período de um ano, com freqüência bimestral. Para os demais usos, não deverá ser excedido um limite de 4000 coliformes termotolerantes por 100 mililitros em 80% ou mais de pelo menos 6 amostras coletadas durante o período de um ano, com periodicidade bimestral. A *E. Coli* poderá ser determinada em substituição ao parâmetro coliformes termotolerantes de acordo com limites estabelecidos pelo órgão ambiental competente;

h) cianobactérias para dessedentação de animais: os valores de densidade de cianobactérias não deverão exceder 50.000 cel/ml, ou 5mm3/L;

i) DBO 5 dias a 20°C até 10 mg/L O_2;

j) OD, em **qualquer** amostra, não inferior a 4 mg/L O_2;

l) turbidez até 100 UNT;

m) cor verdadeira: até 75 mg Pt/L; e

n) pH: 6,0 a 9,0.

II - Padrões de qualidade de água (tabela disponível na web);

Art. 17. As águas doces de classe 4 observarão as seguintes condições e padrões:

I - materiais flutuantes, inclusive espumas não naturais: virtualmente ausentes;

II - odor e aspecto: não objetáveis;

III - óleos e graxas: toleram-se iridescências;

IV - substâncias facilmente sedimentáveis que contribuam para o assoreamento de canais de navegação: virtualmente ausentes;

V - fenóis totais (substâncias que reagem com 4 - aminoantipirina) até 1,0 mg/L de C6H5OH;

VI - OD, superior a 2,0 mg/L O_2 em qualquer amostra; e

VII - pH: 6,0 a 9,0.

Seção III
Das Águas Salinas

Art. 18. As águas salinas de classe 1 observarão as seguintes condições e padrões:

I - condições de qualidade de água:

a) não verificação de efeito tóxico crônico a organismos, de acordo com os critérios estabelecidos pelo órgão ambiental competente, ou, na sua ausência, por instituições nacionais ou **internacionai**s renomadas, comprovado pela realização de ensaio ecotoxicológico padronizado ou outro método cientificamente reconhecido;
b) materiais flutuantes virtualmente ausentes;
c) óleos e graxas: virtualmente ausentes;
d) substâncias que produzem odor e turbidez: virtualmente ausentes;
e) corantes provenientes de fontes antrópicas: virtualmente ausentes;
f) resíduos sólidos objetáveis: virtualmente ausentes;
g) coliformes termolerantes: para o uso de recreação de contato primário deverá ser obedecida a Resolução CONAMA nº 274, de 2000. Para o cultivo de moluscos bivalves destinados à alimentação humana, a média geométrica da densidade de coliformes termotolerantes, de um mínimo de 15 amostras coletadas no mesmo local, não deverá exceder 43 por 100 mililitros, e o percentil 90% não deverá ultrapassar 88 coliformes termolerantes por 100 mililitros. Esses índices deverão ser mantidos em monitoramento anual com um mínimo de 5 amostras. Para os demais usos não deverá ser excedido um limite de 1.000 coliformes termolerantes por 100 mililitros em 80% ou mais de pelo menos 6 amostras coletadas durante o período de um ano, com periodicidade bimestral. A *E. Coli* poderá ser determinada em substituição ao parâmetro coliformes termotolerantes de acordo com limites estabelecidos pelo órgão ambiental competente;
h) carbono orgânico total até 3 mg/L, como C;
i) OD, em qualquer amostra, não inferior a 6 mg/L O_2; e
j) pH: 6,5 a 8,5, não devendo haver uma mudança do pH natural maior do que 0,2 unidade.

II - Padrões de qualidade de água (tabela disponível na web);

III - Nas águas salinas onde ocorrer pesca ou cultivo de organismos, para fins de consumo intensivo, além dos padrões estabelecidos no inciso II deste artigo, aplicam-se os seguintes padrões em substituição ou adicionalmente (tabela disponível na web);

Art 19. Aplicam-se às águas salinas de classe 2 as condições e padrões de qualidade da classe 1, previstos no artigo anterior, à **exceção** dos seguintes:

I - condições de qualidade de água:

a) não verificação de efeito tóxico agudo a organismos, de acordo com os critérios estabelecidos pelo órgão ambiental competente, ou, na sua ausência, por instituições nacionais ou **internacionai**s renomadas, comprovado pela realização de ensaio ecotoxicológico padronizado ou outro método cientificamente reconhecido;

b) coliformes termotolerantes: não deverá ser excedido um limite de 2500 por 100 mililitros em 80% ou mais de pelo menos 6 amostras coletadas durante o período de um ano, com frequência bimestral. A *E. Coli* poderá ser determinada em substituição ao parâmetro coliformes termotolerantes de acordo com limites estabelecidos pelo órgão ambiental competente;
    c) carbono orgânico total: até 5,00 mg/L, como C; e
    d) OD, em qualquer amostra, não inferior a 5,0 mg/L O_2.

II - Padrões de qualidade de água (tabela disponível na web);

Art. 20. As águas salinas de classe 3 observarão as seguintes condições e padrões:
    I - materiais flutuantes, inclusive espumas não naturais: virtualmente ausentes;
    II - óleos e graxas: toleram-se iridescências;
    III - substâncias que produzem odor e turbidez: virtualmente ausentes;
    IV - corantes provenientes de fontes antrópicas: virtualmente ausentes;
    V - resíduos sólidos objetáveis: virtualmente ausentes;
    VI - coliformes termotolerantes: não deverá ser excedido um limite de 4.000 coliformes termotolerantes por 100 mililitros em 80% ou mais de pelo menos 6 amostras coletadas durante o período de um ano, com freqüência bimestral. A *E. Coli* poderá ser determinada em substituição ao parâmetro coliformes termotolerantes de acordo com limites estabelecidos pelo órgão ambiental competente;

    VII - carbono orgânico total: até 10 mg/L, como C;
    VIII - OD, em qualquer amostra, não inferior a 4 mg/ L O_2; e
    IX - pH: 6,5 a 8,5 não devendo haver uma mudança do pH natural maior do que 0,2 unidades.

Seção IV
Das Águas Salobras

Art. 21. As águas salobras de classe 1 observarão as seguintes condições e padrões:

I - condições de qualidade de água:

    a) não verificação de efeito tóxico crônico a organismos, de acordo com os critérios estabelecidos pelo órgão ambiental competente, ou, na sua ausência, por instituições nacionais ou **internacionai**s renomadas, comprovado pela realização de ensaio ecotoxicológico padronizado ou outro método cientificamente reconhecido;
    b) carbono orgânico total: até 3 mg/L, como C;
    c) OD, em qualquer amostra, não inferior a 5 mg/ L O_2;
    d) pH: 6,5 a 8,5;
    e) óleos e graxas: virtualmente ausentes;
    f) materiais flutuantes: virtualmente ausentes;
    g) substâncias que produzem cor, odor e turbidez: virtualmente ausentes;
    h) resíduos sólidos objetáveis: virtualmente ausentes; e

i) coliformes termotolerantes: para o uso de recreação de contato primário deverá ser obedecida a Resolução CONAMA nº 274, de 2000. Para o cultivo de moluscos bivalves destinados à alimentação humana, a média geométrica da densidade de coliformes termotolerantes, de um mínimo de 15 amostras coletadas no mesmo local, não deverá exceder 43 por 100 mililitros, e o percentil 90% não deverá ultrapassar 88 coliformes termolerantes por 100 mililitros. Esses índices deverão ser mantidos em monitoramento anual com um mínimo de 5 amostras. Para a irrigação de hortaliças que são consumidas cruas e de frutas que se desenvolvam rentes ao solo e que sejam ingeridas cruas sem remoção de película, bem como para a irrigação de parques, jardins, campos de esporte e lazer, com os quais o público possa vir a ter contato direto, não deverá ser excedido o valor de 200 coliformes termotolerantes por 100mL. Para os demais usos não deverá ser excedido um limite de 1.000 coliformes termotolerantes por 100 mililitros em 80% ou mais de pelo menos 6 amostras coletadas durante o período de um ano, com frequência bimestral. A *E. coli* poderá ser determinada em substituição ao parâmetro coliformes termotolerantes de acordo com limites estabelecidos pelo órgão ambiental competente.

II - Padrões de qualidade de água (tabela disponível na web);

III - Nas águas salobras onde ocorrer pesca ou cultivo de organismos, para fins de consumo intensivo, além dos padrões estabelecidos no inciso II deste artigo, aplicam-se os seguintes padrões em substituição ou adicionalmente (tabela disponível na web);

Art. 22. Aplicam-se às águas salobras de classe 2 as condições e padrões de qualidade da classe 1, previstos no artigo anterior, à **exceção** dos seguintes:

I - condições de qualidade de água:

a) não verificação de efeito tóxico agudo a organismos, de acordo com os critérios estabelecidos pelo órgão ambiental competente, ou, na sua ausência, por instituições nacionais ou **internacionais** renomadas, comprovado pela realização de ensaio ecotoxicológico padronizado ou outro método cientificamente reconhecido;

b) carbono orgânico total: até 5,00 mg/L, como C;

c) OD, em qualquer amostra, não inferior a 4 mg/L O_2; e

d) coliformes termotolerantes: não deverá ser excedido um limite de 2500 por 100 mililitros em 80% ou mais de pelo menos 6 amostras coletadas durante o período de um ano, com freqüência bimestral. A *E. coli* poderá ser determinada em substituição ao parâmetro coliformes termotolerantes de acordo com limites estabelecidos pelo órgão ambiental competente.

II - Padrões de qualidade de água (tabela disponível na web);

Art. 23. As águas salobras de classe 3 observarão as seguintes condições e padrões:

I - pH: 5 a 9;
II - OD, em qualquer amostra, não inferior a 3 mg/L O_2;
III - óleos e graxas: toleram-se iridescências;

IV - materiais flutuantes: virtualmente ausentes;
V - substâncias que produzem cor, odor e turbidez: virtualmente ausentes;
VI - substâncias facilmente sedimentáveis que contribuam para o assoreamento de canais de navegação: virtualmente ausentes;
VII - coliformes termotolerantes: não deverá ser excedido um limite de 4.000 coliformes termotolerantes por 100 mL em 80% ou mais de pelo menos 6 amostras coletadas durante o período de um ano, com freqüência bimestral. A *E. Coli* poderá ser determinada em substituição ao parâmetro coliformes termotolerantes de acordo com limites estabelecidos pelo órgão ambiental competente; e
VIII - carbono orgânico total até 10,0 mg/L, como C.

Capítulo V
Diretrizes Ambientais Para o Enquadramento

Art. 38. O enquadramento dos corpos de água dar-se-á de acordo com as normas e procedimentos definidos pelo Conselho Nacional de Recursos Hídricos-CNRH e Conselhos Estaduais de Recursos Hídricos.

§ 1° O enquadramento do corpo hídrico será definido pelos usos preponderantes mais restritivos da água, atuais ou pretendidos.

§ 2° Nas bacias hidrográficas em que a condição de qualidade dos corpos de água esteja em desacordo com os usos preponderantes pretendidos, deverão ser estabelecidas metas obrigatórias, intermediárias e final, de melhoria da qualidade da água para efetivação dos respectivos enquadramentos, excetuados nos parâmetros que excedam aos limites devido às condições naturais.

§ 3° As ações de gestão referentes ao uso dos recursos hídricos, tais como a outorga e cobrança pelo uso da água, ou referentes à gestão ambiental, como o licenciamento, termos de ajustamento de conduta e o controle da poluição, deverão basear-se nas metas progressivas intermediárias e final aprovadas pelo órgão competente para a respectiva bacia hidrográfica ou corpo hídrico específico.

§ 4° As metas progressivas obrigatórias, intermediárias e final, deverão ser atingidas em regime de vazão de referência, excetuados os casos de baías de águas salinas ou salobras, ou outros corpos hídricos onde não seja aplicável a vazão de referência, para os quais deverão ser elaborados estudos específicos sobre a dispersão e assimilação de poluentes no meio hídrico.

§ 5° Em corpos de água intermitentes ou com regime de vazão que apresente diferença sazonal significativa, as metas progressivas obrigatórias poderão variar ao longo do ano.

§ 6° Em corpos de água utilizados por populações para seu abastecimento, o enquadramento e o licenciamento ambiental de atividades a montante preservarão, obrigatoriamente, as condições de consumo.

Capítulo VI
Disposições Finais e Transitórias

Art. 40. No caso de abastecimento para consumo humano, sem prejuízo do disposto nesta Resolução, deverão ser observadas, as normas específicas sobre qualidade da água e padrões de potabilidade.

Art. 41. Os métodos de coleta e de análises de águas são os especificados em normas técnicas cientificamente reconhecidas.

Art. 42. Enquanto não aprovados os respectivos enquadramentos, as águas doces serão consideradas classe 2, as salinas e salobras classe 1, **exceto** se as condições de qualidade atuais forem melhores, o que determinará a aplicação da classe mais rigorosa correspondente.

Art. 45. O não cumprimento ao disposto nesta Resolução acarretará aos infratores as sanções previstas pela legislação vigente.

§ 1° Os órgãos ambientais e gestores de recursos hídricos, no âmbito de suas respectivas competências, fiscalizarão o cumprimento desta Resolução, bem como quando pertinente, a aplicação das penalidades administrativas previstas nas legislações específicas, sem prejuízo do sancionamento penal e da responsabilidade civil objetiva do poluidor.

§ 2° As exigências e deveres previstos nesta Resolução caracterizam obrigação de relevante interesse ambiental.

Art. 47. Equiparam-se a perito, os responsáveis técnicos que elaborem estudos e pareceres apresentados aos órgãos ambientais.

Art. 48. O não cumprimento ao disposto nesta Resolução sujeitará os infratores, entre outras, às sanções previstas na Lei n° 9.605, de 12 de fevereiro de 1998 e respectiva regulamentação.

Art. 49. Esta Resolução entra em vigor na data de sua publicação.

Art. 50. Revoga-se a Resolução CONAMA n° 020, de 18 de junho de 1986.

Marina Silva

Presidente do CONAMA e Ministra de Estado do MMA

www.ingramcontent.com/pod-product-compliance
Lightning Source LLC
Chambersburg PA
CBHW052342220526
45465CB00003BA/916